오! 무함마드!
당신은 누구요?
(꾸란과 성경의 대비)

도서출판
소망
S·O·M·A·N·G

차례

머 리 말

경건한 삶을 사는 무슬림이 많음에도 불구하고 소수의 과격 단체 때문에 이슬람에 대한 우려가 세계적으로 큰 듯해 매우 안타깝다. 이런 가운데 무슬림 근로자와 유학생을 한국에서도 쉽게 볼 수 있다. 그래서 한국에도 이슬람에 관한 관심이 솔솔 일고 있는 듯하다. 현재 지구상에 무슬림 인구가 약 20억이나 됨을 고려하면 한국인의 관심은 여전히 부족한 감이 든다.

한국의 중동 건설 붐이 조성되던 1976년, 서울 이태원에 모스크가 건립된 이후 부산과 안양에도 모스크가 세워졌다. 또 현재 대구에도 건립 추진 중이며 서울은 더 크게 재건축할 예정 이라고 한다. 안양의 모스크는 교회 예배당을 매입해 개조했기에 기독교계를 놀라게 했다.

이렇게 이슬람은 한국에서도 성장하는데 대부분 한국인은 이슬람에 대해 잘 모른다. 지금부터 10년 이내에 고출산율의 무슬림 인구가 개신교와 가톨릭을 합한 기독교인구를 능가할 것이라고 한다. 그래서 이슬람이 세계 제1의 종교가 될 것이란 전망이 지배적이다. 이런 조짐은 이미 유럽에서 두드러지게 보인다. 국력 유지를 위해 이민을 적극적으로 받아들이는 영국, 프랑스를 비롯한 유럽에 이슬람 사회의 이민자가 증가하고 있다. '인구 = 국력'이란 명제로 다자녀 가정에 주는 혜택은 고 출산율의 이슬람이 많이 누린다고 한다. 그래서 머지않아 유럽은 이슬람화가 될 것이란 전망까지 나올 정도다.

그런데 이슬람교는 경건한 신자들이 많음에도 불구하고 소수의 과격 단체 때문에 테러를 일삼는 위험한 종교 집단이란 인식이 서구뿐 아니라 한국에도 팽배하다. 이런 인식에서 평생 크리스천이었던 필자도 예외가 아니었다. 이슬람의 알라와 필자가 믿는 하나님이 같다는 것만 알았기 때문이다.

그런데 필자에게 의문이 생겼다. '알라와 하나님이 같다는데 왜 이슬람이 생겼을까? 무슬림도 기독교를 따르면 되는데 왜 굳이 이슬람교가 생겨 기독교와 다툴까? 엄청나게 많은 사람이 이슬람교를 믿는 걸 보니 혹 내가 속한 개신교가 잘못된 것인가? 그렇다면 나도 이슬람을 따라야 하지 않는가? 그게 아니고 이슬람이 근본적으로 잘못이라면 무슬림을 말려야 하지 않는가?

이런 의문과 궁금증으로 필자는 이슬람교 탐구에 몰입하였다. 그런데 필자가 수많은 이슬람 서적을 읽어 보아도 필자의 궁금증을 속시원히 풀어주는 책을 발견하지 못했다. 그런데도 책을 통해 이슬람교의 윤곽을 파악한 필자는 이슬람교의 경전인 꾸란과 하디스 탐구에 몰입했다. 그 결과 꾸란의 등장인물이 성경과 대부분 같지만, 그 묘사에 차이를 보고 놀라게 되었고 필자와 같은 궁금증을 가진 분들을 위해 이 책을 만들기로 결심했다. 이 책에는 객관적인 배경과 등장인물에 대한 꾸란과 성경의 차이를 적었다. 독자의 판단을 돕기 위해 필자는 그 차이를 최대한 객관적으로 적으려고 애썼다. 그럼에도 필자의 크리스천 냄새가 배어 있다면 무슬림 독자들의 넓은 이해를 구한다.

꾸란과 성경을 대비하려니 먼저 무함마드의 삶을 객관적으로 살펴야 했다. 왜냐하면 그가 홀로 꾸란을 계시 받았고 또 그는 이슬람교에서 신과 같은 존재이기 때문이다.

아울러 무함마드 사후의 이슬람교 역사도 다루어야만 했다. 이 부분에서 필자는 이슬람의 높은 문화가 우리에게 제대로 인식되지 못했음을 느꼈다. 또 어느 시대에나 존재했던 어두운 그림자가 이슬람 역사에도 있었음을 보며 안타까웠다.

선입견에 사로잡혀 이슬람교를 무조건 범죄 집단 또는 테러 단체로 보는 것은 너무 나쁘다. 또 기독교인에게 실망했다고 하여 우리에게 생소한 이슬람교를 무턱대고 반기는 것은 어리석다. 이런 점에서 필자가 답을 제시하기엔 필자의 역량이 턱없이 모자란다. 이 부족한 부분에 대해선 독자 여러분께 송구함을 고하며 넓은 아량을 간구한다. 그럼에도 이 글을 책으로 내는 것은 세상과 진리에 대한 독자의 이해와 판단에 도움 되는 참조 자료가 될 것을 확신하기 때문이다.

이 책을 출간하며 필자의 최연소 독자 희애양에게 감사한다. 희애양은 중1 때 필자의 첫 작품을 재미있게 읽었다고 했다. 또한 1년 후 필자의 2집도 재미있게 읽었다고도 했다. 어린 중학생이 무명인 필자의 책을 재미있게 읽었다는 사실은 필자에게 큰 힘이 되었다. 이처럼 희애양의 삶이 다방면으로 많은 사람에게 큰 힘이 되기를 소망한다.

그리고 이 글 수정과 편집을 헌신적으로 도와준 이경규님, 정윤희님과 자문에 응해준 김영현님, 김성수님, 김성운님에게 깊이 감사드린다. 아울러 바우처 제도 시행으로 네 분의 조력자를 붙여준 국가와 김은희님, 최현옥님, 조향진님, 박길자님에게 머리 숙여 감사드린다.

2022년 8월에

김 영 훈

제1부

무함마드

1. 메카 전설과 무함마드의 조상

메카에 대한 두 전설

메카는 어떻게 이슬람 세계의 최고 성지가 되었을까? 이슬람 태동 전부터 아랍의 최고 성지로 만든 두 전설은 메카를 이슬람 세계에서도 최고 성지로 만들었다. 두 전설의 주인공들이 모두 성경 인물인 것이 너무 흥미롭다.

1. 키가 약 30m인 아담이 아내 하와와 함께 천국에서 쫓겨났다. 왜 쫓겨났을까? 알라 하나님이 먹지 말라고 말한 나무의 열매를 따 먹었기 때문이다. 이들이 지상으로 쫓겨 온 곳이 바로 아랍 반도의 메카였다. 아담은 이곳에서 인도로 추방되었고 하와는 메카 인근에 머물렀다. 세월이 흐르며 두 사람의 키는 계속 작아졌다. 100년이 더 지나 인도에서 메카로 온 아담은 하와를 다시 만났다. 이들은 너무 반가워했고 메카 인근인 현재의 제다에서 재회를 하게 되었다.

아담은 메카에 알라를 위한 신전인 카으바를 지었다. 그리고 천국에서 추방될 때 가져온 큰 돌을 카으바에 두었다. 이 돌은 가브리엘 천사가 천지 창조 당시에 천국에서 가져온 것이라는 설도 있다. 세월이 흘러 알라가 세상을 홍수로 심판할 때 노아가 탄 방주가 아담이 만든 카으바를 일곱 바퀴 돌았다고도 한다. 그래서 메카를 찾는 이슬람교 순례자들은 카으바의 돌을 일곱 바퀴 돌게 되었다.

그런데 아담, 하와, 메카, 아랍의 연관을 보여주는 기록은 성경 어디에도 없다. 오로지 인류의 조상인 아담, 하와의 이름만 같을 뿐이다. 그럼에도 아랍은 메카 성지 기원을 아담에게서 찾고 있으니 이 얼마나 놀라운 발상인가? 더군다나 하와의 무덤은 메카 인근의 홍해에 접한 항구 제다에 있다고 한다. 이 무덤을 사우디아라비아가 관리하고 있다니 이 또한 얼마나 흥미로운 일인가? 아랍의 기원을 인류의 첫 조상에 둠으로 메카뿐 아니라 아랍 전체를 성역화하고 있지 않은가?

2. 메카 성지화에 대한 또 다른 전설은 노아 홍수 수백 년 후 아브라함의 첩인 하갈과 그녀의 아들, 이스마엘로 시작된다. 이 전설의 이해를 돕고자 성경의 내용을 참고하고자 한다.

하갈과 이스마엘은 아브라함의 집에서 쫓겨났다. 왜 쫓겨났을까? 이스마엘이 14세나 어린 이복 동생 이삭과 사이좋게 지내다가도 동생을 놀리고 때리기도 했기 때문이다. 이삭은 정실 부인인 사라가 자식을 포기했지만 신의 도움으로 90세에 낳은 아들이었다. 오랫동안 아이를 못 낳던 사라는 자기 몸종인 하갈을 남편의 첩으로 주며 자식을 원했다. 그래서 하갈은 이스마엘을 낳았다. 이스마엘은 아브라함과 사라의 사랑을 받으며 자랐고 하갈은 여전히 사라의 몸종 노릇을 했다. 이런 가운데 사라가 뒤늦게 이삭을 낳았다. 14년간 사랑을 독차지했던 이스마엘은 갑자기 사라에게 찬 밥 신세가 되었다. 그래서 사라가 이삭에 대한 이스마엘의 행동에 과민반응을 보여 이스마엘을 쫓아내기로 결심했다.

그러나 아브라함의 입장은 사라와 달랐다. 신의 전적인 도움으로 사라가 이삭을 낳았지만, 이스마엘은 엄연히 그의 장남이었다. 하갈과 이스마엘을 쫓아내라는 사라의 요구로 고민하던 그에게 신이 결정을 내려주었다. 사라의 말대로 하라는 것이었다. 그 이유는 신의 약속은 사라를 통해 그에게 아들을 주겠다는 것이었기 때문이다. 사라가 죽거나 병든 것도 아닌데 신을 불신하여 인간적인 방법으로 첩을 통해 아들을 낳은 이후 13년이나 신은 침묵했다. 어쨌든 신의 뜻을 뒤늦게 깨달은 아브라함은 속쓰리지만 하갈과 이스마엘을 내보냈다.

하갈과 이스마엘은 쫓겨난 후 예루살렘 남부의 브엘세바 사막 지대에서 방황했다. 거기에서 이스마엘은 탈진해 쓰러졌다. 하갈은 쓰러진 아들을 살리려고 물을 찾다가 아브라함의 하나님께 울부짖었다. 이때 천사가 나타나 하갈의 눈을 밝게 하여 하갈은 샘을 발견했다. 그 샘의 물을 이스마엘에게 먹여 이스마엘은 소생하였다. 또 천사는 이스마엘을 통해서도 큰 민족을 이루게 해주겠다고 신의 뜻을 알렸다. 이스마엘이 바란(Paran) 광야에서 거주할 때 하갈은 이집트 여자를 이스마엘의 아내로 맞게 하였다.

여기까지는 성경의 내용인데 아랍의 전설은 쫓겨난 하갈과 이스마엘의 이후 행보에 초점이 맞추어진다. 성경은 이후의 행보도 언급하는데 아랍의 전설은 성경과 달리 지명을 모두 아랍의 지명으로 바뀌어 있다.

하갈과 이스마엘은 머나먼 메카까지 갔다는데 마실 물이 바닥나 갈증에 지친 이스마엘은 실신하였다. 하갈은 뜨거운 사막 지대에서 쓰러진 아들을 살리려고 물을 찾아 사파와 마르와 언덕을 미친 듯이 헤맸다고 한다. 그러나 물을 찾지 못한 그녀는 아브라함이 섬기는 신에게 울부짖었다. 이때 십수 년 전에 하갈에게 나타났던 신의 천사가 또 나타났다.

하갈은 원래 이집트 왕궁의 종이었다. 그런데 이집트의 왕이 사라에게 하갈을 주었다. 그런데 사라를 대신해 주인의 아이를 밴 하갈은 사라를 무시하다가 쫓겨난 적이 있었다. 그때 여주인 사라에게 순종하라는 천사의 말을 듣고 사라에게 돌아와 용서를 빈 적이 있었다.

그런데 약 15년 만에 다시 쫓겨난 하갈에게 또 나타난 천사는 실신한 이스마엘을 통해 큰 민족을 이룰 것을 예언했다. 천사의 말에 힘을 얻은 하갈은 쓰러진 아들의 몸 밑에서 샘솟는 물을 보았다고 한다. 하갈이 떠준 물로 이스마엘은 정신을 차렸다. 하갈은 이 샘을 '잠잠'이라 불렀다. '잠잠'은 '멈추어라! 멈추어라!'란 뜻이다. 아까운 물이 흘러내려 가는 것을 보고 '잠잠'이라 부른 것이었다. 하갈이 이 물을 찾기 위해 사파와 마르와 언덕을 오르내렸다는 것을 기념해 이슬람교 순례자는 지금도 메카의 사파와 마르와 두 언덕을 오르내린다.

하갈은 잠잠 우물의 소유권자가 되어 안정적인 생활이 가능해졌다. 잠잠 우물의 소문을 듣고 한 부족이 와서 하갈을 보호하며 함께 살게 되었다. 이스마엘은 이 부족의 유력자의 딸과 결혼까지 하였다니 우물의 위력이 대단하지 않은가?

아들과 첩을 사라 때문에 사막 지대로 쫓아낸 아브라함은 얼마나 마음이 아팠을까? 노심초사하던 아들 이스마엘의 소문을 들은 아브라함은 아들을 찾았다고 한다. 너무 기쁜 아브라함은 이스마엘의 도움을 받아 잠잠 우물 옆에 알라를 위한 카으바 신전을 지었다고 한다. 아담이 천국에서 가져온 검은 돌을 신전의 기초석으로 활용했다고 한다. 이 돌은 처음엔 광채가 났다는데 세월이 흐르며 검게 변했다고 한다.

이렇게 카으바가 재건된 이곳을 사람들은 '메카'로 불렀다. 메카의 뜻은 '학문이나 예술 등 특정 분야의 중심지로서 사람들의 숭배를 받는 곳'이다.

메카는 홍해의 제다에서 약 70km 떨어진 사막 한가운데 있었다. 불모지였던 메카가 잠잠 우물과 카으바 덕분에 상인들과 순례 객들이 많이 찾으며 메카는 중요 도시로 발전했다.

그런데 메카를 찾는 상인 중에 자신이 섬기는 우상을 카으바 앞에 세우고 경배하는 사람이 생겼다. 그러자 다른 방문객들도 저마다의 우상을 카으바에 놓았다. 그래서 무함마드 당시에는 카으바 주변의 우상이 무려 360여 개나 존재했다니 우상 박물관이 되지 않았는가!

카으바에 각종 우상을 놓는 것을 메카 시민이 방치한 이유는 무엇일까? 가장 큰 이유는 경제적 이익 때문이다. 우상 설치를 금하면 메카를 찾는 상인과 순례 객이 줄어 자기들 수입이 감소할 것을 우려했기 때문이다. 그리고 카으바에 얽힌 두 전설과 상관없이 아랍인은 다신주의자였는데 메카 시민도 예외가 아니었기 때문이다. 당시 메카는 알라의 딸로 알려진 세 여신인 라트, 웃자, 마나트를 숭배했다. 이런 이유로 우상이 넘치는 메카였지만 아랍인에게 최고의 성지로 굳건히 자리 잡은 것은 카으바 덕분이었다. 카으바 신전에 얽힌 아랍의 두 전설이 계속 전해지며 메카는 아랍의 최고 성지가 되었다. 그리고 아브라함과 이스마엘이 신전을 지었다는 전설이 꾸란에도 기록되며 메카를 이슬람 세계의 최고 성지로 만들고 있다.

아랍인의 조상 베두인

아랍인의 조상을 '베두인'으로 부른다. '베두'는 '대초원'을 뜻하는 '바디'에서 파생된 말이라고 한다. 그러므로 베두인은 대초원의 사람이란 뜻이 된다. 아랍에 초원이 많아 그렇게 부르는가? 절대 그렇지 않다. 오히려 정반대다. 사막이 대부분이고 초원은 거의 없다. 그럼에도 베두인으로 불렀던 이유가 뭘까? 대초원을 찾아다녔기에 베두인으로 불렀던 게 아닐까? 왜 초원을 찾아 떠돌아다녔을까? 이들은 유목민이었기 때문이다. 그래서 베두인은 유목민을 뜻하는 말이 되었다.

이 아랍의 베두인은 유목민이었지만 자신의 아랍어 문자를 가지고 있었으니 놀라운일 아닌가?

아랍어 문자가 존재했음에도 불구하고 아랍 베두인의 뿌리를 역사적 기록으로 찾기는 매우 어렵다. 왜냐하면 이슬람 이전의 아랍인은 한 번도 통일된 왕국을 이루지 못했기 때문이다. 이는 아랍 반도의 약 90%가 사막인 것과 무관하지 않다. 이런 척박한 땅에 아랍인들은 정착할 수가 없었다. 이들은 물과 풀을 찾아 떠도는 유목민 생활을 했다. 비옥한 남부 아라비아인 예멘은 정착이 쉬워 일찍이 왕국을 이루었을 뿐이었다. 그 외의 절대다수 유목민은 부족 중심의 사회에 불과해 역사적 기록을 찾기 힘들었다. 그래서 무함마드와 관련된 연도와 사건의 내용을 밝히는 것에 이설(異說)이 많을 수밖에 없어 필자도 고민을 많이 했다. 그러므로 이 책에는 이설도 함께 소개한다.

그러나 앞의 소개한 두 전설에서 보듯 아랍인은 비록 구전(口傳)이지만 뿌리를 아담과 아브라함에게 두고 있다. 그래서 카으바로 아담과 아브라함의 직계 후손임을 주장하니 놀랍지 않은가? 무함마드는 이스마엘의 직계라고 생각하였다.

이스마엘 이전부터 존속한 베두인족은 도시에 정착하기보다 다수가 유목민으로 살았다. 척박한 사막에서 배고픔을 이기려고 배를 졸라매는 허리끈을 늘 갖고 다닌 베두인은 '가주'(ghazu, 약탈)가 일상이었다. 가주가 생활인 베두인은 방어가 아닌 공격이 몸에 배며 겸손과 동정은 나약함으로 보았다. 반면에 자신만만한 오만함을 좋게 보았다.

아랍인의 약탈은 성경 역대하 21장 16, 17절에도 나타난다. 남유다 왕국의 5대 왕 여호람 말기에 아랍인이 예루살렘을 노략질했다. 왕궁까지 침입해 왕족을 잡아갈 정도였다. 이때가 BC 833년경이니 아랍의 약탈 역사가 대단히 길지 않은가?

아랍인은 약탈만 했을까? 그렇지 않다. 베두인 유목민이 키우는 양과 염소는 아랍의 특산품이었다. 이 양과 염소가 티레(성경엔 두로, 지중해 동부에서 번성했던 해상 무역 도시 왕국)에서 거래된 것이 성경 에스겔 27장 21절에 나타난다. 이것이 기록된 시기가 BC 580년경이었다. 당시 양과 염소를 사육하는 민족이 많았음에도 아랍의 양과 염소가 우위를 차지해 경제 대국 티레에서 거래되었다.

그럼에도 가주가 생업인 베두인 사회는 개인으로서는 생존할 수가 없고 부족 안에 속해야만 살 수 있었다. 그래서 자기 부족 외에는 믿지 않았고 부족 구성원 한 사람의 잘못으로 부족 간의 싸움은 끊어지지 않았다. 자연히 베두인에겐 용기, 인내, 복수가 남자의 덕목으로 여겨졌다. 자연스레 남자 수가 많은 강한 부족의 횡포가 심했다. 그래서 아무리 억울해도 약한 부족은 참아야만 생존할 수 있었다. 그리하여 아들의 출생은 전사의 탄생으로 환영받았지만, 딸이 태어나면 산 채로 땅에 묻는 일도 많았다. 약탈 수입이 생기면 술, 도박, 매춘을 즐겼으며, 노름빚으로 아내나 딸이 노예로 팔리는 경우도 많았다. 그래서 고리대금업도 번성하였다.

또 혼전 순결을 지키지 않은 여자는 죽여도 될 정도로 엄했다. 그러나 결혼 후에는 남편이 보는 가운데 다른 남자와 농담을 즐길 수 있었다. 그뿐만 아니라 비교적 자유로운 성생활도 하여 매춘이 성행하였다. 그리고 아버지가 죽으면 아버지의 아내들은 아들에게 상속되어 계모가 아내로 둔갑하는 일도 많았다.

무함마드는 이슬람 이전의 이런 아랍을 무지와 혼돈의 시기라고 말했다. 이 무질서의 시기에도 베두인 사회에서 비교적 잘 지켜지는 불문율이 있었는데, 이른바 '신의 휴전 기간'이었다. 일 년 중 11월, 12월, 1월, 7월에는 어떤 이유로도 전쟁, 가주, 살생을 금지하는 신성한 달로 지켰으니 흥미롭지 않은가? 신이 만든 규칙은 아닌데 어떻게 이런 불문율이 생겼을까? 1년 내내 전투에 시달리며 언제 또 전투가 발생할지 모르는 불안감으로 인해 모든 부족에게 안심하고 쉴 수 있는 기간이 필요하지 않았을까? 그래서 신의 뜻까지 빌린 이 규정을 위반한 부족에겐 다른 부족이 연합해 강력한 제재를 가했다. 그러므로 이 불문율은 무함마드의 아랍 통일 때까지 잘 유지되었다.

무함마드의 조부 무딸립

메카를 찾는 상인들과 순례 객을 통해 부를 누리는 메카인들은 이들의 안전한 메카 출입을 위해 인근의 베두인 부족에게 통행세를 냈다.

그런데도 메카의 잠잠 우물이 메카 침략자에 의해 폐쇄되었다. 그리고 세월이 흐르며 잠잠 우물은 흔적조차 찾을 수 없게 되었다. 잠잠은 이제 전설 속의 우물이 되었지만, 카으바는 건재하여 여전히 많은 사람이 찾았다.

무함마드의 현조부, 쿠사이는 메카의 지배 부족인 쿠자족의 족장 딸과 결혼했다. 힘을 키운 쿠사이가 메카를 장악하였다. 그는 쿠자족을 홍해 인근으로 몰아내고 꾸라이쉬 부족을 창설하였다. 쿠사이가 메카를 40년간 통치할 때 도로를 닦으며 많은 대상과 순례 객들을 맞이할 수 있게 메카를 정비하였다. 그는 카으바를 중심으로 30km 이내를 하람(Haram : 세속적인 인간세상과 구별되는 장소)으로 정해 통행객들의 안전을 보장하였다. 쿠사이가 만든 꾸라이쉬족은 카으바를 관리하고 메카의 물 공급권을 가지며 메카의 지배 부족이 되었다.

당시 실크 로드가 폐쇄되며 인도양과 지중해 세계를 연결하는 해상 무역이 발전하였다. 그런데 로마의 약화로 좁은 홍해에 해적이 설치며 해상 무역보다 낙타를 이용한 육로 무역이 발달하게 되었다. 이 육로 무역은 대부분 메카를 통과했다. 그래서 이들의 안전 보장이 메카의 큰 관심사였다. 당시 기독교 예배에 향이 사용되어 향료 거래가 활발했는데, 무함마드도 향료를 애용하였다.

쿠사이의 손자이며 무함마드의 증조부인 하심은 시리아에서 대량의 밀을 구입해 기근으로 고생하는 메카를 구한 사람이었다. 그래서 메카인들은 그를 칭송하며 그의 이름을 하심으로 불렀다. 하심은 '빵을 공급하는 사람'이란 뜻이다. 그는 메카를 살리는 사람으로 존경받으며 꾸라이쉬의 지도자가 되었다.

하심은 메디나의 이혼녀인 쌀마와 결혼해 무딸립을 낳았다. 무딸립은 무함마드의 할아버지가 되었다. 무딸립은 메카에 물과 곡식을 공급하는 권한을 가져 부유했지만, 아들이 없었다. 아내가 5명이나 되었는데도 나이가 50이 되도록 자식이 없던 그는 깊은 상심에 빠졌다. 그러던 어느 날 무딸립은 친구에게서 매우 충격적인 '나즈란' 말살 소식을 들었다.

나즈란 사건은 예멘의 두 누아스 왕이 나즈란 주민을 불구덩이에 던져 몰살시킨 사건이다. 나즈란의 주민들은 대부분 기독교인이었다. 그런데 철저한 유대교인 두 누아스 왕은 나즈란을 유대교로 만들고 싶었다. 마침내 기회가 왔다. 나즈란에서 유대교도 2명이 죽은 사건이 발생했다. 왕은 누가 죽었는지, 어떻게 죽었는지에 관해선 관심이 없었다. 유대교도 사망의 책임을 나즈란 주민 모두에게 물었다. 단지 유대교로 개종하는 사람은 살려 주겠다고 개종을 강요하였다.

 군사들이 판 큰 구덩이에 불길이 뜨겁게 치솟았다. 불구덩이 앞에 선 나즈란의 기독교인은 아주 의연했다. 아무도 신의 아들 예수를 버리며 개종하지 않았다. 화가 난 왕은 처자식이 보는 가운데 나즈란 족장의 목을 베도록 명령했다. 그런데도 아무도 개종하지 않았다. 베어진 목과 몸이 불구덩이에 떨어지는 가운데 기독교인은 모두가 찬송을 부르고 있었다. 어떤 부부는 서로 꼭 껴안고 불 속으로 뛰어들었다. 또 어떤 부모는 어린 자녀를 가슴에 꼭 품은 채 불 속으로 뛰었다. 땅에 홍건한 피비린내와 몸이 타는 냄새가 나즈란 천지를 뒤덮었다. 하지만 모두 기도하고 찬송하며 오히려 밝은 표정으로 죽음을 맞이하였다. 이렇게 죽은 사람이 무려 4,400명이었다. 이보다 훨씬 많은 2만 명이란 이설도 있다.

 나즈란 대학살을 들은 무딸립은 강한 충격을 받고 절대자인 신의 존재를 생각하게 되었다. '수많은 나즈란 주민이 죽음 앞에 초연했던 것은 절대자 신의 존재를 증명하는 것 아닌가? 절대적인 신이 없다면 어떻게 부모가 자녀를 안고 불 속에 뛰어들 수 있는가? 눈에 보이지 않는 그 신은 카으바 앞의 수많은 우상과 분명히 다르다. 카으바를 만들었다는 우리 조상 아브라함과 이스마엘이 섬긴 신이 바로 그 신인가?'

 당시 아랍어에는 눈에 보이지 않는 절대적 신을 뜻하는 '알라'란 말이 이미 있었다. 그러나 당시 아랍인에겐 알라도 메카의 수많은 신 중 하나에 불과했다. 오히려 눈에 안 보이는 이유로 알라는 잊혀진 존재였다. 그래서 카으바 신전에서 기도하는 대상도 알라만은 아니었다. 저마다 찾는 신이 달랐다. 메카의 대다수는 알라의 딸들로 알려진 '라트', '웃자', '마나트' 여신을 찾았다. 카으바에서 저마다 다른 신께 기도했다니... 이런 카으바가 메카를 오랜 기간 성지로 유지해 주었다.

 카으바 안에 무릎 꿇은 무딸립은 평소와 달리 눈에 보이지 않는 절대자 신을 찾았다. 그는 두 가지를 기도했다. 메카에 안정적으로 물을 공급할 수 있는 식수원 확보와

10명의 아들을 간절히 기도했다.

기도 중에 이미 전설 속으로 사라진 잠잠 우물을 찾으라는 마음의 소리를 듣고 우물을 찾아 나섰다. 여기저기 헤매며 피곤함에 지쳐 카으바에 엎드린 그에게 꿈인지 환상인지 카으바 마당에서 물이 솟는 것이 보였다고 한다. 무딸립은 사람을 시켜 마당을 팠는데 물이 솟구치는 것 아닌가? 이렇게 발견된 우물을 또 '잠잠'이라고 불렀다. 이로써 무딸립은 안정적인 수원을 확보해 물 걱정에서 벗어났다.

그리고 그의 아내가 드디어 아들을 낳았다. 그는 무자식을 뜻하는 '압탈'로 불리며 조롱받는 서러움에서 비로소 벗어났다. 아들은 점점 많아져 마침내 기도한 열 번째 아들, 압둘라를 낳았다. 압둘라는 '신의 종'이란 뜻으로 무함마드의 아버지가 되었다.

열 명의 아들을 얻은 무딸립은 고민에 빠졌다. 카으바에서 기도할 때 열 번째 아들을 제물로 바치겠다고 절대자 신에게 약속했기 때문이었다. 누구인지도 모르고 또 눈에 보이지도 않지만, 나즈란 주민들을 생각하면 신은 없다고 할 수 없었다.

그런데 무딸립은 열 번째 아들을 바치겠다고 한 것이 아니고 열 명 중의 한 명을 바치기로 약속했다는 설이 있다. 이 설에 의하면 압둘라는 네 번째 아들이었는데 추첨에 의해 압둘라가 뽑혔다고 한다.

어쨌든 마침내 무딸립이 압둘라를 카으바 앞에서 제물로 바치겠다고 하니 꾸라이쉬 부족은 발칵 뒤집혔다. 각 가문의 원로들이 나서 신이 압둘라를 원하는지 알아보자고 무딸립에게 제의했다. 메카인이 즐겨 찾는 우상 앞에서 화살을 쏘며 신의 뜻을 물었다. 그 결과 신은 압둘라를 대신해 피를 원하는 것으로 나타났다. 계속 화살을 쏘아 희생 제물로 낙타 100마리가 결정되었다. 이와 다른 설에 의하면 고민하던 무딸립이 메디나의 유명한 점성가를 찾아 신의 뜻을 물었다고도 한다. 점성가는 신이 압둘라 대신에 피를 원한다고 말했다. 점성가는 점술을 통해 신은 낙타 백 마리의 제물을 원한다고 말했다고도 한다. 하여튼 무딸립은 보이지 않는 절대자 신에게 낙타 백 마리를 바치며 압둘라를 살렸다니 당시 매우 신실했던 위인이 아닌가?

사실 아랍인들은 당시에 인간의 몸값을 낙타 수로 계산하는 관습이 있었다. 메카와 인근의 베두인은 사람의 이 하나를 낙타 5마리로 계산해 배상했다. 눈, 팔, 다리는 하나에 낙타 50마리로 계산했다. 그리고 사람의 생명은 낙타 백 마리였다. 애초에 메카의 계산표대로 했으면 무딸립이 마음고생을 덜 하고 소란도 없었을 것 아닌가? 무딸립이 너무 곧은 성품임을 보여준 해프닝이 아닌가? 어쩌면 이 진지한 해프닝 후에 사람의 몸값 계산표가 나왔는지도 모른다.

세월이 흘러 무딸립의 나이 백 세쯤에 한 나무가 구름 위의 하늘까지 뻗는 꿈을 꾸었다. 이후 압둘라는 메디나의 족장 딸, 아미나와 결혼하였다. 무딸립은 자신의 꿈을 기억하며 위대한 인물이 손자로 태어날 것을 기대했다. 그런데 무함마드가 태어나기 50여 일 전에 메카는 외부의 침공으로 큰 위기를 맞았다. 예멘의 총독 아브라하가 6만 명의 대군과 코끼리 부대를 이끌고 메카를 공격한 것이다. 아비시니아(현재 에티오피아)의 왕이 기독교인을 학살한 두 누아스를 몰아내고 예멘의 총독으로 아브라하를 임명했었다. 의욕에 넘친 아브라하는 예멘의 수도 사나에 기독교 성전을 세우고 모두 이 성전에서 예배하기를 권했다. 학살당한 나즈란 기독교인 숫자 이상으로 포교하겠다는 야심이었다. 그런데 메카인들은 예배는커녕 이 성전을 업신여기며 심지어 이 성전을 격파할 계획을 하고 있다는 말을 아브라하가 들었다. 또 실제로 이 성전에 방화하려던 메카인이 잡히기도 했다. 이에 아브라하가 메카를 정복하려고 대군을 이끌고 나선 것이었다.

메카인들이 여태껏 보지도 못한 코끼리 10여 마리를 앞세운 엄청난 대군이 온다는 소문은 메카 시내에 널리 퍼졌다. 무딸립은 가족뿐 아니라 모든 메카인을 다 피신시켰다. 홀로 메카에 남은 무딸립은 카으바에 엎드려 기도했다. 메카에 입성한 예멘의 군인들은 무딸립을 아브라하의 막사로 데리고 갔다. 아브라하는 무딸립을 자기 옆에 앉히며 융숭하게 대접했다. 이에 무딸립은 예멘 군에 약탈당한 자기 낙타 200마리를 돌려 달라고 요청하였고, 아브라하는 흔쾌히 수락하였다. 아브라하의 호의에 힘입어 무딸립은 예멘으로 그냥 돌아가 주기를 요청했다. 그러나 아브라하는 카으바를 완전히 부순 후 되돌아가겠다고 하였다.

극진한 대접과 함께 낙타까지 돌려받았지만, 무딸립은 마음이 무거웠다. 이 신성한 카으바를 어떻게 지킬 것인가? 마침내 메카에 무혈 입성한 아브라하 군대가 카으바 앞에 나타났다. 카으바 철거를 눈앞에 둔 상황에서 갑자기 하늘이 까맣게 변했다고 한다. 엄청나게 많은 새 떼가 부리와 발가락에 돌을 장착한 채 날아와서 아브라하의 군인들과 코끼리, 말, 낙타에게 돌을 투하했다고 한다. 이설에 의하면 돌마다 투하 목표물이 적혀 있었다고도 한다. 그래서 목표물에 정확하게 돌이 떨어졌다고 한다. 아브라하도 돌에 맞아 큰 부상을 입었지만, 용케 피신하였다. 사나로 되돌아온 아브라하는 이내 죽었다.

이때 수많은 병사와 코끼리, 말, 낙타가 새 떼의 공격으로 죽은 전설은 꾸란 105장 1~5절에 기록되어 있다. 코끼리를 처음 본 메카인들은 이 해를 '코끼리의 해'로 불렀다. 이 사건 50여 일 후에 태어난 무함마드의 출생 연도는 570년이라는 설과 571년이라는 설이 있다. 이후 예멘은 페르시아의 속국이 되어 페르시아가 파견한 총독이 예멘을 다스렸다.

그런데 아브라하의 대군을 물리쳤다는 수많은 새 떼는 누가 보낸 것일까? 꾸란 105장은 하나님이라고 한다. 이 하나님은 이슬람교가 찾는 알라이다. 알라는 왜 돌을 장착한 새 떼를 보냈을까? 누구의 기도에 응답한 것일까? 무딸립인가? 무함마드는 자기 할아버지는 불신자이기에 지옥에 갔다고 말했다. 알라는 지옥에 갈 불신자의 다급한 기도에 수많은 새 떼를 보냈는가? 아니면 카으바를 보호하려고 무딸립의 기도와 관계없이 새 떼를 보냈는가? 그렇다면 그토록 중요한 카으바 안팎에 수많은 우상이 넘치기까지 방치한 이유는 뭘까? 무딸립이 지옥에 갔다고 무함마드가 말했기에 온갖 의문이 생긴다. 꾸란에 기록되었지만, 새 떼의 공격은 한낱 전설에 불과한가?

2. 성장기와 결혼 생활

과부의 아들, 고아로 자라다

낙타 백 마리를 제물로 바치며 살아난 압둘라는 메카의 처녀들이 모두 흠모하는 멋진 남자가 되었다고 한다. 그런데 압둘라를 독차지한 여성은 메카인이 아니었으니 이를 어쩌랴! 많은 처녀를 상심케 만든 압둘라의 상대는 메디나의 아미나였다. 그녀는 메카에서 북쪽으로 400km나 떨어진 메디나의 한 족장 딸이었다. 당시 '야스리브'로 불린 이 메디나는 후에 위기에 빠진 무함마드를 구해주는 엄청난 발판이 되었다.

아미나가 무함마드를 임신한 후에 메카로 침공해 온 아브라하의 코끼리 대군을 물리친 사건이 발생했다. 적을 격퇴한 50여 일 후 아미나는 무함마드를 낳았다. 그런데 이때 압둘라는 이 세상에 없었다. 압둘라가 25세의 젊은 나이에 얼마 전에 메디나에서 열병으로 죽었기 때문이다. 가난한 압둘라는 돈을 벌기 위해 시리아를 다녀오는 낙타 대상을 따라갔었다. 오는 길에 아버지 무딸립이 먹고 싶어 하는 메디나의 야자 열매를 가져오려고 메디나에 들렀다가 열병으로 죽었다고 한다. 이로써 아미나가 임신한 아기는 고아 취급을 받게 되었다. 이는 여성의 경제 활동이 매우 힘든 시대였기에 성경처럼 아버지 없는 아이를 아랍에서도 고아로 보았기 때문이다.

어쨌든 배가 점점 불러 남산만 해졌는데 졸지에 과부가 된 아미나는 무함마드를 출산할 때 신비한 태몽을 꾸었다. 침실에 강렬한 빛이 비춰며 시리아의 보스라를 구경했다고 한다. 드디어 아기가 태어났다. 당시 메카에는 아기가 태어나면 아기의 머리털을 깎아 무게를 재고 그 무게만큼 금을 팔아 구제에 사용하는 풍습이 있었다. 아기의 머리털 무게가 얼마나 되겠는가! 그러나 조금이라도 남을 돕겠다는 그 마음이 얼마나 아름다운가?

압둘라의 사망으로 무딸립이 며느리 아미나와 손자 무함마드의 후견인이 되었다. 그래서 무함마드의 머리털 무게만큼 금을 달아 구제에 사용하는 비용을 무딸립이 냈다.

그리고 당시 메카의 또 다른 풍습이 있었다. 그것은 갓 태어난 아들의 양육을 유목민 베두인에게 맡기는 것이었다. 이렇게 하는 가장 큰 이유는 메카의 척박한 환경 때문에 신생아가 전염병 등으로 잘 죽었기 때문이다. 또 같은 유모의 젖을 먹고 자란 친구를 젖형제로 부르며 친형제처럼 생각했기에 좋은 관계를 만들어 주기 위한 목적도 있었다. 그리고 유목민 베두인의 입장에선 당장 수입이 있어 좋았다. 또 아기가 장성한 훗날 이 아이의 덕을 보는 경우가 많아 좋았다.

　한 가난한 베두인 유모가 메카에 늦게 왔는데 돈 되는 부잣집 아들은 다 없어졌고 가난한 집 아들만 남아 있었다. 유모는 양육을 포기하려다가 아미나와 2년 계약하고 무함마드를 데리고 갔다. 그런데 놀라운 일이 발생했다고 한다. 무함마드의 양육을 맡은 유모의 마른 암낙타가 갑자기 밤마다 젖을 마구 만들어냈다고 한다. 다른 집의 낙타들보다 유난히도 풀을 잘 찾아 뜯어먹는 암낙타의 젖을 모든 식구가 배불리 먹었다고 한다. 그래서 유모는 무함마드와 자기 아이에게도 젖을 충분히 먹었다. 이를 신기하게 여긴 유모는 무함마드의 양육 기간을 연장해 총 4년을 돌본 후 아미나에게 데려다주었다. 그러나 무함마드는 친모와 함께 있기보다 유모와 같이 있기를 더 좋아했다.

　당시 어린 무함마드에 대한 이야기가 전해진다. 6세 무함마드가 유모의 천막 밖에 있을 때 두 천사가 와서 무함마드의 배를 가르고 심장을 수술한 후 눈으로 몸을 씻었다고 한다. 그리고 무함마드의 무게를 재니 천 명의 천사보다 더 무거운 것을 천사가 확인했다고 한다. 이때 달이 무함마드에게 절을 했다고 한다. 이런 무함마드가 지나간 사막의 발자국에 풀이 돋아났다고 한다. 이게 사실이라면 왜 꾸란에 기록되지 않았을까? 꾸란에는 무함마드가 고아였다는 사실 외에 그의 출생과 성장에 관한 기록이 전혀 없다.

　어쨌든 유모는 6세의 무함마드를 친모 아미나에게 돌려주었다. 아미나는 사막에서 메카로 돌아온 아들을 데리고 메디나로 갔다. 그런데 아미나가 그곳에서 곧 죽어 무함마드는 6세에 완전한 고아가 되었으니 이를 어쩌랴! 할아버지 무딸립은 아직 생존해 있었지만, 그 많은 재산이 바닥난 상태였고 나이가 106세나 되었다니 이 얼마나 안타까운가! 어떤 학자는 무딸립의 당시 나이를 80세 정도로 보는 이도 있다. 어쨌든 어린 손자를 책임진 무딸립은 7세 된 손자를 40세 이상만 참석할 수 있는 족장 모임에

데리고 가 젊은 족장들의 불평을 사기도 했다. 그런데 이런 할아버지마저 무함마드가 8세 때 돌아가셨으니 이를 어쩐단 말인가!

이제 어린 무함마드를 맡은 사람은 큰아버지인 아부 딸립이었다. 그런데 무함마드의 백부 아부 딸립은 가난했고 자식은 많았다. 존경받는 족장이었지만 가난해 조카의 교육을 할 수가 없었다. 오히려 무함마드는 8세에 목동 일을 하며 백부를 도와야 했다. 그래서 그는 다른 집 아이들과 어울려 놀지 못하고 혼자 있는 경우가 많았다. 비록 글을 배우지 못했지만, 대낮의 이글거리는 태양을 피해 양 떼를 돌본 것은 오히려 그의 인생에 좋은 영향을 끼쳤다. 특히 밤하늘의 별, 달과 대화하며 사색을 즐긴 어린 시절은 훗날 그에게 큰 밑거름이 되었음이 틀림없다.

무함마드는 12세에 백부 아부 딸립과 함께 시리아를 다녀오는 낙타 무역상, 캬라밴의 일행이 되었다. 그는 잔심부름했을 뿐이지만 색다른 경험을 하며 시야를 넓혔다. 당시 시리아의 보스라 근처 한 동굴에 '보하이라'라는 수도사가 살고 있었다. 그는 한 캬라밴 중에 빛나는 인물이 있는 꿈을 꾼 후 동굴 밖을 살폈다. 그런데 조각구름이 어떤 캬라밴 일행을 계속 따라가는 것을 보았다. 그래서 그는 그 캬라밴인 아부 딸립 일행을 초대해 식사를 대접하였다. 그는 어깨에 예언자의 표시가 있는 무함마드를 보고 아부 딸립에게 말했다. "이 아이가 장래 예언자가 될 것이기에 유대교도로부터 보호하시오." 그런데 이 수도사의 부탁은 과녁이 빗나갔음이 후에 밝혀졌다. 후에 예언자 무함마드를 죽이려고 기를 쓴 사람들은 유대교도가 아니고 자기 친족인 꾸라이쉬 부족이었다. 어쨌든 이슬람교는 이 사건을 무함마드가 신의 예언자임을 미리 보여준 중요한 표징으로 본다. 그런데 아부 딸립은 37년 후 죽을 때까지 조카를 신의 예언자로 믿지 않고 단지 족장으로서 조카를 보호만 했을 뿐이다.

소년 시절 무함마드는 고픈 배를 채우려고 들에 나는 열매를 먹기도 했는데 결혼 후에도 과식하지 않게 되었다. 그리고 자기 아이보다 무함마드를 더 보살핀 백모가 죽자 무함마드는 눈물 흘리며 백모에게 감사를 표했다.

그리고 무함마드는 12세에 메카의 유명한 '우까즈' 시장에서 말의 중요성을 크게 깨달았다. 우까즈 시장은 신의 휴전기에만 열렸는데 이때 전국의 장사꾼이 모였다. 이때 시장 한편에는 연단이 마련되었다. 이 연단에서 발표 대회가 열렸다. 주로 시인들이 자기 작품을 이 연단에서 발표했는데 우승자에겐 특별한 멋진 옷을 입혀 주었다. 그리고 그 작품은 카으바의 벽에 1년간 전시되었다. 아랍의 시는 일반적인 시가 아니었다. 모든 문학 장르와 역사서의 성격을 지니고 있었다. 아랍인은 시인을 지도자로 존경했고 누구나 유명한 시인의 시 몇 편은 암송하고 있었다.

12세의 무함마드는 나즈란에서 와서 연단에 오른 기독교 사제의 말을 들었다. 그 사제는 50여 년 전의 나즈란 대학살을 언급하며 그동안 나즈란은 모든 아픔을 신의 도움으로 다 극복했음을 밝혔다. 그리고 그는 나즈란이 예전처럼 다시 평화를 누린다고 신을 찬양하였다. 사제의 말을 들은 많은 사람이 감동을 받아 기독교로 개종하는 것을 무함마드는 보았다. 그는 이 광경으로 말이 금보다 더 중요함을 뼈저리게 느꼈다. 그래서 감동 주는 말의 구사를 늘 생각하게 되었다. 그가 깨달은 운율을 타는 말이 후에 꾸란 기록에 그대로 반영되었다. 이 독특한 꾸란 낭송 운율이 지금까지 이어지고 있다.

이렇게 자라 청년이 된 무함마드는 여전히 가난했지만 '알 아민'이란 별명이 붙었다. 이는 '믿을 수 있는 사람'이란 뜻이다. 이런 별명이 붙게 된 에피소드가 있었다. 무함마드가 친구를 만나기로 약속하고 그 장소에 갔다. 그러나 친구는 약속을 잊었다. 사흘 후 친구가 그곳을 지나가다가 무함마드가 서 있는 것을 보았다. 무함마드가 3일이나 친구를 기다린 것이었다. 그래서 무함마드는 메카에서 '알 아민'으로 불리며 신뢰받게 되었다.

무함마드는 정의감도 높았다. 신의 휴전 기간을 어긴 부족을 응징하는 전투에 백부가 하심가의 족장으로 참석했다. 이때 그도 백부의 화살 통을 들고 다니며 참전한 적이 있었다. 그런 그는 메카의 징벌 기사단으로도 활동했다. 당시 군주가 없던 메카는 무법천지로 치안을 담당하는 공적 기관이 없어 강자의 횡포에 약자는 늘 당했다. 어떤 사람이 메카에 딸과 함께 왔는데 딸이 납치당하는 사건이 발생했다. 사라진 딸을 찾아달라고 아버지는 사람이 많이 다니는 길에서 며칠이나 울부짖었지만 아무 소용이 없었다. 그래서 정의감에 불타는 청년들이 기사단을 만들어 딸을 구해냈다. 그런데 이번엔 무함마드의 숙부 한 명이 횡포를 저질렀다. 숙부는 다른 부족의 상인에게 물품을 샀는데 돈을 주지 않았다. 기사단과 함께 무함마드는 숙부를 찾아 돈 지불을 명하니 겁먹은 숙부는 돈을 지불하였다.

무함마드는 후에 이 기사단 활동을 매우 자랑스럽게 회고하기도 했다.

이외에 무함마드의 어린 시절과 청년기에 대해선 알려진 바가 거의 없어 너무 아쉽다.

15세 연상 과부와 결혼

무함마드가 25세 되었을 때 메카에 부자 상인으로 40세 과부인 카디자가 있었다. 여인이 캬라밴을 이끌고 여행하기가 힘들어 그녀는 이 일을 남자에게 맡겼다. 카디자가 캬라밴 인솔자를 구한다는 소문을 듣고 아부 딸립은 무함마드를 카디자에게 추천했다. 가난하지만 존경받는 하심가의 족장, 아부 딸립의 추천을 카디자는 반겼다. 게다가 알 아민으로 소문난 무함마드에게 카디자는 보수를 배나 주겠다고 했다.

약 두 달간의 여정으로 떠난 무함마드는 시리아의 보스라 동굴에서 13년 전에 만났던 수도사를 찾았지만, 그는 죽고 없었다. 임무를 잘 수행한 무함마드는 보수로 낙타 두 마리를 받았다. 이에 대해 한 마리를 받았다는 설과 네 마리를 받았다는 설도 있다. 당시 메카에는 노예 한 명의 값이 200~800 딜하임, 낙타는 400 딜하임, 양은 40 딜하임 이었다.

일은 끝났는데 카디자의 마음속에 무함마드에 대한 사랑이 불타고 있었다.

아사드 가문의 카디자는 초혼에서 아들, 재혼에서 딸을 한 명씩 낳았다. 메카의 많은 사람이 그녀에게 구혼해도 그녀는 결혼 생각이 없었다. 그렇지만 젊은 무함마드에 대해선 스스로 사랑의 불을 피웠다. 사실 사랑은 차치하고 그녀의 재산 관리를 위해서도 욕심 없고 믿을 만한 무함마드가 그녀에게 필요했다.

카디자는 노예를 통해 무함마드에게 청혼했으나 무함마드는 노예의 농담으로 생각했다. 그는 당시의 흔한 풍습으로 사촌 누이와의 결혼을 원했으나 백부가 허락하지 않았다. 백부도 무함마드도 가난했기에 넉넉한 사위를 백부가 원했기 때문이다. 가난한 무함마드는 다른 여자를 생각도 못 하고 노총각이 되었다. 당시 결혼 적령기는 남자는 15세 전후, 여자는 13세 전후였으므로 25세는 요즘의 40대 초에 해당하였다.

무함마드의 반응이 없었지만, 카디자는 포기하지 않고 이번엔 다른 여인을 통해 또 진지하게 구혼했다. 어리둥절했던 무함마드는 직접 카디자를 만나 진심을 확인하고 청혼을 받아들였다.

그런데 이들의 결혼은 족장의 허락이 필요했다. 무함마드의 하심가 족장인 아부 딸립은 흔쾌히 허락했다. 그러나 카디자의 아사드 가문의 입장은 달랐다. 카디자의 많은 재산을 다른 가문에게 빼앗긴다고 생각한 늙은 족장은 반대했다. 할 수 없이 카디자와 아부 딸립은 꾀를 냈다. 결혼식 준비를 완벽히 끝낸 상태를 숨기고 늙은 족장을 카디자의 집에 초대했다. 그리고 그에게 술을 잔뜩 먹여 취하게 했다. 그 후에 결혼식을 후다닥 끝냈다. 술에서 깬 족장에게 족장이 허락해 결혼식을 마쳤다고 했고 하심가의 족장, 아부 딸립이 증인이라고 했다. 술에 취해 기억이 없는 늙은 족장은 할 말이 없었다.

이렇게 이루어진 카디자와의 결혼으로 가난에서 벗어난 무함마드는 자기를 키운 유모에게 양 40마리와 낙타 한 마리를 주었다. 그리고 그는 결혼 5년 후에 백부의 아들 알리를 양자로 맞이했다. 그 이유는 이때까지 카디자가 그의 아기를 낳지 못하기 때문이 아니었다. 오히려 자녀를 낳기 시작했음에도 갓 태어난 사촌 동생의 양육을 맡으므로 가난한 백부의 형편을 돕기 위해서였다.

그리고 무함마드는 카디자가 자기에게 선사한 노예, 자이드를 해방해 양자로 삼기도 했다. 자이드는 아랍인과 홍해 건너 아비시니아인 사이의 혼혈아로 태어났다. 어린 그가 엄마와 함께 외할아버지에게 가는 길에 베두인 유목민에게 잡혀 졸지에 노예로 팔렸다. 무함마드는 카디자에게서 선물 받은 자이드를 따뜻하게 대했다. 한편 갑자기 사라진 아들 자이드를 찾던 아버지는 아들이 메카에서 노예로 있음을 메카 순례자에게 들었다. 노예의 몸값을 들고 시리아의 아버지와 삼촌이 메카의 무함마드를 찾았다. 그런데 무함마드는 몸값 받기를 사양했다. 그렇다고 어린 자이드를 그의 아버지에게 돌려주지도 않았다. 그는 자이드를 해방한 후 아이의 결정에 따르겠다고 말했다. 이때 자이드는 무함마드에게 남기를 원해 아버지와 삼촌은 그냥 돌아가야만 했다. 이에 무함마드는 자이드를 양자로 삼았다.

무함마드의 양자가 된 알리와 자이드는 후에 이슬람교 역사에 큰 영향을 끼치게 되었다. 어린 자이드가 무함마드를 택할 정도로 무함마드가 잘 대해준 것은 높이 평가받을 만하다. 그러나 결정권을 어린아이에게 주며 아이를 아버지에게 돌려주지 않은 것은 납득이 쉽지 않다. 납득이 쉽지 않은 일이 약 20년 후에 자이드에게 또 나타나게 되어 안타깝다.

카으바 재건

카디자와 결혼한 무함마드는 평안하고 유복한 생활을 하고 있었다. 결혼 10년 차가 되었을 때 카으바 신전에 불이 났다. 홍수로 신전이 많이 파괴되었다는 설도 있다. 어쨌든 카으바 신전으로 인해 막대한 수익을 올리는 메카의 주민들은 신전 재건을 위해 모금을 했는데 매춘부의 성금까지 받았다.

마침 메카 인근 홍해의 제다에는 조난을 당한 화물선이 정박해 있었다. 이 화물선에는 예멘의 성당을 보수하기 위한 자재와 공사를 관리할 건축 기사가 있었다.

메카는 이를 활용키로 했는데 문제는 철거였다. 불에 그슬린 또는 홍수로 파괴된 신전이지만 과연 알라가 철거하는 것을 허락하는지에 대한 확신이 없어 다들 눈치만 보고 있었다. 우습지 않은가? 평소 이들이 알라의 존재를 생각했던가? 또 신의 뜻을 물었던가? 그랬다면 신전 안팎으로 온갖 우상을 갖다 놓았겠는가?

어쨌든 마침 이 문제에 답을 주는 사건이 발생했다. 신전 마당의 잠잠 우물에서 악어만 한 용이 가끔 나타나 사람을 괴롭혔다고 한다. 그런데 이때 또 용이 나타나 햇빛을 즐기고 있었다. 이때 갑자기 크고 흰 독수리가 나타나 용을 낚아채 갔다고 한다. 이를 신의 허락으로 해석해 신전을 철거했다고 한다. 이에 대해 이설도 있다. 어떤 용기 있는 사람이 앞장서서 곡괭이를 가지고 신전을 내리쳤다. 그런데도 그 사람에게 아무 일도 발생하지 않는 것을 보고 모두 철거에 동참했다는 것이다.

비로소 신전 재건이 순조롭게 거의 마쳤는데, 새로운 문제로 의견이 사분오열되었다. 카으바의 신성한 검은 돌을 서로 운반하려고 꾸라이쉬 부족 10개의 가문이 다투고 있었다. 갑론을박 끝에 다음날 카으바에 가장 먼저 오는 사람의 말에 따르기로 했다.

이런 결정을 모르고 이튿날 카으바에 첫 번째로 온 무함마드가 흑석의 운반 방법을 결정짓게 되었다. 사람들의 욕심을 잘 아는 무함마드는 모두 동참하는 의외의 방법을 제시하였다. 즉 꾸라이쉬 부족 10개 가문이 모두 크고 굵은 천막에 흑석을 올려 모두가 천막을 잡고 함께 운반하는 것이었다. 무함마드의 중재에 모두 찬성해 흑석 운반도 끝났다. 이설에 의하면 무함마드가 벗은 망토 위에 흑석을 올리고 열 명의 대표가 운반했다고도 한다. 운반된 흑석은 전처럼 기초석으로 사용되지 않았고 지상에서 약 1m 높이의 벽 빈자리에 무함마드가 끼워 놓았다고 한다.

이런 기막힌 묘안을 제시해 명성을 더 얻은 무함마드는 어떻게 생겼을까? 사촌인데 양자가 된 알리의 말에 의하면, 그는 중간키에 머리는 크고 약간 곱슬머리였다. 얼굴은 둥글고 넓은 이마와 큰 눈, 검은 눈동자에 수염은 짙었다고 한다.

3. 계시와 고난 극복

명상과 두 스승

무함마드는 카디자와 결혼한 후 부러운 것이 없었다. 그의 평판도 좋아 존경받았다. 카디자는 나이가 많음에도 불구하고 2남 4녀의 자식을 낳아 주었다. 3남 4녀라는 이설도 있다. 그런데 카디자가 낳은 네 딸, 자이납, 루까이아, 움무 쿨숨, 파티마는 건강하게 잘 자랐는데 아들들은 모두 요절했다.

아들을 잃을 때마다 무함마드는 인생에 대해 깊이 생각하며 인생무상을 느껴야 했다. 카으바를 자주 찾던 그는 카으바에서 기도하는 시간이 훨씬 더 길어졌다.

당시 메카인들은 알라의 세 딸로 알려진 세 여신을 가장 많이 찾았다. 라트, 웃자, 마나트, 세 여신이 알라 앞에서 사람들을 위해 중보 역할을 한다고 믿었다. 그래서 알라에게 직접 고하는 것보다 세 여신에게 고하는 것이 더 힘이 있다고 생각했다. 그런데 무함마드는 이런 여신들에 대해 회의감을 가지게 되었다. 확실하게 믿는 신이 없었기에 그의 기도 시간은 자기 내면과의 대화와 사색의 시간이 될 수밖에 없었다.

사색에 빠진 그에게 큰 영향을 끼친 두 스승이 있었다고 류광철 교수가 자신의 저서 《이슬람 제국》에서 밝혔다. 둘 다 무함마드에게 유일신 사상을 가르쳤다. 그들은 돌, 나무, 금속으로 보기 좋게 만든 신상은 가짜이니 섬겨선 안 된다고 했다. 심지어 카으바 안팎에 가득한 그런 우상들은 다 제거해야 한다고 말했다. 두 스승은 기독교와 유대교에 대해 능통했다.

그중 한 스승은 카디자의 사촌인 '와라카'였다. 와라카는 필경사 등 학자로서 성경의 일부를 아랍어로 번역하기도 했다. 그러나 그는 기독교에 대해 강한 비판을 하였다. 무함마드는 아내를 통해 와라카를 만난 이후 수시로 그를 만나 많은 것을 물었다. 와라카는 자기 생각을 거침없이 답해 주었다.

또 다른 스승은 당시 메카의 이단자로 알려진 '자이드 이븐 아므르'였다. 자이드는 아랍의 조상 이스마엘을 아브라함의 후계자로 가르쳤다. 그는 아브라함이 믿은 유일신 종교를 '아브라함교'라 부르며 유대교, 기독교와 달리 구분했다.

그는 이삭의 후손인 유대인은 후계의 자리에서 벗어났고 이스마엘의 후손들이 정통적인 후계자라고 주장했다. 그리고 그는 아랍인 중심의 새로운 종교의 창설을 주장하기도 했다. 또 그는 카으바의 검은 돌을 숭배하는 것도 경멸하며 알라 외에 다른 것을 숭배하는 것을 경멸하였다.

그는 대표적인 '하니프'였다. 하니프는 다신 숭배를 경멸하고 조상 아브라함이 믿었던 순수한 종교(하니피야)를 추구하는 사람을 가리킨다고 류광철 교수는 말한다.

자이드는 카탑의 박해로 히라 동굴에서 살게 되었다고 한다. 이후 그는 가끔 와라카, 무함마드, 카디자와 만나 자신이 명상한 것을 나누곤 했다. 자이드를 몰아낸 카탑과 자이드는 묘한 관계였다. 어머니는 같았다. 그러나 자이드의 아버지는 카탑 아버지의 아들이었다. 그래서 모계 혈통으로는 두 사람이 형제인데, 부계로는 카탑이 자이드의 삼촌이 되었다. 당시 아랍은 이런 경우가 자주 발생할 정도로 난혼이 흔했다. 카탑은 아들에게도 엄했는데 아들 오마르는 무함마드의 심복이 되었다. 오마르는 후에 이슬람의 2대 칼리파가 되어 이슬람 확장을 시작하였다. 카탑이 박해한 자이드가 무함마드를 가르쳤고 카탑의 아들이 무함마드의 심복이 되었으니 참으로 흥미롭지 않은가!

무함마드는 아들을 잃은 후 와라카와 자이드를 통해 유일신을 찾는 명상의 시간을 많이 갖게 되었다. 혼자만의 명상을 위해 카으바보다는 메카 인근의 동굴을 찾게 되었다. 당시 40세 정도의 중년 남성중에 이런 명상을 위해 한 달씩이나 동굴에 기거하는 풍조가 메카에 있었다.

무함마드도 집에서 1.5km 정도의 히라 동굴에서 한 달씩 명상을 즐겼다. 그런데 이 동굴은 인류의 조상, 아담이 팠다는 설이 있는가 하면 사탄인 이블리스가 팠다는 설도 있다. 어쨌든 이 동굴의 높이는 중간키의 무함마드가 머리나 허리를 숙이지 않아도 될 정도의 높이였다. 깊이는 침낭을 놓고 다리를 뻗고 눕기에 충분했다고 한다. 그는 글을 몰랐기에 책도 없이 하루 종일 명상만 했다. 이 긴 명상에 두 스승에게서 배운 유일신 사상과 아랍인 중심의 새로운 종교 등에 관한 것이 큰 밑거름이 되지 않았을까? 아무것도 모르고서야 도대체 무엇을 한 달이나 명상한단 말인가? 그곳에서 캬라밴 사업을 구상하진 않았을 것 아닌가?

계시의 시작과 갈등

무함마드는 히라 동굴에서 3년째 라마단 달에 한 달간 명상하였다. 그러던 중 뜻하지 않게 그는 신의 첫 계시를 받았다고 한다. 이때가 아랍의 태음력으로 9월인 라마단 달 21일 월요일 밤, 서기 610년 8월 10일이라고 이슬람 학자들이 말한다. 또 이때는 무함마드의 나이가 정확히 40세 6개월 12일이 되는 날이라고 한다. 이 설에 의하면 이보다 9일 후인 라마단 달의 마지막 날에 첫 계시를 받았다는 학설도 있다.

어쨌든 이날에 망토인 불다(bourda)를 두르고 누운 무함마드를 누군가 깨웠다. 천사 가브리엘이 무함마드를 깨워 비단 천에 금색 글씨로 적은 성구를 주며 "이쿠라"(ikra)라고 말하였다. "이쿠라"는 "읽어라"라는 뜻이다. 글을 읽을 줄 몰라 겁먹은 채 난감해하는 무함마드의 어깨를 천사가 세게 잡아 흔들며 목과 가슴을 조이더니 다시 "이쿠라"라고 하였다. 글을 읽을 줄 모른다고 말하는 그에게 천사는 또 읽으라고 재촉하며 그의 어깨를 세게 잡고 계속 흔들었다.

그는 천사의 힘에 눌려 숨도 쉬기 힘들었지만, 글을 모르는 것을 어쩐단 말인가! 무함마드가 글을 모르는 사람인 것을 천사가 모르고 세 번이나 조르며 윽박질렀다. 어쨌든 이후에 천사가 한 구절씩 먼저 읽어주면 그가 따라 읽으며 암송했다고 한다.

이렇게 첫 계시가 내린 밤을 꾸란 97장 1~5절에는 '거룩한 밤'으로 세 번이나 부르고 있다. 어떤 학자는 천사가 처음부터 '복창하라'라고 했다고 한다. 어쨌든 복창한 첫 계시는 꾸란 96장에 나타나는데 1~5절의 내용은 다음과 같다.

"만물을 창조하신 주님의 이름으로 따라 읽어 암기하라 주님께서는 한 방울의 정액으로 인간을 창조하셨느니라 가장 자비로우신 그대 주님의 이름으로 읽고 암기하라 주님께서는 연필로 쓰는 것을 가르쳐 주시고 인간이 알지 못하는 것도 가르쳐 주시느니라"

신의 계시를 이런 식으로 처음 받았다는 무함마드는 기쁨보다 겁이 났다. 자신을 깨위 읽으라고 윽박지른 존재가 천사인지 악령인지 헷갈려 답답했다. 누구라도 이런 상황이면 겁나지 않았을까?

꿈인지 생시인지 당황하여 하산하는 무함마드에게 천사가 아주 거대한 모습으로 또 나타났다고 한다. 초록빛 하늘에 또는 지평선에 서 있는 거대한 천사가 말했다. 이 천사가 하늘까지 닿는 거대한 의자에 앉아 말했다는 설도 있다. "오오, 무함마드여, 너는 알라 하나님의 사도이니라 나는 천사 가브리엘이다." 이때 하늘이 초록빛이라 이슬람교의 상징색은 초록이 되었다고 한다.

또 다른 이설에 의하면 무함마드가 하산 도중에 가브리엘을 만났는데 그의 발아래에서 물이 솟아올랐다고 한다. 천사는 이 물로 몸을 정결하게 씻는 방법을 직접 보여주었다. 또 신에게 절하는 자세와 예배하는 자세도 보여주었다고 한다.

하여튼 근심에 가득 찬 무함마드가 집에 들어오자 카디자가 뭘 걱정하는지 물었다. 무함마드는 동굴과 하산 도중에 있었던 일들을 설명하였다. 그는 자신이 천사를 만난 건지 악령을 만난 건지 답답하고 이런 일이 또 생길까 두렵다고 말했다. 이렇게 말하는 그의 눈에 또 천사가 보였다. 무함마드는 겁이 나 카디자의 망토로 자기 몸을 감쌌다. 이때 계시되었다는 꾸란 74장 1~7절은 이렇다. "망토를 걸친 자여 일어나서 경고하라 그리고 주님만을 찬양하고 그대의 망토를 청결하게 할 것이며 부정한 것을 피하고 필요 이상의 것을 주지 말며 주님을 위해 인내하라"

천사의 말을 듣고 본 무함마드는 "그가 방 안에 나타났다."라고 말했다. 겁먹은 남편을 진정시킨 카디자는 남편을 자기 오른 무릎 위에 앉히고 지금도 보이냐고 물었다. 보인다는 그를 이번엔 왼 무릎 위에 앉혔는데 그래도 보인다고 그가 말했다. 이 부분과 다른 학설에 의하면 카디자의 왼 무릎에 그의 머리를 누인 후에 그녀의 오른 허벅지에 그의 무릎을 올리고 물었다고도 한다.

이후 카디자는 그에게 옷을 다 벗으라고 하였다. 카디자도 옷을 다 벗었다. 서로 알몸이 된 상태에서 카디자는 그에게 자신을 꼭 껴안으라고 하였다. 서로 꼭 껴안은 채 카디자가 지금도 보이냐고 물었다. 무함마드가 이제 안 보인다고 답하였다. 이 부분의 이설에 의하면 카디자가 히잡을 벗어던지니 천사가 더 이상 보이지 않았다고도 한다. 그런데 그때도 히잡이 있었는지 또 히잡을 집에서도 착용했는지 의아하다. 어쨌든 카디자가 말했다. "당신이 만난 것은 천사다. 악령이라면 우리가 알몸으로 껴안을 때 계속 보며 즐기지 사라지지 않는다. 천사이기에 계속 보기가 민망해 사라진 것이다." 카디자의 생각이 다소 인간적이긴 하지만 너무 그럴듯한 말 아닌가?

카디자는 무함마드의 확신을 돕기 위해 그와 함께 필경사인 사촌 오빠, 또는 조카라고도 하는 와라카를 찾았다. 두 사람의 말을 다 들은 와라카가 말했다. "무함마드가 가브리엘 천사를 만난 것은 산에서 모세에게 신이 나타난 장면과 같다. 이제 자네 친족, 꾸라이쉬가 자네를 괴롭히며 죽이려거나 쫓아내려 할 것이다. 내가 그때까지 살아 자네를 도울 수 있다면 얼마나 좋겠는가!" 이렇게 말한 그는 얼마 후에 죽었다. 와라카의 말대로 모세가 신의 첫 계시를 받은 상황과 같은지에 대해선 이 책 3부 11장에서 더 깊이 다룰 것이다.

어쨌든 집으로 돌아온 카디자는 무함마드 앞에 무릎을 꿇고 남편을 신의 사자로 받아들이며 최초의 이슬람교 신자가 되었다. 이런 아내를 둔 무함마드는 아내의 나이가 15살이나 많아도 카디자가 살아있는 동안에는 다른 여인을 아내로 맞이하지 않았다. 하여튼 카디자에 만족했던 무함마드는 인류의 조상, 아담이 카디자를 보고 이런 말을 할 것이라고 자랑하기도 했다. "알라는 나보다 무함마드를 축복했다. 카디자는 신의 뜻을 실현하기 위해 도움이 되었지만, 하와는 나에게 신을 배반하게 만들었다."

또 무함마드는 이런 말도 했다. "이 세상에서 카디자만큼 가치 있는 여자는 없다. 나를 믿어주는 사람이 없을 때 그녀만은 나를 믿어주었다."

이후 무함마드에게 힘을 주는 신의 계시가 있었는데 그 내용은 꾸란 93장 5~11절로 다음과 같다. "주님께서 그대에게 은혜를 베풀 것이니 그대는 그것에 기뻐할 것이라 하나님께서는 고아인 그대를 발견하여 그대를 보호하지 아니했더뇨 하나님께서는 방황하는 그대를 발견하여 인도하지 아니했더뇨 하나님께서는 그대가 가난한 것을 발견하고서 그대를 부유하게 만들어주지 아니했더뇨 그러므로 고아들을 학대하지 말 것이며 구하는 자에게 거절하지 말고 주님의 은총을 선포하라"

이런 식으로 3년간 가브리엘이 무함마드를 교육했다고 한다. 즉 신의 사도로 무함마드를 불러 우상을 숭배하며 사악한 짓을 하는 사람들에게 경고하도록 가르쳤다고 한다.

이 기간에 하루는 마늘이 든 음식이 차려진 식탁에 무함마드가 앉았다. 그런데 마늘이 든 음식이 천사를 기분 나쁘게 할까 봐 식사를 주저하며 신의 뜻을 알고자 무함마드가 혀를 굴렸다. 이때 꾸란 75장 16~19절이 계시되었다는데, 그 내용은 이렇다. "꾸란을 계시받음에 조급하게 혀를 굴리지 말라 내가 그것을 모으고 그대에게 그것을 읽을 능력을 줄 것이니라. 그러므로 내가 읽으면 그것을 따라 읽어라 그런 후 내가 그것을 설명하여 줄 것이라."

이렇게 3년간 교육받고 있는 무함마드가 카디자와 함께 집에서 예배하는 장면을 본 두 양자, 알리와 자이드는 차례로 이슬람 신자가 되었다.

초기의 신도와 핍박

3년간의 교육과 비밀 전도 기간이 끝나고 계시 4년이 되었을 때 가브리엘이 무함마드에게 공개적인 활동을 지시했다고 한다. 그래서 길에서 설교를 했지만, 사람들은 냉담했다. 예로부터 아랍에는 예언자를 자처하는 사람이 많아 그 수가 무려 12만명에 달했다고 한다. 무함마드도 그중 하나로 보여 사람들은 냉담했다. 이때 가브리엘은 친척 전도를 명했다. 이 지시에 무함마드는 심한 부담감을 가지며 한 달이나 몸져누웠다. 자리에서 일어난 무함마드는 할아버지 무딸립의 자손들 약 40명을 초대해 식사를 대접하였다. 식사 후 무함마드가 설교하려는 찰나에 이웃에 사는 숙부 아부 라합이 먼저 말했다. 그는 이 자리에서 길에서와 같은 말은 하지 말 것을 요구했다. 그래서 무함마드가 아무 말도 못 한 채 모두 헤어졌다.

얼마 후 무함마드는 다시 친족들을 초대했지만, 이때도 말을 머뭇거렸다. 뭔가 할 말이 있는 것을 눈치챈 백부 아부 딸립은 무함마드가 말하도록 용기를 주었다. 그러자 아부 라합이 시비를 걸었다. 그와 다툰 아부 딸립은 하심 가문의 족장으로서 조카를 보호하겠다고 모든 친족 앞에서 공언하였다.

무함마드는 친족 전도에 실패했지만, 거리에서 계속 설교하였다. 이 설교를 들은 숙부 아부 라합은 무함마드를 '미친놈'으로 부르며 핍박에 앞장섰다. 다른 메카인들도 무함마드를 이상한 사람으로 취급하며 놀리기 시작했다. 그리고 사람들은 무함마드를 기피했다.

그래서 무함마드는 중대한 일을 의논하겠다며 사람들을 사파 언덕에 불러 모았다. 사파에 모인 사람들에게 무함마드가 말했다. "내가 여러분들에게 적이 메카로 공격해 오고 있다고 말하면 여러분들은 나를 믿겠습니까?" 그러자 사람들이 말했다. "당연히 믿지요. 당신은 알 아민 아닙니까?" 이에 무함마드는 이렇게 말했다. "알라 하나님만이 유일한 신입니다. 우상 숭배를 그치고 그분만을 섬기십시오. 그분이 싫어하는 음란한 생활과 난혼은 이제 그만해야 합니다. 알라 하나님을 거역하면 불지옥에 떨어집니다." 이때 아부 라합이 말했다. "미친놈! 저주받아 망할 놈! 이런 말을 하려고 우리를 이곳에 불러 모았단 말이냐?" 다른 사람들도 수군거리고 욕하며 돌아갔다. 메카에서 칭찬받던 무함마드가 이젠 완전히 이상한 사람으로 취급받았다.

이후 아부 라합과 그의 아내인 움무 자밀은 무함마드를 더욱 괴롭혔다. 그들은 무함마드의 뒤에서 돌을 던지고 심지어 이웃에 사는 무함마드의 집에도 돌과 오물을 던졌다. 그리고 아부 라합과 움무 자밀은 그들의 두 아들에게 이혼을 강요했다. 왜냐하면 두 아들은 무함마드의 둘째, 셋째 딸인 루까이야, 움무 쿨숨과 결혼했기 때문이었다. 결국 루까이야와 움무 쿨숨은 이혼당하고 무함마드의 집으로 쫓겨왔다.

그럼에도 무함마드는 메카의 유명한 시장인 우까즈와 곳곳을 다니며 이슬람교를 설파하였다. 아부 라합은 그를 따라다니며 '거짓말쟁이'라고 욕하며 그를 방해하였다. 그러다가 "알라 하나님을 믿지 않고 죽은 조상은 불지옥에 떨어졌다. 할아버지 무딸립도 예외가 아니다."라는 그의 말에 아부 라합은 더욱 화가 났다.

그래서 카으바 신전에서 기도하는 무함마드를 낙타 위장으로 만든 자루로 덮어씌워 묶었다. 자루 속의 온갖 더러운 냄새에 숨 막힌 무함마드는 의식을 잃었다. 이 소식을 듣고 이혼당한 루까이야가 와서 아버지를 구해 주었다. 이설에 의하면 이 짓을 한 사람은 아부 라합이 아니고 고리대금업자, 아부 자흘이라고 한다. 어쨌든 그럼에도 다음 날 무함마드가 또 신전에서 기도하는 것을 본 아부 라합이 이번엔 망토로 덮어 구타하였다.

이에 아부 라합과 움무 자밀에 관한 저주의 계시가 내렸는데, 그 내용은 꾸란 111장 1~5절이며 다음과 같다. "아부 라합의 두 손이 썩고 멸망할 것이며 그의 재물과 그가 얻은 것이 그에게 아무런 소용이 없을 것이라 그는 곧 타오르는 불지옥에 들어갈 것이며 그의 아내는 불지옥의 땔감을 운반할 것이요 그녀의 목에는 단단히 꼬인 동아줄이 감겨질 것이라"

무함마드가 숙부와 숙모를 저주했다는 소문을 들은 숙모 움무 자밀은 돌을 잔뜩 들고 카으바 신전에 갔다. 무함마드와 아부 바크르가 함께 있었지만 움무 자밀은 아부 바크르만 보았다. 그녀는 자신을 저주한 무함마드에게 돌을 던져 죽이려고 했지만, 무함마드를 보지 못하고 그냥 되돌아갔다. 이에 무함마드는 알라 하나님이 그녀의 눈을 어둡게 하여 자신을 발견하지 못했다고 하였다.

한편 메카의 꾸라이쉬 부족은 무함마드에 대해 처음엔 냉소했을 뿐이었다. 그런데 신자가 계속 늘고 무함마드가 더욱 열심히 포교하는 것에 대해 걱정하기 시작했다. 그들은 무함마드가 이전 시대를 무지의 시대로 단정하며 그 관습을 깨야 한다는 주장이 싫었다. 무지 시대라고 매도하지만, 미풍양속으로 여겨지는 것도 있었는데 무함마드의 가르침만 내세우니 반발이 클 수밖에 없었다. 또 자신들이 그 관습으로 온갖 쾌락과 부를 누렸기 때문이다. 무함마드가 메카에 만연한 우상을 공격하고 우상 숭배한 조상을 저주할 때 그들은 분노하며 생계의 위협까지 느꼈다. 왜냐하면 카으바 신전을 관리하는 꾸라이쉬는 아랍인 각자의 우상을 카으바 인근에 두고서 카으바를 찾는 메카 순례객들로 인해 엄청난 이익을 얻고 있었기 때문이다. 그래서 그들은 순례 시기가 다가옴에 따라 메카 순례 객에게 무함마드가 부정적인 영향을 미칠 것을 염려했다.

그들은 무함마드가 속한 하심 가문의 족장인 아부 딸립에게 무함마드가 활동을 포기하도록 부탁했으나 거절당했다. 그래서 그들은 아부 딸립을 회유하기도 하고 위협하기도 하는 등 큰 노력을 했지만, 아부 딸립은 조카를 보호하겠다고 하였다.

이렇게 공개 활동을 시작한 계시 4년의 상황은 힘들었지만 신자는 늘어갔다. 이때 가족에 이어 네 번째 이슬람 신자가 된 사람은 무함마드의 절친한 친구인 아부 바크르였다. 아부 바크르는 신자가 된 그해에 딸 아이샤를 낳았다. 아이샤는 6년 후에 무함마드와 결혼하며 신자들의 어머니가 되었다. 아주 신중하고 사려 깊은 아부 바크르는 그 해에 그의 부자 친구 오스만을 전도하여 신자로 만들었다. 오스만은 무함마드의 둘째 딸로 이혼당했던 루까이아와 곧 결혼하였다. 부자인 아부 바크르는 부자 친구들에게 포교하여 신자로 많이 만들었다.

아부 바크르는 포교 활동에 그의 재산을 아낌없이 쏟아부었다. 아부 바크르를 통한 포교 외에는 대부분 약자, 특히 노예들이 무함마드의 설교에 귀를 기울였다. 왜냐하면 무함마드가 알라 하나님은 노예 해방을 좋아한다고 말했기 때문이다. 이런 분위기에서 메카의 꾸라이쉬 부족은 이슬람을 막기 위해 각자가 자기 집안과 노예들을 잘 관리할 것을 결의하였다. 이때 빌랄이라는 흑인 노예가 최초의 노예 신자가 되었다. 빌랄의 주인, 우마이아는 그의 목을 밧줄로 감아 거리로 끌고 다녔다. 그럼에도 빌랄은 신앙을 포기하지 않았다. 그래서 뜨거운 햇빛 아래 빌랄을 땅에 눕혀 묶었고 그의 배 위에 큰 돌을 올려놓았다. 마침 그 곁을 지나가던 아부 바크르가 이를 보고 우마이아에게 빌랄을 돈을 주고 사서 해방했다.

또 오마르의 두 여자 노예가 무슬림이라는 이유로 맞고 있는 것을 본 아부 바크르는 이 두 여자 노예들도 돈을 주고 사서 해방했다. 그리고 아부 자흘이 여자 노예를 고문하는 것을 본 아부 바크르가 그 노예를 사려고 했으나 아부 자흘이 팔지 않았다. 노예가 신앙을 포기하지 않자 화가 난 아부 자흘은 창으로 찔러 죽였다. 그 여자 노예는 최초의 순교자가 되었다.

이렇게 아부 바크르가 주인에게 학대받는 노예들을 사서 해방하는 것을 본 그의 아버지가 그를 나무랐다. 그러나 아부 바크르는 알라 하나님이 좋아하는 일이라고 말하였다. 그래서 꾸라이쉬 부족은 아부 바크르에게 노예를 파는 것과 무함마드의 카으바 출입을 금지했다. 이외에 신전에서 기도하는 무함마드의 어린 셋째(?) 아들이 암살당해 최초의 남자 순교자가 되었다고 한다.

이런 가운데 메카의 지도부와 무함마드 사이에 대화의 장이 마련되었다. 무함마드가 이슬람교를 포기하면 그를 메카의 왕으로 모시겠다는 제의도 있었지만, 그는 일축했다.

그리고 그는 메카인에게 마리아는 사랑의 여신인 알 웃자라고 말했다. 또 기독교는 일신교라는 메카의 주장에 반박했다. 기독교는 예수와 마리아를 숭배하는 다신교라고 말했다. 그리고 예수의 신성을 부인하며 자신이 신의 마지막 사도임을 주장했다.

메카인과의 논쟁에 지친 무함마드가 메카의 세 여신을 신의 중재자로 인정하는 발언을 하여 메카와 극적으로 화해의 물꼬가 터지는 듯했다. 그러나 무슬림의 강한 반발에 부딪히며 무함마드는 자신의 실언을 깨달았다. 그는 악령에 이끌려 실언했다고 자신의 발언을 취소했다. 이로써 메카와의 관계는 회복 불가능한 상태로 빠졌다.

이에 무함마드는 신도들을 보호하려는 조치를 취했다. 신자들에게 자신이 신자임을 다른 사람들에게 알리지 말고 비밀로 하라고 명했다. 또 신자들의 비밀 집회 장소로 사파 계곡에 있는 알깜의 집을 결정했다. 알깜의 집은 외진 곳이라 메카인의 눈을 피하기 좋았다. 또 집이 커서 많은 사람이 모일 수 있었다. 그래도 불안했던 무함마드는 게시 5년에는 신자들을 홍해 건너 아비시니아로 이주시킬 생각까지 하였다.

함자, 오마르의 개종

꾸라이쉬의 박해에도 불구하고 개종자들은 꾸준히 늘었다. 이 중에 아랍인의 불문율인 신의 휴전 기간을 어기고 순례자를 죽이고 약탈한 살인자 아부 다알이 있었다. 그는 메카에 숨어 잠잠 우물의 물만 30일간 마시며 살았다고 한다. 그럼에도 살찐 그는 무함마드를 만나 개종하였다. 심한 박해에도 불구하고 이런 식으로 무슬림이 30명을 넘어서자 아부 바크르가 공개적으로 활동할 것을 무함마드에게 건의했다. 그러나 무함마드는 거절했다. 그럼에도 아부 바크르가 거듭 건의해 결국 무함마드는 허락했다.

그래서 아부 바크르는 카으바에서 기도한 후 사람들에게 자신이 무슬림임을 밝히며 포교 활동을 했다. 이때 꾸라이쉬 부족 사람들이 집단으로 아부 바크르를 때려 아부 바크르는 의식을 잃었다. 아부 바크르는 집에서 겨우 깨어났는데 깨자마자 무함마드의 안전을 물었다. 그는 무함마드의 안전이 확인되기까지 아무것도 먹지 않겠다고 신께 맹세했다.

아부 바크르의 포교에 무함마드의 삼촌인 함자가 큰 감동을 하였고, 그의 포교 사흘 후 오마르가 개종해 40호 신자가 되었다고 한다. 그러나 함자와 오마르의 개종은 이때가 아니고 신도들의 아비시니아 이주 1년 후인 계시 6년 하지 달(12월)에 이루어졌다는 설도 있다.

아무튼 무함마드의 숙부 중에 비교적 젊은 함자는 조카를 신의 예언자로 믿지는 않았지만, 아부 딸립처럼 조카를 끔찍이 아꼈다. 함자는 운동 신경이 뛰어나 스포츠에서 그를 당할 자가 메카에 없었다. 이런 함자가 아부 바크르의 포교 활동쯤에 무함마드가 테러당해 크게 다쳤다는 소식을 들었다. 무함마드가 카으바에서 기도하는데 괴한들이 보자기를 덮어씌워 난타했다는 것이다. 게다가 상처 입은 그가 시내를 걷는데 또 괴한들이 돌을 던져 더 크게 다쳤다는 것이었다. 그런데 이런 테러들이 아부 자흘의 지시로 이루어진 것을 함자가 들었다. 아부 자흘은 꾸라이쉬 부족의 10개 가문의 한 족장이었다.

아부 바크르에게 감명받았던 함자는 자기 조카가 이런 짓을 당했다는 사실에 분개했다. 그는 활과 화살을 들고 아부 자흘의 집을 찾았다. 화가 난 함자는 아부 자흘에게 화살을 날려 상처를 입히곤 화살로 그를 마구 때렸다.

이 부분과 다른 설이 있는데 그 내용은 이렇다. 아부 자흘이 직접 무함마드의 머리를 때려 피가 흐르게 했다는 것이다. 그리고 함자가 족장들의 모임 장소에서 아부 자흘을 찾았다고 한다. 그곳에서 함자가 아부 자흘의 머리를 자기 엉덩이로 깔아뭉개고 화살로 마구 때렸다고 한다. 이때 아부 자흘의 가문인 마크줌 가문이 함자에게 달려들 기미를 보이자 함자의 하심 가문도 움직였다. 큰 싸움이 벌어질 찰나에 아부 자흘이 자기 잘못을 인정하여 양대 가문의 충돌은 가까스로 면했다고 한다.

어쨌든 겁먹은 아부 자흘에게 함자는 이런 경고까지 하였다. "내가 개종해 조카 무함마드를 지킬 것이니 함부로 얼씬거리면 내가 용서하지 않겠다." 그리고 함자는 곧장 무함마드를 찾아 개종하며 무슬림이 되었다.

이 소문은 메카의 꾸라이쉬 부족에게 쫙 퍼졌다. 그래서 무함마드에 대한 대책을 의논코자 꾸라이쉬 부족의 10개 가문 중 하심 가문을 뺀 모든 족장이 모였다. 무함마드를 암살하기로 의견이 모아졌으나 나설 사람이 없었다. 이때 25세의 오마르가 무함마드를 죽이겠다고 말하자 모든 족장은 기뻐했다. 왜냐하면 오마르는 키가 유난히 큰데다가 성격이 급하고 정의감에 불탔으며 결심한 것은 물불을 가리지 않고 속히 이루는 사람이었기 때문이다.

그의 이름에 관한 재미있는 아랍 전설을 소개한다.

〈악마 이블리스가 천국에서 쫓겨나 방황하다가 무함마드를 만나 자신이 어떻게 해야 복권될 수 있는지 물었다. 아담의 무덤에 키스하면 다시 복권될 것이라는 무함마드의 말을 듣고 악마는 아담의 무덤을 찾아 나섰다. 가는 길에 악마가 오마르를 만났다. 오마르에게 너무 무서움을 느낀 악마가 떨면서 아담의 무덤 위치를 물었다. 그런데 오마르가 죽은 아담의 무덤에 키스한다고 복권되는 것이 아니라고 냉정하게 잘라 말했다. 이 말을 들은 악마는 오마르가 무서워 더 이상 그에게 묻지 못했다. 그리고 아담의 무덤으로 가는 것도 포기해 현재까지 복권되지 않았다.〉

전설이지만 악마도 두려워한 오마르가 칼을 들고 나섰으니 꾸라이쉬의 기대가 얼마나 컸겠는가?

칼을 찬 오마르가 무슬림의 비밀 집회 장소인 알깜으로 가다가 친구 사아드를 만났다. "어디로 가느냐?"는 사아드의 질문에 오마르가 메카를 어지럽히는 무함마드를 죽이러 간다고 말했다. 사아드는 오마르가 무함마드를 죽이면 무함마드의 가문이 오마르에게 복수할 것이라고 경고했다. 그러자 화가 난 오마르는 사아드부터 처치하겠다고 칼을 뽑았다. 이에 사아드는 자신도 무슬림임을 밝히며 칼을 뽑았다. 서로 싸우기 직전에 사아드가 오마르에게 "자네 집안부터 먼저 단속하게. 자네의 여동생과 매제도 무슬림이라네."라고 말했다. 무함마드를 구할 시간을 벌려고 이 말을 한 사람은 사아드가 아니고 나임이라는 설도 있다.

어쨌든 이 말을 들은 오마르는 발길을 돌려 여동생 집으로 갔다. 마침 꾸란을 읽고 있는 여동생 부부를 보고 화가 난 그는 이들을 마구 때렸다. 오마르에게 맞아 피를 흘리면서도 여동생은 죽어도 신앙을 포기할 수 없다고 눈물 흘리며 말했다. 동생의 결연한 의지에 놀란 오마르는 갑자기 꾸란이 궁금해졌다. 자신이 빼앗아 던진 꾸란 조각을 주워 잠시 읽었다. 당시 꾸란은 말린 나뭇잎, 낙타 뼈, 낙타 가죽 등에 한 구절씩 적혀 있었다. "하나님 외에 다른 신은 없다"라는 꾸란 20장 14절에 감동한 오마르는 동생에게 사과했다. 그리고 자신도 믿을 테니 집회 장소로 안내해 주길 부탁했다. 너무나 갑작스러운 상황 변화에 동생은 의아해하였다. 그러나 곧 오빠의 진심을 여동생이 느꼈다.

오빠에게 맞아 붓고 상처 난 얼굴이지만 동생은 오마르를 '알깜'으로 안내하였다. 오마르가 알깜에 들어서자 모두 놀라 겁내는 가운데 함자가 오마르와 싸우려고 했다. 이때 여동생이 모두 안심시킨 후 오마르가 직접 사과하며 개종의 뜻을 밝혔다. 그 순간 장내는 환호성으로 바뀌었다. 이들은 아부 자흘과 오마르의 개종을 기도하고 있었기에 그 기쁨은 더욱 컸다.

무슬림으로 개종한 오마르는 칼, 활, 화살을 어깨에 메고 꾸라이쉬 지도부를 찾아 개종을 밝히며 이렇게 으름장을 놓았다. "나와 맞설 자는 나오라. 어머니가 죽은 아들 때문에 슬피 울게 하고 싶은 자는 나오라. 자식을 고아로 만들고 싶은 자는 나오라. 아내를 과부로 만들고 싶은 자는 나오라." 오마르의 위세에 눌린 사람들은 아무도 나서지 않았다.

이렇게 3일 간격으로 무슬림이 된 함자와 오마르가 함께 카으바를 지키니 카으바에서 더 이상 무함마드를 해할 자가 없었다.

신도들의 아비시니아 망명

계시 5년의 7월과 12월에 박해를 피해 현재의 에티오피아인 아비시니아로의 이주가 있었다.

7월인 라자브 달에 오스만과 남자 11명, 오스만의 아내인 루까이아와 여자 4명이 이주했다. 꾸라이쉬 부족이 이 소문을 듣고 추적해 항구에 도착했다. 그러나 이미 이들을 태운 배는 홍해 건너로 떠나고 항구엔 아무도 없었다. 아비시니아에 도착한 이들은 너무 의외의 소식을 들었다. 하람 사원에서 무함마드의 꾸란 낭송을 들은 꾸라이쉬 부족 전체가 감동하여 모두 이슬람으로 개종했다는 것이었다. 이들은 기뻐하며 다시 메카로 돌아왔지만, 그 소문은 거짓이었다. 그래서 일부는 아비시니아로 다시 갈 준비를 하였고 일부는 무슬림을 찾아 보호를 요청하였다.

두 번째 이주는 연말에 남자 80명, 여자 18명이 갔다. 꾸라이쉬는 사절단을 아비시니아 왕에게 보내 많은 선물을 주면서 망명자들을 비난했다. 무슬림은 메카의 조상들이 섬긴 신뿐 아니라 아비시니아의 신들도 부인하면서 세상을 어지럽힌다고 말하였다. 그래서 무슬림들을 메카로 돌려보내 줄 것을 요청하였다.

그러나 자비롭기로 소문난 네구스 왕은 자기 나라에 온 사람들을 아무런 조사도 하지 않고 돌려보낼 수는 없다고 말했다. 그리고 망명해 온 무슬림들을 불렀다. 이들은 왕에게 큰절하지 않고 이슬람식의 인사를 했다. 이것을 아비시니아의 신하들이 문제 삼았다. 그러자 이들은 자기들 예언자는 하나님 외에 다른 어떤 사람에게도 절하지 말라고 했음을 당당히 밝혔다. 그리고 무함마드의 사촌인 자파르가 왕에게 말했다. "우리는 우상을 섬기며 무지한 가운데 악을 행하며 살았습니다. 그런데 하나님께서 우리에게 예언자를 보내 하나님을 섬기고 우상숭배를 금하였습니다. 그리고 자선을 베풀며 고아를 돌볼 것을 명하였습니다. 이에 저희들이 예언자의 말과 행동을 따라 살게 되었습니다. 그러자 메카의 우리 부족 사람들은 조상들이 섬기던 우상을 따르지 않는다고 우리를 핍박하며 다시 우상 숭배할 것을 저희에게 요구하였습니다. 너무 심한 박해를 못 이겨 저희들은 예언자의 허락을 받고 자비로우신 왕의 나라로 이주해 왔습니다."

이 말을 들은 왕이 "너희들이 믿는다는 꾸란을 읽어 보아라."라고 말했다. 자파르는 예수가 마리아의 몸에 신비하게 잉태된 것을 읽었다. 왕은 자파르의 낭송을 듣고 감격했다고 한다. 왕은 우리가 믿는 하나님과 꾸란이 말하는 하나님이 같다고 하면서 무슬림을 꾸라이쉬에게 돌려보낼 수 없다고 말했다.

이에 꾸라이쉬의 사절단은 밤새 의논한 후 왕에게 무슬림은 예수를 모독하고 예수는 신의 아들이 아니라고 주장함을 밝혔다. 왕은 무슬림을 다시 불러 예수에 대한 믿음을 물었다. 이에 이들은 예수는 동정녀 마리아의 몸에서 태어났으며 예수 자신은 자신에 대해 아무런 말도 하지 않았고 무슬림은 무함마드가 예수에 관해 말한 것만을 믿는다고 하였다. 그러자 아비시니아의 기독교 사제들은 웅성거리기 시작했다. 그러나 왕은 꾸라이쉬 사절단에게 무슬림들을 내어줄 수 없으니 평안히 돌아가라고 하면서 사절단이 가져온 선물도 돌려주었다. 그리고 네구스 왕은 포고령을 발표해 무슬림들이 아비시니아에서 평안히 생활할 수 있도록 해 주었다.

이렇게 하여 아비시니아에서 살게 된 망명자 중에 바라카라는 여인이 있었다. 바라카는 무함마드의 아버지, 압둘라의 노예였는데 무함마드는 어린 시절에 그녀를 엄마로 부르기도 했다. 그런데 바라카의 남편이 아비시니아에서 죽자 바라카는 무함마드에게 돌아왔다. 그런데 무함마드는 나이가 월등히 많은 바라카를 자기 양자인 자이드와 결혼시켜 바라카는 오사마를 낳았다. 무함마드는 죽기 한 달 전에 18세의 오사마를 시리아 원정군의 사령관으로 임명하였다. 이 부분은 6장과 7장을 참고하기 바란다.

아내와 백부의 죽음과 재혼

아비시니아 망명과 함자와 오마르의 개종으로 꾸라이쉬 지도부가 무함마드의 존재를 인정하였다. 그래서 양자 간에 다시 대화가 이루어졌다. 그러나 이 대화는 실패했다. 이에 꾸라이쉬의 지도자들은 무함마드를 죽이고 싶었지만 하심 가문 때문에 그렇게 할 수 없었다. 하심 가문에서 무슬림이 된 사람은 극소수였지만 무함마드가 자기 가문이라는 이유로 꾸라이쉬의 행동을 보고만 있지 않을 것이었기 때문이다. 더군다나 아부 딸립이 족장으로서 조카를 지키고 있지 않은가! 이 하심 가문은 군사력도 갖추고 있어서 암살은 희망 사항에 불과했다. 그렇다고 가만히 있을 순 없었다. 고민 끝에 꾸라이쉬 부족은 결단을 내려 아부 라합을 제외한 하심 가문도 규제하는 무슬림 경제 제재 포고령을 만들었다. 그러나 하심 가문을 제외한 꾸라이쉬의 모든 족장이 이 포고령에 서명하기까지는 시일이 다소 걸렸다. 진통 끝에 마침내 계시 7년 1월에 아부 딸립을 제외한 모든 족장이 서명한 포고령이 카으바의 담에 걸렸다. 이 포고령의 내용은 무슬림뿐 아니라 하심 가문과의 모든 거래와 교류를 금지한다는 것이었다. 하심 가문의 사람들은 아부 라합의 집에 구금되었다.

무슬림은 메카 성 밖의 계곡에서 천막생활을 해야만 했다. 먹을 것이 바닥나고 마실 물도 구하기 힘든 상황에서 무슬림들은 살기 위한 몸부림을 쳐야만 했다. 그렇다고 꾸라이쉬와 싸울 힘은 아직 없었다. 그저 참으며 견디는 수밖에 없었다.

이때 하심 가문의 족장이며 무함마드의 백부인 아부 딸립도 성 밖에서 텐트 생활을 하며 조카를 보호하였다. 모진 세월을 3년이나 견딘 끝에 꾸라이쉬 부족 내에 이 규제를 풀어야 한다는 소리가 터져 나왔다. 적이 아닌 같은 부족 사람들을 이렇게 오래 괴롭혀선 안 된다는 자성의 소리였다. 이때 마침 카으바 담에 걸린 포고문을 벌레가 다 갉아먹어 포고령이 사라지는 사건이 발생했다고 한다. 드디어 무슬림에 대한 제재가 만 3년이 지나 계시 10년 1월에 풀렸다.

그러나 이 모진 기간의 끝 무렵에 얻은 병으로 아부 딸립은 힘든 생활을 했다. 이 소식을 들은 꾸라이쉬 지도부는 아부 딸립을 문병하며 무함마드와의 타협을 또 시도하였다. 그러나 양자 간에 평행선을 달리며 화해는 또 실패했다. 그리고 결국 계시 10년 7월에 아부 딸립은 죽었다. 나이 80을 넘기고도 조카를 보호했던 아부 딸립은 끝까지 개종하지 않아 무함마드를 안타깝게 만들었다. 그리고 두 달 후인 9월에 역시 병으로 고생하던 아내, 카디자도 65세로 죽었다. 이들의 죽음에 대해선 카디자가 먼저 죽고 며칠 후에 아부 딸립이 죽었다는 설도 있다.

어쨌든 너무 사랑하는 아내와 백부의 죽음에도 불구하고 무함마드는 슬픔에 잠길 겨를이 없었다. 무함마드의 머리와 얼굴에 흙을 뿌리는 등 다시 박해가 심해졌기 때문이다. 계시 10년 10월에 무함마드는 양자인 자이드와 함께 걸어서 타이프로 피신해 이슬람교를 전했다. 그러나 그곳 주민에게 돌 세례를 맞아 상처를 입으며 쫓겨났다. 그가 다시 메카로 돌아올 때는 그와 친분이 있던 부족의 보호 아래 돌아올 수 있었다. 타이프 피신 사건은 이때가 아니고 무함마드가 밤에 천상 여행을 한 후라는 설도 있다. 이때는 무함마드가 재혼했기에 피신하는 사람이 결혼할 수 있는 형편이 아니라는 것이다.

하여튼 카디자가 죽은 후 무함마드는 사하바(예언자의 가까운 교우들)로 불리는 카울라로부터 재혼을 건의받았다. 아부 바크르의 6세 딸 아이샤와 아비시니아에서 되돌아온 40세 사우다와의 결혼을 건의받았다. 사우다는 무함마드가 돌봐야 할 딸이 있기에 수긍이 가는 상대다. 큰딸 자이납과 둘째 루까이아는 결혼했지만 아직도 돌봐야 할 두 딸들이 있었다. 그래서 무함마드는 10세 연하인 사우다와 계시 10년 10월에 결혼했다. 사우다는 아비시니아로 이주했는데 그곳에서 남편이 기독교로 개종해 남편과 헤어지고 메카로 되돌아왔었다. 체격이 크고 좀 뚱뚱한 사우다와의 결혼은 누구나 충분히 이해되었다.

그러나 이 결혼 후 무함마드가 6세의 아이샤와 결혼한 것은 너무 의외였다. 자기 막내딸 파티마보다도 5세 정도나 어린 아이샤와의 결혼은 이렇게 전개되었다.

무슬림 결속과 포교를 위해 카울라가 사우다와의 결혼보다 아이샤와의 결혼을 먼저 건의했었다. 무함마드가 이를 좋게 여겼지만, 결혼은 사우다보다 조금 늦었다. 이설에 의하면 무함마드가 세 번이나 아이샤를 꿈속에서 보았다고 한다. 가브리엘이 꿈속에서 아이샤의 얼굴을 가린 베일을 벗기며 "이 사람이 현세와 내세에서 너의 아내가 될 것이다."라고 말했다는 것이다. 아이샤는 아부 바크르의 딸이었는데 아버지가 무슬림이 되던 계시 4년에 태어나 이제 6세였다. 무함마드는 카울라를 보내 청혼했다. 마침 아부 바크르가 집에 없었다. 아이샤의 엄마는 아이샤가 너무 어리다며 난색을 표명했다. 카울라가 기다리는 동안에 집으로 돌아온 아부 바크르도 역시 난색을 표명했다. 카울라의 보고를 들은 무함마드는 "아부 바크르는 나의 소꿉친구이자 이슬람 형제이기도 하지만 그것이 내가 그의 딸과 결혼하지 못할 이유가 되진 않는다."라고 말하며 결혼을 계속 추진하였다. 독실한 신자로 이슬람 포교에 재산을 아낌없이 쏟아붓고 있던 아부 바크르는 결국 무함마드의 청혼을 받아들였다.

계시 10년 10월인 샤우왈 달에 6세의 아이샤는 50세의 무함마드와 결혼하였다. 무함마드는 아부 바크르의 집에서 첫날밤을 아이샤와 함께 보냈다. 그러나 그 이후는 부모의 보호 아래 생활하였다. 아이샤가 너무 어렸기 때문이었다. 본격적인 부부 생활은 3년 후 아이샤가 9세가 되는 이슬람력 1년 샤우왈 달에 메디나에서 이루어졌다.

아이샤의 결혼 시기에 관해 이설이 있다. 6세에 결혼식을 올린 후 2년 5개월이 지나서 본격적인 부부 생활이 시작되었다고 한다. 이설에 의하면 무함마드가 사우다와 결혼한 두어 달 후에 아이샤와 결혼했다고 한다. 그런데 아이샤는 결혼도 샤우왈 달에 했고 메디나 생활도 샤우왈 달에 시작하였다고 말한 적이 있다. 샤우왈 달은 아랍 여인에게 좋지 않은 달로 여겨졌다. 그래서 좋지 않은 달에 결혼한 것과 메디나 생활이 시작된 것에 대한 아이샤의 기억이 남달랐을 것으로 보인다.

그런데 아무리 명분이 있다고 해도 6세 여아와의 결혼을 위해 천사까지 응원했다니... 독실한 아부 바크르 부부가 선뜻 받아들이지 않은 것으로 보아 조혼이 일반화된 당시로도 6세와의 결혼은 충격적이었을 것이다.

꿈 같은 천상 여행

무함마드는 사우다, 아이샤와 결혼했는데도 백부 아부 딸립의 딸인 움무 하니와 가까이 지냈다. 계시 12년째 되는 해 '라자브'(7월)달에 움무 하니의 집에서 함께 잠을 자던 무함마드는 신비한 경험을 했다고 한다. 잠에서 깬 무함마드는 간밤에 자신이 체험한 신비한 천상 여행을 움무 하니에게 말했다. 움무 하니는 자기는 무함마드의 말을 믿지만 다른 사람은 믿지 않고 오히려 미쳤다고 할 테니 다른 사람에겐 말하지 말라고 부탁했다. 무함마드가 경험했다는 밤하늘의 여행은 다음과 같다.

〈잠자는 무함마드에게 가브리엘 천사가 나타났다. 천사는 그를 잠잠 우물로 데리고 가서 우물물로 그의 몸을 씻겼다. 그 후 얼굴은 여인인데 날개 달린 백마, '부라끄'에 태워 이스라엘에 있는 헤브론의 아브라함 무덤으로 갔다. 아랍인의 첫 조상인 아브라함의 무덤에서 기도한 무함마드는 부라끄를 타고 또 날았다. 이번엔 예수가 탄생한 베들레헴에 가서 기도하였다. 그리고 이슬람 사원인 모스크가 있는 예루살렘에 갔다고 한다. 그런데 당시 예루살렘에는 모스크가 없었고 예수의 십자가 죽음을 기념하는 교회가 있었을 뿐이었다. 무함마드 사후에 이슬람이 예루살렘을 점령하며 모스크가 생겼다. 그리고 무함마드가 이 천상 여행을 할 때까지 그 어디에도 모스크는 건립되지 않았다. 최초의 모스크는 이 여행 후 무함마드가 메디나로 피신한 후에야 건립되었다. 그럼에도 이 여행에서 모스크를 봤다니 이상하다.

어쨌든 무함마드를 태운 부라끄는 예루살렘에서 하늘 높이 날아 올라갔다. 무함마드는 일곱 하늘을 통과하였다.

첫째 하늘인 달에서 그는 아담을 보았다. 아담 옆에는 많은 사람이 있었는데, 오른쪽은 천국에 갈 자들이었고 왼쪽은 지옥에 갈 자들이었다. 둘째 하늘에서 예수를 만났다. 셋째 하늘에서 예수보다 먼저 활동을 시작하여 예수의 활동 초창기에 헤롯에게 목 베임을 당한 세례자 요한을 보았다. 넷째 하늘에서 이집트의 총리가 되어 세상을 기근에서 구한 요셉을 만났다. 다섯째 하늘에서 모세의 형 아론을 만난 그는 여섯째 하늘에서 이스라엘 민족을 이집트에서 가나안으로 인도한 지도자 모세를 만났다. 일곱째 하늘에서 아랍과 이스라엘의 조상인 아브라함을 만났다. 이상의 일곱 하늘을 지나는 동안 다윗과 솔로몬을 만났다는 이설도 있다. 그런데 무함마드가 만났다는 인물은 모두 성경에 나오는 인물이다.

그리고 마침내 무함마드는 알라 하나님을 만났다. 무함마드는 하나님께서 모세에게 십계명을 주었듯이 자기에게도 뭔가를 달라고 요청하였다. 그래서 그는 12계명을 받았다고 하는데, 그 내용은 이렇다.

'1. 유일한 신만을 숭배하라

2. 아버지와 어머니를 사랑하고 존경하라

3. 이웃을 사랑하고 필요로 하는 것을 주라

4. 약한 자, 여행자, 이방인을 보호하라

5. 낭비하지 말라

6. 욕심 부리지 말라

7. 간음하지 말라

8. 살인하지 말라

9. 타인의 재산, 특히 고아의 재산에 손을 대서는 안 된다

10. 저울을 속이지 말라

11. 도리에 어긋나는 일을 하지 말라

12. 교만하지 말라'

이 12계명 중 신에 대한 것이 한 가지뿐으로 십계명에 비해 대단히 짧고 간단한 게 눈에 띈다. 그리고 십계명은 대인 관계에 대한 것이 여섯 가지인데 12계명은 열한 가지다. 이 중 살인을 금하는 명령이 십계명에 비해 12계명에선 순위가 많이 떨어진 것이 눈에 띈다. 기독교에선 십계명을 매우 중요시하고 강조하는 반면, 이슬람교에선 12계명을 기독교만큼 강조하지는 않는 듯 하다.

하여튼 12계명을 받은 무함마드는 신의 다른 명령을 들었다. 신이 무슬림은 하루에 50회 예배해야 한다고 말했다. 이때 무함마드는 50회는 너무 많으니 줄여 달라고 간청하였다. 그러자 신은 하루 5회로 줄여 주었다고 한다. 하루 50회면 잠자는 시간을 빼면 20분에 1회이다. 신이 이런 요구를 했다니 이상하다.

그리고 신은 모세가 이스라엘 민족을 이끌고 이집트를 떠난 것처럼 무함마드도 신도들을 이끌고 메카를 떠날 것이라고 말했다고 한다. 이는 이즈음에 이미 신도들의 메디나 이주가 시작된 것을 의미하는 것 같다. 그런데 모세는 직접 민족을 이끌고 당당하게 이집트를 떠났지만, 무함마드는 직접 신도들을 이끌고 메카를 떠나지 않았다. 신도들이 알아서 몰래 메디나로 먼저 이주한 후에 무함마드도 거의 마지막에 메카인들 몰래 합류했을 뿐이다.

이 천상 여행에서 무함마드는 천국에서 만난 사람들이 하나님을 예배하는 광경을 보았다. 그러나 무함마드처럼 공손한 자세로 예배하는 사람이 없어서 무함마드가 나서서 예배를 인도했다고 한다.〉

이 엄청난 천상 여행은 무함마드의 개인적인 체험이라 꾸란에 기록되지 않았다고 하며 이에 관한 내용은 하디스에 기록되었을 뿐이라고 한다. 무함마드의 부부 관계에 대한 것도 꾸란에 나오는데 이 체험이 무함마드의 개인적인 경험이라고 낮게 평가해 꾸란에 기록되지 않은 것이 의아하다.

무함마드의 생애에 이보다 더 큰 체험은 없었다. 만약 이 체험이 꿈이라고 해도 결코 무시할 수 없는 신비로운 체험을 다른 사람에게 말하지 말라는 웅무 하니의 부탁에도 불고하고 무함마드는 이 체험을 다른 사람들에게 말했다. 그러자 메카의 사람들은 무함마드를 미치광이라고 놀렸다. 그뿐만 아니라 살해의 위험까지 느낀 무함마드는 앞서 말했듯이 이때 홍해 인근의 타이프 성으로 피신했다는 설이 있다. 그러나 그곳의 사람들로부터 돌을 맞고 상처를 입은 채 메카로 되돌아왔다고 한다.

아까바 서약과 메디나 이주

박해받는 무함마드에게 힘을 주는 사건이 발생했다. 야스리브에서 메카의 카으바로 순례 온 사람들이 개종한 것이다. 이들은 메카의 변두리인 아까바에서 무함마드에게 충성 서약까지 했다. 야스리브에서 남쪽의 메카까지 약 400km를 가는 데 보통 8일이 걸린다. 무함마드로 인해 야스리브의 지명은 얼마 후에 메디나로 바뀌었다. 그래서 이 책에선 야스리브를 메디나로 통일해 표기한다. 아랍의 전설에 의하면 아까바는 아브라함이 이스마엘을 신에게 바치려 할 때 이를 방해하는 악마에게 돌을 던져 악마를 물리쳤다는 곳이다. 이곳에서 꾸라이쉬 부족이 모르게 행해진 서약을 '아까바 서약'으로 불렀다.

1차 아까바 서약은 계시 11년인 620년에 메디나에서 6명이 메카로 순례를 와서 이슬람교를 받아들여 발생했다. 이들은 이슬람교를 메디나에 전파하겠다고 무함마드에게 서약했다. 또 이들은 메디나는 유대인과 아랍인이 함께 거주하며 복잡한 관계를 맺고 있다고 말했다. 그리고 이런 복잡 미묘한 틈을 타서 중립을 자처한 압둘라 우바이가 왕이 되려고 욕심낸다고 말했다. 이들은 무함마드가 메디나로 와서 아랍인의 지도자가 되어주길 부탁하였다.

2차 아까바 서약은 다음 해인 621년 7월에 메디나에서 12명이 메카로 순례를 와 무함마드에게 충성을 서약해 이루어졌다. 이때는 1차 때 서약했던 6명 중 5명이 다시 왔고, 나머지는 메디나의 부족들을 대표하여 왔다. 이들은 알라 하나님을 믿으며 무함마드를 하나님의 사도로 믿는다고 서약했다. 그리고 당시 유행하던 갓 태어난 여아 살해를 하지 않겠다는 것과 꾸란의 가르침을 따르며 무함마드에게 절대 충성할 것을 약속했다. 이에 무함마드는 이들에게 자기를 가족처럼 지켜줄 것과 여인이 남편에게 절대복종한다는 '여인의 서약'을 통해 자기에게 복종할 것을 요구했다. 그래서 모두 여인의 서약을 하며 무함마드에게 충성을 맹세했다. 그러자 무함마드는 이를 잘 지키는 자들에게 알라 하나님의 보상이 있을 것이라고 말했다. 또 이 서약을 지키지 않으면 알라 하나님의 저주를 받을 것이라고도 했다.

당시 인구가 약 2만 명인 메디나는 예수를 인정하지 않고 아직도 정치적 메시아를 기다리는 유대교도들이 많았다. 그러나 이들을 제외한 주민 중에는 아랍인의 메시아로 무함마드를 기대하며 무슬림이 된 사람이 많았다.

3차 때는 622년에 메디나에서 온 75명이 아까바에서 또 무함마드에게 '여인의 서약'을 하며 싸울 것을 맹세하였다. 무함마드도 메디나와 운명을 함께 할 것을 맹세하였다. '여인의 서약', '싸움의 맹세'가 행해진 아까바에는 현재 이를 기념하는 모스크가 있다고 한다.

이렇게 메디나가 무슬림의 후원자인 '안사르' 역할을 자임하자 '무하지룬' 즉 이주자들이 생겼다. 첫 번째 이주자는 아부 쌀라마였다. 그는 2차 아까바 서약 직후에 무함마드의 허락을 받고 메디나의 꾸바로 이주했다. 이후 그의 아내 움무 쌀라마가 아들을 데리고 가다가 꾸라이쉬 부족에게 잡혀 아들을 빼앗겼다. 그녀는 할 수 없이 메카에 1년을 더 있었다. 쌀라마는 우여곡절 끝에 아들을 찾은 후 남편이 간 메디나로 갔다.

오마르도 메디나로 이주하자 메카의 박해를 피해 메디나로 피신하려는 무하지룬은 늘어만 갔다. 꾸라이쉬는 이들을 붙잡아 발가벗기고 나무에 매단 채 뜨거운 사막의 태양 아래 두기도 했다. 또 어머니가 위독하다는 거짓말로 메디나에 피신한 사람을 메카로 돌아오도록 술수도 부렸다. 이 소식을 들은 이주자에게 오마르는 거짓말이니 가지 말라고 말렸다. 그러나 되돌아간 사람은 나무에 매달려 태양 아래 버려졌다. 이런 박해에도 불구하고 신앙의 자유를 찾아 모든 재산을 포기하고 메디나로 피신하는 사람들이 계속 증가하였다.

4. 메디나 피신과 바드르 전투

히즈라(hijra)

대부분의 무슬림이 메디나로 이주하자 꾸라이쉬 부족은 무함마드를 암살하려는 음모를 꾸몄다. 숙모를 통해 부족의 암살 음모를 들은 무함마드는 양자 알리로 하여금 무함마드의 옷을 입고 창가에 서성거리게 하였다. 그리고 그는 복면을 한 채 아부 바크르의 집으로 피신하였다. 이때 아부 바크르는 두 사람의 피신을 위해 이미 4개월 동안 낙타 두 마리를 먹이며 준비한 상태였다. 두 사람은 몰래 가까운 동굴로 갔다. 아부 바크르가 동굴 속에서 뱀이 나올 만한 구멍을 다 막은 후 동굴에 숨어 메디나로 피신할 기회를 기다렸다.

한편 밤에 11명의 암살단이 무함마드의 집에 잠입했다. 이들은 침대에 누운 자가 알리인 것을 알고 알리를 때리며 무함마드의 은신처를 추궁했다. 그리고 아부 바크르의 딸 아스마의 뺨을 때리며 추궁했다. 그러나 꾸라이쉬는 은신처를 알지 못한 채 무함마드 수색에 나섰다.

동굴에서 무함마드가 잘 때 미처 막지 못한 구멍을 아부 바크르가 발견하고 발로 막았다. 그런데 잠시 후 독사가 그의 뒤꿈치를 물어 고통을 참는 눈물이 무함마드의 얼굴에 떨어졌다. 잠에서 깬 무함마드가 이를 알고 물린 상처의 독을 입으로 빨아냈다.

그리고 수색대가 동굴 쪽으로 오자 기적이 발생했다고 한다. 거미가 동굴 입구에 거미줄을 치고, 새가 보금자리를 만들고, 동굴 입구에 갑자기 나무가 자랐다고 한다. 동굴 입구의 갑작스러운 변화로 수색대는 이 동굴을 그냥 지나쳤다.

동굴에 있는 3일간 무함마드의 딸 파티마가 물과 음식을 공급했다. 이에 대해 아부 바크르의 딸 아스마와 노예가 물, 음식을 공급했다는 설도 있다. 무함마드와 아부 바크르는 3일 후에 노예, 길 안내자와 함께 메디나로 출발했다.

가는 길에 마른 산양 또는 마른 염소의 젖을 모두 먹기도 했다고 한다. 또 캬라밴을 만나 새 옷을 받아 입기도 했다. 무함마드 체포에 실패한 꾸라이쉬는 그의 체포에 현상금으로 낙타 100마리를 걸었다. 당시 사람의 생명 값에 해당하는 큰 금액을 건 것이었다. 바누 부족 스라카 족장이 무함마드를 알아보고 현상금을 노려 그를 잡으려고 했다. 그런데 족장이 탄 말이 네 번이나 무함마드로의 접근을 거부했다고 한다. 이를 이상하게 생각한 족장은 오히려 개종해 무슬림이 되었다고 한다. 무함마드를 만난 또 다른 부족인 아스람 부족은 무함마드의 꾸란 낭송에 모두 감동하여 무슬림이 되고 길 안내자까지 붙여 주었다.

드디어 메디나 가까이 온 무함마드는 자기 낙타를 타고 메디나로 들어가고 싶다고 말했다. 그래서 그는 타고 온 낙타의 값을 아부 바크르에게 지불하고 그 낙타를 샀다. 그리고 자기 낙타를 타고 메디나의 남쪽 '꾸바'에 입성했다.

꾸라이쉬의 추격을 피해 우회했기에 통상적으로 8일 걸리는 여정보다 며칠 늦게 11일 만에 도착하였다. 이때가 서기 622년 9월 23일인데 이슬람력의 기원으로 삼아 이슬람력 1년 3월 8일이 된다. 그리고 이 피신을 '히즈라'로 부른다. 그래서 이슬람력을 '히즈라력'이라고도 한다.

대낮에 꾸바에 도착한 무함마드를 유대인들이 가장 먼저 보고 환영하였다. 그리고 먼저 꾸바에 이주한 무슬림들도 열렬히 환영했다. 무함마드는 꾸바에 모스크를 건립하였다. 모스크의 뜻은 '무릎 꿇는 장소'이며, 이슬람은 '복종', 무슬림은 '복종하는 자'란 뜻이며, 모스크에서 하는 금요일 예배는 '꾸뜨바'로 불렀다. 그런데 유대교의 랍비는 선민사상에 젖어 이방인 무함마드의 예언자 자격을 인정하지 않았다. 그렇지만 유대인들은 유일신 사상을 지닌 무함마드가 유대교인이 될 것을 기대하고 환영했다. 그러나 무함마드는 이와 반대로 메디나의 반을 차지하는 유대교인이 무슬림이 될 것을 기대했다. 그런데 금요일에 예배하는 무함마드는 토요일에 예배하면서 선민사상에 젖은 유대교와 함께 지낼 수 없음을 느꼈다. 무함마드는 결국 4일 후에 모스크 건축과 꾸바를 포기하고 떠났다.

꾸바 북쪽을 통해 서기 622년 9월 27일, 이슬람력 1년 3월 12일에 메디나로 입성한 무함마드는 타고 가던 낙타가 걸음을 멈춘 곳에 내렸다. 이곳은 두 고아의 땅이었는데 금화 10디나르를 지불하고 이 땅을 샀다. 이 지역은 무함마드의 외가가 속한 나자르 부족의 땅으로 공동묘지로 사용되고 있었다. 공동묘지를 다 이장한 후 이곳에 예루살렘을 향한 모스크와 두 아내의 집을 건립하는 데 7개월이 걸렸다.

모스크 건립 기간에 메카의 두 아내와 딸 등 12명의 가족을 낙타 5마리에 태워 메디나로 데리고 왔다. 이때 무함마드의 아내 아이샤는 9세였다. 이교도와 결혼한 무함마드의 첫째 딸 자이납만 메카에 남게 되었다.

여태껏 야스리브로 불린 지명이 무함마드가 옴으로 인해 '예언자의 도시'란 뜻의 '메디나'로 불리게 되었다.

메디나 헌장과 메디나 생활

메디나의 반을 차지하는 유대인은 도대체 언제부터 또 어떻게 아랍에 살게 되었을까? 성경 사도행전 2장에 의하면 예수가 승천한 며칠 후 초막절 명절을 지키려고 예루살렘에 온 유대인 중에 아랍에서 온 사람들도 있었다. 이는 무함마드 당시보다 근 600년 전에 아랍 반도에도 유대인 집단 거주지가 있었음을 나타낸다. 유대인이 지중해 세계에 흩어져 살게 된 것은 디아스포라 즉 흩어짐을 강제로 당했기 때문이다. 남북으로 분단된 이스라엘의 북 왕국이 BC 722년에 아시리아에 망하고, 남 왕국도 BC 586년에 바벨론에 망하며 두 번이나 디아스포라를 당했기 때문이다. 그래서 아랍에도 유대인이 살게 되었다. 그런데 서기 70년에 로마에 의해 예루살렘이 완전히 망하며 세 번째 디아스포라를 당해 가까운 아랍 반도의 유대인은 더 늘었다.

어쨌든 오아시스가 있는 메디나에는 아랍인 알아우스 부족과 카즈라즈 부족이 늘 반목하며 갈등 관계에 있었다. 이를 이용해 중립을 자처한 압둘라 우바이가 왕이 되려고 했다. 그리고 유대인 세 부족은 아랍 부족과 동맹관계였는데, 까이누까 부족은 카즈라즈 부족과 동맹을 맺었고 유대인 나디르 부족과 꾸라이자 부족은 아랍 알아우스 부족과 동맹을 맺었다. 경제에 밝은 유대인이 아랍 부족보다 더 부유한 가운데 고리대금업으로 아랍인의 재산은 더 빈궁해졌다.

이런 메디나에 종교 때문에 고향 메카를 떠나 결속력이 강할 수밖에 없는 무슬림 집단이 이주했기에 메디나는 술렁일 수밖에 없었다. '무하지룬'인 메카의 이주자는 가난했지만 신앙의 자유를 누렸고, '안사르'인 메디나의 후원자는 이주자를 감당해야만 했다. 이주자와 후원자로 구성된 무슬림은 곳곳의 우상을 부수며 일치단결해 강력한 힘을 발휘하였다.

무함마드는 메디나에 오자마자 할머니의 친정이 속한 나자르 부족의 지도자가 되었다. 이설에 의하면 할머니가 아니고 어머니의 친정 부족이라고도 한다. 그리고 623년 4월에 모스크와 두 아내의 집을 완공하기까지 7개월 동안에 메디나의 아랍인을 대표하는 확실한 지도자가 되었다. 왕이 되려고 했던 우바이는 그 위세에 눌려 어쩔 수 없이 거짓으로 개종하며 무함마드에게 충성 맹세를 했다. 하지만 그는 늘 반전의 기회를 노리고 있었다.

이때 무함마드는 무슬림과 아랍 부족을 대표하여 유대인 부족들과 협정을 맺었는데 이를 '메디나 헌장'으로 부른다.

메디나 헌장은 이슬람교도와 유대교도 모두가 지켜야 하는 협정으로 이슬람에 관한 것은 25개 조, 유대교에 관한 것은 27개 조로 주요 내용은 다음과 같다.

〈메디나의 방어에 대해서는 모두 하나가 되어 싸우고 각자의 종교 생활을 인정하며 범죄자는 서로가 보호하지 않는다. 전쟁에 참여하지 않는 유대교도는 전쟁 비용을 지불한다. 포로는 몸값을 받고 석방한다. 헌장에 없는 내용은 알라와 무함마드에게 묻는다.〉

이 헌장은 꾸란 2장 62절에 근거해 무함마드가 행한 것인데, 2장 62절은 이렇다. "꾸란을 믿는 자들이나 유대인들이나 기독교인들이나 사비안들이나 하나님과 내세를 믿고 선행을 행하는 자들이라면 주님으로부터 보상을 받을 것이며 그들에게는 두려움도 슬픔도 없을 것이라." 여기 사비안은 유대교나 기독교를 같은 종교로 취급하면서 천사들을 믿는 신도들을 말한다. 이라크 바스라 지역에 약 2천여 명의 사비안 신도들이 잔존하고 있는 것으로 보인다. 62절의 '주님의 보상'은 궁극적으로 '천국'을 말하는 것 아닌가? 유대교와 기독교를 이슬람교와 같은 뿌리를 가진 종교로 보았기에 무함마드가 유대인과 협정을 맺은 것이었다.

한편 꾸라이쉬 부족은 무함마드가 메디나의 최고 지도자가 되는 것이 불안했다. 메디나는 메카와 시리아의 교역 행로에 있었기에 캬라밴의 안전이 걱정되었기 때문이다. 그래서 메디나의 후원자와 왕이 될 뻔했던 중립자 우바이, 유대교도에게 무함마드를 메카로 넘겨 달라고 요청했으나 실패했다. 이에 꾸라이쉬는 캬라밴을 통해 메디나 보이콧 전술로 메디나로 공급되는 물자를 봉쇄했다. 그래서 식량과 각종 생필품 부족 사태를 유발했다.

이에 맞서 무함마드도 메카를 봉쇄하고 또 필요한 물자를 얻기 위해 메카의 캬라밴을 습격하게 되었다. 623년 3월에 무함마드는 시리아를 다녀오는 캬라밴을 습격하도록 삼촌 함자와 40명을 최초의 기동대로 보냈다. 그러나 메카와 메디나, 양쪽과 우호 협약을 맺은 베두인 부족이 캬라밴 습격을 포기할 것을 요청해 함자는 그냥 돌아왔다. 4월, 5월에 보낸 2차, 3차 기동대도 소득 없이 그냥 돌아왔다. 이에 무함마드는 기동대의 캬라밴 습격을 베두인 부족이 더 이상 방해하지 않게 베두인 부족으로 하여금 메카와의 협약을 깨도록 만들었다. 즉 메카의 캬라밴과 메카 순례자를 보호하는 대가로 베두인 부족이 받는 우호세보다 더 좋은 조건을 무함마드가 제시했다. 이로써 베두인 부족은 메카와의 동맹을 깨게 되었다.

이 무렵의 메디나 신앙생활을 잠깐 살펴본다. 신도가 계속 늘고 무함마드의 힘이 더 강해지며 그에 대한 호칭도 변하기 시작했다. 즉, 신의 예언자 또는 선지자에서 신의 사도 또는 사자로 격상시켰다. 또 신앙 고백으로 "알라 하나님 이외에 다른 신은 없다."뿐 아니라 "무함마드는 신의 사도다."를 고백하게 하였다. 그리고 아침 예배의 지각을 막기 위해 모스크 지붕 위에서 예배를 큰소리로 알리는 최초의 무에진으로 흑인 성도인 빌랄을 뽑았다.

또 큰 변화가 메디나 이주 16~17개월 후인 이슬람력 2년 8월, 서기 624년 2월에 생겼다. 예배 방향을 예루살렘이 아닌 메카로 변경한 것이다. 꾸란 2장 143~145절에 예배 방향에 대해 이렇게 말하고 있다. "……하나님께서는 너희가 그전에 행했던 예배의 방향을 지정하지 아니하셨나니 이는 사도를 따르는 자와 따르지 않는 자를 구별하고자 함이니라 …… 하나님께서 하늘을 향한 그대의 얼굴을 보고 계시었느니라 그대가 원하는 방향을 예배의 방향으로 하라 그대의 고개를 영원한 경배의 장소로 향하라 어디에 있던 그쪽으로 고개를 향하라 …… 그대가 성서의 백성들에게 모든 증표를 가져온다 해도 그들은 그대의 예배 방향을 따르지 않을 것이요 너희도 그들의 예배 방향을 따르지 않을 것이니라 유대교인들과 기독교인들은 서로 서로 예배 방향을 따르지 않을 것이라 너희가 알면서도 그들의 바람을 따른다면 그대 또한 우매한 자 중의 한 사람이 될 것이니라."

예배 방향의 변경은 메디나 헌장의 체결에도 불구하고 유대인과 무슬림 사이의 갈등이 계속 더 커졌기 때문이다.

그리고 움마(ummah)로 불리는 이슬람교 공동체의 규모가 계속 커져 생활 규범이 필요했다. 그래서 무함마드는 생활 규범에 관한 계시를 많이 받아야만 했다. 그런데 무함마드는 문맹이었기에 자신이 받은 계시를 바로 적을 수가 없었다. 그래서 계시받은 것을 얼마 후에 그가 부르는 대로 적는 기록관들이 필요했다.

이 기록관 중에 사흐르가 있었다고 류광철 교수는 말한다. 그는 메디나에서 무함마드가 신의 계시를 받는 장면을 목격했다고 한다. 바로 그 순간 사흐르에게는 그가 메카에 있을 때 시인들이 가장 좋은 표현을 찾기 위해 고심하던 장면이 떠올랐다고 한다. 이에 따라 사흐르는 꾸란이 신으로부터 온 것이 아니라 무함마드가 창조한 것이라는 결론을 내렸다. 무함마드에게 속았다고 생각한 그는 다시 메카로 도망쳤다고 한다. 그 결과 꾸란은 무함마드가 날조한 것이란 주장이 힘을 얻어 무함마드를 괴롭혔다. 수년 후 무함마드가 메카를 점령했을 때 처단해야 할 명단의 맨 위쪽에 사흐르의 이름이 올라 있었다. 그때 그는 용서를 간절히 빌어 극적으로 살아남았다.

이제 무함마드의 가정생활을 살핀다. 남편 무함마드의 가정생활에 대해 누구보다 잘 아는 아이샤의 말을 요약하면 이렇다. "무함마드는 침대 없이 바닥에 자고 방을 직접 청소하고 옷도 직접 바느질하는 검소한 생활을 했다. 손을 닦는 수건이 유일한 사치품일 정도였다. 종려나무 열매, 빵, 낙타와 양의 젖이 주식이었고 나뭇잎으로 양치하고 한 달 동안 집에 불을 때지 못한 경우도 있었다."라고 증언했다.

이렇게 말한 딸 아이샤를 6세에 무함마드와 결혼시킨 아부 바크르가 사위인 무함마드에게 부탁했다. 무함마드의 막내딸 파티마에게 청혼한 것이었다. 이때 파티마는 14세였다. 그러나 무함마드는 신의 계시가 없다고 말하며 그의 청혼을 거절했다.

아부 바크르의 청혼은 당시 아랍의 난혼이 얼마나 심했는지 보여주는 단적인 예다. 무함마드가 허락했다면 서로가 서로에게 장인이자 사위가 되는 것 아닌가? 이슬람교가 태동했음에도 일부다처제는 여전하였고 여성은 남자를 위해서만 존재하는 현상이 계속된 것 아닌가?

약탈 성공과 바드르 전투

기동대를 여러 차례 보내도 성과가 없자 무함마드가 직접 원정에 나서기도 했다. 하지만 메카의 캬라밴은 이미 떠나고 없었다. 그래서 무함마드는 많은 베두인 부족들과 동맹을 맺으면서 메카 대상들의 동태를 살피며 메카를 위협하였다. 그리고 무함마드는 베두인 부족에게 가는 길에 모친의 무덤에 엎드려 울었다. 그 이유는 모친이 천국 가는 것을 신이 거절했기 때문이라고 한다. 아랍에는 죽은 부모를 위해 무덤에서 울며 빌면 부모가 잠시 살아나 회개하고 신을 믿어 천국 간다는 전설이 있다. 어쨌든 무함마드는 베두인 부족들과 동맹하여 메카의 캬라밴을 습격하려고 했다.

그러나 번번이 실패하던 캬라밴 습격이 드디어 성공했다. 그런데 그 습격이 신의 휴전 기간인 이슬람력 11, 12, 1, 7월 중 7월의 마지막 날에 발생했다. 기동대 대장 압둘라가 메카의 캬라밴 일행을 발견한 날이 이슬람력 2년 7월의 마지막 날이었다. 서기로는 624년 1월이었다. 성월을 지켜 다음 날 공격하려니 캬라밴이 무사히 메카로 들어설 것 같았다. 고민 끝에 압둘라는 공격을 감행했다. 휴전 기간을 믿은 캬라밴은 굶주린 기동대에게 속절없이 당했다. 겨우 메카로 도망간 사람은 극소수였다. 2명이 포로로 잡혀갔고 나머지는 죽었고 모든 물품은 다 빼앗겼다.

많은 전리품을 가지고 메디나로 돌아온 압둘라는 전리품을 5등분 해 1/5을 무함마드에게 주었다. 그러나 메디나는 휴전 기간을 어긴 압둘라로 인해 의견이 분분했다. 이왕 엎질러진 물이니 기동대를 더 이상 나무라지 말자는 의견은 소수였다. 다른 모든 부족이 연합해 무슬림을 공격할 것이라고 걱정하는 소리가 컸다. 이 위기를 자초한 압둘라를 처형해야 살 수 있다는 주장도 강했다. 그래서 심지어 무함마드조차 처음엔 압둘라를 환영하지 않았다.

어쨌든 이 기간에 압둘라를 파견한 무함마드는 이 문제에 대한 신의 계시를 받기 위해 방에 들어가 누웠다. 왜냐하면 신의 계시가 내릴 때는 그에게 두통, 고열, 오한이 발생했기 때문이다. 그래서 무함마드가 스스로 나오기까지는 그에게 접근이 금지되었다.

사흘 정도 후 드디어 계시받은 무함마드가 모습을 드러냈다. 그는 꾸란 2장 217, 218절을 계시받았다고 했는데, 그 내용은 이렇다.

"217. 그들이 성스러운 달 동안에 살생에 관하여 그대에게 물을진대 그 기간의 살생은 죄악이라 하되 하나님의 길을 방해하고 하나님과 신성한 성원에 가까이하는 것을 방해하는 것과 그곳으로부터 주민들을 추방하는 것은 더 큰 죄악이며 교사하고 박해하는 것은 살생보다 더 나쁜 죄악이니라 그들은 너희가 너희의 종교를 배반할 때까지 너희들에 대한 투쟁을 포기하지 않을 것이니라 그러나 믿음의 배반자가 되어 죽는 자가 있다면 그들의 행위는 현세와 내세에서 무의미하게 되어 그는 불지옥에서 영원히 거주하게 될 것이니라. 218. 믿는 자와 이주한 자와 하나님의 길에서 투쟁한 자 모두가 하나님의 은혜를 강구하나니 하나님은 너그러우시고 자비로운 분이시니라."

일시적 휴전보다 신을 선택함이 중요하다는 내용이었다. 이로써 무슬림 사이에서 압둘라에 대한 비판은 사라졌다. 사실 압둘라만 비판하는 것은 이상하다. 왜냐하면 신의 휴전 기간에 기동대를 파견한 무함마드의 책임은 전혀 논하지 않고 기동대장만 나무라는 것은 이치에 맞지 않기 때문이다. 어쨌든, 이때 모든 전리품의 20%가 무함마드에게 배분되는 규정이 생겼다.

이후 한 달여가 지난 624년 3월, 이슬람력 2년 9월에 아부 수피안이 엄청난 대규모 캬라밴을 이끌고 시리아에서 메카로 돌아온다는 정보를 무함마드가 들었다. 그는 즉

시 군대를 이끌고 이들이 지나갈 곳으로 예상되는 바드르로 갔다. 이 정보를 들은 아부 수피안은 메카에 구원병을 요청하면서 자신은 바드르가 아닌 홍해 쪽으로 방향을 돌렸다. 한편 메카의 아부 자흘은 1,300명의 군사를 이끌고 바드르로 갔다. 가는 도중에 아부 수피안이 무사히 빠져나갔다는 전갈을 받았다. 그래서 돌아가려는 군사들에게 아부 자흘은 이 기회에 무함마드를 없애자고 설득했다. 그래서 아부 자흘은 1,000명을 이끌고 바드르에 도착했다.

바드르에 먼저 왔던 무함마드는 이슬람력 2년 9월 16일 밤에 예배를 인도했다. 군사 313명은 다음 날 무함마드에게 충성을 맹세하며 적과 대치했다. 먼저 대표 선수 1:1의 싸움에서 무함마드의 삼촌 함자가 이겼다. 이어 3:3의 싸움에서도 무함마드의 양자인 알리를 비롯한 무슬림이 이겼다.

이어 벌어진 백병전에서는 수적으로 열세인 무슬림이 밀렸다. 그러나 무함마드가 적을 향해 모래흙을 뿌려 적의 시야가 흐려지며 전세는 바뀌었다고 한다. "전투에서 죽으면 천국에 간다."라고 말하며 용감히 싸울 것을 독려했다. 무슬림도 베두인 출신이기에 이 말은 큰 자극이 되었을 것이다. 왜냐하면 천국에는 베두인이 갈망하는 물과 음식이 풍부할 뿐 아니라 베두인이 좋아하는 술과 미녀가 기다리는 곳으로 꾸란이 말하기 때문이다. 어쨌든 이 전쟁은 종교와 이념이 다른 이유로 부자지간, 형제지간, 삼촌과 조카 사이의 피비린내 나는 싸움이었다.

승리가 무슬림으로 기울자 아부 자흘은 도망하였다. 그러나 뒤따라온 두 소년병의 칼에 찔려 땅에 쓰러졌다. 메카의 최고 지도자가 소년병에게 죽을 정도로 무슬림은 대승했다. 이 싸움에서 빌랄은 자신을 괴롭혔던 주인인 우마이야를 죽였다. 무슬림의 전사자는 14명이었다. 반면에 메카는 70여 명이 죽고, 70여 명이 포로로 잡혔다.

9월 말경에 무함마드는 메디나로 돌아와 포로 처리를 숙고하였다. 처단하자는 오마르의 의견과 몸값을 받고 석방해 그 돈을 공금으로 활용하자는 아부 바크르의 의견이 팽팽했다. 무함마드는 몸값을 받고 석방하기로 했다. 몸값을 낼 수 없는 사람은 메디나의 어린이에게 글을 가르치는 것을 몸값 지불로 보았다. 포로 중에 키가 큰 고리대금업자 압바스가 있었다. 그는 무함마드의 삼촌인데 많은 몸값을 내고 석방되었다.

그는 메카로 돌아간 이후 메카의 동태를 조카에게 알리는 역할을 했다. 또 그의 자손은 약 120년 후 압바스 왕조를 세워 508년간 이슬람 제국의 영욕을 겪기도 했다.

하루는 몸값으로 카디자의 목걸이가 나온 것을 무함마드가 발견했다. 무함마드의 딸 자이납이 포로가 된 남편의 몸값으로 엄마에게 받은 목걸이를 내놓은 것이었다. 죽은 아내와 딸 생각에 잠긴 무함마드는 목걸이를 돌려 주라고 요청했다. 몸값 없이 석방하게 된 사위에게 딸 자이납을 메디나로 보내준다는 약속을 받았다. 사위는 자이납을 약속대로 보냈는데, 가는 도중에 자이납이 낙타에서 떨어지는 사고로 임신한 아기가 죽었다. 메디나에 온 자이납은 죽은 아기를 낳아야만 했다. 얼마 후 사위가 개종해 메디나로 와서 자이납과 재결합했다. 그러나 자이납은 시름시름 앓다가 이내 죽었다.

무함마드의 맏딸 자이납이 죽기 전에 둘째 딸 루까이아가 먼저 죽었다. 루까이아는 이주한 아비시니아에서 메디나로 왔는데 병에 걸렸다. 그래서 남편 오스만은 루까이아를 간병하느라 바드르 전투에 참전하지 못했고 메디나 총사령관으로 있었다. 무함마드가 메디나로 귀환했을 때는 이미 루까이아가 죽은 후였다. 슬픔에 빠진 오스만에게 무함마드는 셋째 딸 움무 쿨숨을 아내로 주며 위로했다.

몸값을 받고 포로를 석방하고 있을 때 포로의 한 아버지가 메카에서 왔다. 그는 우마이르인데 아들의 몸값을 지불하려고 온 것처럼 행세했다. 그러나 우마이르는 무함마드를 암살하려는 것이 목적이었다. 그의 행동을 수상하게 여겨 관찰한 오마르가 무함마드에게 그의 암살 음모를 알려 주었다. 무함마드는 우마이르를 만나 이곳에 온 목적이 무엇인지를 물었으나 그는 아들 이야기만 하였다. 그러자 무함마드가 우마이르의 암살 계획을 밝혔다. 이에 우마이르는 놀랐고 자기 생각을 알면서도 자기를 잡아 가두지 않은 것에 대해 감사하며 개종하였다. 메카로 돌아온 그는 이슬람교를 설파하였다.

메카의 분위기는 패전으로 인해 복수를 다짐하는 자들도 있었지만 대체적으로 침울하였다. 무함마드의 숙부 아부 라합은 바드르 전투에서 천사가 투구를 쓰고 싸워 이슬람이 이겼다는 군중들의 말을 막으려고 했다. 그는 패전 원인에 대해 횡설수설하다가 메카인이 던진 돌에 맞아 7일 후에 사망하였다. 이로써 메카의 최고 지도자는 아부 수피안이 되었다. 그는 무함마드와 젖을 함께 먹고 자란 젖형제로 시인이며 메카의 큰 부자였다. 그러나 그의 딸 하비바는 남편과 함께 일찌감치 무슬림이 되어 아비시니아로 망명해 살고 있었다. 하비바는 후에 무함마드의 아내가 되었다.

한편 메디나에서는 전리품 배분을 둘러싸고 잡음이 생겼다. 전투병, 적진 캠프의 전리품을 챙긴 병사, 무함마드 호위병 사이에 전리품을 서로 많이 가지려는 다툼이 생긴 것이었다. 이에 무함마드는 전리품에 관한 계시를 밝히며 꾸란 8장 1절을 말하며 자신의 배분대로 따를 것을 명령했다. "그들이 전리품에 관해 그대에게 묻거든 일러 가로되 그것은 하나님과 사도에게 귀속되노라 그러므로 하나님을 경외하여 너희가 그 문제를 해결토록 하라 그리고 너희가 믿는 자들이라면 하나님과 사도에게 복종하라 하셨느니라."

무함마드는 메디나로 돌아온 후에 전 무슬림에게 단식을 명하고 이슬람세 납부를 명하였다. 이로써 이슬람력 9월 라마단 달에 단식하는 것이 이슬람교의 다섯 기둥 중 하나가 되었다. 또 이슬람세는 무슬림 사회를 위한 공공자금으로 활용되었다. 단식이 끝난 것을 기념하는 축제를 메디나 국민들이 10월 1일에 열었다.

한편 메디나의 무슬림이 메카의 꾸라이쉬와 싸워 이겼다는 소문은 아랍 반도에 널리 퍼졌다. 이슬람교가 더 강해지면 '가주'라 부르는 약탈을 일상생활로 하는 베두인 부족들에게 악영향이 미칠 것이 우려되었다. 즉 '가주'를 못하게 되면 베두인 부족의 유지에도 걸림돌이 될 것이 걱정되었다. 그래서 메디나 인근의 베두인 부족이 이슬람의 확장을 막으려고 이슬람 공격을 준비하고 있었다. 이 정보를 들은 무함마드는 축제가 끝난 며칠 후 이슬람력 10월 초에 군대를 파견했다. 기동대는 500마리의 낙타를 전리품으로 끌고 와 100마리를 무함마드의 몫으로 하고 나머지는 한 마리씩 군사들에게 나눠 주었다.

5. 잇따른 전투, 결혼과 메카 순례

유대인 까이누까 부족 추방

메디나의 유대인들은 승전한 무함마드의 세력이 커지는 것을 기뻐하지 않았다. 오히려 은밀히 메카와 결탁하여 무함마드를 무너뜨릴 기회를 노리고 있었다.

유대인 세 부족 중에 금은 세공업과 대장간을 주로 하는 까이누까 부족은 700명의 군사를 거느리고 있었다. 이들과 무슬림 사이에 사소한 갈등이 자주 발생하여 무함마드가 이 부족에게 경고한 적도 있었다.

그런데 하루는 한 무슬림 여성이 까이누까 부족의 시장에서 옷을 팔았다. 이 여성이 쉬고 있는데 한 유대인이 여성의 등 뒤에서 옷끈을 몰래 끊었다. 여성이 일어서자 옷끈이 끊겨 겉옷이 아래로 떨어졌다. 여성의 다리 속살이 속옷 사이로 비치었다. 이때 유대인 남자들이 이 여성을 놀리자 여성은 고함을 지르며 도망하였다. 속살을 드러내며 도망하는 광경을 본 한 무슬림 남성이 옷끈을 끊은 유대인을 때려죽였다. 이에 유대인들이 그 무슬림 남성을 집단으로 폭행해 죽였다.

이 사실이 무함마드에게 알려져 이슬람력 10월 중순에 그는 군사를 이끌고 까이누까 부족을 징벌하려고 출동했다. 이들은 까이누까를 포위하여 15일 동안 모든 것을 봉쇄하였다. 까이누까 부족의 700명 군사가 무슬림과 대치하면서 메카의 지원군이 오기를 기다렸다. 그러나 메카에선 아무런 움직임도 없었다. 결국 까이누까 부족은 몰살당하느니 항복을 택하였다.

무함마드는 항복한 까이누까 부족을 메디나에서 추방하였다. 이때 메디나에 있는 모든 재산을 포기하고 맨몸으로 나가게 하였다. 까이누까 부족을 추방함으로 생긴 전리품을 무함마드는 자기 몫인 20%를 남기고 나머지를 무슬림에게 배분하였다.

이후에 메카의 건재를 알리려고 바드르 전투 10주 후인 이슬람력 2년 12월에 아부 수피안이 200명 군사를 이끌고 메디나 인근에 왔다. 그는 밤에 몰래 메디나에 잠입하여 유대인 나디르 부족의 족장을 만났다. 함께 싸울 것을 권했으나 나디르 족장은 준비가 안 되었다고 거절하였다. 아부 수피안은 메카로 돌아가는 길에 무슬림 2명을 살해하고 연합군 제의를 거절한 것에 대한 반감으로 유대인을 약탈했다. 이 소식을 들은 무함마드가 군대를 보내 추격하였다. 이에 아부 수피안의 군사들은 군량미인 보리쌀을 포기하고 도망하였다. 그래서 이 싸움을 '보리쌀 전투'라고 부른다.

이후 반이슬람 세력들을 제거하려고 이슬람력 3년 2월에 무함마드가 450명의 군사를 다른 지역에 한 달이나 체류하며 힘을 과시하였다. 또 이슬람력 3년 3월에는 반무함마드 풍자시를 읊으며 이슬람을 조롱한 유대인 카압의 암살 허락을 받은 암살단이 그 머리를 무함마드에게 들고 왔다.

이슬람력 3년 6월에 메카의 큰 캬라밴 일행이 사프완의 지휘하에 시리아에서 메카로 돌아온다는 정보를 무함마드가 들었다. 메카는 메디나군을 피해 메디나 동쪽으로 상당히 먼 우회로를 택하였지만, 이 모든 경로까지 술 취한 사람의 입을 통해 누설되었다. 무함마드는 200명의 기동대를 파견했고 사프완은 모든 것을 포기하고 메카로 도망쳤다. 메카는 자신이 살기 위해서라도 메디나와의 전면전을 택할 수밖에 없었다.

우흐드 전투와 잇따른 결혼

아부 수피안은 무슬림과의 전면전을 위해 베두인 부족들에게 도움을 요청했다. 가장 강력한 두 부족이 뜻을 같이했다. 드디어 메카 연합군 3,000명이 모였다. 이 중 기마병이 200명, 갑옷을 입은 병사가 700명이었고, 총사령관은 아부 수피안이었다. 메카군은 이슬람력 3년 10월 6일, 서기 625년 3월에 메디나 남쪽 인근의 우흐드에 도착하였다.

한편 메카의 모든 동향을 메카의 숙부 압바스로부터 전달받은 무함마드는 메디나 방어 계획을 세웠다. 처음엔 메디나 밖에서 싸우는 것보다 메디나 안에서 수성하기로 했다. 시가전이 벌어지면 여자들도 지붕 위에서 돌을 던지기로 계획하며 병사를 모았다. 메디나군은 1,000명이 모였다. 이 중 갑옷을 입은 병사는 100명이고 기마병은 50명이었다. 그런데 작전이 바뀌어 메디나군도 우흐드로 향했다. 이때 요새를 근거로 시가전을 펼치자는 중립파 우바이를 의심해 돌려보냈다. 또한 유대교도들도 돌려보내 무슬림 전사 700명과 말 2마리로 행군하였다.

무슬림군이 우흐드산 고지에 진을 치며 메카군은 무슬림군과 메디나 사이에 놓였다. 무함마드는 궁수병과 모든 병사를 배치하였다. 그리고 아군이 죽는 것을 보더라도 자리를 절대 이탈하지 말고 지키라고 명령했다.

한편 베두인의 관습대로 전투를 응원하려고 메카군을 따라온 여성들 15명이 있었다. 그녀들은 병사들을 찾아 말했다. "우리 가슴은 당신들 것이다. 이기고 오면 매트에서 기다리겠다. 지면 이 가슴은 적들의 것이 된다."

드디어 10월 7일에 시작된 처음의 대표 싸움에 무슬림군이 계속 이기고 전면전에서도 기선을 잡았다. 마침내 후퇴하는 적병들이 땅바닥에 많은 물품을 흘리며 도망하였다. 그런데 이것들을 주우려고 무슬림 궁수들이 자리를 대거 이탈하였다. 이를 멀리서 지켜본 메카의 기병대장 칼리드가 기병대를 이끌고 무슬림 궁수부대 뒤에 나타났다. 칼리드에 의해 무슬림 궁수병들이 무너질 때 메카의 아내들이 다리를 들고 싸움을 독려했다. 전세는 갑자기 역전되었다. 자리를 이탈하지 말라는 명을 어기고 전리품 챙기기에 바빴던 무슬림의 완전한 패배였다. 무슬림은 비참했다. 메카의 흑인 노예 병사는 해방되기 위하여 함자를 죽였다. 아부 수피안의 아내 힌드는 바드르 전투에서 죽은 동생에 대한 복수로 함자의 간을 먹었다. 또 함자의 코와 귀와 혀를 잘라 그녀의 목걸이로 만들어 목에 걸었다.

이 전투에서 무함마드는 이가 부러지고 얼굴에 큰 상처를 입어 숨어서 응급치료를 받아야만 했다. 그래서 "무함마드가 죽었다."라는 소문이 나돌기도 했다. 이때 무함마드의 이마와 얼굴에 박힌 파편들을 뽑기 위해 한 병사가 이가 몇 개나 부러지면서도 고리들을 모두 빼내자 무함마드의 머리에서 피가 흘렀다. 그러자 말릭 이븐 시난은 입술을 대고 흐르는 피를 빨아들였다. 이에 무함마드는 이렇게 말했다. "몸에 내 피가 섞인 자는 지옥의 불길이 닿지 아니하리라."

메카가 25명 사망한 것에 비해 무슬림은 70여 명이 사망했는데 대부분 메디나의 후원자들이었다. 응급처치를 받은 무함마드가 나타나자 무슬림군은 고개를 떨구었다.

"패전도 신의 뜻이다"라는 무함마드의 말에 일부 병사는 눈물을 흘리기도 했다. 이들은 의기소침한 모습으로 메디나로 돌아갔다.

패전 소식을 들은 메디나 주민들이 귀환병들을 성 밖에서 기다리고 있었는데, 한 여인이 물었다. "선지자께서는 안전하신가요?" 다른 여인이 자기 아버지와 남편이 죽었다고 슬퍼해도 위로의 한마디 없이 그녀는 오직 무함마드의 안전만 걱정했다. 마침내 그녀는 자신의 눈으로 무함마드의 생존을 확인한 뒤에 이렇게 말했다. "오 하나님의 선지자시여! 당신은 제 부모보다 저에게 더 소중하신 분이십니다. 당신이 이렇게 살아계심을 보고 있노라니 제 일가 남자들의 사망 소식이 제게는 아무런 고통도 되지 아니하나이다."

당시 메디나에는 가족보다 무함마드의 안전을 더 걱정하는 이런 여인들이 많았다고 한다.

메디나로 돌아온 무함마드는 메카로 돌아가던 메카군이 메디나를 완전히 전멸하려고 메디나로 다시 방향을 돌릴 것을 걱정했다. 그래서 귀환 하루만인 10월 8일에 부상병을 빼고 군사를 보강해 메디나 남쪽에 진을 쳤다. 예상대로 메카군은 메디나를 전멸시키려고 발길을 돌려 메디나로 오고 있었다. 그런데 메카군은 엄청난 무슬림군이 복수로 이를 갈며 오고 있다는 과장된 정보에 속아 다시 메카로 돌아갔다. 이를 확인한 무함마드도 메디나로 돌아가면서 포로를 한 명 잡았다. 이 포로는 바드르 전투 때도 잡힌 포로였다. 그때 석방 조건이 다시는 무슬림과 싸우지 않는다는 것이었다. 부양가족이 많음을 이유로 그는 또 석방을 애원했다. 그러나 "무슬림은 같은 뱀에게 두 번 물리지 않는다."라고 무함마드가 말하며 그 포로를 참수했다. 그리고 메디나에서 간첩 활동을 했던 오스만의 조카도 참수했다.

우흐드 전투에서 출전 군사의 약 10%인 70명의 군사가 죽어 그만큼의 과부들과 고아들이 발생했다. 그래서 무함마드는 신께서 한 남자가 공평할 수만 있으면 4명의 아내를 두는 것을 허락하셨다고 말했다. 이로써 이슬람 사회에서도 일부다처제가 합법적으로 허용되었다.

무함마드 자신은 우흐드 전투 직전부터 결혼 행진곡을 이어갔다.

그 첫 번째 상대는 하프사였다. 하프사는 오마르의 딸이었는데 1년 전의 바드르 전투에서 남편이 죽어 20세의 나이에 과부로 살고 있었다. 그래서 오마르가 오스만에게 자기 딸과 결혼할 것을 부탁했지만 오스만은 그럴 형편이 안 된다고 거절하였다. 그러자 오마르는 화가 나서 무함마드를 찾아 오스만을 죽일 수 있도록 허락해주기를 요청했다. 오스만을 죽이려는 이유는 오마르의 청혼을 거절한 데 대하여 그의 자존심이 크게 상했기 때문이었다. 이를 간파한 무함마드가 자신이 하프사와 결혼하겠다고 하여 오마르의 자존심을 살려주었다. 무함마드는 우흐드 전투가 발생하기 한 달여 전인 이슬람력 3년 8월에 20세의 하프사와 결혼했다.

우흐드 전투 이후에 무함마드가 첫 번째로 결혼한 상대는 자이납이었다. 우흐드 전투에서 과부가 된 28세의 자이납과 이슬람력 4년 초에 결혼했지만, 자이납은 몇 달 못 살고 4월에 죽었다.

자이납이 죽은 지 두 달이 지나 아부 쌀라마가 우흐드 전투의 후유증으로 죽었다. 아부 쌀라마는 메카에서 메디나로 이주한 첫 번째 사람이었는데 그의 아내 움무 쌀라마와 금실이 좋기로 소문이 자자했다. 움무 쌀라마는 매우 아름답고 인격과 신앙이 좋은 여인이었으며 남편이 죽을 때 남편의 아기를 임신한 상태였다. 그럼에도 아부 바크르와 오마르가 차례로 그녀에게 청혼했지만 그녀는 거절했다. 그런데 움무 쌀라마가 무함마드의 청혼은 받아들였다. 그녀가 아기를 출산한 후 무함마드는 29세의 움무 쌀라마와 이슬람력 4년 10월에 결혼하였다. 자이납이 죽었기 때문에 쌀라마와 결혼했어도 무함마드의 아내는 4명으로 1부4처제를 지킬 수 있었다.

그런데 또 다른 자이납과 이슬람력 5년에 결혼함으로 이때부터 무함마드는 1부4처제와 관계없이 특혜를 누렸다. 이 자이납은 무함마드의 양자인 자이드의 아내였기에 이 결혼은 그 당시에도 말이 많았다. 무함마드가 자이드의 집에 갔을 때 자이드의 아내인 자이납이 속살이 훤히 비치는 옷을 입은 채 무함마드를 맞이하였다. 이 때문인지 자이드는 자이납과 이혼하였다. 그리고 그때까지 유지되던 양자제도가 철폐되었다. 그 후에 무함마드는 법적 절차를 거쳐 37세의 자이납과 결혼한 것이었다. 이 과정에 대해서는 이 책 3부 13장에서 소상히 다룬다.

이렇게 무함마드가 결혼을 이어가기 직전에 아부 바크르가 14세의 파티마와 결혼하기를 원했으나 신의 계시가 없다며 무함마드는 거절했었다. 그리고 딸 파티마를 우흐드 전투가 발생하기 전에 자기 양자인 알리와 결혼시켰다. 그런데 무함마드가 자이드의 전처인 자이납과 결혼하기 직전에 양자제도가 철폐되어 알리도 양자 지위를 잃고 무함마드의 사촌 동생이면서 사위로 남게 되었다.

유대인 나디르 부족 추방

우흐드 전투 소식이 알려지자 주변 부족들은 무슬림이 약해진 것으로 판단했다. 그래서 무슬림이 10명 살해되는 사건과 70명이 살해되는 사건이 비슷한 시기에 발생했다. 그리고 메디나 공격 준비를 서두르는 부족들도 있었다. 그러나 무함마드는 이런 정보를 들으면 군대를 파견해 선제공격을 하였다. 무슬림군의 출동에 부족들이 지레 겁먹고 뿔뿔이 흩어졌다. 싸우지도 않고 원정을 성공으로 이끈 지휘관 아부 쌀라마였지만, 그는 우흐드 전투의 부상 악화로 귀환 길에 죽었다. 그의 아내였던 움무 쌀라마는 몇 달 후 무함마드의 아내가 되었다.

그리고 마우나 우물에서 두 무슬림이 죽는 사건이 발생했다. 무함마드는 죽은 사람의 보상금 모금을 위해 유대인 나디르 부족을 찾았다. 무함마드가 아부 바크르, 오마르, 알리와 함께 담벼락 밑에 앉아 기다리는 사이에 나디르 부족은 무함마드 암살 계획을 세웠다. 담 위에서 큰 돌을 떨어뜨린다는 암살 음모를 알게 된 무함마드는 일행과 함께 바로 피신하였다. 다음 날 무함마드는 나디르 부족에게 7일 이내에 메디나를 떠날 것을 선포했다.

그러나 나디르 부족은 메디나의 중립자 우바이와 결탁하고 메카의 지원을 기대하며 항전을 결의했다. 이에 이슬람력 4년 3월, 서기 625년 8월에 무함마드는 나디르 부족을 6일간 포위하였다. 보름간 포위했다고도 하는데, 이 기간에 무슬림 군사는 나디르 부족의 주요 농작물인 종려나무를 자르고 불태웠다. 믿었던 우바이의 도움이 없어 결국 나디르 부족은 항복했다. 무함마드는 낙타에 실을 수 있는 것만 반출을 허락했기에 집에 남은 것이 많았다. 전투도 없이 생긴 이 전리품들은 몽땅 무함마드의 것이 되었다.

이로부터 5개월이 흘렀다. 우흐드 전투에서 1년 후 바드르에서 다시 보자고 아부 수피안이 오마르에게 말한 기간이 다 되었다. 그래서 이슬람력 4년 8월 또는 11월에 서기 626년 1월 또는 4월에 무함마드는 무슬림군 1,500명, 기마병 10명을 이끌고 바드르로 갔다. 한편 아부 수피안은 메카군 2,000명, 기마병 50명을 이끌고 바드르로 향했다. 그러나 낙타의 사료를 구하지 못한 아부 수피안은 이내 메카로 되돌아갔다.

이후 메디나와 다마스쿠스 사이에 있는 도우마드 잔달에서 메디나를 공격할 것이라는 정보를 무함마드가 들었다. 그래서 그는 메디나에서 15일 거리에 있는 이곳을 먼저 공격하기로 결심했다. 이슬람력 5년 3월 말에 무슬림군 1,000명을 이끌고 갔으나 그들은 이미 자리를 떠난 뒤였다. 비록 허탕을 쳤지만 무슬림의 위세를 그곳까지 떨치며 귀환하였다.

도랑 파기로 메디나 방어

이후 카이바르의 유대인들은 경제적으로 메디나를 봉쇄하는 조치를 취했다. 그러다 이슬람력 5년 10, 11월, 서기 627년 2, 3월에 '도랑 또는 참호의 전투'로 불리는 싸움이 발생했다. 카이바르로 쫓겨난 유대인들과 메카가 연합군을 이루어 1만 명이 메디나를 공격할 것이라는 정보를 무함마드가 들었다. 대책 회의에서 페르시아 출신의 살만이 길고 깊은 도랑을 파서 연합군이 넘어오지 못하도록 하자고 제의하였다. 이런 전술은 페르시아에서나 사용되었지 아랍 반도에서는 그 어느 부족도 생각조차 못 한 것이었다. 메디나는 북쪽이 허술했기에 도랑은 북쪽에 파기로 했다. 길고 깊고 폭이 넓은 도랑을 빨리 파는 일에 모든 군사가 동원되었다. 무함마드도 병사들과 섞여 함께 이 일에 동참하였다. 어렵게 도랑을 판 이후에 메카 연합군이 도착하였다. 메카 연합군 1만 명과 메디나군 3천 명이 도랑을 사이에 두고 서로 대치하였다.

메카 연합군은 처음 보는 전술을 당해 도랑을 넘지 못하고 도랑을 판 비겁한 겁쟁이라고 무슬림을 욕하였다. 이에 무슬림도 연합군에게 욕설을 퍼부으며 설전이 오고 갔다. 메카 연합군은 도랑을 넘기 위해 여러 가지 방법을 시도했지만 메디나군의 화살과 돌 세례를 맞고 포기할 수밖에 없었다. 이때 무함마드는 하루 5회의 예배를 제대로 하지 못하고 저녁에 몰아서 예배할 정도로 대치 상황은 긴장감이 높았다.

이런 가운데 메디나의 유대인 꾸라이자 부족은 좋은 기회로 생각하며 메카의 아부 수피안과 결탁하였다. 꾸라이자는 메디나의 무슬림들을 위협하였다. 무함마드의 메디나군은 도랑 건너편의 메카 연합군을 막아야만 했는데 후방에서도 공격당할 가능성이 높아 대책 회의를 하였다. 이때 나임은 후방의 꾸라이자 부족과 전방의 꾸라이쉬 부족을 이간시키겠다고 무함마드에게 말했다.

나임은 먼저 유대인 꾸라이자 부족을 찾았다. 지금까지 꾸라이쉬 부족의 지원을 믿은 유대인 부족들이 결국은 꾸라이쉬 부족의 지원을 받지 못하고 메디나에서 쫓겨난 것을 상기시켰다. 그래서 이번에도 꾸라이쉬 부족은 유대인 꾸라이자 부족을 돕지 않을 것이라고 말했다. 그 근거로 꾸라이쉬 부족은 토요일에 메디나군을 함께 공격하자고 제의할 것이라고 말했다. 토요일은 유대인들이 아무 일도 하지 않기에 꾸라이자가 받아들일 수 없는 요구로 꾸라이자를 시험할 것이라고 말했다. 그러므로 꾸라이자 부족이 꾸라이쉬 부족을 믿기 위해서는 꾸라이쉬 부족의 주요 사람 몇 명을 인질로 요구하라고 나임은 제안했다. 꾸라이쉬의 사람들이 꾸라이자 부족에게 인질로 잡혀 있으면 꾸라이쉬가 약속을 지키겠지만 인질 제공을 거부하면 꾸라이쉬 부족을 믿어선 안 된다고 말하였다.

이후 나임은 메카의 꾸라이쉬 부족을 찾아가서는 꾸라이자를 의심하도록 만들었다. 꾸라이자 부족을 믿기 위해서는 꾸라이쉬 부족이 메디나군에 대한 공격 요일을 토요일로 해야 한다고 말했다. 그 이유는 꾸라이자가 무슬림과 정말로 싸울 용의가 있는지를 알기 위해서라고 하였다. 왜냐하면 유대인이 아무 일도 하지 않는 토요일을 공격 날짜로 정해야 꾸라이자의 진정성을 알 수 있다는 것이었다. 그리고 꾸라이자에서 꾸라이쉬 부족의 몇 사람을 인질로 요구할 것이라고 말했다.

나임의 계획대로 꾸라이쉬 부족은 꾸라이자 부족에게 토요일에 협공하자고 제의했다. 또 꾸라이자 부족은 꾸라이쉬에게 인질을 요구하였다. 이로써 두 부족은 서로를 믿지 못하고 상대의 제의를 서로 거절하였다.

한 달이나 도랑을 사이에 두고 대치하던 메카 연합군은 식량도 바닥이 나며 결국 철수할 수밖에 없었다. 치열한 전투가 없이 오랫동안 신경전을 벌인 이 도랑의 싸움에서 마침내 메디나군이 승리함으로 무슬림과 무함마드의 위세는 더욱 높아졌다.

유대인 꾸라이자 부족 몰살

도랑의 전투를 마치고 메디나로 돌아온 날에 무함마드는 여섯 번째 아내인 움무 쌀라마의 집에서 목욕했다. 그는 목욕하다가 유대인 꾸라이자를 공격해 처단하라는 계시를 받았다고 한다.

이슬람력 5년 11월에 군사를 이끌고 꾸라이자 부족을 25일간 포위하였다. 꾸라이자는 항복 조건으로 자신들의 생명을 살려주고 여성과 어린이의 안전과 재산 보장을 요구하였다. 그러나 무함마드는 모든 남자의 손발을 묶고 여성과 어린이는 노예로 삼고 재산은 몰수한다는 명령을 내렸다. 꾸라이자 부족의 남성들은 모두 끌려가 메카 연합군을 막기 위해 파놓은 도랑에서 참수당하고 시신은 도랑에 던져졌다. 여성과 어린이는 노예로 팔려 그 값을 무슬림의 필요 경비로 사용하였다. 그리고 꾸라이자 부족이 소유했던 모든 재산은 전리품으로 무함마드에게 1/5, 기마병에게 3/5, 나머지 무슬림군에게 1/5을 배분하였다.

이때 유대인 한 여성은 무함마드의 하인이 되었다. 그녀의 이름은 라이하나 빈트인데 얼마 안 가서 해방되어 무함마드의 아내가 되었다. 그러나 라이하나 빈트는 무함마드의 사랑을 받지 못한 것으로 보인다.

홍해 원정과 결혼, 아이샤 사건

유대인 꾸라이자 부족을 처단한 후에 무함마드는 무슬림에게 반기를 들 것이란 소문만 들어도 군대를 파견하여 먼저 공격하였다. 그러던 중 이슬람력 6년 8월, 서기 627년 12월에 홍해 인근의 유목민 무스딸리끄 부족이 메디나를 공격할 것이라는 정보를 들었다. 무함마드는 특사를 보내 정보의 진위를 알게 하였다. 특사가 그곳에 들러 족장과 여러 사람을 만나본 결과 정보가 사실로 판단되었다.

이때 무함마드는 가짜 신자 압둘라 우바이와 함께 군사를 이끌고 홍해 원정에 나서서 무스딸리끄 부족을 선제공격하였다. 공격당한 무스딸리끄 부족은 수적 우세에도 불구하고 힘도 한 번 써 보지 못하고 패하였다. 이때 족장의 딸 주와이리아가 무함마드를 찾아 해방하여 줄 것을 간청하였다. 이에 주와이리아를 전리품으로 획득한 병사에게 몸값을 주고 주와이리아를 해방하게 시켰다. 이와는 다른 설이 있다. 즉 그녀를 해방하겠다는 병사의 말을 들은 무함마드가 병사에게 해방을 독촉했다는 설도 있다. 어쨌든 무함마드는 해방된 20세의 미녀 주와이리아와 결혼하였다. 이때 포로 100명이 자기들은 주와이리아와 한 집안이라고 말하며 자기들도 해방시켜 달라고 요청했다. 이에 무함마드가 그들을 해방하자 그들이 이슬람교로 개종하였다. 그러자 무함마드는 이들을 보며 예언자의 처남들이라고 불렀다. 그리고 무함마드는 족장과 동맹을 맺었다. 무함마드는 아이샤, 주와이리아와 함께 기분 좋게 메디나 귀환 길에 올랐다.

이때 압둘라 우바이는 군사들을 설득하여 무함마드에 대한 반란을 일으켰다. 반란을 진압한 무함마드에게 우바이의 아들이 찾아왔다. 아들은 아버지를 자신의 손으로 사형시킬 수 있도록 간청했다. 그 이유는 다른 사람이 아버지를 죽이면 아들 된 도리로 그 사람에 대해 복수를 하게 될 것이기 때문이라고 말했다. 그렇게 되면 자신도 신자에게 죄를 짓게 되어 지옥에 갈 것이라고 말했다. 아버지를 살려 달라는 애원을 하지 않고 오히려 이런 이유로 아버지를 자신이 사형시킬 수 있게 해 달라는 간청을 받은 무함마드는 압둘라 우바이를 용서하였다.

이 귀환길에 휴식을 취하는 사이에 무함마드의 아내 아이샤가 사라지는 사건이 발생했다. 홍해 원정에 동행했던 아이샤가 휴식 시간에 가마에서 내렸다. 14세였던 아이샤는 어머니에게서 받은 목걸이를 잃어버려 목걸이를 찾아 헤매다가 군사들이 떠나는 것도 몰랐다. 메디나 귀환 길의 군사들이 가마를 낙타에 올릴 때 아이샤가 가마에 타고 있는 줄로 알았다. 군사들이 아이샤가 탄 것으로 착각할 정도로 아이샤는 가벼웠다. 어쨌든 아이샤가 가마에 타고 있는 것으로 착각하여 길을 떠난 것이었다.

겨우 목걸이를 찾은 아이샤는 진지로 돌아왔지만 아무도 없었다. 어린 아이샤는 어떻게 해야 할 줄을 몰라 그냥 그 자리에 앉아 기다리며 잠들었다. 한참 지나 대열에서 낙오된 젊은 무슬림 병사 사프완이 낙타를 타고 와 아이샤를 발견했다. 사프완은 아이샤를 알아보고 자기 낙타에 태워 함께 무슬림 본대를 찾아 길을 재촉하였다. 이틀 후에 무슬림 본대를 찾아 합류했다. 하지만 아이샤는 젊은 병사와 단둘이서 낙타를 타고 온 것에 대해 여러 말에 시달려야만 했다. 즉 아이샤와 병사 사이에 불륜이 있었던 것으로 의심받았다. 반란죄를 겨우 용서받은 우바이는 이를 두고 아이샤에 대한 소문을 퍼뜨려 무함마드의 심기를 불쾌하게 만들었다. 그런데 알리도 아이샤를 의심하였다. 상황이 이렇게 되자 아이샤는 무함마드와 자기 집을 떠나 부모님의 집으로 가야만 했다. 아버지 아부 바크르는 아무 말도 못 하고 아이샤를 받아들였다.

아이샤가 과연 부정한 짓을 했는지 고민하던 무함마드는 결국 이 문제에 관해 신의 계시를 원했다. 이때 가브리엘 천사가 아이샤의 결백을 무함마드에게 알려 주었다고 한다. 그 결과 아이샤는 다시 자기 집으로 돌아갈 수 있었다. 알리가 아이샤의 정조를 의심한 것 때문에 무함마드가 죽은 후 아이샤는 알리의 칼리파 승계를 반대하여 그와 전쟁까지 하게 되었다. 이에 대해선 7장에서 소상히 다룬다.

알 후데이비아 조약

이슬람력 6년 11월, 서기 628년 2월에 메카 순례의 꿈을 꾼 무함마드는 전격적으로 메카 순례를 발표해 메디나는 술렁거렸다. 메카를 떠나왔던 이주자들은 고향에 대한 그리움으로 들떴지만 순례하는 무슬림에게 메카의 공격이 예상되어 걱정되었다. 기대와 우려가 섞인 가운데 무함마드는 2,000명을 이끌고 메카로 출발했다. 이 여정에는 무함마드의 아내 중 움무 쌀라마가 동행하였다.

이 소문을 들은 꾸라이쉬는 무슬림의 카으바 신전 출입을 막기로 결의하였다. 그래서 무슬림의 동태를 파악하기 위해 기동대를 보냈다. 무슬림은 꾸라이쉬가 보낸 기동대를 두 번이나 사로잡았지만 무함마드는 이들을 메카로 그냥 돌려보냈다. 그 이유는 이번 여정이 전쟁이 목표가 아니고 평화적인 순례가 목적이었기 때문이다.

그리고 메카에서 11km 떨어진 알 후데이비아에 야영하였다. 그 이유는 무함마드가 탄 암낙타가 이곳에서 더 이상 전진을 멈추어 무릎을 꿇었고, 무함마드가 암낙타에서 내리자 그곳에서 샘물이 솟아났기 때문이라고 한다. 또는 그 인근의 마른 우물에서 물이 풍성하게 솟아나 많은 무슬림이 충분히 마실 수 있었기 때문이라고도 한다.

무슬림이 진을 친 후데이비아로 꾸라이쉬의 특사가 와서 메카 방문 이유를 물었다. 무함마드는 전쟁하려고 온 것이 아니고 평화적으로 카으바 신전을 순례하기 위해 왔다고 하였다. 그럼에도 불구하고 메카의 꾸라이쉬는 무함마드의 방문을 허락하지 않았다.

그래서 무함마드는 오마르를 특사로 보내 꾸라이쉬의 허락을 받으려고 했다. 그러나 오마르는 싸움 없이 메카로 입성하려는 무함마드를 반대하여 특사를 거절하였다. 이와 달리 오마르는 메카의 꾸라이쉬 지도자 중에 자기를 좋아하는 사람이 없다는 이유로 특사를 거절하며 대신 오스만을 추천하였다고도 한다. 그래서 무함마드는 사위 오스만을 특사로 보냈다. 그런데 꾸라이쉬는 무함마드의 카으바 방문을 허락하지 않지만 오스만의 카으바 방문은 허락한다고 하였다. 그러나 오스만이 자신만의 카으바 순례를 사양하여 꾸라이쉬는 오스만을 감옥에 가두었다.

그런데 꾸라이쉬가 오스만을 죽였다는 거짓 소문이 무슬림에게 들렸다. 그러자 무함마드는 항전을 선언했고, 모든 무슬림은 무함마드에게 충성 맹세를 하였다. 이렇게 긴박한 시기에 메카에는 최고 지도자인 아부 수피안이 다른 지방에 출타 중이었다. 그런데 코앞의 무슬림들이 결사항전을 외친다기에 꾸라이쉬는 겁이 났다. 이들은 사태의 원인인 오스만을 석방하면서 수하일을 대표로 무함마드에게 보내 평화 조약을 맺도록 하였다. 꾸라이쉬는 평화 조약의 초안을 미리 만들어 수하일을 대표로 보냈다.

그래서 아부 수피안이 잠시 자리를 비운 메카 지도부를 대표한 수하일과 무함마드 사이에 대화가 오가며 마침내 다음과 같은 협약을 맺었다.

〈무슬림의 이번 순례는 1년 후로 미루며 순례 기간은 3일로 한다. 휴전 기간은 10년 으로 한다. 메카의 지도자 허락 없이 메디나로 귀순한 자는 메카로 돌려보내고, 메디 나에서 메카로 귀순한 자는 돌려보내지 않는다. 메카와 메디나 양쪽에 동맹을 맺은 부족들에게도 이 조약을 적용한다.〉

　합의문을 작성하며 대표 이름을 서명하는데 서로가 충돌하였다. 무슬림은 '알라 하 나님의 사도 무함마드'라고 적으려는데 수하일이 반대하였다. 메카가 무함마드를 알 라 하나님의 사도로 인정했다면 지금까지처럼 양측 간에 싸움이 일어나지 않았을 것 이라고 수하일이 말했다. 그는 '압둘라의 아들 무함마드'로 서명할 것을 요구했다. 무 슬림의 반대가 컸지만 무함마드는 이를 수용하였다.

　너무 불평등한 조약에 무슬림의 불평은 클 수밖에 없었다. 그러나 메카가 무슬림을 협상 상대로 인식한 것 자체가 무슬림의 강해진 힘을 보여주는 사건임이 틀림없었다.

　조약에 의해 메카에서 귀순해 개종한 사람을 메카의 아버지에게 돌려보내므로 불평 등한 협정에 대한 무슬림의 분노가 무함마드에게 터졌다. 그러나 무함마드는 알라 하 나님이 메카로 돌려보낸 사람을 보호한다고 설득했다.

　그리고 무함마드는 알 후데이비아에서 희생제를 드릴 것을 명령했으나 아무도 따 르지 않았다. 이에 무함마드가 아내 움무 쌀라마에게 무슬림의 분위기 파악을 부탁했 다. 쌀라마는 희생제 제물을 무함마드가 직접 도살하고 머리도 깎으라고 무함마드에 게 건의하였다. 아내의 말대로 무함마드가 직접 제물을 잡고 머리 깎는 것을 본 무슬 림들이 비로소 협조하기 시작했다. 이렇게 하여 메카 순례를 1년 후로 미룬 채 희생제 를 겨우 마치고 메디나로 떠났다.

　이때 메카의 무슬림 여성들이 무함마드를 찾아 보호해 달라고 요청했다. 무함마드 는 이들을 메카로 돌려보내지 않았다. 그 이유는 알 후데이비아 조약은 여성에 관해 협약한 것이 아니라고 생각했기 때문이다. 그리고 메카에서도 이 여성들의 송환을 강 력히 요구하지도 않았다. 이는 당시 아랍 사회에서 여성이 어떤 위치에 있었는지를 보여주는 단적인 사례였다.

그런데 그 후 메카에서 귀순한 아부 바시르를 무함마드가 돌려보냈다. 그는 메카로 잡혀가면서 호송병 한 명을 살해하고 도망쳐 다시 무함마드에게 돌아왔다. 살아남은 병사 한 명이 메카로 가서 이 사실을 보고했다. 무함마드는 아부 바시르 때문에 메카와 전쟁이 일어날 것을 걱정하였다. 이 걱정을 들은 아부 바시르는 무슬림을 탈출해 숨어 지냈다. 오갈 데 없는 그는 결국 메카의 캬라밴을 습격하는 도적이 되었다. 이후 메카에서 메디나로 귀순하려는 자들은 아부 바시르의 부하가 되어 그의 세력이 점점 커졌다. 그래서 메카는 아부 바시르 도적 떼 때문에 골머리를 앓았다.

마침내 메카는 귀순자를 이슬람이 반환한다는 조항 삭제를 요구해 불평등 조약은 변경되었다. 이로 인해 무함마드는 선견지명이 있는 사도로 무슬림에게 각인되며 무함마드의 통솔력은 더욱 굳건해졌다.

외교와 마리아

무슬림의 가장 큰 적이었던 메카와 평화 조약을 체결한 무함마드는 이후 이슬람의 전파에 더욱 힘썼다. 메카에서도 개종자가 늘었다. 이 여세를 몰아 무함마드는 외국의 통치자에게도 이슬람을 권하는 편지와 사절단을 보내기 시작했다.

아비시니아의 네구스 왕에게 가장 먼저 서한을 휴대한 특사를 보냈다. 이때가 이슬람력 6년 말 또는 7년 초라고 한다. 네구스 왕에게서 우호적인 답장을 받기도 했다.

그리고 이집트의 총독에게도 이슬람을 권하는 편지를 보냈다. 편지를 본 총독은 이슬람에 대한 언급은 없이 여인을 무함마드에게 선물로 보냈다. 이 여인은 마리아였는데 콥트교인이었다. 콥트교는 기독교의 일파인데, 마가복음의 저자인 마가가 이집트에 세운 교회로 시작한 것으로 알려져 있다. '콥트'는 고대 이집트를 낮추어 부른 아랍어이다.

메디나에 도착한 마리아는 이슬람교로 개종하며 무함마드의 아내가 되었다. 무함마드의 첫째 부인이었던 카디자 외에는 아무도 무함마드의 아이를 낳지 못했다. 그런데 그 많은 아내 중 마리아가 유일하게 이슬람력 8년에 아이를 낳았다. 그것도 아들을 낳왔다. 무함마드는 이 아들의 이름을 이브라힘으로 지었다. 이는 아브라함에 대한 아랍어이다. 자기를 닮았다고 무함마드가 너무 좋아했지만, 이브라힘은 18개월만인 이슬람력 10년에 죽었다. 아들을 자기 딸들의 무덤 옆에 묻은 무함마드도 1년 후에 죽었다. 이브라힘을 낳은 마리아의 나이와 그 후의 생활에 대해선 알려진 바가 거의 없지만 더 자세한 사실은 6장과 13장에서 다룬다.

무함마드는 페르시아의 왕에게도 이슬람을 권하며 불을 숭배하는 조로아스터교를 따르지 말 것을 말했다. 왕은 화가 나 무함마드의 편지를 갈기갈기 찢으며 예멘의 총독에게 무함마드를 죽이라고 명했다. 그러나 오히려 페르시아의 왕이 무함마드보다 먼저 죽었다. 그리고 예멘의 총독은 무함마드의 편지를 받고 개종했다고 한다.

무함마드는 지중해 세계의 최강국인 동로마 제국 즉 비잔틴의 황제 헤라클리우스에게도 편지를 보내 예수만 믿지 말고 이슬람을 따를 것을 권했다. 후에 황제가 아부 수피안을 만났을 때 무함마드에 관해 물었는데, 아부 수피안은 무함마드에 대해 아주 좋게 말했다고 한다.

다마스쿠스의 통치자에게도 서한을 전달하였다. 2년여에 걸친 사절단 파견 끝에 마지막으로 오만에 사절단을 파견했다. 이때는 오만 국왕의 동생과 특사가 많은 대화를 나누었다. 동생이 먼저 이슬람교에 호의적인 태도를 보인 후에 국왕과 두 차례의 알현이 이루어졌다. 오만은 이 사절로 인해 이슬람교에 문호를 개방하게 되었다고 한다.

이렇듯 알 후데이비아 조약 이후 무함마드의 행보는 거침이 없었다. 그래서 무함마드는 메카가 기근으로 어려움에 빠지자 메카를 돕기 위해 금을 주고 아부 수피안에겐 종려나무 열매를 선물하기도 했다.

하비바와의 결혼

알 후데이비아 조약을 맺고 메디나로 돌아온 무함마드는 얼마 후 하비바의 딱한 소식을 들었다.

하비바는 아부 수피안의 딸임에도 남편과 함께 일찍이 무슬림이 되었다. 그녀는 남편과 함께 아비시니아로 망명하였다. 그런데 그곳에서 남편이 기독교로 개종하며 하비바에게도 개종을 설득했다. 그러나 하비바는 개종하지 않았다. 그러다가 남편이 죽어 하비바는 아비시니아에 혼자 살고 있었다.

이 소식을 들은 무함마드는 하비바에게 청혼했다. 그리고 아비시니아의 자비로운 네구스 왕에게 편지를 보내 하비바를 메디나로 보내주길 부탁했다. 그러나 네구스는 무함마드가 없이 하비바 홀로 결혼식을 거행한 후에 보내겠다고 했다. 이에 대해 신랑 무함마드가 참석하지 못하는 결혼식을 하비바 홀로 치른 후 메디나로 보내줄 것을 무함마드가 부탁했다는 설도 있다. 아무튼 네구스 왕은 흔쾌히 허락하였고 그녀에게 결혼 선물도 많이 주었다.

그래서 이슬람력 7년이 시작되자 이내 하비바는 신랑도 없이 아비시니아에서 결혼식을 하고 메디나로 가서 무함마드의 아내가 되었다.

카이바르 정복과 사피아

무슬림은 알 후데이비아 조약으로 메카의 꾸라이쉬 부족을 더 이상 경계할 필요가 없어졌다. 그러나 무슬림의 또 다른 강적이었던 유대인은 그렇지 않았다. 메디나에서 북쪽으로 약 130km 떨어진 카이바르의 유대인은 무슬림과 원수였다. 메디나에서 두 차례 추방당한 유대인들이 카이바르에 많이 왔기 때문이다. 또 꾸라이자 부족의 남자들이 몰살당하고 노예로 팔린 여성들과 아이들도 상당한 수가 카이바르로 왔기에 무슬림에 대한 감정이 나쁠 수밖에 없었다. 이들은 카이바르의 유대인들과 합세하여 무슬림을 괴롭히는 활동을 해왔다. 그런데 알 후데이비아 조약으로 유대인과 메카의 연합이 힘들게 된 지금이야말로 카이바르의 유대인을 정복해야 할 적기로 무함마드는 판단했다.

그래서 이슬람력 7년 1월, 서기 628년 5월에 무함마드는 자원병 1,500명을 이끌고 카이바르로 향했다. 이 원정에는 움무 쌀라마가 동행하였다. 이때 메디나의 거짓 신자 우바이는 카이바르의 유대인에게 무함마드의 원정 계획을 미리 알려 주었다.

카이바르는 비옥한 오아시스 중심으로 고지대에 형성되었으며 말라리아가 유행하는 지역이었다. 그래서 1,500명을 이끌고 가던 무함마드가 말라리아에 걸려 지휘관이 아부 바크르로 바뀌었다. 그런데 아부 바크르도 말라리아에 걸려 지휘관은 오마르로 바뀌었는데, 오마르도 말라리아에 걸려 알리가 깃발을 들었다.

드디어 전투가 벌어졌는데 10일간 1:1 싸움에서 알리가 계속 승리하며 무슬림이 기선을 잡았다. 힘든 상황에서도 무슬림이 차례로 세 마을을 정복했다. 이제 카이바르의 가장 큰 마을을 포위하자 유대인들은 협상을 제의하였다. 무함마드는 생명을 살려주고 입을 옷과 등에 메고 갈 정도 외에는 아무것도 못 가져간다고 말했다. 그리고 물건을 숨긴 자에게는 이 약속을 적용하지 않는다고 하였다. 이렇게 협상이 타결되었지만, 금과 사향을 숨긴 자들이 발견되어 그들은 처형당했다. 그리고 카이바르를 떠나야만 했던 유대인들이 무함마드를 찾아 간청했다. 자기들이 농사를 짓게 해주면 농작물의 반을 공물로 바치겠다고 간청해 무함마드는 이를 수락하였다. 그래서 무함마드는 정복한 땅을 반분하여 반은 유대인들의 농지로 임대하였고 반은 무슬림에게 전리품으로 배분하였다. 이때 마침 아비시니아에서 무함마드의 사촌인 자파르가 이끈 50여 명이 메디나로 왔다. 이들에게도 무함마드는 땅을 배분하였다.

카이바르의 남은 마을들도 무함마드에게 항복하여 이와 비슷한 조건으로 살게 되었다. 이때 아이샤는 카이바르의 종려나무 열매를 신물 나게 먹고 메카의 가난한 자를 도우려고 제공하기도 했다.

이 전투에서 카이바르는 93명이 전사했고, 무슬림은 18명이 전사했다. 그런데 한 무슬림 병사가 포로와 결혼하고 싶다고 하여 무함마드는 결혼하고 싶은 여성을 선택하라고 했다. 이 병사가 사피아를 선택했는데 다른 무슬림들이 무함마드에게 이의를 제기하였다. 사피아는 유대인 족장의 딸이며 모세의 형 아론의 후손임을 강조했다. 그래서 사피아에게 걸맞은 대우를 해야 한다고 말하였다. 즉 사피아에게 걸맞은 상대는 사도뿐이라고 말했다. 그래서 무함마드는 사피아와 결혼하고 싶다는 병사에게 다른 여자를 찾으라고 하였다. 그리고 무함마드는 17세의 사피아와 결혼하며 3일간의 신혼을 즐겼다.

카이바르의 과일이 무함마드의 유대인 아내 라이하나 빈트에게도 배분되었다. 그러나 라이하나 빈트는 목이 메어 그 과일을 먹을 수 없었다. 카이바르의 유대인을 생각하니 자기가 속했던 꾸라이자 부족이 당했던 아픔이 되살아났기 때문이다.

이 무렵에 자이나라고 불리는 카이바르의 한 여인이 무함마드를 찾아 음식을 대접하고 싶다고 하였다. 이에 무함마드는 여인이 준비한 음식상 앞에 앉았다. 여인은 무함마드가 좋아한다는 양의 다리 부분에 미리 독약을 발라 놓았다. 음식을 먹던 무함마드는 맛이 이상함을 느끼고 뱉어냈다. 그리고 여인을 추궁하였다. 이 여인은 "제가 대접하는 분이 정말 알라 하나님의 예언자인지 아닌지를 알아보려고 독을 발랐습니다. 만약 사도라면 독이 발린 음식에서도 살아날 것이고 사도가 아닌데 사도 행세를 했다면 죽을 것으로 생각해 시험한 것뿐입니다."라고 말하며 자신의 무죄를 주장하였다. 이 말을 들은 무함마드는 어쩔 수 없이 그녀를 살려 주기로 했다. 그런데 무함마드와 함께 음식을 먹은 사람이 죽는 사고가 발생하여 무함마드는 이 여인을 죽였다. 4년 후에 무함마드가 죽을 때 무함마드는 자이나가 태운 독 때문에 죽는다고 말하였다.

카이바르 정복을 마친 무함마드는 이슬람력 7년 3월 초에 메디나로 귀환했다.

6. 아랍 통일과 무함마드의 사망

메카 순례 중 마이무나와 결혼

알 후데이비아 조약으로 1년 연기된 메카 순례가 서기 629년 3월경, 이슬람력 7년 11월 신의 휴전 기간에 이루어졌다. 무함마드는 조약대로 3일간의 메카 순례를 하였다. 2,000명이 나선 이 순례에는 여성과 어린이가 제외되었고, 제물로 삼을 낙타 60마리를 타고 갔다. 이것은 순례가 목적이기에 메카에 들어가기 전에 정찰 임무를 맡은 200명의 선발대에게 칼을 보관했다는 설이 있다. 또 만약을 대비해 칼을 칼집에 꽂은 채 메카로 들어갔다는 설도 있다.

그런데 꾸라이쉬와 메카 주민들은 무슬림이 온다는 소문에 이들과의 충돌을 피하려고 카으바 뒷산으로 올라갔다. 텅 빈 메카에 들어선 무슬림은 카으바에서 참배하는 동안 메카 시민은 뒷산에서 신기한 듯 이를 구경하였다. 카으바를 세 번은 빠른 걸음으로 네 번은 보통 걸음으로 돌라는 무함마드의 지시대로 한 후에 무슬림은 사파와 마르와 언덕으로 갔다. 그 언덕을 7회 오르내린 후 제사하고 머리를 깎았다. 그리고 선발대 200명도 메카에 들어와 같은 순례 의식을 하였다.

이때 메카의 삼촌 압바스의 권유로 무함마드는 메카 지도자의 딸인 마이무나와 결혼하였다. 정략적으로 이루어진 마이무나와의 결혼 잔치에 메카 시민을 초대하려 했다. 그러나 이미 약속한 순례 기간 3일이 지나 시민의 잔치 참석은 이루어지지 않았다. 무슬림이 메디나로 돌아가는 길에 마이무나가 키운 조카 칼리드가 뒤쫓아 와 개종하였다. 칼리드는 무슬림이 우흐드 전투에서 패배하도록 만든 메카의 뛰어난 장수였다. 그의 개종은 무함마드가 마이무나와 결혼한 것에 대한 가장 큰 선물이 되어 아랍 제국 건설에 엄청난 도움이 되었다.

가장 치열했던 무으타 전투

628년에 무함마드의 친서를 비잔틴의 속국인 갓사안(현재의 시리아 인근)의 왕에게 전달하는 사자가 갓사안에서 비잔틴 총독에게 살해되었다. 이 소식을 들은 무함마드는 3천 명의 군대를 시리아로 파견했는데 사령관은 자이드, 부사령관은 자파르였다. 이들은 이슬람력 8년 5월, 서기 629년 9월에 시리아 국경인 마안에 도착했다.

그런데 이에 맞서 동로마 비잔틴의 헤라클리우스 황제가 직접 10만 대군을 이끌고 왔다. 또 라캄, 주담 발까인, 바흐라 등의 아랍 부족들이 10만을 지원하여 20만 대군이 무으타에 진을 쳤다. 무슬림군의 대책 회의에서 무함마드에게 지원을 요청하자는 말이 있었다. 하지만 신의 휴전 기간을 깬 바 있는 압둘라가 알라 하나님을 믿고 승리 또는 순교를 위해 진군할 것을 설득했다. 그래서 무슬림군은 무으타로 향했다.

드디어 압도적인 비잔틴의 연합군과 전투가 시작되었다. 무함마드에게 받은 군기를 치켜든 자이드의 오른팔이 잘려 나갔다. 자이드는 왼팔로 깃발을 들고 싸우다 왼팔도 잘려 나갔다. 그러자 자이드는 입으로 기를 물고 싸우다가 끝내 전사하였다. 땅에 떨어진 군기를 자파르가 들고 싸우다가 50군데나 찔려 죽었다. 이어 압둘라도 깃발을 들고 꾸란을 암송하며 싸웠지만 전사하였다.

이에 개종한 지 얼마 안 되는 칼리드가 검이 아홉 개나 부러지면서도 싸워 큰 적장 중 한 명을 죽여 잠시 숨을 돌릴 수 있었다. 이어 열린 대책 회의에서 칼리드는 사령관으로 추대되었다. 사령관이 된 칼리드는 전술을 바꾸어 먼지를 크게 일으키며 후방 부대를 전방으로 배치하였다. 이는 엄청난 원군이 도착한 것으로 적에게 보이려는 기만전술이었다. 이에 속은 비잔틴은 마침내 후퇴하였고 남은 무슬림은 겨우 메디나로 귀환할 수 있었다.

이 전투에서 유능한 장수들을 많이 잃어 손실이 컸다고 하지만, 무슬림이 지중해 세계의 최강자인 비잔틴과 싸울 정도로 강해진 것을 주변국에 보여주었다. 그 결과 아랍의 부족들이 스스로 이슬람교에 항복하며 개종하는 일들도 발생했다.

메카 정복

알 후데이비아 조약이 체결될 때 쿠자아 부족은 무슬림과 동맹이었고, 바크르 부족은 꾸라이쉬와 동맹이었다. 이 두 부족은 원수지간이었지만 알 후데이비아 조약으로 휴전할 수 있었다. 그런데 무슬림과 동맹인 쿠자아 부족 사람들이 우물에 있는데 밤에 바크르 부족이 급습하였다. 이에 쿠자아 사람들이 카으바로 피신했으나 이들까지도 바크르 부족이 몰살시켰다. 이런 짓을 바크르 부족이 하는데 바크르 부족과 동맹인 꾸라이쉬 부족이 도왔다. 이는 명백한 조약 위반이었다.

쿠자아 부족은 무함마드를 찾아 자신들이 당한 억울함을 호소했다. 한편 메카의 꾸라이쉬 부족은 조약 위반으로 인해 무슬림이 공격할 것을 걱정하며 조약 유지를 위해 아부 수피안을 메디나로 파견하였다.

메디나에 온 아부 수피안은 1년 6개월 전에 무함마드의 아내가 된 자기 딸 하비바의 도움을 받으려고 하비바를 찾았다. 하비바의 집에 들어선 아부 수피안이 양탄자에 앉자 갑자기 하비바가 아버지를 밀고 양탄자를 당기며 아버지를 맨바닥에 앉혔다. 아부 수피안이 그 이유를 묻자 하비바는 이렇게 말했다. "이 양탄자 위에 알라 하나님의 사도가 앉으시는데 하나님을 믿지 않는 불신자인 아버지가 이 자리에 앉을 수는 없습니다."

딸에게 냉대받은 아부 수피안은 직접 무함마드를 찾아 알 후데이비아 조약의 유효를 호소했지만, 무함마드는 들은 척도 하지 않았다. 이에 아부 수피안은 오마르를 만나 호소했지만, 역시 냉대받았다. 아부 수피안은 마지막으로 알리를 찾아 호소했지만 알리는 그를 도울 능력이 없었고 그럴 마음도 없었다. 결국 아부 수피안은 아무 소득도 없이 메카로 되돌아가야만 했다.

이슬람력 8년 9월 라마단 달, 서기 630년 1월 10일에 무함마드는 1만 명의 군사를 이끌고 메카로 향하였다. 메카로 가는 진군을 비밀리에 했지만, 메카 바로 앞에서는 대군이 온 것을 메카 시민이 알게 되었다. 이에 아부 수피안이 무함마드의 삼촌인 압바스의 도움으로 무함마드를 찾았다. 무함마드는 아부 수피안의 집에 모여든 사람들은 죽지 않을 것이고 카으바가 있는 하람 사원에 있는 사람들도 죽지 않을 것이라고 하였다. 그러나 무슬림에 대항하는 자는 몰살을 당할 것이라고 경고했다.

메카로 되돌아간 아부 수피안은 메카 시민이 살기 위해서는 무슬림에게 대항하지 말 것을 설득하였다. 그리고 자기 집에 있는 사람은 살 수 있으니 자기 집으로 피신해 오라고 말하였다. 그러자 아부 수피안의 아내인 힌드가 남편의 수염을 건드리며 비겁한 겁쟁이라고 비난하였다.

무함마드는 칼리드를 선봉장으로 내세워 메카로 입성하였다. 무슬림에게 대항하는 자들은 칼리드의 지휘하에 모두 죽었다. 메카에 들어선 무함마드는 카으바 신전을 찾아 경배하였다. 그리고 백부의 딸 움무 하니의 집에서 목욕하였다. 이후 무함마드는 아브라함과 이스마일의 초상화가 보관된 신전의 방 열쇠를 관리하던 오스만에게 열쇠를 받아 문을 열었다. 아브라함과 이스마일의 초상화를 없애도록 명령한 무함마드는 카으바 신전을 중심으로 메카 곳곳에 산재한 360여 개의 우상들을 다 파괴하였다. 칼리드에겐 메카 시민이 가장 열성적으로 섬기던 라트와 웃자 여신상의 파괴를 명하였다. 이때 아브라함의 조각상과 아기 예수를 안은 마리아상은 파괴를 면하였다는 설도 있다.

무함마드는 메카에 입성하기 전 처단해야 할 10명의 명단을 발표하였다. 그런데 막상 메카를 정복한 후 이들을 처형할 때는 4명만 사형시켰다고 한다. 명단에 포함되었으나 살아난 사람 중에 힌드가 있었다. 힌드는 아부 수피안의 아내로서 우흐드 전투 때 무함마드의 삼촌인 함자의 간을 먹고 함자의 귀와 코와 혀를 잘라 목걸이로 만든 여인이었다. 이 여인이 살기 위해 개종하며 무함마드의 용서를 빌었는데 무함마드가 그녀를 용서해 준 것이었다. 그리고 또 살아난 사람 중에 압둘라 사흐르가 있었다. 그는 메디나에서 무함마드의 꾸란 계시를 받아 적는 기록관이었다. 그는 무함마드가 계시받는 장면이 너무 궁금해 몰래 훔쳐보았다. 그 결과 그는 꾸란이 하나님에게서 계시받은 것이 아니고 무함마드가 만들어 낸 작품으로 주장하였다. 그런데 사흐르도 살기 위해 용서를 빌었는데 무함마드가 살려 주었다.

그리고 이때 무함마드는 이슬람군에게 살해된 사람의 딸 무라이카와 결혼하며 화합을 도모하였다. 그러나 이 여인은 무함마드에게 제대로 사랑받지 못했다. 그래서 이 여인에 관해 알려진 게 거의 없다. 무함마드가 메카에 머문 15일 동안 꾸라이쉬 부족 2,000명과 대부분 메카 사람이 이슬람교로 개종하였다. 이때 아부 수피안과 힌드의 아들인 무아위야도 살기 위해 개종하였다. 그는 30여 년 후에 우마이야 왕조를 세웠다. 그리고 이때 무함마드는 돼지고기와 술을 금지하였다.

후나인 전투와 타이프 전투

무슬림이 메카를 정복하고 카으바의 우상들을 모두 파괴했다는 소식을 들은 하와진 부족은 홍해 인근의 부족들을 모아 무슬림을 공격하기로 하였다. 이 하와진 부족은 메카와 홍해 사이의 산악 유목민이었다. 이 부족은 약 10년 전에 무함마드가 메카의 박해를 피해 타이프로 피신했을 때 무함마드에게 돌을 던져 상처를 입힌 부족이었다. 이런 하와진은 메카 꾸라이쉬 부족과는 원수였다. 그렇지만 무함마드가 메카를 정복하였기에 무함마드에게 맞서고자 한 것이었다.

하와진과 연합군은 말리크를 사령관으로 뽑았다. 말리크는 메카를 정복한 무슬림들이 올 것을 대비하여 후나인 성 인근의 계곡을 싸움터로 결정했다. 그 계곡에 여자와 어린이들, 가축과 모든 재산을 집결시켰다. 이 전술에 대해 이의를 제기하며 여자와 아이들은 성으로 돌려보내자는 의견이 있었지만 말리크는 이를 묵살했다. 그 이유는 자기 아내와 아이들 그리고 모든 재산을 보면 군인들이 그것을 지키려고 사력을 다해 싸울 것이기 때문이라고 말리크는 말했다.

후나인 성의 소식을 들은 무함마드는 이슬람력 8년 10월 6일, 메카 입성 19일째 되는 서기 630년 1월에 메카를 떠나 후나인에 도착하였다. 630년 1월 27일에 무슬림 군사 1만 2천 명은 하와진 연합군 2만 명과 대치하였다. 드디어 1월 30일에 말리크의 계획대로 계곡에 들어선 무슬림에게 하와진의 돌과 화살 세례가 퍼부어졌다. 갑작스러운 공격에 무슬림은 속수무책으로 당하며 도망하기에 바빴다. 무슬림은 군사가 많다고 자신만만했었다. 하지만 의외의 일격을 당한 상황을 꾸란 9장 25, 26절에 이렇게 묘사하고 있다. "후나인 전투에서 알라 하나님이 너희에게 승리를 안겨주셨노라 보라! 너희의 병력이 많다고 안심했으나 그것은 무의미했노라. 대지는 넓으나 너희를 궁핍하게하여 너희를 후퇴하게 하였노라. 그런 후 알라 하나님은 그분의 사도와 믿는 자들을안정시키고 보이지 않는 군대를 보냈으며 불신자들에게 벌을 주시었으니 그것이 불신자들에 대한 보상이라."

도망가던 병사들이 무함마드의 삼촌 압바스가 외치는 말을 듣고 무함마드에게 모였다. 이들은 "압바이카(우리는 당신 아래 있습니다)"를 외쳤다. 이때 전열을 가다듬은 무함마드가 손으로 흙을 움켜잡고 적을 향해 뿌렸다. 그러자 적들은 순식간에 앞을 보지 못하게 되었다고 한다. 그리고 하늘에서 검은 벽돌이 떨어지고 개미 떼가 대들고 15,000명 천사가 적들을 죽였다고 한다.

이 결과 승전한 무슬림은 포로 6,000명과 낙타 24,000마리 외에도 많은 전리품을 챙겨 메카 인근으로 보냈다.

그리고 무슬림군은 타이프 성을 포위하고 공격에 나섰다. 그러나 이 타이프 성에는패전한 말리크가 패잔병을 이끌고 피신했으며 식량과 군수 물자가 풍부한 곳이었다.그런데 좀 이상하다. 후나인 전투에서 15,000명의 천사들이 싸웠다는데 2만의 적을다 섬멸하지 못하고 적지 않은 패잔병이 어떻게 타이프로 피하게 했을까? 그 많은 천사들이 사람보다 약했단 것인지 의아하다.

어쨌든 무함마드는 타이프를 공격했지만 무슬림의 피해만 발생하였다. 이에 무함마드는 타이프 공략을 오마르에게 맡기고 메카로 돌아가려다가 다시 타이프를 공격했다. 하지만 또 실패하였다.

어쩔 수 없이 메카로 돌아온 무함마드는 후나인 전투의 전리품 분배를 하였다. 먼저배분받은 사람들은 개종한 지 한 달 정도밖에 안 되는 꾸라이쉬 사람들이었다. 아부수피안은 낙타 100마리와 금 40온스를 받았다. 또 아부 수피안의 요구로 두 아들도 같이 분배를 받았다. 이외에도 많은 꾸라이쉬 사람들이 분배를 받았는데 메디나 출신의후원자들이 배분에서 제외되었다.

포로 중 쉬마가 무함마드와 함께 젖을 먹으며 자란 사실을 밝혔다. 또 어릴 때 장난치며 무함마드가 자기에게 입힌 상처를 보여주어 무함마드는 그의 애인과 함께 쉬마를 해방하였다. 이에 다른 사람들이 자기들은 쉬마와 함께 젖을 먹은 사람들이라며 해방을 간청했다. 그러자 무함마드가 이들도 해방하였다. 이에 오마르, 알리 등이 무함마드처럼 노예를 해방해 많은 노예가 해방되며 이슬람으로 개종하였다. 이렇게 전리품 처리를 할 때 타이프 주민들의 특사가 왔다. 이들은 개종 조건으로 매춘, 고리대금업, 술을 지금처럼 허용하도록 요청했다. 무함마드는 이를 거절하고 대신에 예배 의무와 군역을 면제하여 주었다.

후나인과 타이프에 대한 모든 처리가 다 끝나자 메디나 출신 후원자들의 불만이 컸다. 전리품 분배에 꾸라이쉬 출신을 특별히 우대하며 메디나 출신은 제외시킨 것에 대한 불만이 컸다. 이에 대해 무함마드는 그동안의 이들 노고를 치하하며 이슬람으로 인해 그동안 메디나가 누린 평안과 영광을 상기시켰다. 그리고 사도인 자기와 함께하며 알라를 더 경험하는 것으로 만족하라고 말하였다. 무함마드가 이들과 함께 하겠다는 말에 이들은 눈물을 흘렸다고 한다. 그리고 스스로 항복하고 개종한 타이프는 무함마드의 생각대로 후에 예배 의무와 군역을 자원하게 되었다.

전투 없이 승리한 타북 원정

1년 전 무으타 전투에서 칼리드의 기만전술에 속아 퇴각하며 체면을 구긴 비잔틴 제국은 무슬림을 벼르고 있었다. 마침내 비잔틴 헤라클리우스 황제가 이끄는 4만 명과 갓사안이 연합하여 메디나를 공격할 것이라는 정보를 무함마드가 들었다. 그는 속 시끄러운 아내들과 한 달간 별거하며 대책 마련에 골몰하였다. 그는 메디나에서 방어전을 치르는 것보다 원정을 가기로 결심하였다. 그는 군사 징집을 명하며 원정 물자 확보에 주력했다. 하지만 낙타, 물, 식량이 많이 부족하였다. 그 결과 군사는 사상 최대인 3만 명이나 모였지만 타고 갈 낙타가 턱없이 모자라 한 마리를 18명이 번갈아 타야만 했다. 그리고 3만 군사를 이끌고 타북으로 원정 가는 길에 먹을 것이 없어 나뭇잎을 먹다가 가시에 혀를 찔리는 병사들도 있었다. 또 마실 물이 없어 타고 가는 낙타를 잡아 낙타의 위 속에 있던 물을 마시기도 했다고 한다. 이 얼마나 불쌍하고 비참한가! 이런 가운데 무함마드의 기도로 비가 내려 갈증을 풀었다고 한다. 그래서 이 원정군을 '고통의 군대'라고 불렀다.

이렇게 힘들게 원정 가는 보람이 있었다. 무슬림 대군이 온다는 소식을 듣고 비잔틴은 또 슬그머니 퇴각하였다. 630년 11월, 이슬람력 9년 7월에 출발하여 9월에 메디나로 돌아오기까지 원정 55일 중 20일을 무함마드는 타북에 체류하며 승리를 만끽하였다.

이 여파로 아랍 반도 변두리의 부족들이 스스로 투항하고 개종하여 무함마드와 우호 조약을 맺는 일이 발생하였다. 그리고 무슬림의 힘이 시리아 국경까지 미치며 비잔틴과 대치하게 되었다. 이로 인해 무슬림이 아랍 반도의 최강자임을 과시하고 아랍 통일을 이루었다.

이 원정기인 이슬람력 9년 7월에 아비시니아의 네구스 왕이 죽었다. 그동안 네구스가 무슬림에게 호의를 베푼 것을 감사하며 무함마드는 그의 죽음을 기념하는 예배를 하였다. 또 이슬람력 8월에 무함마드의 딸 움무 쿨쑴이 죽자 사위 오스만에게 "딸이 더 있다면 아내로 백 명이라도 주었을 것이다."라고 말하며 위로하였다.

이 원정은 무함마드가 참전한 마지막 원정이었다. 무함마드는 메디나로 돌아오는 길에 위선자 즉 거짓 신자들이 세운 가짜 모스크를 파괴하였다. 당시 아직도 메디나에는 무함마드에게 말로는 충성을 맹세하면서도 속으로는 무함마드를 축출하려는 위선자들이 있었다. 그래서 이 원정에 불참한 자들은 위선자로 몰려 무함마드에게 해명하고 용서를 받아야만 했다. 꾸란 9장에 알라 하나님도 이 원정에 불참한 자들이 진정으로 뉘우치면 용서한다고 기록되어 있다.

이 원정 후 무함마드를 찾는 사절단이 1년 전의 메카 입성 때보다 훨씬 많아졌다. 무함마드는 아랍 반도를 통일하며 아랍의 확실한 통치자가 되었다.

631년 1월에 메디나로 귀환한 무함마드는 기독교와 유대교 교인을 무슬림의 형제로 보고 개종을 요구하지 않았다. 이때 기독교 나즈란의 사절단이 무함마드를 찾았고 무함마드는 모스크에서 예배를 허락하였다. 그리하여 이슬람 모스크에서 기독교의 예배가 거행되기도 하였다.

이 원정 기간에 물건을 도적질한 여인이 있었다. 이 여인은 유력한 집안의 여성이었다. 그럼에도 그녀의 집안에서 그녀를 변호해 줄 사람을 구하지 못했다. 그래서 이들은 궁여지책으로 젊은 오사마에게 변호를 부탁했다. 당시 16세에 불과했던 자이드의 아들, 오사마는 그녀를 변호하였다. 이 사실을 알게 된 무함마드는 신의 법을 무시한 행동을 하였다고 오사마를 책망하였다. 그리고 변호를 부탁한 사람들과 많은 구경꾼에게 힘 있는 사람은 봐주고 약한 사람만 처벌한다고 질타했다.

아내들 길들이기

무함마드가 카디자와 단둘이 살 때는 잡음이 없었다. 그러나 카디자가 죽은 후 곧 사우다, 아이샤와 결혼한 것에 그치지 않고 결혼 행진곡이 계속 이어지면서 부부 관계도 복잡해졌다. 무함마드가 색골이라서 자신이 말한 1부4처제를 어긴 것 같지는 않다. 아이샤를 제외한 모두가 과부 또는 이혼녀였고 대부분 정략적으로 결혼했기 때문이다. 그런데 가장 어린 아내 아이샤의 눈에는 무함마드가 여자를 좋아하는 것으로 보였다. 아이샤는 무함마드가 예배, 향료, 여자를 좋아했다고 말했다.

아이샤의 눈에 그렇게 비친 이유가 뭘까? 어떤 이유로든 무함마드가 아내를 계속 맞이하였기에 아이샤의 눈에 그렇게 비친 것이 아닐까? 더군다나 무함마드와 결혼하려고 메디나로 오다가 죽은 여인도 있었고, 또 나병 환자인 것이 들통나 쫓겨 간 여인도 있었고, 부족의 약속과 달리 늙은 여자가 와서 돌려보낸 경우도 있었다지 않는가? 이런 것까지 목격한 아이샤가 정략적 결혼을 충분히 이해할 수 있었을까? 게다가 무함마드는 자기 사촌인 움무 하니와는 내연의 관계였고 그런 여자가 더 있다고 하니 아이샤가 그렇게 본 것 아닐까?

어쨌든 아내가 많아지니 잡음이 생길 수밖에 없었다. 무함마드는 결혼한 아내들마다 각자에게 집을 주었는데 모두 한동네에 있었으니 잡음의 소지는 늘 있었다.

계속되는 무함마드의 결혼은 6세에 그의 아내가 된 아이샤에게 많은 문제를 낳게 하였다. 아이샤는 6세 때 결혼해 첫날밤만 함께 보내고 9세부터 본격적인 부부 생활을 했다. 아이샤는 동시에 최소 10명이 존재하는 아내 중 가장 어린 나이였고, 무함마드가 이 아이샤를 가장 사랑했다. 그러나 남편이 계속 아내를 맞이하고 주변에 집을 장만해 주니 아이샤는 그때마다 질투심이 불탔다. 그런데 무함마드는 아이샤와 함께 누운 침대에서 다른 아내들을 칭찬하는 말을 자주 해 아이샤의 질투심은 더 커졌다. 심지어 죽은 카디자에 대한 무함마드의 자랑을 계속 들은 아이샤는 이런 말까지 할 정도였다. "카디자는 이 대신 잇몸으로 살아가는 수다스럽고 성가신 늙은 여자에 불과했어요. 알라는 당신에게 그녀보다 더 나은 여자를 보내 주셨어요. 그리고 나를 제외한 당신의 아내들은 모두 이미 결혼한 경험이 있는 여자이고 나만 처녀로 당신과 결혼했어요."

그래서 아이샤는 다른 아내들에게 신경질을 많이 부렸다. 아이샤가 하루는 하프사와 함께 무함마드의 원정에 동행한 적이 있었다. 아이샤보다 9세 위인 하프사와 무함마드가 웃으면서 다정하게 대화를 나누는 것을 보고 아이샤의 질투심이 발동해 두 사람의 대화를 방해하기도 하였다. 행군을 잠시 쉴 때 아이샤는 맨발로 걸으며 전갈이나 뱀에 물려 죽기를 기도할 정도로 하프사를 시기했다.

하프사와 사이가 좋았는데도 심술을 부린 아이샤는 움무 쌀라마에겐 정말 심했다. 왜냐하면 움무 쌀라마는 무함마드의 아내 중 가장 아름답고 지혜롭고 인격이 훌륭한 여인으로 소문났기 때문이다. 하프사가 소문보다 그녀는 더 아름답다고 말하자 아이샤는 소문보다 못하다고 쏘아붙이기도 했다. 움무 쌀라마가 아무리 인격이 좋아도 많은 아내가 한 남편을 두고 경쟁하는 상황에선 초연할 수가 없었다. 자연히 아이샤, 하프사를 중심으로 한 패와 움무 쌀라마를 중심으로 한 패로 나뉘어 아내들은 다투게 되었다. 하루는 사피아가 자이납에게 낙타를 빌려달라고 부탁했는데 거절당했다. 자이납이 사피아를 왕따시킨 것으로 본 무함마드는 자이납과의 잠자리를 몇 달간 거부하였다. 그리고 무함마드의 이혼 요구에 눈물로 호소하며 위기를 넘겼던 사우다는 모든 것을 무함마드가 가장 사랑하는 아이샤에게 양보하였다. 순번을 정한 잠자리뿐 아니라 추첨에서 뽑힌 무함마드의 원정 동행권도 양보한 그녀는 자신 몫의 유산까지 아이샤에게 넘겼다.

이런 복잡한 관계에 마리아의 등장은 모두에게 광풍을 일으켰다. 카디자 외 누구도 낳지 못한 무함마드의 자식을 마리아가 낳은 것이었다. 그래서 그런지 마리아가 낳은 아기는 무함마드의 아들이 아니고 마리아와 같은 콥트 교인의 아들이라는 중상모략이 아내들 사이에 나돌았다. 이에 화가 난 무함마드가 알리를 통해 알아본 결과 그 콥트 교인은 고자로 확인되어 아기는 무함마드의 아들임이 밝혀졌다. 마리아는 아랍 반도를 장악해가는 무함마드가 보낸 서신을 보고 이집트 총독이 그에게 보낸 선물이었다. 기독교 일파인 콥트 교인인 것 외에는 마리아에 대해 알려진 바가 없었다. 그렇지만 이집트 총독이 선물했으니 매력 있는 여인이었을 것이다. 무함마드가 60세에 마리아가 낳은 아들이 자기를 쏙 빼닮았다고 좋아하는 소리를 들은 아이샤는 무함마드를 닮지 않았다고 말했다. 또 아들이 많이 컸다고 하자 아이샤는 다른 아기도 이 정도 우유를 먹으면 이렇게 큰다고 빈정대기도 했다. 마리아에 대한 질투는 다른 아내들도 대부분 같았다.

이 와중에 아이샤가 무함마드와 동침하기로 정해진 날에 무함마드가 하프사의 집에서 마리아와 성관계하는 일이 발생했다. 화가 난 하프사는 이 사실을 아이샤에게 알렸다. 자기 순서인 아이샤도 화가 났다. 이 사건은 무함마드에 대한 아내들의 불만을 증폭시켰다. 아내들끼리 기밀을 누설하여 다투고 불평하는 것이 위기 상황에 이르렀다. 결국 무함마드가 아내들과의 잠자리를 거부하며 별거하는 사태가 발생했다.

그런데 무함마드가 이혼하면 더 좋은 아내를 얼마든지 주겠다는 좀 의외의 약속이 꾸란 66장 1~5절에 다음과 같이 나타났다.

"1. 예언자여 그대는 왜 하나님께서 허용하신 것을 스스로 금하며 아내들의 호감을 사려 하느뇨 하나님께서는 가장 관대하고 가장 자비로운 분이시니라. 2. 하나님께서는 너희가 한 맹세에 속죄할 것을 명령하셨나니……. 3. 예언자가 그의 한 아내에게 기밀을 이야기했을 때 그녀는 그것을 다른 아내들에게 말해버렸노라 하나님께서는 그로 하여금 그 사실을 알게 하셨느니라 그러자 그는 아내에게 일부는 일러주고 일부는 비밀로 하였노라 그가 그 사실을 이야기하자 아내가 말하길 누가 이 사실을 알려 주셨습니까 라고 묻자 예언자가 말하길 모든 것을 아시고 모든 것을 지켜보시는 하나님께서 내게 알려 주었소 라고 대답하였노라. 4. 이제 당신 둘이서 하나님께 회개하면 여러분에게 복이 될 것이라 또한 여러분의 마음도 이미 그렇게 기울였노라 만일 여러분들이 그에게 거역한다면 하나님과 가브리엘 천사와 믿음으로 의로운 자들이 그를 도울 것이며 천사들도 그렇게 할 것이니라. 5. 만일 그가 너희들과 이혼한다 하여도 주님께서는 그에게 너희보다 더욱 훌륭한 다른 아내를 줄 수 있느니라 그녀들은 무슬림 여인들이요 믿는 여인들이며 복종하는 여인들이요 회개하는 여인들이며 하나님을 진실하게 경배하는 여인들이요 단식에 헌신하는 여인들이요 과부들과 처녀들이라."

아내들이 회개하지 않고 복종하지 않으면 이혼해도 좋다는 꾸란의 말이 너무 이상하다. 그리고 꾸란 33장 28, 29절에는 이런 아내들에게 현세의 낙을 누리려고 이혼할지 말지를 종용하는 말이 다음과 같이 나타나 더 흥미롭다.

"28. 예언자여 그대의 아내들에게 일러 가로되 당신들이 현세의 삶과 허례허식을 원한다면 이리로 오시오 세상을 즐기도록 자유스럽게 하여 줄 것이니 이것은 해가 없는 이혼이요. 29. 그러나 당신들이 하나님과 사도와 내세를 원한다면 실로 하나님께서는 당신들 중에 선을 행할 자들을 위해 훌륭한 보상을 준비하여 두셨소."

꾸란의 이 말은 무함마드가 별거 하기 전에 생긴 것이 아니고 별거 기간에 생긴 것 같다. 한 달간의 별거 내내 무함마드는 집 밖에 보초를 세워 어떤 아내도 들어오지 못하게 하였다. 그래서 무함마드가 아내들과 이혼할 것이라는 소문이 나돌았다. 이때가 타북 원정을 앞둔 시점이었는데, 오마르는 무함마드와 아내들의 동태를 온종일 관찰하고 있었다. 왜냐하면 오마르는 무함마드가 아내들 때문에 상당히 골치 아파하는 것을 알았기 때문이었다. 오마르는 다른 사람과 번갈아 가며 무함마드 아내들의 집을 감시하고 있었다. 하루는 관찰하는 당번이 오마르에게 "큰일 났다"라고 보고했다. 오마르는 갓사안이 메디나로 공격해 온 것인지 물었다. 그런데 당번은 "선지자께서 아내들과 별거했다."라고 대답하였다.

이에 오마르가 무함마드의 집에 갔는데, 무함마드가 골방의 침대에 홀로 누운 것을 보았다. 또 그에게는 빵 조각과 물 주전자만 있는 것을 보고 오마르가 눈물을 흘렸다고 한다. 무함마드는 아내들을 길들이기 위해 한 달간 별거한다고 말했다. 이에 오마르가 갓사안이 공격해 오고 있음을 알렸다.

위기 상황에 더 이상 집에 칩거할 수 없었던 무함마드는 자리에서 일어나 모든 아내를 불러 모았다. 무함마드는 꾸란을 근거로 아내들에게 자신과 이혼하든지 자기 말에 복종하든지 선택하라고 말했다. 이혼을 원치 않았던 아내들은 모두 무함마드의 말에 복종하기로 하였다. 그리고 꾸란은 무함마드의 아내였던 여인들은 무함마드가 죽어도 재혼을 금하고 있다. 어쨌든 사상 최대의 원정을 눈앞에 두고 있는 시점에 예언자가 아내들 문제로 별거 중이라는 소문은 모두에게 나쁜 일이기에 이 사태는 봉합될 수밖에 없었다.

아내들 사이의 진정한 화해는 무함마드가 죽은 후 아내들도 죽을 때에야 이루어졌다. 그 화해의 물꼬는 하비바가 죽을 때 움무 쌀라마, 아이샤를 차례로 불러 용서를 빌며 이루어졌다.

고별 순례와 고별 설교

이슬람력 9년의 메카 순례는 11월 또는 12월에 이루어졌다. 이때는 무함마드가 가지 않고 아부 바크르가 인솔했다. 그는 이때 메카에서 "앞으로는 무슬림이 아니면 메카 순례를 할 수 없다."라고 말해, 메카 순례는 우상 숭배자와 다신론자에게 금지되었다.

1년 후 이슬람력 10년 11월 말경, 서기 632년 2월 말경에 메디나를 떠난 메카 순례는 무함마드가 최대 규모인 124,000명을 이끌었다. 이것이 무함마드의 마지막 메카 순례였다. 이 순례에는 1년 전 아부 바크르의 명대로 이교도가 배제되었다.

순례 복장은 두 장의 꿰매지 않은 천으로 몸을 감싸는 것이었다. 한 장은 복부에서 무릎까지 감싸고 다른 한 장은 왼쪽 어깨와 가슴을 가렸다.

아이샤가 무함마드의 이마와 얼굴에 향수를 발라준 후에 무함마드는 순례 복을 입고 자기 암낙타를 탔다. 출발한 지 8일 만인 12월 4일에 메카에 도착했다.

새벽에 목욕하고 날이 새자 무함마드는 메카의 카으바 신전에서 예배하고 카으바 신전 주위를 돌고 사파와 마르와 언덕을 오르내리는 순례 의식을 하였다. 12월 8일에 미나 지역으로 이동하여 정오, 한낮, 석양, 저녁 예배를 하고 9일의 새벽 예배까지 마친 후 아라파트 평원으로 갔다. 무함마드가 뒤를 따르는 군중을 보며 계곡으로 들어섰다. 이곳에서 작열하는 태양 아래 무함마드는 생애 마지막이 될 수 있다는 말로 고별 설교를 시작하였다. 워낙 많은 군중이 모였기에 무함마드의 설교를 큰 소리로 복창하며 전달하는 사람들이 일정 간격으로 군중 속에 있어야만 했다. 한국 이슬람교 중앙회의 홈페이지에 등재된 고별 설교 중 하나를 소개한다.

"……오늘의 이날이 신성하고 이달의 오늘이 신성하고 이곳의 성도가 신성한 것처럼 여러분의 생명과 재산도 신성합니다. 무지 시대의 모든 행위가 이제는 내 두 발밑에 있습니다. 무지 시대의 피의 복수는 용서되었습니다. 바니 싸으드 가문에서 성장한 이븐 라비아가 후다일을 살해하였지만 그에 대한 피의 보복을 취하겠습니다. 고리 대금업은 불법입니다. 압바스가 받아야 할 복리 이자를 내가 먼저 면제하겠습니다. 전액이 면제되었습니다. 사람들이여, 여성에 관한 한 알라 하나님을 두려워하시오. 실로 여러분들은 알라 하나님의 보호와 그분의 말씀에 따라 합법적인 부인으로 맞아들였습니다. 그러므로 여러분들은 부인을 아끼고 사랑해야 할 의무가 있습니다. 그리고 여성들은 부도덕한 짓을 해서는 안 됩니다. 만일 그런 짓을 하는 여성이 있다면 상처받지 않을 정도로 훈계해야 합니다. 아내가 부도덕한 행위를 피하고 여러분에게 헌신적이라면 양식과 의상으로 따뜻하게 보호해야 합니다. 내가 여러분을 위하여 꾸란과 나의 본보기를 남기니 여러분이 그것을 단단히 붙잡는다면 절대 방황하지 않을 것입니다. 사람들이여, 나 이후로는 어떠한 예언자도 오지 않을 것이요. 여러분 다음에는 어떠한 공동체도 오지 않을 것입니다. 그래서 나는 여러분들에게 주님을 경배하고 하루 다섯 차례 예배를 드리며, 라마단 달에는 단식을 하고 그리고 여러분이 갖고 있는 재물 중에서 좋은 것으로 이슬람세를 바치라고 권장합니다. 주님의 집을 찾아가 순례를 행하고 여러분에게 맡겨진 임무 수행에 충실한다면 천국에 들어가는 큰 보상을 받게 될 것입니다."

이 설교에서 무함마드가 남긴다는 '나의 본보기'는 무함마드의 말과 행동을 의미한다. 그래서 무함마드 생존 시에도 그의 언행록인 하디스가 많이 기록되었다. 그의 언행은 모든 무슬림이 따라야 할 '순나' 즉 본보기로 여겨졌다. 이에 대해선 11장에서 소상히 다룬다. 무함마드가 설교 도중에 언급한 압바스는 그의 숙부였는데 고리대금업자였다. 무함마드가 고리대금업을 금지했는데도 그의 고별 설교에서 이자를 감면한다고 말해야 할 정도로 고리대금업은 근절되지 않았다.

이런 요지의 설교를 마친 무함마드는 자신에 대하여 어떻게 말하느냐고 군중에게 질문했다. 이에 군중이 "당신은 메시지를 전달하고 당신의 본분을 다하였습니다."라고 말했다. 그러자 무함마드는 "알라(하나님)이여, 저들이 한 말에 증인이 되어 주소서."라고 말했다.

바로 이 순간 꾸란의 마지막 계시가 내렸다고 한다. 이 계시는 5장(수라트 알마이다) 3절 끝부분인데 내용은 이렇다. "오늘 내가 너희를 위해 너희의 종교를 완성했고 나의 은혜가 너희에게 충만하게 하였으며 이슬람을 너희의 종교로 만족케 하였느니라."

설교 후 무함마드는 순례 의식으로 조약돌 일곱 개를 던졌는데 한 개씩 던질 때마다 "알라(하나님)는 가장 위대하시다"라고 말했다. 희생제를 하는 12월 10일에 무함마드가 직접 63마리의 낙타를 잡고 알리가 74마리의 가축을 잡아 희생제 제물로 바쳤다.

그리고 또 고별 설교를 했는데 내용은 첫 번째와 비슷했고 알리가 크게 복창했다. 무함마드는 11일, 12일, 13일을 미나 지역에 머물며 이슬람 의식을 거행하였다.

63세에 18세 아이샤의 품에서 사망

순례를 마치고 메디나로 돌아오는 길에 무함마드와 수행단은 가디르 쿰이라는 연못에 멈추었다. 그곳에서 무함마드는 자신의 마지막 유언을 집행할 사람이자 자신의 왈리(친구, 성인, 권한이 있는 자란 뜻)로 알리를 지명했다. 이 지명으로 무함마드가 죽은 후 알리가 무함마드의 후계자가 되어야 한다고 주장하는 시아파가 나타났다. 이 부분에 대해선 이 책 2부의 7장에서 소상히 살핀다.

그리고 무함마드는 죽기 한 달 전인 이슬람력 11년 2월에 군사를 징집하였다. 비잔틴 제국의 속국인 시리아 원정을 하기 위해서였다. 이는 비잔틴 제국이 무슬림을 무시하고 살해까지 했기 때문이었다. 그래서 비잔틴의 속국 중 아랍에서 가장 가까운 시리아를 치려는 것이었다.

그런데 사령관으로 오사마를 임명한 게 문제였다. 오사마는 무함마드의 양자였던 자이드의 아들로 18세였다. 병사들은 너무 어린 사령관에게 복종하기를 꺼렸다. 게다가 자이드는 노예 출신이었기에 과거 노예였던 자의 아들에게 복종하기를 싫어하는 자도 많아 출전이 안 되었다. 무함마드의 명령에도 불구하고 출정이 늦어지는 사이에 무함마드에게 죽음의 그림자가 가까이 다가왔다.

몸이 아픈데도 10여 일 동안 모스크에서 예배를 인도한 무함마드는 마지막 일주일을 많은 아내 중 아이샤의 집에 머물렀다. 수요일의 설교에서 자기의 무덤을 경배지로 삼지 말라고 부탁하였다. 또 자기가 잘못한 것에 대하여 무함마드에게 보복하며 갚으라는 말을 하였다. 그리고 메디나 후원자들에게 감사를 표명하며 이들의 공로를 갚아주길 부탁했다. 그리고 아부 바크르는 자신이 가장 좋아하는 친구요 신앙의 동지라고 말하기도 했다.

목요일 설교에서 머리에 붕대를 감은 무함마드는 세 가지를 당부하였다.

첫째, 아랍 반도에서 유대인, 기독교인, 무신론자, 다신론자를 추방하라.

둘째, 자신처럼 사절단을 환영하고 영접하라.

셋째, 꾸란과 자신의 본보기에 충실하라.

목요일 석양 예배까지 예배를 인도한 무함마드는 목요일 저녁 예배부터는 아부 바크르에게 예배 인도를 맡겼다. 이후 무함마드가 죽기까지 예배를 아부 바크르가 계속 인도하도록 하였다. 금요일에도 아부 바크르가 계속 예배를 인도하게 되자 사람들이 실망할까 봐 아이샤는 걱정했다. 그래서 아이샤는 예배 인도를 아부 바크르에게 맡기지 말 것을 세 번이나 건의했으나 무함마드는 거절하였다.

죽기 하루 전에는 무함마드의 노예들을 다 해방시키며 그들에게 돈을 조금씩 나누어 주었다. 그리고 무함마드가 갖고 있던 무기와 장신구를 다른 무슬림들에게 나누어 주었다.

월요일 6월 8일에 마지막 힘을 다해 무함마드가 예배 장소에 나타났다는 설도 있고, 아이샤의 집에서 커튼을 열어 예배 광경을 봤다는 설도 있다. 어쨌든 무함마드를 본 무슬림들은 황홀해하며 분위기가 어수선해졌다. 이에 무함마드는 아부 바크르에게 예배 인도를 계속하라고 말했다. 이후 무함마드는 딸 파티마에게 나지막한 목소리로 속삭였는데 파티마가 한 번은 울고 한 번은 웃었다. 그 이유를 물으니 아버지가 곧 죽을 것이라는 예고에 슬퍼 울었고, 파티마가 모든 여성 중에 가장 뛰어난 여성이 될 것이라는 말을 듣고 웃었다고 했다. 무함마드는 파티마의 두 아들인 하산과 후세인에게 축복 기도를 하였다.

그리고 무함마드가 다른 아내들을 보고 싶어 해 모든 아내가 아이샤의 집에 왔다. 무함마드는 아내들에게 항상 알라 하나님을 생각하라고 부탁했다. 그리고 무함마드는 4년 전에 카이바르 원정 때에 자이나가 고기에 바른 독약 때문에 자신이 죽는다고 말하였다.

이후 아이샤와 단둘이 있었는데 아이샤의 오빠가 나뭇잎으로 만든 칫솔을 가지고 왔다. 그래서 아이샤가 그 칫솔에 자신의 타액을 발라 무함마드의 이를 닦아 주었다. 이에 대해 무함마드가 자기 손으로 양치했다는 설도 있다. 어쨌든 무함마드는 양치를 마친 후에 알라(하나님)에게 자신을 부탁하는 나즈막한 말을 하며 아이샤의 품에 안겨 이슬람력 11년 3월 12일, 서기 632년 6월 8일 월요일 아침에 사망하였다. 이때 아이샤의 나이는 18세라고 한다.

무함마드의 사망은 모든 무슬림에게 큰 충격을 주었다. 오마르는 "무함마드가 죽었다"라고 말하는 사람을 용서하지 않겠다고 하였다. 오마르는 모세가 시나이산에서 40일간 하나님을 만나고 돌아온 것처럼 무함마드도 다시 돌아올 것이라고 말했다.

무함마드의 죽음을 담담하게 받아들인 사람은 아부 바크르였다. 그는 오마르를 앉게 한 뒤, 사람들에게 말했다.

"무함마드를 숭배했던 사람들 모두에게 사도께서 돌아가셨다는 것을 알리시오. 누구든 하나님을 섬기는 자들은 하나님만이 영원무궁하다는 것을 알아야 합니다." 그리고 그는 꾸란 3장(이므란장) 144절을 암송하며 모두를 진정시켰다.

"무함마드는 한 사도에 불과하며 그 이전의 사도들도 모두 세상을 떠났느니라 만일 그가 죽거나 피살된다면 너희는 그로부터 등을 돌리겠느뇨 등을 돌리는 자가 있다 하더라도 하나님은 전혀 해치지 못할 것이니라 실로 하나님께서는 감사하는 자들에게 보상을 내리시니라"

이렇게 생을 마감한 '무함마드'란 이름의 뜻은 '찬양받는 자'이다. 그는 이 외에도 신도들에게 98개의 이름으로도 불리며 찬양을 받는다고 한다. 그의 다른 이름과 뜻을 일부나마 살핀다. '아흐마드'는 천상에서 부르는 무함마드의 내밀한 이름으로 간주되는데 '가장 찬양받는'이란 뜻이다. 이외에 나비(예언자), 라술 알라(하나님의 사도), 타하(순수한 정화자이자 안내자), 야신(완벽한 사람), 무스타파(선택받은 자), 아민(신뢰받는 자) 등이 있다.

제2부

이슬람 역사

7. 이슬람교의 팽창 역사

정통 칼리파 시대의 정복과 분열

무함마드의 사망은 이제 겨우 통일을 이룬 아랍과 이슬람 공동체 움마에 큰 충격과 파장을 일으켰다. 내부적으론 후계자를 둘러싸고 갈등이 생겼고, 외부적으론 신앙심 없는 부족들의 이탈과 배교가 잇따랐다. 후계자에 대한 언급도 없이 무함마드가 죽었기에 후계 자리를 둘러싸고 내부 분열의 조짐이 생겼다. 여태까지 아랍 베두인 부족 사회에서 족장은 세습되지 않았고 원로들의 합의 추대로 새 족장이 탄생하였다. 그래서 무함마드가 이 전통을 의식해 후계자를 정하지 않았는지도 모른다. 그리고 무함마드의 경우엔 양자 제도의 폐지로 세습할 아들도 없어졌다. 그러나 양자였다가 사촌 동생으로 되돌아간 알리는 내심 후계자에 대한 욕심이 있었다. 그의 아내인 파티마가 무함마드의 자녀 중 유일한 생존자였기 때문이다. 또 무함마드가 그의 유언 집행자로 알리를 지명했기 때문이기도 했다. 이 사실들은 알리의 욕심을 부추겼다.

그러나 후계 문제에 대해 메디나의 '안사르', 즉 후원자 역할을 충실히 해 온 카즈라즈족과 알 아우스족의 생각은 이와 달랐다. 이들은 사끼파에 모여 자기들 중에서 무함마드의 후계자가 나와야 한다고 의논하였다. 이 소식을 들은 '무하지룬', 즉 이주자들은 발끈했다. 무하지룬의 대표로 세 명이 이 사끼파 회의에 참석하였다. 아부 바크르는 그동안 안사르의 공적에 감사를 표하였다. 그리고 무하지룬이 메카에서 겪은 박해로 신앙을 지키려고 삶의 터전을 버리고 겪은 고통을 상기시켰다. 안사르의 헌신적 도움으로 이제 아랍 사회가 무지와 혼돈의 시대에서 벗어났는데 아랍 최고의 꾸라이쉬 부족에서 후계자가 나오지 않으면 아랍의 분열을 막을 수 없다고 역설했다. 이 말에 사끼파 회의장의 분위기는 숙연해지며 조용해졌다.

이때를 놓치지 않고 오마르가 아부 바크르를 칼리파로 추천하였다. 천거 이유로 무함마드가 죽기 직전에 모스크에서 자신이 인도하던 예배를 아부 바크르에게 맡긴 사실을 떠올렸다. 또 신앙과 덕망을 아부 바크르만큼 갖춘 사람이 없음을 강조하였다.

그리고 오마르는 아부 바크르의 손바닥에 자기 손을 얹으며 복종과 충성의 서약인 바이아를 하였다. 뒤를 이어 원로들이 바이아를 하였고, 오마르의 재촉으로 아부 바크르는 칼리파 직을 수락하였다.

다음 날 모든 무슬림의 전체 회의에서 아부 바크르는 이슬람교의 초대 칼리파로 뽑히며 이런 요지의 연설을 하였다. "여러분이 무함마드를 믿는다면 무함마드는 죽었습니다. 그러나 하나님을 믿는다면 그는 우리 옆에 살아 있습니다. 제가 신에게 복종하지 않는다면 제 말에 복종하지 마십시오."

이렇게 하여 칼리파 제도가 생겼다. '칼리파'는 '칼리프'라고도 하는데, 울라마(학자)들이 꾸란에서 이 말의 근원을 찾은 칭호였다. 그 뜻은 '승계자, 대리인'이다. 이 당시에 벌써 칼리파 칭호를 찾아낼 정도의 울라마, 즉 학자들이 있었다니 놀랍다. 이 칼리파는 기독교의 교황과 황제의 역할을 합한 직책이다.

어쨌든 아부 바크르는 632년에 칼리파가 되자마자 전쟁을 연이어 치러야만 했다. 이는 무함마드 사후의 아랍 분열을 막고 이슬람 공동체인 움마의 건재를 알리기 위해 필요한 전쟁이었다.

첫 번째 전투는 시리아 원정이었다. 이는 무함마드가 죽기 한 달 전에 자기 양자였던 자이드의 아들 오사마에게 시리아 원정을 명했던 것을 사망 3주 후에 실행한 것이었다. 이 원정은 비잔틴 제국이 무슬림의 권리를 인정하지 않고 무슬림을 살해한 것에 대한 응징이었다. 그런데 비잔틴의 속국인 시리아 원정에 병사들이 선뜻 나서지 않았다. 그 이유는 노예 출신 자이드의 아들이면서 이제 겨우 18세인 오사마의 지휘를 꺼려했기 때문이다. 그래서 무함마드의 명령에도 불구하고 출전이 늦어졌었다. 그러다 아부 바크르의 칼리파 즉위 후 바로 이루어진 시리아 원정은 대승하였다. 오사마는 40일 후 많은 전리품을 가지고 귀환해 아부 바크르의 입지를 강화시켜 주었다.

두 번째 전투는 무함마드의 사망으로 아랍 사회가 분열되어 다시 무지와 혼란의 시대로 돌아가는 것을 막기 위한 것이었다. 아랍의 분열을 재촉하는 가짜 선지자 무사이라마는 무함마드가 살아 있을 때도 선지자 행세를 했던 사기꾼이었다. 그는 무함마드의 사후에 더 많은 사람을 포섭하여 아부 바크르에게 큰 부담이 되었다. 그는 633

년 초에는 세금도 거부하며 이슬람에 도전하였다. 결국 아부 바크르는 중앙아라비아의 무사이라마를 정벌하려고 칼리드를 보내 승리하였다. 그러나 이 전투에서 꾸란 암송자들이 많이 전사하는 피해를 봤다. 칼리드는 633년 4월에 페르시아의 통치를 받는 이라크의 히라를 정복했는데 이는 아랍 최초의 외지 정복이었다. 이 히라 정복은 후에 페르시아를 정복하는 전초기지가 되었다. 이어 칼리드는 가을엔 남부 아라비아의 배교자도 진압하였다. 그리고 아부 바크르의 명령을 받아 634년 6월에 시리아에 도착하여 다마스쿠스 공략에 나섰다. 다마스쿠스는 6개월이나 저항하였다. 634년 8월에 아부 바크르가 사망하여 칼리드는 오마르 칼리파 시대에 다마스쿠스를 정복하였다. 이는 비잔틴의 통치를 받는 팔레스타인 지역이 아랍에 넘어가는 출발점이 되었다.

이런 일련의 전투에서 꾸란 암송자들이 많이 사라지는 것을 본 오마르는 아부 바크르에게 꾸란의 편찬을 건의하였다. 그러나 아부 바크르는 무함마드도 하지 않은 일을 자기가 할 수 없다고 거절하였다. 이때까지 꾸란은 수많은 조각, 즉 낙타 뼈, 낙타 가죽, 말린 나뭇잎 등에 조금씩 기록된 것이 전부였다. 그런데도 신약 성경만한 꾸란을 다 암송하는 신실한 무슬림이 많았다는 것은 얼마나 놀라운가! 오마르의 끈질긴 설득에 아부 바크르는 마침내 꾸란 암송자들이 다 사라지기 전에 꾸란 편찬을 하기로 하였다. 이 꾸란 편찬은 무함마드의 꾸란 기록관이었던 자이드 이븐 사비트가 맡았다. 그는 생존한 꾸란 암송자들을 모아 작업을 하였다. 이렇게 편찬된 꾸란 원본은 아부 바크르가 죽은 후에는 오마르가 보관하였고, 오마르가 죽은 후에는 오마르의 딸 하프사가 보관하였다.

634년에 몸에 이상을 느낀 아부 바크르는 2년 전과 같은 분열을 막기 위해 자신이 죽기 전에 오마르를 후계자로 천거했다. 오마르는 원로들의 전폭적 지지로 2대 칼리파로 결정되었다.

아부 바크르가 죽은 634년 8월부터 644년까지 2대 칼리파가 된 오마르는 아부 바크르보다 11세 또는 13세가 적었다. 그의 신앙심은 무함마드를 능가한다는 말도 있을 정도였다. 그 이유는 무함마드도 결정하기 어려운 상황엔 오마르가 하는 대로 따르면 된다고 무함마드가 말했기 때문이었다. 오마르의 통치 기간에 아랍의 외지 정복이 본격적으로 시작되었다. 이는 타민족에게 이슬람교를 전하기 위함보다 경작지가 거의 없는 아랍을 먹여 살리기 위한 목적이 더 컸다.

명장 칼리드는 아부 바크르의 명을 받고 634년 6월에 시리아 정복 전쟁을 시작했다. 칼리파가 오마르로 바뀐 가운데 칼리드는 다마스쿠스 공략에 나섰다. 6개월이나 버티던 다마스쿠스가 635년 9월에 칼리드에게 정복당했다. 다음 해에 칼리드의 아랍군은 시리아 전역을 정복하였다. 오마르는 시리아의 바스라에 이슬람 병영 도시를 세우고 여세를 몰아 팔레스타인 지역으로 진출해 638년에 성지 예루살렘을 정복하고 모스크를 건립하였다.

한편 오마르가 보낸 1차 페르시아 원정은 실패했다. 그러나 오마르는 637년에 사아드를 보내 쿠파에서 8천 명의 군사로 3만 명의 페르시아 대군을 이겼다. 오마르는 쿠파에도 이슬람 병영 도시를 건립하며 모스크를 지었다. 그리고 쿠파와 메소포타미아 일대를 이라크로 불렀다. 페르시아의 용병에는 아랍인이 많았는데 이 전투의 결과로 아랍인 출신의 많은 용병이 아랍군으로 넘어와 사아드는 훨씬 강해졌다. 사아드는 페르시아 사산 왕조의 수도인 크테시폰을 두 달간 공격하여 마침내 정복하였고, 야즈다기르드 3세 국왕은 북쪽으로 도망하였다. 640년에 나하완드에서 또 아랍에 패한 사산 왕조는 몰락하고 있었다.

이렇게 연승가도를 달리던 아랍의 눈길을 이집트로 돌리게 한 사람이 있었다. 그는 과거에 이집트를 다녀온 적이 있던 아므르였다. 그가 이집트 정복을 위해 4천 명의 군사를 오마르에게 계속 요청하였다. 오마르는 급팽창하는 지역의 안정적 통치에 신경을 쓰고 있어 여력이 없었다. 그러나 끈질긴 아므르의 요청에 오마르는 조건부로 일단 군사를 아므르에게 맡겼다. 그 조건은 오마르와 원로들이 회의하여 원정 중지 결정 통지문을 아므르가 받게 되면 바로 회군해야 한다는 것이었다. 다만 이미 국경을 넘은 후 오마르의 통지를 받은 경우엔 신을 믿고 싸우라는 것이었다.

639년에 아므르는 드디어 출전해 이집트 국경을 넘을 즈음에 오마르의 중지 명령이 든 편지를 받았다. 하지만 아므르는 이 편지를 개봉하지 않고 진군하여 첫 전투에서 이긴 후에야 개봉하였다. 중지 명령을 보았지만, 이미 첫 승리까지 했기에 계속 진군해 당시엔 작은 도시였던 카이로를 쉽게 점령하였다. 이후에는 오히려 오마르가 보낸 5천 명의 지원병과 함께 난공불락의 요새인 바빌론 성을 7개월간 공격하여 함락시켰다. 640년 11월엔 마침내 수도인 알렉산드리아까지 정복하였다. 이집트 정복은 후에 북아프리카와 스페인까지 이슬람이 진출하게 했으니 아므르의 예견이 놀랍지 않은가?

무함마드가 죽은 후 불과 10년 만에 아랍 반도의 베두인들이 대제국을 이루어 세계사의 전면에 등장했으니 얼마나 놀라운 일인가! 로마가 아랍의 유목민을 '사라센'(동쪽에 사는 사람들에서 파생된 말)으로 부르며 변방의 도적 떼로 취급한 과거가 머쓱해졌지 않은가! 가끔 로마의 속주인 시리아를 약탈하던 사라센이 오마르의 통치하에 동로마 제국인 비잔틴과 힘을 겨룰 정도인 사라센 제국이 되었으니 감탄할 일 아닌가! 급팽창한 이슬람 제국의 최고 통치자 오마르는 여전히 검소했다. 메디나의 모스크에서 기도하던 오마르에게 쉽게 접근한 페르시아의 포로 출신 노예는 독이 묻은 칼로 오마르를 찔렀다. 이 노예는 정신 착란 증세가 있었다고 한다. 그런데 잘못을 저지른 노예가 주인 오마르에게 훈계를 받고는 화가 나 오마르를 찔렀다니 얼마나 안타까운가! 갑자기 사경을 헤매게 된 오마르는 아들 압둘라를 후계자로 세우라는 측근들의 조언을 거절했다. 그는 칼리파 후보로 오스만과 알리를 포함해 6명을 지명했다. 이 6인이 위원회인 슈라를 이루어 후계자를 결정하도록 했다. 슈라가 반반으로 나뉠 경우 아들 압둘라가 결정권을 갖게 했을 뿐이었다. 3일을 버틴 오마르의 사망 후 슈라에서 72세의 오스만이 3대 칼리파로 결정되었고, 알리는 바로 '바이아'라는 충성 서약을 하였다.

오스만은 아부 바크르의 전도로 무슬림이 된 부자였는데 그의 재산을 이슬람 포교에 사용했다. 그의 아내였던 무함마드의 둘째 딸이 죽자 무함마드의 셋째 딸과 결혼했으나 그 아내도 약 7년 후에 죽었다. 어쨌든 무함마드의 두 딸과 결혼했기에 '두 빛의 소유자'로 불리기도 했다.

그는 644년에 즉위하자마자 다마스쿠스와 바그다드의 모스크에서 원본과 다른 꾸란이 읽힌다는 보고를 받았다. 그는 더 이상 이런 현상을 막기 위해 꾸란 원본을 편찬한 자이드 이븐 사비트에게 필사본 제작을 맡겼다. 자이드는 645년경에 7권 또는 8권의 필사본을 만들었다. 오스만은 이 필사본을 메카, 예멘, 바레인, 다마스쿠스, 이집트, 바그다드의 총독에게 한 부씩 보내 모스크에서 낭송하도록 했다.

오마르에 의해 급팽창된 아랍 제국은 막대한 재정 수입과 광대한 영토로 인해 총독 등의 관직을 원하는 사람들이 늘어났다. 그런데 꾸라이쉬의 우마이야 가문 출신인 오스만은 제국 통치의 안전을 위해 자기 가문의 사람을 중용했다. 속주의 주민들이 총독에게 불만이 많으면 오스만은 그 총독을 해임하고 새 총독으로 우마이아 가문의 사람들을 임명했다. 그런데 같은 가문의 사람을 많이 임용한 것이 화근이 되었다. 우마이아 가문은 무함마드를 박해하며 끝까지 저항했던 가문이었다. 이런 자기 가문의 중용은 결국 민원이 오스만 본인에게 발생하게 했다.

급기야 이집트에서 대표단이 메디나의 오스만에게 왔다. 그런데 오스만의 사촌 동생인 마르완의 농간으로 대표단이 죽는 사건까지 발생했다. 이에 이집트와 이라크의 주민들이 메디나로 몰려와 오스만의 퇴임을 요구했다. 하지만 오스만은 꾸란을 읽으며 냉담했다. 그러던 어느 날 괴한이 침입해 칼을 휘둘렀다. 아내가 손으로 막았지만, 오스만은 죽었고 아내도 크게 다쳤다. 아내는 피 묻은 오스만의 옷과 함께 잘못을 범한 무슬림과는 싸울 것을 명한 꾸란의 성구를 적은 것을 오스만의 육촌 동생에게 보냈다. 이 동생은 다마스쿠스 총독 무아위야였다.

656년에 오스만이 죽자 시아파가 그토록 원했던 알리의 칼리파 등극이 이루어졌다. 그런데 시아파는 왜 알리를 칼리파의 적임자로 생각했을까?

이는 '시아'라는 단어의 뜻과 관련이 있다. '시아'가 가진 많은 뜻 가운데 '길의 사람들'이란 뜻이 있다. 무슨 길을 의미할까? 이 길은 무함마드의 유언과 관련이 있을 것 같다. 무함마드가 632년 6월에 죽기 두 달 전에 메카의 대순례와 고별 설교를 마치고 메디나로 돌아오는 길에 자기 사위인 알리를 자신의 유언 집행자로 정했다. 알리는 무함마드의 가난한 백부인 아부 딸립의 아들로 태어났는데 무함마드가 양자로 삼아 키웠다. 그러나 양자 제도의 폐지로 알리는 무함마드의 사위요 사촌 동생으로 남았다. 그런데 무함마드의 사망 때 그의 자녀 중 유일한 생존자가 알리의 아내인 파티마였다. 이런 이유로 무함마드가 유언 집행자로 정한 알리를 시아파는 후계자로 해석하고 있다.

그리고 알리는 무함마드 사망 6개월 후에 파티마가 병으로 죽기까지 다른 아내를 두지 않았다. 파티마가 죽은 후에야 다른 여자들과 결혼해 총 32명의 자식을 낳았다. 그런데 첫째 재혼 상대는 파티마의 맏언니인 자이납의 딸이었다. 즉 무함마드의 손녀인 우마마와 가장 먼저 재혼했다.

이렇게 무함마드와 특별한 관계인 알리로 인해 이슬람교 초기에 생긴 시아파는 현재 이란의 대다수와 이라크의 약 30~40%를 차지하지만 무슬림 전체로 보면 약 10~15%의 소수에 해당한다. 반면에 무슬림의 대다수를 차지하는 수니파는 알리가 유언 집행자가 된 것을 개인적인 가족 문제로 보며 후계자와는 관계없다고 일축하고 있다. 어쨌든 이슬람 태동기에 싹튼 시아파와 수니파의 분열은 이후 이슬람이란 큰 틀에 공존한다. 그러면서도 상호 간 전쟁을 불사할 정도로 현재까지 치열한 내홍을 겪고 있다. '수니'는 '순나의 사람들'이란 뜻인데, '순나'는 무함마드가 남긴 본보기를 따른다는 것을 의미한다. 즉 '수니'는 '무함마드가 말과 행동으로 보여준 것을 따르려는 사람들'이란 뜻이다. 그래서 이슬람교는 무함마드의 언행록인 하디스가 꾸란처럼 절대적이다.

어쨌든 알리는 내심 원하던 칼리파에 올라 수도를 쿠파로 옮겼지만 통치는 순탄치 않았다. 오스만이 중용한 우마이아 가문을 배격하는 일에 착수하며 계속 난관에 부딪혔다. 이런 분위기가 팽배한 656년 6월에 아이샤가 반기를 들었으니 이 얼마나 답답한 일인가!

알리에게 했던 충성 서약을 깬 두 원로가 알리에게 감정이 좋지 않은 아이샤의 도움을 요청했다. 아이샤의 반기 이유는 표면적으론 알리가 오스만 살해범을 처벌하지 않는다는 것이었다. 그렇지만 실제는 개인적 감정이 더 컸다. 아이샤가 14세 때에 남편 무함마드의 원정에 따라간 적이 있었다. 이때 잃어버린 목걸이를 찾느라 혼자 벌판에 남게 되었다. 이때 마침 무슬림 군의 낙오자 한 명을 만나 함께 낙타를 타고 본대에 뒤늦게 합류했다. 그때 가짜 신자 우바이뿐 아니라 알리도 아이샤의 정절을 의심하였다. 그는 무함마드가 아이샤와 이혼해야 한다는 생각까지 하여 아이샤를 곤란하게 만들었다. 그래서 그녀는 알리에게 나쁜 감정을 가지게 되었다. 아이샤가 반기를 드는 것을 움무 쌀라마가 말렸지만 아무런 소용이 없었다. '신도의 어머니'로 불리던 무함마드의 아내, 아이샤의 반란은 알리에게 매우 큰 부담이었다. 아이샤가 낙타 가마에 타고 직접 전투를 독려했다고 하여 '낙타 전쟁'으로 부르는 이 전투에서 알리가 이겼다. 이설에 의하면 알리와 아이샤는 과거의 감정을 다 풀었다고 한다. 그래서 서로 싸울 의향이 없었다고 한다. 그러므로 이 싸움은 알리와 아이샤의 지지자들 간의 싸움이었을 뿐이라고도 한다. 그 근거는 낙타에서 떨어진 아이샤를 알리가 보호하여 메디나까지 안전하게 보냈다는 것이다. 어쨌든 아이샤는 이후 메디나에서 무함마드의 언행록인 하디스 자료의 모음과 정리에 집중하였다고 한다.

이로써 알리의 지위가 굳어지는 듯했다. 그러나 오마르에 의해 다마스쿠스 총독으로 임명되고 오스만 시기에 계속 유임해 오랫동안 기반을 다진 무아위야가 문제였다. 그는 총독으로서 백성을 잘 살펴 주민들의 지지도가 매우 높았다. 그는 우마이아 가문의 수장이었던 아부 수피안과 힌드의 아들로 무함마드가 메카에 입성하던 630년, 25세에 모친인 힌드와 함께 개종한 사람이었다. 그래서 신앙보다 정치 성향이 훨씬 강했던 그는 바이아 충성 서약을 미루며 육촌 형님인 오스만의 피살 진상 파악을 알리에게 요구했다. 무아위야는 살해범을 알리가 알면서 숨기고 있다고 생각했다. 그래서 오스만의 살해범 인도를 요구하며 충성 서약을 거절했다. 그리고 무아위야는 오스만의 피가 묻은 옷을 다마스쿠스의 모스크에 전시해 주민들의 공분을 일으켰다. 상황이 이렇게 되니 657년에 알리는 쿠파의 군사를 이끌고 십핀에서 무아위야와 전투를 하여 승리를 눈앞에 두었다. 패색이 짙은 무아위야가 갑자기 "신이 결정한다"라는 꾸란 구절을 병사들의 창끝에 매달고 제3자에 의한 중재 회담을 요구하였다.

이에 알리 진영은 화친파와 호전파로 나누어지는 혼란 끝에 659년에 중재 회담을 열게 되었다. 회담 개최만으로도 죽어가던 무아위야는 졸지에 알리와 대등한 위치로 올라섰다. 반면에 패색이 짙은 적과 협상하게 된 알리의 입지는 흔들렸다. 회담 결과 발표는 더 그러했다. 알리의 대표인 아부 무사가 상대의 꾀에 넘어간 것인지 먼저 합의문을 발표하였다. 아부 무사는 알리와 무아위야를 해임하기로 합의했다고 발표하였다. 그러나 아부 무사의 발표를 들은 무아위야의 대표 아므르는 다른 발표를 했다. 알리는 해임하고 무아위야는 유임하기로 합의했다고 발표하였다. 이에 화가 난 아부 무사는 아므르에게 "사기꾼! 거짓말쟁이!"라고 욕설을 퍼부었다. 그러자 아므르도 상대를 욕하면서 웃으며 회담장을 나왔다. 이 회담에 대한 자료가 별로 없어 정확한 진상을 알 수 없다고 손주영 교수는 자신의 책 ≪이스람 칼리파 制史≫에서 안타까움을 표했다. 어쨌든 회담 후 알리 진영에선 카와리지 또는 하와리즈로 불리는 이탈자들이 늘어났다. 그러나 다마스쿠스의 주민들은 무아위야를 환영했다.

득의양양한 무아위야는 660년 5월에 예루살렘을 찾아 예수가 십자가에 못 박힌 골고다에서 기도한 후 자신이 칼리파임을 선언하였다. 그리고 칼리파 즉위 의식을 예루살렘에서 거행해 무슬림과 기독교도를 어리둥절하게 했다. 반면에 이라크로 돌아온 알리는 만 이천 명이나 되는 이라크의 카와리지(이탈자)를 설득해야만 했다. 이 중 8천 명은 돌아왔으나 4천 명은 끝까지 돌아오지 않았다. 카와리지파는 이슬람의 지도자는 신앙이 독실해야 하며 무아위야처럼 권력을 욕심내는 자에게 굴복해서는 안 된다고 주장하였다. 또 출신과 신분을 막론하고 신도들이 지지하면 누구든 칼리파가 될 수 있다고도 주장하였다. 이들은 무아위야 같은 자와 회담을 한 알리를 거부한다고 했다. 이들은 오히려 알리에게 항전 의사를 보여 알리는 이를 진압해야만 했다. 이들을 진압했음에도 불구하고 잔당의 항전은 소규모로 계속되었다. 결국 661년 1월 라마단 월에 쿠파의 모스크에서 새벽 예배를 하고 나오던 알리를 잔당이 습격해 이틀 후 알리는 사망하였다. 알리가 사망하자 알리의 장남 하산이 추종자에 의해 칼리파에 올랐다. 그러나 이내 무아위야와 합의해 메디나에서 은거하다가 669년에 죽었다.

이슬람의 원로들이 분열을 막기 위해 661년에 모두 무아위야에게 바이아, 즉 충성 서약하므로 새로운 칼리파 시대가 열렸다. 즉 칼리파가 세습되는 칼리파 왕조가 탄생하였다.

정복자 우마이야 칼리파국

무아위야는 신앙을 중시한 이슬람 제국보다 민족을 중시한 아랍 제국의 번영을 추구하였다. 그러나 제국의 수도는 자신이 25년간 총독으로 있었던 다마스쿠스로 하였다. 이곳은 북으로 이라크와 페르시아, 동으로 아랍 반도, 남으로 예루살렘과 이집트에 이르는 아랍 제국의 중앙에 위치했다.

그리고 무아위야는 자신을 '신의 대리인'으로 부르게 하였다. 이는 자신의 칼리파 지위가 사람의 뜻이 아닌 신의 뜻으로 각인시키기 위함이었다. 또 자신을 '아미르'로 불렀다. 아미르는 사령관을 뜻한다. 자신을 아미르로 부른 것은 신도들의 사령관이란 의미이다. 이후 아미르는 이슬람 국가의 군주를 뜻하는 술탄, 왕, 샤 등의 칭호와 같은 의미로 사용되었다.

이렇게 기반을 다진 무아위야는 비잔틴 제국의 콘스탄티노플에 욕심이 많았다. 마침내 무아위야는 콘스탄티노플을 공격했지만 정복엔 실패하며 679년에 비잔틴과 평화 협정을 맺었다. 이는 참패가 아닌 절반의 성공이었다. 세계 최대의 도시에 큰 타격을 입히며 사라센 제국의 힘을 과시했으니 졌다고 할 수 없었다.

이런 무아위야는 시리아의 칼브 족장의 딸과 결혼하며 칼브족을 통치에 이용하였다. 그는 자신의 통치 방식을 이렇게 표현했다. "나는 돈으로 해결할 수 있는 일에는 입을 사용하지 않고, 입으로 해결할 수 있는 일에는 채찍을 쓰지 않으며, 채찍으로 해결할 수 있는 일에는 칼을 쓰지 않는다." 이 말대로 돈, 입, 채찍으로 안 되어 결국 칼을 든 일이 그의 말년에 발생했다. 무력으로 칼리파의 세습제를 이룬 것이었다. 676년 아들 야지드를 칼리파 후계자로 지명하여 논란이 생겼다. 야지드가 소문난 바람둥이이고 원숭이를 애완동물로 키우고 있어 칼리파 자질이 전혀 없다는 것이었다. 그러나 무아위야 본인이 이슬람 신앙과는 거리가 멀었지만 제국을 안정적으로 잘 이끌지 않았던가! 무아위야는 이에 개의치 않고 야지드를 후계자로 밀어붙여 원로들의 바이아를 받았다. 모두 자발적으로 충성 서약을 하는데도 정작 아랍 본토의 메디나와 메카에선 깜깜무소식이었다. 이에 무아위야가 직접 메디나로 갔으나 오마르의 아들 압둘라, 알리의 아들 후세인을 비롯한 원로들은 세습을 반대했다. 이들은 세습이 무함마드, 아부 바크르, 오마르의 순나(본보기)에 어긋난다고 바이아를 거절했다. 이에 무아위야는 칼을 들이대 이들의 반대를 막고 메디나 주민을 모두 모아 강제로 바이아를 받았다. 그리고 메카로 가서 역시 강제로 아들 야지드에 대한 충성 서약을 받았다.

무함마드와 정통 칼리파들이 피땀 흘려 이룬 열매를 이들을 그토록 괴롭혔던 아부 수피안의 가문이 대대로 독차지하게 되었으니 이 얼마나 서글픈 일인가! 더군다나 이 세습제로 인해 얼마 후 무함마드와 정통 칼리파 자손들의 수난까지 이어졌으니 이를 어떻게 해석한단 말인가!

칼리파 자리를 둘러싸고 마침내 야지드에게 반기를 드는 움직임이 발생했다. 알리의 아들 후세인은 페르시아의 마지막 왕이 죽은 후 그 왕의 공주와 결혼했었다. 그래서 페르시아와 이라크의 무슬림들은 무함마드의 피를 이어받은 알리와 후손이 칼리파가 되어야 한다는 시아파의 주장에 동감이었다. 이것이 지금까지 페르시아의 후예인 이란의 대다수와 이라크의 30% 정도가 시아파가 된 배경이다. 이 시아파를 완전히 뭉치게 한 후세인의 죽음이 우마이야 왕조의 둘째 칼리프인 야지드 시기에 발생했다.

무아위야의 칼 앞에 야지드에게 마지못해 충성 서약을 했지만 후세인은 때를 기다렸다. 마침내 기다리던 기회가 왔는데 이것이 그의 죽음을 부를 줄 상상이나 했겠는가? 이라크의 바그다드에서 남쪽으로 170km 떨어진 쿠파는 이라크와 페르시아를 통치하는 총독이 있는 중요 도시였다. 이 쿠파의 시아파가 후세인을 칼리파로 옹립하는 봉기를 할 테니 메디나에서 쿠파로 오라는 것이었다. 야지드가 칼리파로 즉위한 이듬해인 681년에 후세인은 주변의 만류를 뿌리치고 가족을 포함해 200명의 일행을 이끌고 쿠파로 향했다. 그런데 쿠파와 후세인의 움직임을 간파한 야지드는 쿠파에 새 총독을 보냈다. 총독은 후세인을 지지하는 자들을 색출하여 처형하였다. 후세인은 이런 쿠파 내부의 변화를 모른 채 쿠파 인근의 카르발라에 도착했다. 이 카르발라에서 후세인은 새 총독의 군사를 만났다. 약속된 쿠파의 지원군이 전혀 없이 홀로 싸운 후세인은 처참한 최후를 맞이할 수밖에 없었다. 결국 후세인의 목이 잘려 다마스쿠스의 야지드에게 보내졌다. 이 소식을 들은 이라크의 시아파는 후세인을 부른 것을 참회하며 그의 죽음을 순교로 부르며 진심으로 애도하였다. 시아파는 카르발라의 후세인 묘지를 메카, 메디나보다 훨씬 더 중요한 최고 성지로 추앙하게 되었다. 시아파는 오늘날까지 순교의 날인 무하람 10일을 수난의 날로 기념하고 있다.

그런데 2년 후 야지드에게 사고가 생겼다. 그가 683년에 말에서 떨어져 졸도한 끝에 죽었다. 야지드의 어린 아들 무아위야 2세가 칼리파에 올랐다. 하지만 이내 6개월 만에 병사하며 우마이야 왕조는 혼란에 빠졌다. 서로 칼리파 겸 왕이 되려는 사람들이 난무했다.

이런 가운데 메디나의 이븐 알 주바이르가 혼란에 빠진 아랍 제국을 구하려고 봉기했다. 그는 아이샤의 조카이고 1대 칼리파, 아부 바크르의 외손자였다. 그는 동생 무사브를 이라크로 보내 반란을 제압하고 반란자의 손을 잘라 쿠파 모스크의 벽에 걸었다. 주바이르는 페르시아에서 "하나님의 이름으로, 무함마드는 하나님의 사자다."라는 글자를 새긴 주화를 만들어 유포시키며 민심을 잡으려고 했다. 이븐 알 주바이르를 칼리파로 세울 것인지에 대한 회의가 열렸다. 이때 오스만의 사촌 동생인 마르완이 또 술수를 부려 오히려 자신이 칼리파로 뽑혔다. 마르완은 혼란에 빠진 우마이야 왕조를 수습하였다. 하지만 그는 노령이어서 9개월밖에 칼리파를 누리지 못했다. 마르완이 685년 봄에 죽기 직전에 아들 압둘 말리크를 시리아에서 칼리파에 앉혔다.

말리크는 "하나님의 이름으로, 무함마드는 하나님의 사자다"라고 새긴 주화를 적극적으로 유통시키며 통치에 종교를 이용하였다. 또 말리크는 오마르가 건축한 예루살렘의 모스크를 헐고 새로운 모스크를 웅장하게 건립했다. 새 모스크의 크기는 로마의 콘스탄티누스 황제가 예루살렘에 건립한 성묘 교회와 같았다. 이 새 모스크는 아브라함이 아들을 신에게 바치려고 했던 바위가 있는 곳이라고 한다. 또 무함마드가 천상으로 여행을 떠났다는 바위라고도 하며 약 1,600년 전에 솔로몬이 성전을 건축했던 곳이라고도 한다. 이런 곳에 모스크를 건립했기에 그 상징성이 컸는데 이 모스크가 오늘날 예루살렘 황금사원이 되었다. 그래서 말리크의 기대대로 시리아의 무슬림들은 예루살렘의 모스크를 순례할 정도였다.

692년에 말리크는 메디나의 이븐 알 주바이르를 공격하여 죽이고 아라비아 반도도 장악하였다. 이로써 말리크는 우마이야 왕조에 대한 봉기를 다 진압한 가운데 705년에 사망하였다. 그 후 말리크의 아들 네 명이 차례로 칼리파가 되어 말리크는 '왕들의 아버지'가 되었다.

말리크의 뒤를 이어 705년부터 715년까지 재위한 알 왈리드는 다마스쿠스에 대형 모스크를 건립하며 오마르 이후 중단된 정복 전쟁을 재개하였다.

초기 정통 칼리파 시기에 칼리드, 사아드, 아므르 세 명의 뛰어난 명장이 있었듯이 알 왈리드 시기에도 뛰어난 세 명의 무장이 있었다. 꾸타이바, 무함마드, 무사가 있어 이 시기에 아랍 제국의 영토는 최대로 넓어졌다.

첫째, 꾸타이바는 이라크의 동북쪽으로 진출하였는데, 오마르가 큰 관심을 가졌던 곳이다. 705년에 페르시아 북쪽과 동북쪽을 계속 정복하며 중앙아시아에 이슬람을 전하는 사이 알 왈리드가 사망하였다. 그러나 진군을 계속해 중국 국경까지 광대한 영토를 장악하였다. 이곳은 모두 부족 사회로 강력히 저항하는 곳도 있었지만 꾸타이바 군의 적수가 될 수 없었다. 오늘날 투르크메니스탄, 카자흐스탄, 우즈베키스탄, 아프가니스탄 등이 '스탄'으로 불리는 이슬람 국가가 된 출발점이 바로 이때 이루어진 것이니 놀랍지 않은가?

이 중앙아시아의 투르크족은 이후에 이슬람 역사에 큰 역할을 하였다. 투르크족의 후예가 세운 나라가 터키이다. 또 중국의 소수 민족인 위그르족이 이슬람화된 것도 이때 이루어졌다.

둘째, 무함마드 빈 알 까심은 이라크 동남쪽으로 진출하여 인도까지 정복했다. 그는 707년부터 711년까지 정복 전쟁을 하였다. 인도의 신드 국왕은 코끼리 부대로 저항했지만 역부족이었다. 인도 대륙 전체가 무함마드에게 짓밟혔고 무함마드는 신드의 총독이 되었다. 인도 정복으로 인도의 뛰어난 철학과 수학이 아랍으로 유입되었다. 또 이때부터 인도는 소수의 이슬람 세력이 다수의 힌두교도를 지배하는 세월이 1,100년 이상 지속되었다. 이 결과로 파키스탄이 인도에서 분리되어 독립하면서 파키스탄은 약 2억 명의 무슬림 인구로 세계에서 두 번째로 큰 이슬람 국가가 되었다. 그런데 오늘날에도 인도에는 1억 명이 넘는 무슬림이 있지만 전 인구의 10% 정도에 불과해 이슬람 국가로 보지는 않는다. 그러나 인도 정복의 효과는 주변국에 크게 미쳐 방글라데시는 1억 명을 초과하는 이슬람 국가가 되었다.

셋째, 무사 빈 누사이르는 이집트를 교두보로 하여 북아프리카와 스페인을 정복하였다. 이 방향으로는 현재의 모로코와 알제리를 중심으로 나일강 계곡부터 대서양까지 북아프리카 전역에 거주하던 베르베르인이 진군에 큰 장애였다. 이 방향을 맡은 무사는 비잔틴 제국의 도움을 받는 베르베르를 정복하고 개종시키는 데 성공했다. 이후 그는 주로 베르베르인으로 구성된 7천 명의 군사를 따리끄에게 주었다. 따리끄는 이프리끼야에서 바다를 건너 아랍인이 안달루스로 부르던 스페인으로 진군하였다. 순조롭게 진군하던 따리끄는 711년에 로데릭 왕의 10만 대군을 만났지만 무사가 보낸 지원병 5천 명과 함께 싸워 대승을 거두었다. 따리끄의 명성을 시샘한 무사는 진군 중지 명령을 내리고 1만 8천 명 군사를 이끌고 급히 스페인으로 갔다. 중지 명령을 어기고 계속 진군한 따리끄 군사와 합류한 무사는 명령 불복종으로 따리끄를 감금한 채 진군하였다. 이에 따리끄의 호소를 들은 알 왈리드 칼리파 겸 아미르는 따리끄의 석방과 복직을 명하는 편지를 무사에게 보냈다. 무사가 독립 왕국을 세우려는 것으로 의심한 알 왈리드는 결국 713년에 무사를 다마스쿠스로 소환하였다. 무사는 두 아들에게 스페인과 북아프리카를 맡기고 다마스쿠스로 가 자문관이 되었다. 계속 진군하던 아랍군은 19년 후 732년에 프랑스의 전신인 프랑크족에게 패하며 스페인 정복으로 만족해야 했다. 어쨌든 스페인은 유럽의 이슬람교 전초 기지가 되었다. 그래서 스페인은 현재까지 유럽에서 가장 많은 무슬림이 있는 나라가 되었다. 그리고 북아프리카 정복은 수 세기 후에 북아프리카에서 인도네시아까지 적도를 중심으로 이슬람권 Middle Belt가 형성되는 계기가 되었으니 얼마나 흥미로운가! 이렇게 광대한 제국을 무함마드 사후 불과 100년도 안 되어 이루었으니 감탄할 업적 아닌가!

아랍 제국이 정복한 곳의 피정복자들에 대한 처리는 세 부류로 나뉘었다. 개종자, 딤미(인두세 납부자), 노예이다. 인두세는 개종하지 않은 자에게 부과되었기에 개종자 중에는 세금을 면하려는 거짓 신자도 많았다. 그래서 개종하기 위해선 온갖 모욕을 참아야 하는 경우가 다반사였다. 정복에 나선 사령관은 필요 물자를 정복지에서 해결했다. 심지어 다음 정복을 위해 필요한 군인도 정복지에서 충당하였다. 그런데 세금 납부자가 적으면 곤란하니 개종 심사 과정에 모욕감을 주었던 것 같다.

그런데 인두세 납부자는 괜찮았을까? 이에 대해 "이교도들로 하여금 무슬림 지배자에게 인두세를 내면서 굴욕감을 느끼게 하라는 것이 하나님의 뜻"이라고 무함마드가 말한 것으로 《이슬람 제국의 탄생》의 저자 톰 홀랜드는 밝혔다. 어느 정도로 또 어떻게 굴욕감을 줘야 하는지 꾸란 학자들도 헷갈려 한다. 하여튼 이 말은 인두세를 내는 이교도를 괴롭히는 근거가 된다. 그래서 인두세를 내는 피정복민인 '딤미'는 열등한 존재로 취급받았다. 무슬림 법정에서 증인이 될 수 없었고 사고로 보상받을 때도 처우가 달랐다. 무슬림 남성은 유대교나 기독교도 여성과 결혼할 수 있으나 딤미 남성이 무슬림 여성과 결혼하는 것은 금지되었다. 딤미들은 복장에 있어서 제한이 있었고 심지어 교통수단에서도 말 대신 나귀와 노새만 탈 수 있었으니 굴욕감이 크게 느껴지지 않았을까?

그리고 살아남은 포로들은 대부분이 여자였는데 이들은 노예로 팔렸다. 이 여자 노예들을 얼마나 많이 겪었는지 칼리파 압둘 말리크는 이런 말을 했다. "쾌락에는 베르베르 여인이 최고요, 여종으로는 로마 여인이 으뜸이며, 아이 잘 낳기로는 페르시아 여인이 최고로다." 그러나 포로가 된 페르시아 사산 왕조의 왕녀 몸값은 금화 5만 잎에 달하기도 했다. 또 한 왕녀는 포로가 된 후에도 문이 천 개인 궁에서 살기도 했다니 놀라운 일 아닌가?

최대의 영토를 형에게서 물려받으며 715년부터 718년까지 재위한 칼리파 술레이만은 영토 확장의 주역들을 숙청하였다. 이들이 각자 정복한 영토에서 자신을 넘볼 수 있다고 판단하였기 때문이었다. 따리끄를 감금했던 죄를 물어 무사를 감금하고 그의 전 재산을 몰수했다. 또 스페인과 북아프리카의 총독으로 있던 무사의 두 아들을 죽였고, 무사는 거지로 비참한 최후를 맞이했다. 그리고 인도의 신드에 새 총독을 파견해 무함마드를 체포하였다. 또 중앙아시아 정복의 영웅 꾸타이바를 해임했다.

이런 명장들을 버린 술레이만은 716년 6월에 콘스탄티노플을 공격하였다. 717년 여름까지 1년 넘게 공격이 이어졌지만 결국 정복에 실패하고 퇴각하였다. 자기 죽음을 앞둔 술레이만은 그의 후임자 명단이 든 봉투를 개봉하지 않은 채 충성 서약을 다 받았다.

형인 술레이만의 후임으로 718년에 칼리파가 된 오마르는 2년 4개월밖에 재위 못한 것이 안타깝게 여겨지는 칼리파였다. 그는 우마이야 왕조에서 유일하게 정통 칼리파와 같이 존경받는 독실한 신자였다. 그의 어머니는 처녀 시절 우유에 물을 섞어 팔라는 모친의 말을 듣고도 하나님이 보신다며 거부한 사람이었다. 그리고 그는 밤에 불을 켤 때 국가 재정으로 구입한 촛대를 아끼고 자기 돈으로 구입한 촛대의 불을 사용하였다. 또 그는 720년에 무함마드의 언행록인 하디스 조각들을 모아 정리할 것을 명하며 백성들의 바른 신앙생활을 독려하였다. 그러나 그가 일찍 죽어 하디스 정리는 중단되었다.

후에 우마이야 왕조가 망했을 때 모든 칼리파의 무덤이 파헤쳐졌는데 오마르의 무덤만 무사했다. 후사가들은 그를 오마르 2세로 부르며 정통 칼리파의 오마르와 구별하였다.

오마르 2세의 재임기에 시리아의 기독교인들이 그에게 보낸 서약문이 있었다. 이 서약문의 말미에 그가 두 개를 추가해 실시한 것을 '오마르 협약'으로 부른다. 당시의 생활 문화에 대한 이해를 돕고자 그 전문을 살핀다. 이 전문은 김동문 기자의 저서 《기독교와 이슬람 그 만남이 빚어낸 공존과 갈등》에서 발췌했다.

〈우리는 우리의 도시나 저들의 접경 지역에 수도원과 교회와 수녀원 또는 수도자를 위한 작은 수도처를 세우지 않을 것이며, 밤이거나 낮이거나, 무슬림의 영역에 있는 건물들이 파괴되거나 붕괴하여도 수리하지 않을 것입니다.

우리는 통행자들이나 여행자들에게 우리의 문을 열어두고 있을 것입니다. 우리는 3일 동안 우리의 길을 통과하는 모든 무슬림에게 숙식을 제공할 것입니다.

우리는 첩자에게 우리의 교회나 거주지에 피난처를 제공하지 않을 것이며 무슬림으로부터 그(첩자)를 보호하지 않겠습니다.

우리는 우리의 자녀에게 꾸란을 가르치지 않을 것입니다.

우리는 우리의 종교를 공개적으로 선전하지 않을 것이며, 누구도 개종시키지 않을 것입니다. 우리는 우리의 친족 가운데 누군가가 원한다면 무슬림이 되는 것을 방해하지 않을 것입니다.

우리는 무슬림들에게 경의를 표하며, 그들이 자리에 앉고자 할 때 우리의 자리를 양보할 것입니다.

우리는 무슬림의 옷차림이나, 터번, 신발 또는 머리 모양 등을 모방함으로써 무슬림을 닮으려 하지 않을 것입니다.

우리는 저들이 하는 것을 말하지 않을 것이며, 저들의 쿤야(kunya, 첫째 아들의 이름을 붙여서 누구의 아빠라고 부르는 호칭을 말한다. 아흐마드의 첫째 아이가 후세인이라면 그는 아부 후세인으로 불린다)를 채택하지 않겠습니다.

우리는 말안장에 오르지 않을 것이며, 칼을 차거나 어떤 종류의 무기도 소유하거나 지참하지 않겠습니다.

우리는 인장에 아랍어를 새기지 않을 것입니다.

우리는 발효된 음료(술을 뜻한다. 오늘날 이슬람 국가에서는 주류 판매는 기독교인이 하게 되어 있다)를 판매하지 않겠습니다.

우리는 우리 머리의 앞부분을 잘라내겠습니다.

우리는 우리가 어디에 있든지 동일한 방식으로 의복을 입을 것이며, 우리의 허리 주변을 넓은 허리띠(Zunar)로 동여매겠습니다.

우리는 우리의 십자가(십자 표시)나 책을 무슬림의 길과 시장에서 드러내지 않겠습니다. 우리는 우리의 교회에서 아주 조용하게 종만 사용하겠습니다.

우리는 장례 행렬을 따를 때 목소리를 높이지 않을 것입니다. 무슬림의 길이나 시장에서 등불을 보이지 않겠습니다. 무슬림의 주변에 죽은 자를 묻지 않겠습니다.

우리는 무슬림에게 할당된 노예를 취하지 않겠습니다.

우리는 무슬림의 집보다 더 높이 집을 짓지 않겠습니다.

우리는 무슬림을 공격하지 않겠습니다.

우리는 이러한 조건들을 우리 자신과 우리 공동체의 사람들을 위해 수락하며 그 대가로 안전 보장을 받습니다.

만약 우리가 어떤 식으로든 우리의 안전을 보장받는 근거인 이 약속을 어길 경우, 우리는 보호받는 자(딤마, dhimma)의 계약을 파기하는 것이며 불복종과 선동에 대한 처벌을 받을 수 있습니다.〉

여기에 오마르가 두 가지를 추가하여 협약문이 완성되었는데 오마르가 추가한 내용은 다음과 같다.

〈무슬림에 의하여 죄수가 된 그들은 그 누구도 살 수 없다. 고의적인 의도로 무슬림을 공격한 사람은 이 협정의 보호를 상실하게 된다.〉

오마르 2세 이후 724년부터 743년까지 재위한 히샴 1세의 독재로 전통적 이슬람교도들은 군주의 통치를 혐오했다. 딤미에서 이슬람으로 개종한 신 이슬람교도들은 자신이 2등 신민으로 취급되어 불만이 많았다. 우마이야 왕조는 무슬림이라 해도 비아랍인을 차별해 비아랍인의 원성이 높았다. 그런데도 히샴 1세는 비아랍인을 더 차별했다. 아랍인의 수는 적은데 아랍인을 지나치게 우대하는 것은 광대한 제국의 몰락을 자초하였다.

이렇게 우마이야 왕조는 망하고 있는데도 말기의 칼리파들은 엄청난 재정 수입 증대로 방종과 유희에 빠졌다. 우마이야 왕조는 결국 페르시아의 동부 호라산 주민의 봉기로 다마스쿠스가 750년에 함락되며 90년의 역사를 마감했다.

아랍 제국 최대의 영토로 확장했지만, 100년도 못 가 멸망할 수밖에 없었던 가장 큰 이유는 칼리파 때문이었다. 칼리파를 둘러싼 왕자들의 반목과 여러 부족과 세력의 암투 그리고 칼리파의 타락이 문제였다. 이들은 독실하고 검소했던 정통 칼리파와 달리 늘어난 재정으로 유희를 즐기며 꾸란과 하디스를 통치에 이용만 했다. 심지어 통치 목적으로 무함마드의 언행록을 과장하며 날조하기도 했다. 신앙은 없으면서도 정통 칼리파의 칭호인 '칼리파트 라술 알라'(신의 사자, 무함마드의 후계자)에 만족하지 않았다.

그보다 더 높은 칭호인 '칼리파트 알라'(신의 대리인)라 불리길 좋아했다. 우마이야 왕조는 칼리파를 '칼리파트 알라'로 부르게 하여 금요일의 합동 예배와 모든 모임에서 그렇게 불렀다. 이는 자신을 무함마드와 같은 반열에 올려놓는 것 아닌가? 그래서 신앙도 없는 칼리파임에도 무함마드처럼 신에게 직접 계시를 받는 위치에 올려놓았으니 무슬림이 좋아하겠는가?

그런데 우마이야 왕조를 연 무아위야는 왜 신의 대리인으로 불리길 원했을까? 자기도 무함마드처럼 될 수 있다고 생각한 것일까?

허수아비 압바스 칼리파국

무함마드의 막내 삼촌인 압바스의 후손이 호라산 주민의 봉기와 시아파의 도움으로 우마이야 왕조를 무너뜨리고 750년에 압바스 왕조를 세웠다. 압바스 왕조는 1258년에 몽골에 의해 망하기까지 508년간 존속했다. 시아파의 협력으로 왕조를 열었지만 이내 시아파를 탄압하게 되었다. 시아파는 알리의 후손을 칼리파의 적임자로 생각하였기에 애초부터 압바스 가문과 융화될 수가 없었다. 압바스는 알리의 삼촌이기도 함으로 공동의 적인 우마이야 왕조를 무너뜨리기 위해 함께 손을 잡았을 뿐이었다. 그러니 우마이야 왕조를 멸망시킨 후에는 압바스 가문이 칼리파를 양보하지 않는 한 압바스 왕조와 시아파는 함께 할 수 없었다.

그리고 압바스 왕조의 초대 칼리파인 알 사파는 우마이야 왕조의 무덤을 다 파헤치며 부관참시하였다. 오직 오마르 2세의 무덤만 무사했다. 그는 또 우마이야 왕조의 생존한 왕족들 80명을 연회에 초대해 모두 죽였다.

그러나 한 왕자가 가까스로 도망쳐 살아남았는데 그의 이름은 압둘 라흐만이었다. 756년에 압둘 라흐만이 스페인으로 건너가 코르도바를 수도로 코르도바 왕국을 세웠다. 근 300년간 지속된 이 왕국을 역사가들은 후기 우마이야 왕조로도 부른다. 압바스 왕조는 개국한 지 6년 만에 유럽의 스페인을 잃었다. 그러나 당시 유럽은 문명이 뒤처진 변방에 불과해 압바스 왕조에 큰 타격이 되진 않았다. 그렇지만 그 여파는 컸다. 압바스 왕조에 대한 반란이 이어졌다.

788년에 이드리스 빈 압둘라가 모로코에 이드리스 왕국을 세웠는데 시아파의 전폭적 지지를 받았다. 이드리스는 알리의 장남, 하산의 증손자였기 때문이었다. 그가 세운 이드리스 왕조는 파티마 왕조에 의해 974년에 망하기까지 근 200년간 존속하였다.

반란은 이에 그치지 않고 바그다드의 동부 페르시아에서도 어중간한 소국들이 일어났다. 그 중 싸파리 왕조는 867년부터 903년까지 존속했다. 싸파리 왕조의 존속 기간을 1495년까지로 보는 학자도 있다.

압바스 왕조 초기부터 끊임없이 군소국의 독립 추진이 발생한 것은 칼리파의 통치 능력이 부족했기 때문 아닐까? 초기의 약 80년 동안 스페인과 북아프리카 일부가 떨어져 나갔어도 이때는 그래도 칼리파의 권위가 있었다.

이때 종이 생산 기술이 아랍에 들어왔는데, 그 경위는 이렇다. 압바스 왕조가 세워진 750년에 고구려 출신의 고선지가 서역 정복에 나섰다. 그는 중국 당나라 절도사였는데 서역 원정에서 많은 지역을 점령했다. 파죽지세의 고선지는 중앙아시아, 현재 우즈베키스탄의 석국(소그디아나)으로 진격했다. 소그디아나의 왕은 압바스 왕조에 도움을 호소했다. 그래서 751년 7월에 압바스 왕조의 호라산 총독이 보낸 군대가 현재 키르기스스탄의 탈라스강에서 당과 대치하였다. 그런데 고선지와 동맹을 맺은 유목민 부족이 갑자기 고선지를 배반하고 압바스 왕조의 편이 되었다. 결국 오랜 원정에 지친 당은 패배했다. 아랍군에 잡혀간 포로 중에 종이 제조 기술자들이 있었다. 이들은 현재 우즈베키스탄의 사마르칸드에 종이공장을 지어 종이를 생산했다. 이 종이는 바그다드와 아랍 세계 곳곳에 공급되었다. 그때까지 아랍에 사용되던 이집트의 파피루스는 종이에 밀렸다. 이 종이의 공급은 이슬람의 학문과 문화 발전에 크게 기여했다. 그리고 포로들이 당으로 돌아가서는 아랍의 뛰어난 수학, 천문, 지리를 전수하였다.

그리고 압바스 왕조 시기엔 우마이야 왕조와 달리 꾸란에 대한 연구가 활발해졌다. 꾸란은 '창조된 것'이라는 '무타질라'파의 주장이 한때 득세해 이에 반하는 의견을 밝히면 투옥되기도 했다. 그러나 꾸란은 '처음부터 끝까지 있는 것'으로서 영원불멸한 존재라는 수니파의 교리와 정면충돌하며 학문적 '이즈마' 즉 합의를 끌어내기도 했다고 한다.

어쨌든 압바스 왕조 기간에는 신학보다 법학이 더 크게 발전하였다. 그러나 칼리파는 초기의 80년을 제외하면 400년 이상 허수아비로 전락했다. 아무튼 꾸란의 학자들은 초기의 이 시기에 존경받았다. 특히 법학자들의 영향력은 대단했다. 그래서 관직이 이들에게 제의되는 경우가 많았다. 그런데 관직을 사양하고 학자로 남는 경우 더 큰 존경을 받았으며 이들의 생계는 나라에서 책임졌다.

또 압바스 왕조의 칼리파가 노리개로 전락한 9세기 중엽에 무함마드의 언행록인 하디스 6권이 '순나'로 편찬되었다. 이것은 이슬람 세계의 샤리아 즉 신법(神法)을 해석하는 중요한 근거가 되고 있다. 칼리파가 노예 출신의 군인들에게 장난감으로 농락당하기 시작한 시기에 이런 중요 자료가 편찬될 정도로 학자들의 활동은 활발했다. 하지만 이것이 통치에 이용되는 면도 많았다.

압바스 왕조의 초대 칼리파인 압바스 알 사파는 수도를 바그다드로 옮겼다. 그는 압바스 왕조의 개국을 도운 호라산 출신의 페르시아인과 시아파를 멀리하고 아랍인 중심의 통치를 했다. 수도가 바그다드로 옮겨지며 바그다드는 세계 무역의 중심지로 발전하였다. 이 시기에 무슬림의 무역은 더욱 발전하여 845년에는 중국뿐만 아니라 한국의 신라와도 무역했던 흔적이 발견된다. 그리고 수도를 바그다드로 옮김으로 페르시아의 학문과 전통의 영향을 받게 되었다고 하지만 인재 등용은 여전히 아랍 중심이라 비아랍인의 불만이 높았다.

2대 칼리파인 자파르는 어머니가 베르베르 출신의 노예였다. 그래서 자파르는 알 사파의 이복형이었기에 2대 칼리파가 되었다. 이후 압바스 왕조에는 아랍인 아버지와 비아랍인 어머니 사이에서 태어난 혼혈아가 칼리파로 등극하는 경우가 많이 생겼다. 이들로 인해 비아랍인이라도 무슬림이며 아랍어를 하는 인재는 많이 등용되었다. 자파르는 수도를 이라크로 옮기며 페르시아인, 투르크인 등의 비아랍인을 등용하며 이들의 불만을 잠재웠다.

그리고 786년부터 809년까지 재위한 칼리파 하룬 알 라쉬드의 시기에 제도와 문화가 꽃을 피웠다. 총리가 제국을 다스리며 칼리파는 국가 원수로서 존재하는 쌍두 체제가 굳어졌다. 이때 하룬이 주인공으로 자주 등장하는 '천일야화'로 유명한 《아라비안나이트》가 세상에 소개되었다. 그 책으로 어진 왕 하룬은 유명한 이름이 되었다.

하룬은 큰아들 아민을 바그다드의 칼리파로 앉히고 그 동생 마문을 호라산의 총독으로 앉히며 제국을 분할 통치하도록 하였다. 그러나 하룬이 죽은 후 두 아들은 4년간 내전을 치렀는데 마문이 승리하였다. 마문은 페르시아 사산 왕조의 왕복을 입고 바그다드로 돌아왔고 바그다드는 6년간 혼란에 빠졌다.

마문의 뒤를 이어 알 무으타심이 8대 칼리파로 833년부터 842년까지 재위하며 더 큰 비극을 낳았다. 알 무으타심은 투르크 노예 여인의 후손이었다. 그는 칼리파의 힘을 키울 방법을 찾다가 투르크 노예 용병의 용맹한 전투력을 보았다. 이들은 비천하고 무식했지만 복종심과 용맹성은 누구도 따를 수 없어 보였다. 바그다드로 돌아온 그는 페르시아 호라산 출신 경호원들의 힘이 약해졌을 때 투르크 노예 용병들을 고용하였다. 이 투르크 노예 용병들을 '맘루크'로 불렀는데 이 아랍어의 뜻은 노예이다. 아무 연고도 없는 맘루크는 칼리파, 무으타심을 경호하며 칼리파의 말에 절대복종하였기에 페르시아 세력을 견제할 수 있었다. 사실 이 맘루크를 먼저 고용한 사람은 7대 칼리파인 알 마문이었다. 그런데 7대의 맘루크와 달리 8대 때의 맘루크는 통제 불능 상태에 빠졌다. 칼리파를 등에 업은 맘루크는 자신들의 힘이 강력한 것을 알고 횡포를 부렸다. 맘루크는 칼리파 몰래 상인들을 괴롭히며 재물을 갈취하고 관직을 팔기까지 했다. 간이 배 밖에 나온 잔인한 괴물이 된 맘루크는 칼리파도 우습게 보았다. 결국 맘루크는 칼리파의 말에 불복하게 되더니 오히려 칼리파에게 명령하게 되었다.

알 무으타심은 자신이 고용한 맘루크의 뜻에 의해 압바스 왕조의 수도를 바그다드에서 북쪽으로 125km 떨어진 사마라로 옮겨야 했다. 사마라는 아랍어로 '보는 모든 이에게 즐거운'이란 뜻의 '사르민라'에서 파생된 말이다. 836년부터 892년까지 수도는 사마라가 되었다. 수도를 바그다드로 되돌리려던 10대 칼리파 알 무타와킬은 861년에 맘루크에게 살해당하였다. 칼리파를 죽인 맘루크는 그 아들을 칼리파에 앉혔지만 재위 기간은 1년밖에 안 되었다. 그 이유는 압바스 왕조가 무식하고 포악한 괴물 맘루크의 세상으로 변했기 때문이다. 이렇게 알 무타와킬이 살해당한 861년부터 870년까지 불과 9년 사이에 맘루크가 5명의 칼리파를 자기들 마음대로 죽이기도 하고 봉사로 만들기도 했다. 이에 따라 압바스 왕조는 공포의 도가니에 빠졌다. 맘루크가 미친 듯이 날뛰던 836년부터 944년까지 재위한 칼리파는 무려 15명에 달했다.

바로 이런 시기에 스페인의 후기 우마이야 왕조의 압둘 라흐만이 자신을 칼리파로 불렀다. 그가 재위한 912년부터 961년까지 후기 우마이야는 최대 번영을 누리며 압바스 왕조를 얕본 것이었다. 그래서 역사가들은 후기 우마이야 왕조를 서칼리파, 바그다드의 압바스 왕조를 동칼리파로 부르기도 했다. 그런데 남쪽 이집트 카이로에 발원한 파티마 왕조의 왕도 자신을 칼리파로 불렀다. 같은 시기에 3명의 칼리파가 존재하는 우스꽝스러운 현상이 나타났다. 로마가 너무 광대해졌을 때 필요에 의해 황제가 권역을 나누어 공동 황제를 세운 것과는 완전히 다르지 않은가?

이런 사태를 초래한 맘루크의 잔인한 기세는 꺾일 줄 몰랐다. 932년부터 934년까지 재위한 알 까히르 칼리파는 맘루크가 불에 달군 바늘로 눈을 꿰매 봉사가 되고 칼리파에서 쫓겨났다. 그리고 940년부터 944년까지 재위한 알 무타끼 칼리파는 맘루크 출신의 장군에게 몸을 의탁했다. 처음엔 잘 복종하던 맘루크 장군이 본색을 드러내며 시뻘겋게 달군 쇠로 칼리파를 봉사로 만들어 폐위시켰다. 일이 이러니 맘루크에 의해 칼리파가 되는 것은 치욕과 고통이었다.

이런 맘루크 장군을 868년에 이집트의 총독으로 보냈더니 오히려 자신의 나라를 세웠지만, 그 나라는 오래 가지 못해 905년에 망했다. 얼마 후 935년에 또 터키 맘루크 장군을 이집트 총독으로 보냈더니 이도 나라를 세웠지만 파티마 왕조에 의해 969년에 망했다. 그러나 압바스 왕조가 망하기 8년 전에 이집트 카이로에 세워진 맘루크 술탄국은 1250년부터 1517년까지 이집트와 시리아를 통치했다. 이를 보니 흐르는 세월 동안 맘루크가 많이 진화한 것인가?

맘루크의 장난감인 칼리파를 신이 불쌍히 여겼는가!

부와이흐 왕조가 945년에 바그다드에 입성해 맘루크를 소탕했다. 944년에 전임자가 맘루크 장군에 의해 두 눈을 잃고 쫓겨난 후 22대 칼리파가 된 알 무스타크피는 부와이흐 왕조의 바그다드 입성을 열렬히 환영하였다.

부와이흐 왕조의 아흐마드는 카스피해 남쪽 고원 지대 출신으로 북페르시아에 진출해 세력을 넓혔다. 그는 바그다드에 945년에 입성해 칼리파와 시민들의 환영을 받았다. 아흐마드는 바그다드의 칼리파를 맘루크의 마수에서 구해 주며 알 무스타크피 칼리파가 아버지 부와이흐에게 술탄에 책봉하게 했다. 술탄은 아랍어로 '권위, 권력'을 뜻하는데 이슬람 세습 군주국의 군주를 일컫는 칭호이다. 알 무스타크피는 부와이흐 왕조가 칼리파를 인정하는 것으로 오판했다. 그래서 그는 칼리파의 힘을 키우려다 부와이흐 왕조에게 감금 조치를 당하더니 946년에 마침내 두 눈을 잃었다.

부와이흐 왕조가 바그다드에 입성한 945년부터 1055년까지 110년간 바그다드를 통치할 때 모두 5명이 칼리파로 재위했다. 22대 알 무스타크피가 1년 만에 두 눈을 잃고 쫓겨났으니 나머지 4명의 칼리파 재위 기간은 맘루크 때와 달리 매우 길었다. 그러나 노리개 신세는 맘루크 때와 똑같았다. 칼리파를 노리개로 실컷 갖고 논 부와이흐 왕조는 23대, 24대, 25대 칼리파의 재위 끝에 이들을 모두 봉사로 만들었다. 독사 소굴에서 벗어나는가 싶더니 이리 떼를 만난 것 아닌가?

칼리파를 허수아비로 만든 부와이흐 왕조는 금요 예배인 꾸뜨바에서 칼리파의 이름 대신에 자신들의 이름을 "아미르 중의 아미르" 즉 "왕 중의 왕"으로 부르게 했다. 그래서 칼리파의 마음고생은 맘루크 때와 달라진 게 없었다.

시아파인 부와이흐 왕조는 같은 시아파인 파티마 왕조의 칼리파를 따르려고도 하였다. 그러나 신하들의 반대로 이 계획은 무산되었다. 그 이유가 파티마 왕조의 칼리파는 마음대로 할 수가 없으니 시아파에 대한 꿈과 미련은 버리고 실속 있게 바그다드의 칼리파를 마음대로 부려 먹는 게 낫다는 것이었다. 이 얼마나 서글픈 일인가!

동시에 3명의 칼리파가 존재하는 가운데 압바스 칼리파가 가장 약했으니 얼마나 딱한가! 이렇게 된 원인이 압바스 왕조 자신에게 있으니 누구를 탓하랴!

이집트 파티마 왕조, 예멘 여왕

현재 지구에서 가장 오랫동안 국호를 지킨 이집트는 가장 긴 역사만큼이나 슬픔을 많이 겪었다. 과거 한때 세계 최강국을 자랑했던 이집트가 계속 외세에 의해 통치자가 바뀌는 수모를 겪지 않았는가? 이 수모는 이슬람 세계에서 더 심해져 역사의 무상을 느낀다.

이 이집트에 강력한 시아파 왕조가 들어섰다. 우바이드 알리는 알리와 이스마일의 직계 후손으로 자신의 때를 기다리고 있었다. 우바이드 알리의 교리 담당 전문가인 아부 압둘라 알 후세인은 그에게 북아프리카에서 건국할 것을 권했다. 후세인은 건국 준비 작업을 하며 메카에 순례 온 북아프리카 베르베르의 케타마 부족장을 동지로 만들었다. 또 후세인은 예멘의 시아 추종자들과 뜻을 같이하여 예멘의 무장 군인들이 893년에 북아프리카에 도착하게 하였다. 후세인은 베르베르의 케타마 부족의 전폭적 지지하에 909년에 아글라브 왕조를 무너뜨렸다. 그리고 은신 중인 우바이드 알라를 옹립하여 파티마 왕조를 세웠다.

우바이드 알라는 자신이 이맘이며 칼리파라고 하였다. 또 왕조 창건자들은 자신들이 무함마드의 딸이며 알리의 아내인 파티마의 후손이라고 주장하며 파티마 왕국으로 불렀다. 그러나 수니파는 이들을 '우바이디윤'(우바이드의 추종자들)으로 부르며 파티마와 전혀 관련이 없다고 하였다.

우바이드 알라가 934년에 죽었다. 파티마의 장군이 칼리파 알 무이프의 명을 받아 969년에 10만 대군을 이끌고 이집트로 진격했다. 이때 압바스 왕조의 이집트 총독은 수도인 푸스타트를 빼앗겼다. 이 해에 파티마의 칼리파 알 무이쯔는 이집트를 완전히 점령하였다. 그때까지 작은 도시에 불과했던 카이로는 급팽창하며 파티마 왕국의 수도가 되었다. 이후 파티마 왕조는 시리아, 팔레스타인, 이탈리아의 시칠리아섬까지 정복해 다스리며 1171년까지 존속하였다. 파티마 왕조가 972년에 카이로에 세운 '알 아즈하르'는 시아파의 교육 연구소였다. 그런데 알 아즈하르는 파티마 왕조 후에 수니파의 대학으로 바뀌어 지금까지 존속하고 있다.

알 무이쯔의 아들인 알 아지즈는 970년에 새 수도인 카이로에 매우 아름다운 궁전을 두 개나 지었다. 그리고 아지즈는 비잔틴 제국의 기독교인인 자리야를 아내로 맞이하였다. 그녀는 이슬람으로 개종하지 않았다. 오히려 알 아지즈는 기독교와 유대교에 대해 관용 정책을 펼쳤다. 그 결과 기독교인과 유대인이 최고위직에 오르기도 했다. 개방, 관용, 능력 위주의 인사는 기독교인이 재상이 되기도 하고 총독이 되어 시리아를 통치하기도 하여 무슬림의 강한 반발을 샀다. 그러나 알 아지즈는 이에 굴하지 않았다. 그는 오히려 자리야가 낳은 딸인 시트 알 물크에게도 자신의 관용을 가르쳤다. 아지즈는 어린 딸 물크의 의견을 물으며 물크가 정치에 관심을 가지게 하였다. 그런데 비잔틴과 싸우려고 출정한 알 아지즈가 996년에 치료요법으로 목욕하다가 갑자기 죽었다.

그래서 그의 아들 알 하킴이 11세에 칼리파가 되었다. 하킴은 그의 가정교사가 그의 발 앞에 엎드려 경의를 표현한 자였다. 나이가 들며 하킴은 카이로 시민들에게 공포의 대상이 되었다. 14세에 야간 회의를 시작한 하킴은 야간 잠행에 나섰다. 그가 야간 잠행을 즐긴 것은 불면증 때문이라고도 하고 별을 좋아했기 때문이라고도 한다. 시아 이슬람은 점성술을 중요시해 점성술이 발달하였다. 어쨌든 하킴의 야간 행보로 카이로의 상가에는 "낮에 자고 밤에 일하라"는 명령이 내려졌고 카이로는 밤거리를 밝히는 데 많은 돈이 소모되었다. 그 결과 밤늦게까지 많은 사람이 몰려다니는 것을 본 하킴은 여인들의 거리 활보를 금하였다. 그러다 남녀를 불문하고 야간 통행을 금지했다.

하킴은 21세 때 카이로와 이집트 거리를 배회하는 개들을 모두 죽이라고 명령하여 개들은 거리에서 사라졌다. 이런 명령을 내린 이유가 뭘까? 개들이 짖는 소리가 그의 수면을 방해했기 때문이라는 설이 유력할 뿐 정확하게 밝혀지진 않았다.

하킴은 한때 금욕주의에 빠지기도 했으나 그의 공포 정치는 계속되었다. 강의 유람선 탑승을 금지하였고 강변의 집들이 경치를 보지 못하도록 창문을 닫게 하였다. 30세쯤에 하킴은 여인들에 대한 금지령을 내렸다. 외출을 금하고 상을 당해도 울지 못하고 몸치장도 못하게 하였다. 이런 금지령은 하킴이 죽기까지 7년 7개월이나 지속되었다. 집 밖으로 나가지 못하게 되었음에도 불구하고 하킴에 항거해 집 밖으로 나간 여인들은 모두 죽임을 당했다. 그뿐만 아니라 하킴은 일부 음식물의 판매도 금지했는데 이집트인이 좋아하는 채소와 비늘 없는 생선과 일부 포도주가 금지되었다. 하킴이 죽기 1년 전에는 자기가 신이라고 말하기도 하였다. 하킴의 공포 정치는 16세나 많은 누나 시트 알 물크에게도 나타났다. 물크가 좋아한 남자들을 하킴이 죽이려고 했다.

그러나 1021년 2월에 하킴이 실종되는 사건이 발생했다. 수사를 한 결과 살해당한 것으로 나타났다. 하킴을 죽인 자는 이렇게 하킴을 죽였다고 하며 칼로 자기 가슴을 찔러 자결했다.

하킴의 대를 이은 아들 알 다히르는 너무 어려 하킴의 누나인 시트 알 물크가 1021년 부터 1024년까지 이집트를 다스렸다. 분명히 칼리파직을 수행했지만 꾸뜨바에서 그녀의 이름은 반포되지 않았다. 다히르가 어렸어도 이맘이며 칼리파였기에 예배는 그의 이름으로 올려졌다. 그리고 빼어난 미녀인 물크는 보석으로 손을 치장하고 피부에는 귀한 향수를 뿌리며 자신의 아름다움을 더욱 돋보이게 하는 많은 시종을 두었다. 또 할아버지 알 무이쯔가 만든 왕실 의복 전담 업체를 애용하였다. 파티마의 칼리파는 흰 예복을 입어 검은 예복을 입는 압바스 왕조와 대조를 이루었다. 물크는 아버지 알 아지즈에게 배운 대로 이집트를 통치하였다. 물크는 기독교인 외삼촌을 보호하려고 했는데 이것이 무슬림 관료들의 반발을 일으켰다.

이후 1035년에 알 무스탄시르가 6세의 나이에 8대 칼리파가 되어 1094년에 죽기까지 이집트를 통치하며 파티마는 전성기를 맞았다. 이 시기에 재상 또는 총리인 '와지르'의 권한이 강화되어 파티마의 칼리파는 종교적인 수장에 머무르게 되었다. 어쨌든 이 시기에 파티마 왕조는 바그다드의 압바스 왕조를 공격하고 메카와 메디나를 복속하기도 했다. 무스탄시르는 암살단을 관리했는데 그가 죽은 후 1136년에 압바스 왕조의 두 칼리파가 연이어 살해된 것은 이 암살단의 소행으로 본다. 이 암살단은 파티마 왕조의 멸망 후에도 근 90년이나 더 존속하며 악명을 떨쳤다. 그러다가 공포의 이 암살단은 마침내 몽골의 훌라구에 의해 전멸당했다.

무스탄시르 시기에 시아 이슬람이 다스린 예멘에는 2명의 여왕이 연이어 재위하였다. 첫 번째 여왕인 아스마가 남편과 함께 예멘을 약 20년간 통치했다. 아스마의 며느리인 두 번째 여왕 아르와는 50년 이상 예멘을 통치하였다. 아르와의 첫 남편인 알 무카람은 중풍으로 죽었다. 이때 파티마의 알 무스탄시르 칼리파는 아르와에게 알 무카람의 사촌과 결혼하여 예멘을 다스리라고 하였다. 아르와는 칼리파의 명대로 결혼했으나 둘째 남편도 일찍 죽었다. 이후 아르와는 1138년까지 홀로 예멘을 통치하였다. 아르와가 다스린 시기를 시바의 여왕에 비유하며 예멘인들은 가장 평화로운 시기였다고 평가한다고 한다.

무스탄시르가 죽은 후 파티마 왕조는 칼리파와 와지르의 불화가 거듭되며 불안정해졌다. 그러다 1171년에 결국 파티마 왕조는 아이유브 가문의 살라딘에 의해 망하였다. 이 과정에 대해선 다음의 8장 '십자군 전쟁'에서 소상히 다룬다.

압바스 칼리파와 셀주크 술탄국

압바스 왕조의 허울뿐인 칼리파가 11세기 중엽에 기쁜 소식을 들었다. 중앙아시아에서 이주해 온 셀주크라는 자가 페르시아를 장악했다는 소식이었다. 셀주크는 카스피해와 아랄해 사이의 키르키즈 투르크족의 오구즈 족에 속한 사람이었다. 그가 추종자를 이끌고 북페르시아에 진출해 1040년에 셀주크 왕조를 세웠다. 셀주크 왕조는 중앙아시아의 투르크족이 중동에 진출한 첫 케이스로 후에 오스만 투르크 제국을 거쳐 현재의 터키를 이루는 한 모티브가 되었다. 셀주크 왕조가 세력을 키워 페르시아 전 지역을 장악하여 시아파인 부와이흐 횡포를 비난한 것이 칼리파에게 알려졌다.

이때 마침 이집트의 파티마 왕조에 의해 바그다드가 점령되자 26대 칼리파 알 까임은 1055년에 셀주크에게 도움을 요청하는 편지를 보냈다. 이에 셀주크군이 바그다드에 입성하였다. 바그다드를 평정한 셀주크는 예언자 무함마드의 망토를 입은 알 까임의 손에 키스하며 경의를 표하였다. 알 까임은 1031년부터 1075년까지 칼리파로 재위했는데 셀주크가 구해 주지 않았다면 알 까임도 두 눈을 잃고 쫓겨났을 것 아닌가?

시아파인 부와이흐와 달리 셀주크는 수니파였기에 알 까임은 기꺼이 셀주크에게 술탄 칭호를 부여했다. 그리고 셀주크 술탄국은 칼리파와 혼인 관계를 맺으며 잘 지냈다. 이때부터 압바스 왕조가 멸망하기까지 203년간 모두 11명의 칼리파가 비교적 안정적으로 재위하였다.

이때 셀주크를 통해 신과의 합일(合一)을 추구하며 신을 더 깊이 경험하기를 원하는 수피즘이 이슬람 세계에 널리 퍼졌다. 수피즘은 신비주의로 공격받기도 했지만 예배에 여태껏 없던 춤과 노래를 통해 많은 무슬림에게 전파되었다. 전통적인 울라마들은 이들이 모스크를 장악하는 것을 경계했을 뿐 수피즘을 배격할 수는 없었다. 수피즘은 지식인, 농민, 군인 등 다양한 계층의 사람들에게 퍼지며 신과의 긴밀한 관계를 강조해 신비주의로 불리기도 했다. 14세기에 이 수피즘과 무역상의 활동으로 인도네시아, 말레이시아까지 이슬람교가 전파되었다. 그래서 대서양의 북아프리카부터 동남아시아까지의 적도 일대가 이슬람교의 미들 벨트(Middle Belt)로 형성되었다.

셀주크 왕조는 초기 1, 2, 3대 술탄 시기에 강성해졌다. 이 시기에 명재상인 니잠이 있었다. 니잠은 융화 정책을 펼치며 압바스의 칼리파와 셀주크의 술탄 사이의 가교 역할도 하였다. 셀주크 왕조의 공주가 압바스 왕조의 칼리파와 결혼하여 아들을 낳았는데 셀주크 왕조는 이 아들이 칼리파가 되기를 원했다. 그러나 칼리파는 오히려 셀주크 왕조를 견제함으로 갈등이 발생했는데 이를 니잠이 원만하게 해결하였다. 그리고 2대 술탄 아르슬란은 1071년에 비잔틴 제국과 싸워 로마누스 디오게네스 황제를 포로로 잡기도 하였다. 셀주크 왕조는 중국 국경에서 현재 터키의 영토인 아나톨리아 반도까지 광대한 영토를 다스렸다.

가장 전성기를 이룬 3대 술탄 말리크 샤 시절에 니잠은 '마드라사'라는 공립학교를 여러 곳에 세웠다. 니잠은 가장 유명한 신학자를 초빙해 바그다드의 마드라사에서 강의하도록 하였다. 이 마드라사들은 니잠이 죽은 후 그의 이름을 기념해 '니자미아 마드라사'로 부르게 되었다. 바그다드의 마드라사는 현재 바그다드 대학으로 존속하고 있다. 이 학교는 이집트의 알 아즈하르와 쌍벽을 이루는 유서 깊은 이슬람 대학이다. 학문을 숭상한 니잠은 자신의 통치 철학과 말리크 샤에 관한 책을 저술하기도 했다.

이렇게 뛰어난 총리인 니잠과 위대한 술탄 말리크 샤가 찰떡궁합을 이루며 셀주크 술탄국은 전성기를 맞았다. 그런데 1092년에 니잠, 말리크 샤가 차례로 암살당했으니 얼마나 애석한가!

어쨌든 니잠과 말리크 샤가 죽은 후 왕자들의 내분이 생겼다. 이런 가운데 1차 십자군의 중동 원정으로 셀주크 왕조는 힘이 더 약해졌다.

칼리파는 셀주크 왕조가 약해진 이 틈을 타 칼리파의 힘을 키우려 했지만 1차 십자군이란 복병에 시달렸다. 니잠 같은 조정자도 없이 또 십자군이 침공했는데도 압바스와 셀주크는 반목을 거듭하였다.

그러나 이 시기에 이슬람의 영웅으로 장기와 살라딘이 차례로 나타났다. 말리크 샤의 아들이며 모술의 성주인 쿠르부가가 장기를 자신의 문하생으로 삼을 정도로 장기는 어릴 때부터 눈에 띄었다. 1122년 전투에서 공을 세워 장기는 술탄에게서 바스라 총독으로 임명받았다. 이로써 모술이 근거지였던 장기는 셀주크에서 위대한 장군이 되었다. 그래서 장기는 '아미르들의 왕'으로 불리게 되었다. 그는 1128년에 시리아의 알레포로 가서 십자군에 시달리는 알레포를 구하고 1130년에 다시 모술로 돌아왔다. 1135년에 셀주크의 술탄인 마흐무드가 26세에 죽으며 동생 마수드가 술탄으로 등극했다. 그러자 칼리파 무스타르쉬드가 새 술탄을 몰아내려고 군사를 일으켰다. 이때 장기가 술탄의 편에 들어 칼리파와 싸웠다. 그런데 의외로 전투에 패한 장기가 모술로 귀환하며 티그리스강에 이르렀다. 이때 살라딘의 아버지이며 그 지방의 태수인 아이유브가 장기가 강을 건너 모술로 갈 수 있도록 도와주었다. 이것은 장기 가문과 아이유브 가문의 운명적 첫 만남이 되었다.

그리고 마수드 술탄은 장기의 도움으로 칼리파 무스타르쉬드를 6월에 죽였다. 그런데 3년 후 아이유브가 장기에게 피신하는 일이 발생했다. 셀주크의 신하 비흐루즈는 아이유브의 아버지 샤디가 티그리트의 태수가 되도록 도와준 적이 있었다. 샤디가 죽은 후 그의 아들 아이유브가 태수가 되었다. 그런데 아이유브의 동생 쉬르쿠가 비흐루즈의 측근이 여자를 강간했다는 이유로 그를 죽였다. 이에 화가 난 비흐루즈가 아이유브와 쉬르쿠의 체포를 명했다. 그래서 아이유브와 쉬르쿠는 모술의 장기에게 피신하였다.

피신하던 1138년에 아이유브의 아내는 살라딘을 낳았다. 아이유브 가문은 소아시아의 유목민 쿠르드족 출신이었다. 후에 살라딘에 의해 쿠르드족도 비로소 왕가를 배출하게 되었다.

어쨌든 장기는 과거에 이이유브에게 진 빚을 갚게 되었다. 아이유브 가문은 꽤 오래 모술의 장기에게 신세를 졌다. 장기는 자신과 부하에겐 매우 엄격하고 잔인했다. 그러나 백성에겐 매우 따뜻했다. 부자에겐 세금을 많이 물리고 가난한 자에겐 부담을 주지 않았고 행군 시 군인들이 백성들의 농지를 밟지 못하게 하는 등 백성을 헤아렸다.

그래서 백성들의 지지가 높았다. 이런 장기가 날이 갈수록 셀주크 왕조에 실망하며 모술 통치에 전념하게 되었다. 그러다가 1144년에 장기는 십자군에 빼앗긴 에데사를 탈환하였다. 그러나 장기는 1146년에 노예에 의해 어이없이 죽었다. 장기가 죽은 후 그의 아들들이 모술과 시리아를 다스렸다. 작은아들 누르는 신앙도 독실하고 검소하며 백성을 잘 보살펴 시리아 백성들의 존경을 크게 받았다. 그래서 압바스 칼리파는 더 곤혹스러웠다. 누르가 1174년에 죽은 후 압바스 칼리파는 약해진 셀주크 술탄과 권력 다툼을 다시 반복하였다.

결국 1194년에 셀주크 술탄국의 마지막 군주의 목이 바그다드의 칼리파에게 전달되었다. 비로소 칼리파는 독립하는 듯하였다. 그러나 그동안 광대했던 아랍 제국은 많은 군소국으로 분열되었고 이를 다시 뭉칠 힘이 압바스 왕조에겐 없었다. 십자군이 설치는데도 셀주크와 다투고 있었으니 세계를 삼킨 몽골을 어떻게 이길 수 있었겠는가?

이 무렵에 호라즘이 셀주크를 몰아내고 인도에서 이라크에 이르는 영토를 점령하였다. 현재의 우즈베키스탄, 투르크메니스탄, 이란, 아프가니스탄, 파키스탄 등이 호라즘의 영토가 되었다. 이때 몽골의 영웅 칭기즈칸이 호라즘에 보낸 화친 사신을 호라즘이 살해하였다. 이에 칭기즈칸이 호라즘을 공격하여 1222년까지 호라즘 정복을 완결 짓고 몽골로 돌아갔다. 그런데 호라즘 잘랄 알딘 술탄이 몽골에 계속 저항했다. 1231년에 잘랄이 죽은 후 그 추종자들이 시리아를 거쳐 1244년에는 예루살렘을 점령했다. 칭기즈칸이 1227년에 사망한 후 막내며느리 소르칵타니가 4명의 자기 아들로 하여금 몽골 제국을 다스리게 하였다. 이중 셋째인 훌라구가 중동 정벌을 맡았다.

일한국의 수도 타브리즈에서 훌라구는 출병하며 압바스의 마지막 칼리파 알 무스타심에게 항복을 요구하였다. 1257년 말에 훌라구는 시아파의 유명한 암살단이 150년간 본거지로 삼은 알랑수트를 습격해 암살단 전원을 죽이고 바그다드로 향했다. 1258

년 2월에 8만 명의 바그다드 주민이 학살당했다. 칼리파와 그 가족들은 양탄자에 말린 채 몽골의 군인들과 말발굽에 밟혀 죽었다. 이때 훌라구의 어머니 소르칵타니가 기독교인인 것을 이용해 바그다드의 정보를 제공한 소수의 기독교인만 무사하였다. 이로써 508년간 존속된 압바스 칼리파 왕조는 완전히 사라졌다. 그 이후 이슬람 역사에 칼리파가 없는 공백 기간이 3년 6개월 발생하였다.

　1260년에 시리아의 알레포가 훌라구에게 함락되었다. 그러자 몇 주 후 다마스쿠스는 스스로 훌라구에게 항복하며 성문을 열어 주었다. 훌라구는 이집트의 맘루크 술탄국에게 항복을 요청했지만 맘루크는 사신의 목을 잘랐다. 몽골과 이집트 맘루크의 대결이 예상되었다. 그런데 이때 훌라구의 큰형인 몽골의 대칸이 죽었다는 소식을 들은 훌라구는 몽골로 되돌아가야만 했다. 이는 이집트뿐 아니라 이슬람 전 세계에 복음이 되었다.

8. 십자군 전쟁

십자군 전쟁은 왜 일어났나?

십자군 전쟁의 배경에 대한 독자의 이해를 돕고자 먼저 로마, 비잔틴, 교황의 관계를 간단히 살핀다.

로마의 콘스탄티누스 황제가 밀라노 칙령을 발표해 기독교를 공식적으로 인정한 해는 313년이었다. 그는 이후 흑해의 발칸반도에 도시를 건설해 330년에 로마 제국의 수도로 만들었다. 새 수도의 이름은 황제 자신의 이름을 따 콘스탄티노플로 불렀다. 이로써 광대한 로마 제국은 새 수도 중심의 동로마와 세력이 약화된 서로마로 나누어지며, 서로마는 동로마의 황제가 책봉한 공동 황제가 통치하였다. 그러다가 테오도시우스 황제가 381년에 종교회의를 열어 기독교의 핵심인 삼위일체론 교리를 확정하고 392년에 마침내 기독교를 국교로 선포하였다. 그는 395년에 두 아들에게 각각 동로마와 서로마로 분리해 물려주었다. 완전히 분리된 동·서로마였으나 외적에 맞설 때는 협력하기도 하였다.

그런데 당시 로마인이 야만인으로 불렀던 게르만족에게 476년에 로마가 함락되며 1천 년의 역사를 자랑하던 서로마 제국은 사라졌다. 이후 동로마 제국은 또 다른 1천 년의 역사를 이어갔는데, 후대의 역사가들은 이를 비잔틴 제국으로 불렀다. 그러나 당시의 이슬람 사회는 비잔틴을 여전히 로마로 불렀다.

로마를 멸망시킨 게르만 동고트족은 비잔틴 제국엔 위협이 되지 않았다. 로마와 매우 멀리 떨어져 있었고, 또 콘스탄티노플은 북쪽과 동쪽이 바다인 천혜의 요새였기 때문이었다. 비잔틴 제국에 맞설 나라는 페르시아의 사산 왕조뿐이었다. 그래서 비잔틴의 유스티니아누스 황제는 527년에 페르시아와 항구적인 평화 협정을 맺었다. 그럼에도 비잔틴은 페르시아를 거쳐 다마스쿠스로 오는 실크로드를 폐쇄하였다. 이로써 인도양과 지중해 세계를 연결하는 홍해가 해상 무역로로 활용되었다. 그런데 이 홍해는 폭이 좁아서 해적들이 설치기에 좋은 무대가 되었다. 그래서 그동안 지중해 세계에서 쓸모없는 땅으로 취급된 아랍 반도의 메카가 새로운 무역로로 주목받게 되었다. 사막의 불모지에 세워진 메카가 인도양과 지중해를 연결하며 동서 무역의 중간 역할까지 하게 될 줄 누가 알았겠는가! 그런데 페르시아가 비잔틴의 속주인 예루살렘을 점령한 614년에 메카에선 이슬람의 싹이 돋고 있었다. 이로부터 불과 24년 후인 638년에 아랍은 예루살렘의 새 주인이 되며 이슬람교와 기독교의 갈등이 시작되었다.

그런데 로마가 476년에 망하기까지 로마 교황의 힘은 큰 교회의 주교와 별 차이가 없었다. 동로마 황제의 권한에 눌렸기 때문이다. 그래서 삼위일체론을 확정 짓는 종교회의도 황제가 열 정도였다. 그러나 아이러니컬하게도 로마가 망한 후 교황의 힘은 점점 강해졌다. 이는 유럽의 야만인들이 각자의 영토를 차지해 나라를 세울 때 왕권신수설에 근거해 교황으로부터 책봉을 받았기 때문이다. 왕권은 신에게서 받았음을 주장하며 모든 사람의 복종을 요구했다. 이 사상 때문에 자연히 교황이 왕위 대관식과 각종 작위 서품을 주관하고 파문권을 행사하며 교황의 힘은 점점 속세의 힘을 압도하게 되었다.

유럽 기독교의 수장인 교황은 로마에 있었다. 그리고 망한 로마의 속주였던 유럽은 왕국뿐 아니라 공작, 후작, 백작, 자작, 남작이 다스리는 공국, 후국, 백국, 자국, 남국 등으로 독립하며 발전하였다. 그러다 현재 독일, 프랑스, 오스트리아, 이탈리아 지역의 왕, 공작, 후작, 백작, 자작, 남작들이 모여 황제를 선출했다. 교황은 이 황제 휘하의 제국을 '서로마 제국'으로 부르며 망한 로마의 영광 재현을 희망하였다. 그러나 현재의 프랑스인 프랑코 왕국이 곧 제국에서 탈퇴하였고 서로마 제국의 이름은 '신성 로마 제국'으로 바뀌었다. 신성 로마 제국은 1806년에 나폴레옹이 해체할 때까지 오래 존속하였다.

로마의 교황은 비잔틴 제국의 교회까지 통솔했는데, 1045년에 교회가 동방교회와 서방교회로 분리되며 교황은 서방교회의 수장으로만 남았다. 동방교회는 콘스탄티노플을 중심으로 한 동로마 지역을 관장했다. 이들은 '동방 정교회' 또는 '그리스 정교회'로도 불리며 나름의 주교 제도를 이어갔다. 그러나 그 교세는 날이 갈수록 서방교회에 크게 밀렸다.

교회가 분리된 얼마 후 그동안 쌓인 교황과 신성 로마 제국 황제의 갈등이 1077년에 '카노사의 굴욕' 사건을 낳았다. 사건은 이렇게 전개되었다. 교황 그레고리오 7세가 황제 하인리히 4세를 파문하였다. 이에 따라 황제 지위의 정통성에 시비가 생기며 반란의 조짐이 생겼다. 이에 황제는 교황의 사면을 구하려고 교황이 피신한 카노사성까지 갔다. 그러나 황제에게 겁먹은 교황이 성문을 열어주지 않았다. 황제는 성 밖에서 눈 속에 무릎 꿇고 사흘을 빈 후 겨우 용서받는 치욕을 겪었다. 이후 1차 반란을 진압한 하인리히 황제는 또 자신을 파문한 그레고리오 교황을 자리에서 쫓아내 비참한 최후를 맞게 하였다. 그런데 계속되는 반란으로 황제도 비참한 최후를 맞이하였다.

1085년에 그 후임 교황으로 선출된 프랑스 출신의 우르바노 2세는 전임자의 뒤처리와 무너진 교황권의 회복에 바빴다. 우르바노 교황이 안정을 찾은 1095년에 동로마인 비잔틴 제국의 황제가 교황에게 사절을 보냈다. 비잔틴 제국을 위협하는 이슬람 국가인 셀주크 왕조를 아나톨리아반도에서 쫓아내 달라는 요청이었다. 교황 우르바노 2세는 1095년 11월에 프랑스에서 열린 공의회에서 성지 순례의 안전을 위해 예루살렘 수복과 팔레스타인, 시리아의 회복, 그리고 더 나아가 바그다드와 아나톨리아반도를 점령한 셀주크 왕조의 평정을 연설하였다.

교황은 '카노사의 굴욕' 결과로 실추된 교황권의 완전 회복과 50년 전에 분리된 동·서 교회의 통합을 이루어 자신의 힘을 극대화하려는 욕심을 가졌을 것이다. 어쨌든 이로써 그 유명한 십자군의 200년 전쟁의 서막이 올랐다.

1차 십자군 전쟁은 교황의 조국인 프랑스의 프랑코 왕국이 감당했다.

1차 십자군의 예루살렘 탈환

1차 십자군은 1096년 8월에 주로 프랑코(현재의 프랑스)군으로 이루어졌으며, 그 수는 10만 명에서 30만 명까지 되었다고 한다. 왕이 참전하지 않았기에 각 영주가 자기 군사를 통솔하였다.

주요 영주들의 면면을 살펴본다. 애꾸눈 레몽 백작은 50대의 나이로 최 연장자였는데, 가족을 이끌고 갔다. 로렌(벨기에) 지방의 36세 공작 고드프루도 가족과 동생 보두앵이 참전했다. 보두앵은 에데사의 백작이 된 후 예루살렘 왕국의 왕이 되었다. 뛰어난 용사 탄크레디는 로시니의 오페라 '탄크레디'의 소재가 되었다. 탄크레디의 외삼촌 보에몬드는 풀리아의 공작으로 노르만 왕족 출신이며 신앙은 별로였는데, 영토를 얻기 위해 십자군에 참여해 안티오크의 공작이 되었다. 이 십자군은 각 영주가 자기의 군사를 통솔했지만 명목상 사령관은 아데마르 주교가 맡아 영주들의 협력을 이끌었다.

이들 십자군은 콘스탄티노플로 갔는데 비잔틴 제국의 알렉시우스 황제가 십자군에게 자신에 대한 충성 서약을 요청했다. 비잔틴을 돕기 위해 온 십자군에게 황제의 충성 맹세 요구는 매우 불쾌하고 황당한 일이었지만 십자군은 마지못해서 해 주었다. 드디어 1097년 4월 말에 십자군은 발칸반도의 콘스탄티노플에서 좁은 바다를 건너 셀주크의 영토인 아나톨리아반도로 진격했다. 이들의 1차 목표는 1077년에 셀주크에게 빼앗겨 셀주크 왕조의 수도가 된 니케아였다. 이때 셀주크는 1092년에 위대한 말리크 샤가 사망한 이후 왕족들 간의 세력 다툼이 심했다. 그래서 서로 불신해 크고 작은 분쟁이 끊어지지 않고 있었다. 한마디로 신은 십자군의 편인 듯했다.

그럼에도 셀주크는 몇 달 전 십자군의 약탈을 여러 번 쉽게 격퇴했기에 십자군의 진군을 가볍게 생각했다. 그래서 술탄 아르슬란은 셀주크 왕조의 내분으로 인해 발생한 다른 지역의 전투를 위해 니케아를 떠났다. 술탄 아르슬란은 십자군이 오는 틈을 타 영토를 침입한 반란을 제압하고 있었다. 이런 니케아를 십자군은 1097년 5월 14일부터 포위 공격하였다. 니케아의 위급한 소식에 아르슬란은 급히 니케아로 왔지만 때는 늦어 십자군의 승리가 눈에 보였다. 이 상황을 뒤에서 지켜보던 비잔틴의 황제 알렉시우스 1세는 공격에 열중하는 십자군 몰래 셀주크와 비밀 협상을 했다. 황제는 항복을 받아내 6월 19일에 황제 알렉시우스에게 성문을 열도록 만들었다. 십자군을 이용해 무혈 입성한 알렉시우스는 자기 이익만 챙겼다. 전리품은 고사하고 보급품도 챙기지 못한 십자군은 알렉시우스 황제에 대한 배신감으로 분노한 채 니케아를 떠났다.

이때 이슬람 세계는 십자군을 '프랑크'로 불렀는데, 이는 십자군이 '프랑코' 왕국 사람이었기 때문이었다. 그런데 이후의 십자군이 독일, 영국 등 어디에서 왔든지 무슨

림은 모두 프랑크로 부르며 기록하였다. 또 이때까지 이슬람 세계는 비잔틴을 로마로 불렀다. 그리고 십자군과 유럽은 이슬람 세계를 아랍으로 불렀다.

어쨌든 니케아를 함락한 프랑크 십자군은 안티오크(성경에는 안디옥)로 향했다. 안티오크는 천 년 전에는 100만 인구의 대도시였으나 지진과 페르시아의 침략이 겹치며 폐허로 변했다가 1097년에는 인구 4만의 도시가 되었다.

12월에 프랑크가 안티오크를 포위하자 안티오크를 구하려고 다마스쿠스의 지원군이 안티오크로 향했다. 그러나 다마스쿠스 성주는 이해득실을 따지다가 도중에 되돌아갔다. 또 마지못해 안티오크로 온 알레포의 기병 7천 명이 십자군에 참패당했다. 그리고 안티오크를 도우려고 모술군이 오는 도중에 에데사가 십자군의 보두앵에게 점령당했다. 그래서 모술군은 3주간 에데사를 포위했으나 에데사를 빼앗지 못한 채 다시 안티오크로 발길을 돌렸다. 이렇게 시일이 허비된 가운데 안티오크가 십자군에 점령당하여 모술군이 안티오크를 포위하였다. 그러나 1098년 6월에 모술군은 2만 명이 죽은 후 퇴각하였다.

십자군의 공격에도 불구하고 내분에 휩싸인 이슬람 제국은 안티오크 성주의 지원에 대한 이해득실을 따지다가 패배를 자초했다. 안티오크 점령 후 인근의 마라까지 점령한 프랑크 족은 인육을 삶아 먹는 만행을 저질렀다고 이슬람 역사가는 기록하였다. 영토 욕심으로 십자군에 참여한 보에몬드가 안티오크의 성주가 되었다. 이로써 에데사에서 백작이 된 보두앵과 안티오크에서 공작이 된 보에몬드가 각자의 영지를 지키기 위해 예루살렘 탈환 원정에는 동참할 수 없었다.

예루살렘을 향한 십자군의 규모는 당초 출발 때보다 절반 이하로 줄었다. 그럼에도 식량과 각종 필요 물품은 여의찮았다. 그러나 예루살렘이 가까워질수록 신앙심이 크게 작용해 십자군의 사기는 높았다. 그래서 극심한 상호 불신과 세력 다툼으로 몸살을 앓고 있는 이슬람 제국은 십자군을 저지할 수 없었다.

예수가 못 박혔다는 '성 십자가'를 내세운 십자군은 마침내 1099년 7월 15일에 이슬람이 460년간 지배했던 예루살렘을 되찾았다. 그런데 성을 점령한 십자군은 460년간 성지 순례자를 괴롭힌 무슬림을 상대로 피의 보복 잔치를 벌였다. 그 결과 예루살렘의 여기저기에 시체들이 널브러지게 되었다. 십자군의 보복에도 살아남은 무슬림은 시체들을 한곳에 모으는 강제 노역에 동원된 후 노예로 팔려 갔다. 이 참극으로 공포에 떤 유대인이 모인 회당에 십자군은 불을 질러 몰살시키기도 했다. 그리고 지난 3년간의 원정에 따른 고생에 대한 보상으로 성내를 마구 약탈하였다. 아무리 화가 나고 굶주렸기로서니 사랑의 성 십자가를 내세운 것이 너무 부끄럽지 않은가?

어쨌든 십자군의 영주들이 모여 예루살렘 왕국을 세우기로 의논하였다. 그 결과 로렌 공작 고드프루아가 예루살렘 왕국의 왕으로 선출되었다. 그는 30대 후반의 나이였는데 겸손하여 왕으로 불리길 꺼렸다. 대신 그는 로마의 콘스탄티누스 황제가 건립한 성묘 교회의 수호자로 불리길 자원했다. 그런데 1년 후 1100년 7월에 '성묘의 수호자' 고드프루아가 사망하여 동생 보두앵이 왕위를 물려받게 되었다.

에데사의 백작 보두앵이 예루살렘의 왕으로 즉위하려고 남하할 때 이슬람의 내분과 상호 견제가 또 드러났다. 티레, 시돈, 아라드스 세 도시 연방의 중심인 트리폴리의 성주가 남하하는 보두앵에게 중요한 정보를 알려준 것이었다. 다마스쿠스의 성주가 매복해 보두앵을 노리고 있는 것을 알려준 것이다. 덕분에 보두앵은 이를 피해 예루살렘에 무사히 도착해 2대 왕이 되었다. 예루살렘 왕 보두앵은 탄크레디를 안티오크의 성주로 임명하였다. 이때 보두앵은 무슬림에게 포로로 잡혀간 보에몽드가 3년 내에 돌아오지 않으면 탄크레디를 안티오크의 공작으로 책봉할 것을 약속했다.

그리고 십자군은 1110년까지 시리아의 트르토사(안타르수스, 성경엔 바울의 고향인 다소), 아크레, 트리폴리, 시돈과 지중해 동부 해안의 여러 도시를 점령하였다. 1차 십자군의 주역인 보두앵 왕은 1118년 예루살렘에서 사망하였다. 그러나 십자군은 1124년에 난공불락의 해안 요새인 티루스(티레, 성경엔 두로)를 점령하였다.

1096년에 프랑스를 떠나 30년 이상 객지에 머물며 전투해온 프랑크족은 생활을 전리품에 의존할 수만 없었는지 자주 약탈을 일삼았다. 이들은 현지의 기독교 여인들이 부족해 이슬람 여인과 결혼해 살기도 했다. 이들이 세운 예루살렘 왕국은 이집트의 파티마 왕조와 겨룰 정도로 강해졌다. 그러나 아랍 세력에 둘러싸인 십자군은 점령지의 수호에 바빠 시리아의 다마스쿠스와 알레포는 점령할 생각도 없었다. 다만 알레포로부터 세금을 받는 것으로 만족했다.

비잔틴 제국의 황제가 아나톨리아반도의 평정을 요청했지만, 비잔틴 황제에게 실망한 십자군은 북쪽으로 진군할 생각이 없었다. 장기간의 전쟁과 체류로 지쳤기 때문이다. 또 예루살렘과 인근의 수복을 이룬 가운데 현지에서 가정을 이룬 자도 많아 의욕도 꺾인 듯했다.

그런데 의욕이 있어 북으로 진군했어도 장기의 벽을 넘을 수 있었을까? 프랑크족이 오래 머무는 사이에 메소포타미아의 모술에서 아미르들의 왕, 이슬람의 기둥이라 불리는 장기가 성장하였다.

장기는 1128년에 알레포 주민의 열렬한 환영 속에 알레포로 가서 아타리브(프랑크족의 새로운 진지)성을 공격하였다. 이곳에서 장기는 1129년에 아타리브를 지원하려고 출전한 예루살렘 왕국의 볼드윈 3세와 싸워 크게 이겼다. 십자군에게 패하기만 하던 이슬람 세계에 장기는 영웅이 되었다. 1130년에 장기는 모술로 돌아갔지만 이후에도 십자군과 작은 싸움을 여러 차례 하며 이겨 십자군에겐 기피 대상이 되었다. 이런 장기가 십자군 백작 조슬랭 2세가 성주인 에데사를 1144년에 한 달 동안 포위해 공격한 끝에 12월에 함락시켰다. 이때 46년간 에데사를 점령했던 것에 대한 보복으로 수많은 기독교인을 무참히 죽였다. 십자군이 예루살렘 점령 때 저지른 만행을 갚는 듯이 장기도 잔인했다. 피비린내 속에 용케 살아남은 소녀들은 노예로 팔렸다.

십자군에게 연승하던 장기가 1446년에 자신의 막사에서 62세에 자기 노예들에게 찔려 허망하게 죽는 사건이 발생했다. 장기가 잠든 막사에서 노예 세 명이 먹고 떠드는 소리에 장기가 잠을 깨 고함을 지르곤 다시 잠들었다. 노예들은 장기가 완전히 깨면 닥칠 일이 겁났다. 왜냐하면 장기는 부하에게 매우 엄격해 두려운 존재였기 때문이다. 얼마나 무서운지를 나타내는 이런 일화가 있다. 보초병이 졸다가 순찰하던 장기에게 들켰다. 그런데 겁먹은 보초병이 그 자리에 쓰러져 바로 죽어버렸다. 이 소문을 들었던 노예들이니 얼마나 겁났겠는가? 그래서 어이없이 이들이 작당해 칼로 주인을 찌르고 도망쳤다지 않는가! 한 영웅의 삶이 어떻게 이렇게 어이없이 끝나는가!

장기가 죽은 후 큰아들은 메소포타미아의 모술에서 왕이 되었다. 작은아들 누르 앗딘은 알레포에서 왕이 되었다. 누르는 후에 다마스쿠스를 장악해 시리아 전체를 통치하였다. 누르는 신앙이 독실하고, 생활도 검소해 아내가 생활비가 부족하다고 불평할 정도였다. 누르는 백성을 생각하는 군주로 정통 칼리파의 오마르처럼 존경받았다.

누르는 아버지 장기를 도와준 아이유브를 다마스쿠스의 총독으로 세웠다. 아이유브의 아들 살라딘은 다마스쿠스 왕궁에서 소년기를 보내며 25세의 청년까지 평범하게 자랐다.

누르가 1174년, 56세에 후두염으로 죽자 그가 다스린 지역은 모두 살라딘이 다스리게 되었다. 살라딘은 십자군과 다툰 중세 이슬람 세계의 최고 영웅으로 평가받고 있다.

2차 십자군과 왕비 엘레오노르

멜리장드가 1131년에 예루살렘의 여왕이 되어 통치하던 중 1144년에 에데사가 장기에게 함락되었다. 여왕은 장기의 보복 학살에 치를 떨며 교황에게 새 십자군을 요청하였다. 이후 1148년 성자 베르나르가 에데사의 치욕을 깨끗이 씻으라고 설교해 2차 십자군이 편성되었다. 신성 로마 제국의 콘라트 황제와 프랑스의 루이 7세가 원정에 나섰다. 에데사를 치기 전에 다마스쿠스를 먼저 공격했는데, 십자군의 행진 순서는 예루살렘의 볼드윈 국왕이 선봉이었다. 다음에 프랑스군, 그다음에 황제의 독일군이었다. 그런데 2차 십자군은 에데사 수복은커녕 첫 싸움인 다마스쿠스 전투에서 쓴잔을 마시고 1149년에 귀환하며 십자군 사상 가장 실패한 십자군으로 기록되었다.

프랑스로 돌아온 루이 7세는 십자군 원정에 동행한 아내 엘레오노르와 다투다가 3년 후, 1152년에 이혼하였다. 2차 십자군에 남편을 따라갔던 엘레오노르는 3차 십자군 때는 아들 리처드 영국 왕을 보냈다. 십자군과 인연이 많은 엘레오노르는 도대체 누구인가?

그녀는 중세 유럽에서 가장 부유하고 굴곡이 심했던 왕비이며 여 공작이었다. 엘레오노르는 1122년에 태어나 1204년에 죽었다. 부친은 자신의 광대한 영지 프랑스 남서부 지역의 아키텐 공국 상속인으로 15세의 엘레오노르를 정했다. 또 부친은 국왕 루이 6세를 그녀의 후견인으로 정했다. 부친이 죽기 전에 그녀의 신랑으로 정한 루이 7세와의 결혼은 부친 사망 3개월 후에 이루어졌다. 15세에 결혼한 엘레오노르와 루이가 파리로 가던 중 루이 6세가 죽어 루이 7세는 왕이 되었고 여공작인 엘레오노르는 왕비가 되었다.

왕비가 된 11년 후, 26세의 그녀는 루이 7세가 참전한 2차 십자군 원정에 따라갔다. 그녀가 따라간 십자군 원정의 참패는 두 부부 사이의 불화를 부채질하였다. 엘레오노르는 이혼을 원했지만 교황이 허락하지 않았다. 그러나 둘째 딸이 태어나자 루이 7세는 1152년에 이혼에 합의해주었다. 이번엔 교황이 이혼을 승인했다. 그런데 가장 큰 승인 사유가 이 부부는 10촌 간인데 근친결혼을 했다는 것이었다니 우습지 않은가?

아무튼 노르망디의 공작으로 되돌아간 엘레오노르는 이혼 승인이 나자마자 10세 연하의 친척인 헨리와 약혼했다. 헨리는 앙주가의 백작이었다. 8주 후인 1152년 5월, 엘레오노르는 30세에 헨리와 결혼했으니 너무 놀랍지 않은가? 프랑스의 백작이던 헨리가 2년 후, 1154년에 영국의 국왕, 헨리 2세가 되어 엘레오노르는 프랑스와 영국의 왕비가 된 유일한 여성이 되었다.

둘 사이에 5남 2녀를 낳았는데 맏아들은 어려서 죽었다. 헨리 2세는 1170년에 15세인 둘째 아들 헨리를 공동 왕으로 세워 대관식을 치렀다. 아들 헨리는 아버지보다 먼저 죽었기에 헨리 3세로 부르지 않고 당시의 애칭인 청년 왕 헨리로 부른다.

그런데 몇 년 후 7세인 막내 존을 제외하고 18세 청년 왕 헨리, 16세 리처드, 15세 제프리가 연합해 1173년에 아버지 헨리 2세에 대항하여 반란을 일으켰다. 이때 엘레오노르는 헨리 2세의 여성 편력 때문에 아들들의 반란을 후원했다. 그러나 헨리 2세는 반란을 진압했고 엘레오노르를 유폐시켰다. 그리고 헨리와 제프리는 할아버지, 앙주의 영지인 프랑스에서 백작으로 살다가 죽었다. 그런데 어머니 엘레오노르를 구하려고 리처드가 다시 아버지 헨리 2세에게 또 반란을 일으켰다. 1189년에 헨리 2세가 죽자 리처드가 왕이 되었고 엘레오노르는 해방되고 태후가 되었다. 엘레오노르가 복권되자마자 국왕인 리처드 1세가 3차 십자군을 이끌고 1190년에 장기간의 원정에 나섰다. 그가 영국에 없는 동안 엘레오노르가 영국을 다스렸다. 3차 십자군을 이끈 리처드는 '사자심왕'으로 불렸다. 영어로 King of Lion-heart, 즉 '사자의 심장을 가진 왕'이란 별칭이 붙을 정도로 리처드는 용맹했다. 하지만 리처드는 십자군 원정을 마치고 돌아오는 길에 독일의 신성 로마 제국의 황제에게 잡히는 불상사를 겪었다. 엘레오노르는 거액의 몸값을 지불하고 아들을 구했다.

이렇게 귀환한 리처드는 재위 기간 10년 중 1년도 국내 왕궁에 머물지 않고 대부분 원정에 나섰다. 아들을 대신해 근 10년간 영국을 다스린 엘레오노르는 막내아들 존이 왕이 된 후 82세에 굴곡 많은 생을 마감했다.

젊었을 때는 남편을 따라 프랑스 십자군에 직접 동행하고 늙어서는 아들을 보내며 영국 십자군을 지원한 엘레오노르의 삶이 얼마나 흥미로운가!

살라딘의 예루살렘 탈환

살라딘은 쿠르드 출신의 가문에서 태어났다. 쿠르드는 소아시아와 페르시아 사이의 산악지에서 목축했는데 한 번도 왕국을 건립한 적이 없었다. 살라딘으로 인해 쿠르드 유목민이 이집트에서 왕국을 세운 과정을 간단히 살핀다.

알레포의 왕이었던 누르가 1154년에 다마스쿠스를 정복하고 살라딘의 아버지인 아이유브를 다마스쿠스의 총독으로 세웠다. 또 누르는 살라딘의 삼촌이며 애꾸눈인 쉬르쿠를 부왕으로 삼았다. 이는 누르의 아버지 장기를 아이유브가 도와준 과거에 대한 보답이었다. 그래서 살라딘은 다마스쿠스에서 성장하였다. 이후 예루살렘 왕 아말릭(아모리)이 이집트 파티마 왕조의 와지르(총리), 알 아프달이 죽은 틈을 노려 이집트를 공격하였다. 이에 파티마의 새 와지르가 된 샤와르가 시리아의 누르에게 원병을 요청하였다. 샤와르는 도와주는 대가로 전쟁 경비와 이집트 조세의 1/3을 공물로 바치겠다고 누르에게 제의하였다. 이 조건에 만족한 누르가 살라딘의 삼촌 쉬르쿠를 사령관으로 임명해 군대를 파병하였다. 쉬르쿠는 1164년 4월부터 5년간 다섯 차례 예루살렘 왕과 전투를 치르며 파티마 왕조를 도왔다. 그런데 쉬르쿠의 적이 갑자기 파티마 왕조의 와지르로 바뀌었다. 이는 파티마 왕조가 칼리파는 종교적 수장이고 정치적 수장은 와지르가 맡는 이원화된 체제와 관련이 있다. 쉬르쿠가 이런 파티마 왕조의 와지르가 되길 원한 것 아닐까? 칼리파가 와지르의 제거를 부탁했을 가능성도 있다. 하여튼 1169년에 파티마의 총리, 샤와르가 쉬르쿠에게 잡혀 죽었다. 칼리파를 농락한 와지르가 죽은 기회를 틈타 파티마 왕조의 아디드 칼리파는 쉬르쿠를 와지르로 임명했으나 두 달만에 쉬르쿠가 죽었다. 그러자 파티마 왕조의 칼리파는 12월에 30세의 살라딘을 와지르로 임명하였다. 그런데 1171년 9월에 이집트 파티마 왕조의 칼리파 아디드가 20세로 병사하였다. 이로써 파티마 왕조는 역사 속으로 사라지고 살라딘의 아이유브 왕조가 탄생했다. 그러나 살라딘은 아디드가 죽기 전에 살라딘을 제거하려고 동원한 수단군 5만과 싸워야만 했다. 살라딘이 자기 자리까지 노리는 것으로 생각한 아디드가 수단군을 부른 것이었다. 살라딘은 칼리파가 죽었음에도 불구하고 이를 완전히 진압하는 데 6년이나 걸렸다.

살라딘은 파티마의 칼리파를 해체하라는 누르의 명령을 거역하고 자신의 왕조를 세웠음에도 감히 누르에 맞설 수 없었다. 그래서 겉으로는 누르에게 복종하는 척했다. 이런 낌새를 눈치챈 누르는 살라딘을 진압하려고 출정 준비를 했다. 이때 살라딘의 아버지 아이유브는 누르와 정면으로 싸우지 말고 때를 기다릴 것을 살라딘에게 말했다. 모두가 존경하는 누르에게 맞서는 것은 옳지 않고 이득이 없다는 것이었다. 그런데 누르가 출정하기 전 1174년에 병사하고 그의 아들도 18세에 병사하였다. 온 백성의 존경을 받던 누르가 죽음으로 신은 살라딘을 돕는 듯했다.

1171년에 아이유브 왕조를 카이로에서 연 살라딘은 누르가 죽은 후 오히려 시리아 정복에 나섰다. 1183년에 마침내 알레포를 점령함으로 다마스쿠스를 비롯해 시리아 전역을 장악한 살라딘은 이제 십자군을 향했다.

철옹성 같은 해안 도시 티레(티루스, 성경의 두로)의 탈환은 뒤로 미루고 다른 도시의 회복에 진력하였다. 그중 1187년 7월 4일에 갈릴리 호수 인근의 '히틴'에서 벌어진 전투는 십자군에게 회복 불능의 엄청난 타격을 입혔다. 히틴 전투에서 살라딘은 프랑크족 십자군을 3만 명이나 죽이고 예루살렘 왕을 생포해 다마스쿠스로 압송하였다. 이 전투에서 십자군은 십자군의 상징으로 예수가 못 박혔다는 '성 십자가'를 살라딘에게 빼앗기는 수모도 겪었다.

살라딘은 이후 별다른 저항 없이 십자군이 차지했던 팔레스타인 지역을 점령하였다. 세바스테(성경의 사마리아), 제리코(성경의 여리고), 해안가의 사라펜다, 시돈을 쉽게 점령하였다. 그러나 살라딘은 베이루트에서는 십자군과 8일간이나 대치한 끝에 점령하였다. 그리고 8월 첫 주에 주베일의 항복을 받았다. 이때 살라딘은 피비린내가 진동했던 히틴 전투와 달리 항복하는 십자군과 기독교인의 요구를 많이 들어주며 관용을 베풀었다. 이때 콘래드가 아크레 앞바다에 나타났다. 그는 콘스탄티노플의 권력 다툼을 피해 성지 순례에 나선 젊은 명장이었다. 콘래드는 티레와 예루살렘을 제외한 모든 지역이 살라딘에게 넘어간 것을 모르고 아크레 앞바다에 나타났다. 예루살렘의 관문인 아크레항으로 콘래드가 배에서 신호를 보냈지만 아무런 응답이 없었다. 이상한 낌새를 감지한 콘래드가 부두에 정박하지 않고 상황을 살폈다. 아크레항의 아랍군은 콘래드의 정체를 알고 추격했으나 콘래드는 티레항으로 갔다. 티레에서 콘래드는 주민들의 환영을 받았다. 콘래드는 스스로 티레의 총사령관이 되었다. 그런데 이때 티레의 지도자들은 살라딘을 만나 항복 협상을 하고 있었다. 그러나 갑작스러운 콘래드의 등장으로 협상은 깨졌고 콘래드는 수비대를 강화하였다. 살라딘은 티레 공격을 또 미루어 티레는 계속 십자군의 수중에 남았다.

살라딘은 9월 4일 아스칼론을 점령한 후 예루살렘을 포위했다. 당시 예루살렘은 히틴 전투에서 왕까지 사로잡혀 오합지졸 그 자체였다. 그런데 히틴 전투에서 살아남은 십자군 중에 '발리앙'이란 기사가 있었다. 그는 살라딘에게 통행증을 받아 자기 처자식을 데리고 나오려고 예루살렘으로 들어갔다. 그러나 그는 주교와 주민들에 의해 예루살렘의 지도자가 되었다. 갑자기 지도자가 된 발리앙은 처자식을 데리고 나가겠다는 생각을 바꾸었다. 발리앙은 다 죽을 때까지 항전하겠다는 성전 기사단의 뜻을 살라딘에게 전했다.

그럼에도 살라딘은 40일간의 석방 몸값 지급 기간을 정하고 관용을 베풀었다. 불가항력을 느낀 발리앙이 결국 공금으로 7천 명의 몸값을 지불해 7천 명이 성문을 빠져나갔다. 대주교도 자기 몸값을 지불한 후 모든 재산을 가지고 성문을 나갔다. 많은 사람이 몸값을 내고 나갔지만 성 안에는 여전히 많은 사람이 있었다. 이때 살라딘은 의외의 관용을 베풀었다. 그는 고민 끝에 몸값을 내지 못한 노인들을 모두 석방하였다. 이후 석방된 전쟁미망인들이 떼를 지어 살라딘을 찾아와 눈물로 자기들 사정을 호소하였다. 여인들의 눈물에 감동된 살라딘은 함께 울며 이들의 소망을 들어주었다. 88년 전인 1099년에 십자군이 예루살렘을 점령할 때 많은 무슬림과 유대인의 무고한 피를 흘린 것과 너무 대조되었다. 기독교인도 감탄한 살라딘의 관용에 대한 소문은 유럽에도 퍼졌다.

그러나 살라딘의 예루살렘 점령은 유럽에서 3차 십자군을 만들게 하였다.

3차 십자군, 살라딘 대 리처드

영국의 리처드는 왕이 되자마자 자금을 모아 십자군을 조직해 1190년에 영국을 떠났다. 그런데 그는 바로 중동으로 가지 않고 여동생 조앵이 왕비로 있었던 이탈리아의 섬나라 시칠리아 왕국으로 갔다. 그곳에서 프랑스군을 이끌고 온 필리프 2세를 만났다. 양 군이 1년 이상 그곳에 머무르며 두 왕의 사이는 나빠졌다. 필리프 2세는 루이 7세의 외아들로 프랑스의 영토를 넓히고 중앙 집권 체제를 확립했다. 그는 왕권을 강화해 '존엄왕'으로 불렸다. 자존심이 세고 지기를 싫어하는 두 왕, 리처드와 필리프 2세의 사이가 좋아질 수 없었다.

그사이 1189년부터 지중해 동부 해안의 아크레 항에서 십자군의 공격이 시작되었다. 두 왕은 이 사실을 알았지만 전쟁터로 가지 않았다. 이 전투가 지루하게 이어져 1191년의 새해가 밝아 왔는데도 두 왕은 시칠리아를 떠나지 않았다. 1190년 말의 겨울 동안 휴식을 취한 십자군과 아랍군은 1191년 봄이 되자 다시 치열한 공방전을 펼쳤다. 그러나 십자군의 희생만 늘었고 살라딘이 차지한 아크레는 끄떡도 없었다. 늦봄에 3차 십자군 중에 가장 먼저 독일군이 아크레에 도착했다. 그러나 독일군은 오는 도중에 신성 로마 제국의 황제 프리드리히 1세가 호수에서 수영하다가 심장마비로 죽었다. 그 여파로 10만 대군이 흩어져 아크레에 도착한 군사는 고작 천 명 정도에 불과했다. 이때 시칠리아에 머물던 필리프 2세가 이끄는 프랑스군이 5월에 아크레에 도착하여 십자군의 사기는 정말 높아졌다. 필리프 2세의 지휘하에 새로운 투석기와 병기를 내세워 성을 공격하였다. 이에 맞서 아랍군도 결사적으로 싸웠다. 그리고 살라딘은 지원군을 보내 아랍군을 독려하였다. 그러다 필리프 2세가 열병에 걸렸다. 이때 마침내 리처드 왕이 영국군을 이끌고 아크레에 도착했다. 오는 도중에 아랍군의 저지가 있었지만 이를 따돌리고 아크레 앞바다에 왔다. 그러나 리처드도 열병에 걸려 누웠다. 두 왕이 누운 사이에도 전투는 계속되었고 살라딘은 이슬람 전역에서 엄청난 지원군을 차출하며 아크레 수비대를 독려하였다.

열병에서 먼저 회복한 필리프 2세가 이끄는 프랑스군이 땅굴을 파서 성벽의 기초에 불을 질렀다. 이로 인하여 성벽이 무너지진 않았으나 그 기반이 약해졌다. 열병에서 어느 정도 회복한 리처드의 영국군도 다른 땅굴을 파서 성벽의 기초에 불을 지르니 일부 성벽이 무너졌다. 막바지 치열한 전투가 벌어지며 성의 함락은 시간문제로 보였다. 살라딘은 엄청난 지원군을 아크레로 보냈다. 하지만 이들이 도착하기 직전 7월 12일에 아크레는 십자군에게 넘어갔다.

그리고 아랍군은 십자군과 패전 합의까지 마친 상태였다. '성 십자가'를 십자군에게 돌려주고 패전 비용을 지불하고 포로는 함께 석방한다는 합의가 살라딘의 동의도 없이 이루어졌었다. 그래서 이 합의는 지켜지지 않았다. 살라딘은 왕이 된 후 처음 패전을 겪었는데 성 십자가를 내줄 생각이 없었다. 살라딘은 기독교가 성물로 여기는 성 십자가를 기독교와의 담판에서 최대한 유리하게 활용하려고 했다. 그러나 4년 전에 빼앗은 십자가는 협상 당시에는 이미 없어진 지 오래되었다는 설도 있다. 왜냐하면 성 십자가가 이슬람 세계에선 땔감밖에 안 되는 나무 조각에 불과하기 때문에 제대로 보관하지 않았다는 것이다. 즉 존재 여부도 모르는 십자가를 주겠다고 살라딘의 부하가 약속했다는 것이다. 그리고 포로 석방이 이루어지지 않은 것은 상대방이 먼저 하기를 바라는 불신 때문이었다.

어쨌든 합의가 지켜지지 않는 가운데 필리프 2세는 리처드와의 불화로 프랑스로 돌아갔다. 남은 프랑스군의 지휘는 백작이 맡았다. 이로써 리처드가 십자군의 총사령관이 되었다. 그는 합의가 3주간 지켜지지 않은 것에 분노하며 2,700명의 포로를 참수하였다.

9월이 되어 리처드는 아크레의 여인들에게 빠져 성적으로 문란한 군사들을 정비하였다. 30만 중에 10만의 군사를 징발하여 아크레를 떠나 케사레아(성경엔 가이사랴, 로마의 사단이 건설한 병영 도시)를 향해 갔다. 예루살렘으로 가기 위해 지중해변을 따라 남쪽으로 이동하였다. 행군하는 십자군을 살라딘의 군사가 수시로 습격했기에 하루에 5km도 가기 힘들었다. 이때마다 리처드는 앞장서서 칼을 휘둘러 적을 물리쳤다. 살라딘은 30만의 대군을 이끌고 야파(성경엔 욥바)와 케사레아 중간 지점에 진을 치고 십자군을 기다렸다. 마침내 9월 7일에 살라딘의 아랍군이 야파로 더디게 행진하는 십자군을 일시에 습격했다. 앞에선 흑인 부대가 또 옆에서 뒤에서 요란한 악기 소리와 함께 거대한 먼지를 일으키며 더위에 지친 십자군을 공격했다. 리처드는 이탈하지 말고 참고 방어하며 때를 기다리라고 명령했다. 그러나 공격 명령을 더 이상 기다리지 못한 기사단의 공격 개시로 상황이 바뀌었다. 그리고 사자심왕 리처드가 전면에 나서 휘두르는 칼에 아랍군은 추풍낙엽처럼 쓰러졌다. 이날 아랍군은 7천 명이나 죽었고 십자군은 결국 야파에 도착했다. 살라딘은 전투에서 리처드처럼 앞장서서 싸우는 스타일이 아니었기에 리처드와 맞붙을 기회는 없었다. 그러나 살라딘은 리처드의 용맹과 지휘에 감탄했고 리처드는 관용의 명장인 살라딘을 보고 싶어 했다.

리처드는 11월까지 두 달간 진지를 구축하며 야파에 머물렀다. 그동안 살라딘은 예루살렘으로 가는 길목인 아스칼론을 한 달간 파괴하였다. 그 이유는 리처드에게 아스칼론을 빼앗기지 않기 위해서였다. 살라딘은 아스칼론뿐 아니라 인근의 작은 성읍들을 다 파괴했으니 리처드의 기세가 얼마나 대단한가!

예루살렘 진격을 시도하지 않던 리처드는 살라딘에게 평화 회담을 제의했다. 이때 살라딘은 아스칼론에 머물며 파괴 작업을 지휘하고 있었기에 회담에는 그의 동생, 알아딜이 나섰다.

협상이 시작된 지 얼마 후 10월 3일에 티레의 콘래드가 살라딘에게 편지를 보냈다. 편지에서 콘래드는 시돈과 베이루트를 자기에게 주면 십자군과 결별하겠다고 했다.

또 그는 술탄 살라딘의 동맹자가 되어 아크레를 탈환해주겠다고도 했다. 이에 살라딘의 동생 알 아딜은 리처드와 콘래드를 이간시키며 협상을 유리하게 이끌려고 했다. 하지만 콘래드의 배신을 눈치챈 리처드는 시칠리아의 왕비로 있다가 과부가 된 동생 조앵을 알 아딜의 아내로 주겠다고 제의했다. 그 대가로 '성 십자가'를 돌려주고 요르단까지의 영토를 십자군에게 줄 것을 제안했다. 살라딘은 최후의 날에 무슬림이 모여야 하는 예루살렘을 양보할 수 없고 '성 십자가'도 지금은 줄 수 없고 요르단까지의 영토는 원래 무슬림의 땅이기에 못 준다고 하였다. 그리고 이 협상 내용을 들은 조앵도 이교도와의 결혼을 거부하며 자신을 이용하는 오빠 리처드의 협상에 제동을 걸었다. 협상이 지루하게 계속되는 가운데 겨울에 콘래드가 암살당하고 리처드는 예루살렘으로 진격했다. 성을 눈앞에 두었으나 성 안팎의 협공을 염려한 십자군은 갑자기 퇴각하였다. 리처드는 1192년 봄에 아스칼론을 재건하여 그곳에 머물렀다. 그러나 많은 군사가 십자군에서 이탈하였고 영국의 사정도 좋지 않았다.

그러던 1192년 6월에 이집트에서 예루살렘의 살라딘에게 보내는 양식과 군수 물자를 리처드가 탈취하였다. 이에 살라딘은 예루살렘 성 밖의 모든 우물을 돌과 흙으로 메워버렸다. 군수 물자를 탈취한 십자군은 다시 예루살렘으로 진격했으나 마실 물이 없어 의견이 나누어졌다. 급히 구성된 배심원단의 결정은 예루살렘보다 이집트의 카이로를 먼저 공격해 배후의 불안 세력을 없애자는 것이었다. 살라딘의 기도대로 또 갑자기 퇴각한 십자군은 카이로로 가지 않았다.

오히려 7월에 리처드는 베이루트에서 영국으로 돌아가려고 영국행 배를 타려고 했다. 그런데 이 순간 리처드가 살라딘의 야파 공격으로 야파가 함락 위기에 빠진 급보를 들었다. 그래서 리처드는 귀국을 미루고 군함을 이끌고 야파로 가서 몰살 직전의 수비대를 구했다. 야파의 주인이 이틀 사이에 두 번이나 바뀐 것이었다.

리처드의 귀환으로 참패한 살라딘은 8월에 또 야파를 밤중에 습격했다. 옷도 제대로 못 입은 십자군의 저항은 대단했다. 리처드는 자신의 무기인 덴마크 도끼로 아랍 군사를 마구 찍었는데 갑자기 리처드가 땅에 떨어졌다. 리처드의 말이 쓰러져 죽은 것이었다. 멀리서 이를 지켜보며 적장 리처드의 용맹에 탄복한 살라딘은 의외의 행동을 했다. 살라딘이 말 두 필을 리처드에게 보냈다. 리처드는 살라딘이 보낸 말을 타고 살라딘과의 전투에서 또 이겼다. 리처드의 용맹을 직접 본 살라딘이 땅에 떨어진 적장에게 말을 보낸 것은 무협지 소설에도 찾기 힘든 이야기 아닌가! 전쟁터에서 위기의 적장을 돕고 도리어 패했으니 이를 도대체 어떻게 봐야 하나? 살라딘의 감상적 관용에 대한 비싼 대가인가, 그래도 이긴다는 오만한 판단 착오의 배짱인가?

어쨌든 야파에서 두 번이나 패하고 예루살렘 방어를 구축하던 살라딘은 리처드의 중병 소식을 들었다. 살라딘이 이번엔 리처드가 먹고 싶어 하는 과일과 얼음을 보내고 동생 알 아딜은 문병까지 했다. 싸움을 거듭할수록 살라딘은 리처드에게 깊은 애정을 느낀 듯했다. 이에 리처드가 알 아딜에게 강화조약을 요청하여 마침내 1192년 9월 2일에 평화 조약이 체결되었다. 그 내용은 아크레에서 야파까지 십자군이 정복한 해안가 도시들은 리처드의 소유가 되고 아스칼론은 파괴시킨다는 것이었다.

또 무슬림과 기독교도들은 양측 영토를 자유롭게 왕래하고 순례자들도 예루살렘 성묘를 방문할 수 있게 하였다. 그리고 3년간 상호간에 전쟁하지 않는다는 것이었다. 마침내 아크레에서 영국으로 떠나는 리처드가 3년 후 예루살렘을 반드시 되찾겠다고 말했다. 이에 살라딘은 "예루살렘을 빼앗길 경우가 있다면 그대에게 빼앗기고 싶다."라고 대답했다. 적장을 높이 평가하고 아끼는 여유로움이 넘치는 이 말이 너무 멋지지 않는가!

그러나 살라딘은 몇 달 후, 1193년 3월 4일에 열병으로 다마스쿠스의 왕궁에서 55세로 사망하였다. 그는 카이로에 아이유브 왕조를 세우고도 평소 다마스쿠스에 머물며 이집트와 시리아를 통치하였다.

다마스쿠스의 주민들은 살라딘의 죽음을 진심으로 애도하였다. 한편 영국으로 돌아가던 리처드는 오스트리아의 공작에게 잡혀 독일의 신성 로마 제국 황제에게 압송되었다. 죄목은 예루살렘을 눈앞에 두고도 공격하지 않았다는 것이었다. 1년 넘게 잡혀 있던 리처드는 어머니 엘레오노르가 막대한 몸값을 지불한 후에야 석방되어 영국으로 돌아갔다. 그러나 그는 이내 프랑스 내의 부모님 땅을 지키려고 십자군 동지였던 필리프 2세와 싸웠다. 하지만 결국은 프랑스 영토가 되었다. 백성을 돌보지 않고 원정과 전투에 대부분 시간을 보낸 리처드는 영국 기사도의 모델이 되며 많은 문학 작품에 나타나게 되었다.

엽기적 4차 십자군, 소년 십자군

다마스쿠스에서 통치한 살라딘이 죽은 후 카이로 왕궁의 아이유브 왕조는 9년간 불안정했다. 그러다가 1202년에 살라딘의 동생, 알 아딜이 아이유브 왕조의 술탄이 되며 안정을 되찾았다. 리처드와의 협상을 이끈 그는 왕이 되자마자 이탈리아의 상업 도시 국가 베네치아와 우호 통상 조약을 맺었다. 베네치아에게 알렉산드리아와 다미에타를 개방하여 이집트의 이익을 도모하는 것이었다. 그런데 베네치아는 유럽에게는 십자군의 통로로 자국을 제공한다고 이미 약속한 바 있었다.

베네치아의 이런 이중적 처사를 모른 채 4차 십자군이 탄생하였다. "교황은 태양, 황제는 달"이란 말이 생길 정도로 강력했던 교황 인노첸시오 3세의 설교로 1202년에 4차 십자군이 결성되었다. 4차 십자군은 예루살렘과 시리아까지 다스리는 이집트를 먼저 공격한 후 예루살렘을 회복하려고 했다. 그런데 이집트를 통해 큰 무역 수익을 올리게 된 베네치아의 술수로 4차 십자군의 공격 목표가 바뀌게 되었다. 4차 십자군의 주력군은 베네치아였다. 그래서 4차 십자군은 베네치아의 이익을 위한 군대가 되었다. 과거 베네치아의 말을 따르다가 헝가리 왕국에 붙은 차라가 십자군의 공격 목표가 되었다. 4차 십자군은 1202년 10월에 이집트가 아닌 차라를 공격하였다. 그런데 해가 바뀌어 1203년에 콘스탄티노플의 황자인 알렉시우스 4세가 십자군을 찾았다. 그는 큰아버지인 알렉시우스 3세를 몰아내고 감옥에 갇힌 아버지 이사키오스 2세를 비잔틴의 황제로 복귀시켜 달라고 요청했다. 그렇게 해 주면 십자군에게 군사 1만 명과 그 경비를 대고 동방교회를 서방교회로 바꾸겠다는 제안을 했다. 이 제안을 이미 들었던 교황 인노첸시오 3세는 같은 기독교 사이의 전쟁은 불가하다고 거절한 바 있었다. 그래서 교황은 혹 이런 제의가 오더라도 거절하라고 십자군의 지휘부에 이미 명령했었다. 그러나 십자군의 대표는 과거 비잔틴 황제에 대한 개인적인 원한이 있어서 이를 수락하였다.

이로써 4차 십자군의 공격 대상은 계속 빗나갔다. 전혀 예상치 못한 십자군의 공격을 받은 콘스탄티노플은 버텼지만 결국 1204년에 함락되었다. 집안싸움에 분노한 교황은 십자군 전체를 파문하였다. 그런데 십자군에 의해 장님이 된 아버지와 함께 공동 황제가 된 알렉시우스 4세는 약속 이행을 하나도 못 했다. 아버지가 동방교회를 서방교회에 복속시키는 것을 반대했고, 큰아버지가 재정을 거덜 내 국고가 비었기 때문이었다. 재원 마련을 위해 어쩔 수 없이 부과한 높은 세금은 시민의 원성을 사며 내분이 생기게 했다. 결국 알렉시우스 4세는 쫓겨났고 새 황제로 자처한 알렉시우스 5세는 십자군을 적으로 생각했다.

성 바깥에 주둔했던 십자군은 약속 불이행에 대한 분노로 다시 콘스탄티노플을 공격해 점령하였다. 이후 십자군은 무서운 약탈자로 변하였다. 닥치는 대로 강탈하고 방화해 수많은 문화재가 소실되었다. 이 사건은 단일 사건으로는 최대의 약탈과 문화재 손실이 자행된 것으로 역사가들은 평한다. 그리고 4차 십자군은 신앙은 없고 경제적 이익을 좇아 속물 냄새를 물씬 풍긴 십자군으로 기록되었다.

4차 십자군의 엽기적 행동이 있은 지 8년 만에 소년 십자군으로 인한 또 다른 비극이 발생했다. 1212년에 프랑스의 소년 에티엥이 자기가 돌보는 양떼가 성지 순례를 다녀온 사람에게 무릎을 꿇는 기이한 장면을 보았다고 한다. 에티엥은 이것을 보고 성지 순례를 신의 뜻으로 생각하여 자기도 성지인 예루살렘으로 가겠다고 하였다. 부모가 위험하다고 아무리 말려도 소년은 뜻을 굽히지 않았다. 오히려 에티엥은 함께 갈 친구를 찾고 있었다. 그런데 에티엥에 관한 소문이 퍼지며 12, 13세의 소년들이 수천 명이나 동조하여 소년 십자군이 탄생하였다.

소년 십자군의 소문을 듣고 경비를 후원하는 사람들도 생겼다. 그러나 3차 십자군의 원정에 참여했던 국왕 필리프 2세는 소년들에게 귀가를 명했다. 그런데 10년 전의 십자군 약탈에 크게 실망했던 교황 인노첸시오 3세는 소년들의 용기에 어른들이 부끄럽다고 했을 뿐 적극적으로 말리지 않았다. 국왕과 부모의 반대에도 불구하고 마르세유에서 소년 십자군은 7척의 배를 타고 출발했다. 그런데 가는 도중에 풍랑을 만나 배 2

척은 난파되며 많은 소년이 지중해에 빠졌는데 선주와 선원들은 자기 살기에 바빴다. 나머지 배의 선주들도 악인이었다. 이들은 바닷길을 모르는 소년들을 이집트의 알렉산드리아로 인도하여 소년들을 노예로 팔았다. 어처구니없는 이 사정을 들은 알렉산드리아의 지도자가 700명의 소년을 풀어주어 고국으로 돌아가게 했다. 알렉산드리아의 지도자는 무슬림이었지만 살라딘처럼 자비를 베푼 것이었다. 그러나 집으로 돌아가지 못한 실종자가 훨씬 많이 발생한 비극이었다.

5차 십자군과 추기경의 과욕

5차 십자군 원정은 헝가리 왕 엔드레 2세, 오스트리아 제후 레오폴드가 이끌었다. 이 십자군이 1217년에 아크레에 도착했다. 그러나 이들은 예루살렘으로 진격하지 않았다. 이들은 예루살렘을 지배하고 있는 아이유브 왕조의 이집트로 진격했다. 5차 십자군은 1218년에 나일강 어귀의 다미에타를 공격하였다. 이때 72세의 술탄, 알 아딜은 아들 카밀에게 십자군 격퇴를 명하였다. 다미에타는 북쪽과 동쪽은 늪지대이고 남쪽과 서쪽은 나일강과 연결되어 나일강만 방어하면 되는 곳이었다. 그럼에도 3개월 후 다미에타의 한쪽이 십자군에 함락되었다. 3개월간 병석에 있던 알 아딜은 이 소식에 충격을 받아 죽었다. 알 아딜이 죽자 전시 상황에도 권좌를 둘러싸고 왕자들 사이의 내분이 생겼다.

이에 카밀은 다미에타 방어보다 내분을 진압하려고 십자군에게 파격적인 협상 제안을 했다. 십자군이 다미에타를 떠나면 예루살렘뿐 아니라 요단강 서쪽 팔레스타인 땅과 '성 십자가'까지 주겠다고 제의한 것이었다. 카밀은 많은 협상을 했던 아버지같이 승부수를 던진 것 아닌가? 이 정도 양보면 십자군의 목표는 충분히 이룬 것 아닌가! 그런데 5차 십자군의 지휘관인 스페인 출신의 추기경 페라기우스(펠라조)는 이를 거절하였다. 이 여세로 내분에 빠진 아이유브 왕조를 무너뜨리면 모든 게 해결된다고 판단했기 때문이었다.

그리고 카이로를 공격하려고 지원군을 기다렸다. 그러나 온다던 신성 로마 제국의 황제 프리드리히 2세의 지원군은 2년이 지나도 오지 않았다. 십자군은 지원군을 포기하고 1221년에야 카이로로 향했다. 왜 그렇게 오래 지원군을 기다렸을까? 그것도 추기경의 뜻이었는가? 그사이에 내분을 진압한 카밀은 십자군이 점령한 다미에타의 나일강 둑을 터뜨려 다미에타를 물바다로 만들었다. 과욕을 부린 추기경 페라기우스 때문에 5차 십자군은 시신이 물에 떠다니는 참극으로 종말을 맞이하였다.

6차 십자군과 프리드리히 2세

6차 십자군은 전쟁 없이 협상으로만 이루어졌다. 이것이 가능했던 것은 신성 로마 제국의 황제 프리드리히 2세가 이슬람에 친근감을 가진 점과 카밀이 아버지로부터 전쟁보다는 협상을 중시한 것을 배웠기 때문이다. 카밀의 아버지 알 아딜은 3차 십자군의 사자심왕 리처드와 전투 대신 협상을 주도한 사람이었지 않은가? 또 그는 베네치아와 협상해 4차 십자군을 피한 위인 아닌가?

그런데 프리드리히 2세는 왜 5차 십자군의 지원군 파병 약속을 어겼을까? 그는 교황에게 파문당하면서도 왜 이슬람과의 전쟁을 피하려고 했을까? 이 수수께끼는 프리드리히 2세의 성장기와 관련이 있다.

프리드리히는 4세의 어린 나이에 부모를 잃고 시칠리아의 왕이 되었다. 그런데 이탈리아의 섬나라인 시칠리아는 프리드리히가 태어나기 103년 전인 1091년까지 260년간 이슬람 왕국이었다. 북아프리카의 이슬람 왕조가 831년에 팔레르모를 수도로 한 시칠리아 아미르 토후국을 세웠다. 이 나라는 이집트 카이로에 파티마 왕조가 세워진 후에는 파티마 왕조의 지배를 받았다. 그러다가 기독교인 노르만 공국에 의해 1091년에 정복당했다. 그러나 노르만에 의해 세워진 시칠리아 왕국은 기독교 국가임에도 이슬람을 존중하는 정책을 펼쳤다.

그래서 기독교 왕국으로 바뀐 지 100년이 지났음에도 프리드리히의 어린 시절 시칠리아에는 무슬림이 여전히 제법 많았다. 그래서 프리드리히는 무슬림 친구들을 쉽게 사귀었다.

그런데 프리드리히 2세는 영특하고 학문을 좋아했다. 그는 어학도 뛰어나 이탈리아어뿐 아니라 프랑스어, 독일어, 라틴어, 아랍어도 능통했다. 과학, 특히 이슬람 과학을 배우고자 아랍어를 독학으로 마스터할 정도였으니, 그가 무슬림이 아니어도 무슬림에 관대할 수밖에 없었다.

26세가 된 1220년에 신성 로마 제국의 황제로 뽑힌 프리드리히 2세는 독일의 황궁에 거하면서도 시칠리아의 왕으로 계속 통치하였다. 그는 시칠리아의 왕궁에 연구소를 세워 철학자, 과학자, 문학가들이 모여 학문 발전을 이끌게 하였다. 그는 이탈리아 남부의 나폴리에 대학을 세우며 학문 발전에 힘썼다. 이런 그를 시대를 앞서가는 사람으로 후대가 평가했다. 그는 교황에게 여러 번 파문당할 수밖에 없는 진보적 사람이었다.

카밀은 이런 프리드리히 2세와 자주 연락하며 협상한 끝에 프리드리히 2세를 중동으로 초청하였다. 1228년 9월에 프리드리히 2세가 6차 십자군 3천 명을 이끌고 중동에 갔다. 카밀은 프리드리히 2세를 이용해 껄끄러운 다마스쿠스 문제를 해결하려고 했었다. 그런데 그사이에 다마스쿠스의 사정이 바뀌어 카밀은 프리드리히 2세의 도움이 필요 없게 되었다. 그렇다고 자신의 초청으로 먼 곳에 온 프리드리히 2세에게 아무 선물도 주지 않고 그냥 돌아가게 할 수는 없었다. 그래서 카밀은 프리드리히 2세가 요구한 예루살렘을 그에게 주는 협약을 1229년 2월에 체결하였다. 그러나 이 협정은 예루살렘을 프리드리히 2세에게 완전히 그리고 영구히 준다는 게 아니었다. 중동까지 찾아온 프리드리히 2세의 체면만 세워준 정도였다.

이 조약에서 이슬람 측은 예루살렘 내 이슬람 성지인 템플 마운트와 알 악사 사원이 있는 이슬람 지구에 대한 권한은 이집트가 그대로 유지한다고 하였다. 또 합의 유효 기간을 10년으로 정했다.

프리드리히 2세의 요청으로 잠시나마 십자군에 넘어온 예루살렘은 짧은 기간에 주인이 여러 번 바뀌는 수난을 겪었다. 합의 기간이 만료된 1239년 11월에 카밀의 조카가 예루살렘을 다시 점령했다. 이로부터 5년 후인 1244년엔 몽골의 훌라구에게 쫓긴 호라즘의 잔당이 예루살렘을 점령하기도 했다. 이에 카밀이 호라즘으로부터 예루살렘을 빼앗아 다시 예루살렘을 지배하게 되었다.

7차 십자군과 루이 9세

호라즘이 1244년에 예루살렘을 점령한 것과 시리아의 프랑크족이 몽골의 위협을 받았던 것이 7차 십자군의 원인이 되었다. 이번엔 교황 인노첸시오 4세의 요청에 프랑스의 루이 9세가 십자군을 이끌었다. 루이 9세는 필리프 2세의 손자였는데 신앙이 돈독했다.

그는 병에서 회복된 것에 감사하며, 1248년 6월에 2만 5천 명을 이끌고 이집트 다미에타로 갔다. 그는 1년 만인 1249년 6월에 다미에타를 점령했다. 이때 폐병으로 누운 술탄 살리흐는 아버지 카밀처럼 예루살렘과 다미에타를 바꾸자고 루이 9세에게 제의했다. 그런데 루이 9세는 이 제의를 거절하였다. 마치 5차 십자군 때와 흡사한 상황이 계속 벌어졌다. 루이 9세의 거절에 충격을 받은 살리흐는 1249년 11월에 사망하였다. 하지만 왕후인 샤자르는 이를 숨겼다. 그럼에도 술탄의 사망 사실을 눈치챈 루이 9세는 카이로의 왕궁을 3개월간 공격하여 점령하였다.

이때 이라크로 원정 갔던 살리흐의 아들 투란 샤가 자신의 맘루크 용병을 카이로로 급파했다. 이들 맘루크 군사들은 카이로의 왕궁을 탈환했다. 이 와중인 1250년 4월에 루이 9세는 맘루크의 바이바르스에게 생포되었다. 루이 9세는 졸지에 포로가 되어 감옥에 갇혔다.

루이 9세가 투옥된 짧은 기간에 이집트에 정변이 발생해 왕조가 바뀌게 되었다. 왜 쿠데타가 발생했을까? 카이로에 온 투란 샤가 술탄이 된 후 승리의 주역인 맘루크를 홀대했기 때문이다. 자신들의 공로를 전혀 인정받지 못한 맘루크 장수들은 투란 샤를 죽였다. 그리고 이들은 죽은 살리흐의 아내인 샤자르를 술탄으로 옹립하였다. 그러나 샤자르는 80일 만에 맘루크의 실권자 아이박과 결혼하며 술탄 지위를 넘겼다.

루이 9세는 정권을 잡은 맘루크 왕조에 40만 비잔틴 금화를 몸값으로 지불하고 겨우 풀려났다. 석방된 그는 시리아로 가서 4년간 머무르며 프랑크족이 지배하는 도시의 방어망 구축에 힘썼다. 그리고 몽골에 사절단을 보내기도 했다. 그는 1254년에 6년 만에야 본국으로 돌아갔다.

8차, 9차 십자군과 템플 기사단

50세의 루이 9세는 8차 십자군을 이끌고 1270년에 북아프리카의 튀니지로 갔다. 튀니지에 거점을 마련한 후에 이집트의 맘루크 왕국을 격파하고 예루살렘을 찾으려는 생각이었다. 이 계획에는 영국도 함께 하기로 하였다. 교황의 십자군 요청도 없이 두 나라가 합동 전술을 펼치기로 한 것이었다. 그런데 지원군을 이끈 루이 9세의 동생이 올 때는 루이 9세가 열병에 걸려 안타깝게 "예루살렘!"을 외친 후 이미 병사한 뒤였다. 이 8차 십자군은 맘루크 군과 싸움도 해보지 못한 채 프랑스로 되돌아갔다.

그러나 로마의 교황은 루이 9세를 성자로 추대하여 십자군에 참여한 사람 중 유일한 성자가 되었다. 그의 이름을 따 파리의 생루이 성, 미국의 세인트루이스, 브라질의 상루이스가 생겼다.

1년 후 영국 헨리 3세 국왕의 아들인 에드워드는 루이 9세의 병사로 연합군의 형성이 어려워졌음에도 불구하고 영국군을 이끌고 예루살렘 탈환에 나섰다. 키가 188cm로 '꺽다리'로 불린 그는 1271년에 9차 십자군을 이끌고 지중해 동부의 아크레에 도착하였다. 몇 번의 작은 전투에서 에드워드는 승리하였다. 그런데 예루살렘의 명목상 왕이었던 위그 3세가 이집트 맘루크 왕조의 술탄인 바이바르스와 합의하여 휴전을 선언하였다. 그러나 이 휴전을 에드워드는 반대하였다. 그래서 이슬람의 자객이 에드워드를 습격하여 에드워드는 상처를 입기도 했다.

그런데 이 와중인 1272년 11월 16일에 부왕 헨리 3세가 사망했다. 에드워드 태자가 왕으로 선출되어 에드워드는 영국으로 돌아가야만 했다.

에드워드가 루이 9세와 뜻을 같이하여 참전했기에 이 9차 십자군 전쟁을 8차 십자군 전쟁의 일환으로 부르는 학자도 있다. 그리고 에드워드의 국왕 등극으로 이 원정이 흐지부지되었기에 이 원정을 십자군 전쟁으로 인정하지 않는 학자들도 많다. 이후에도 기독교와 이슬람교의 충돌은 있었지만, 역사가들이 십자군 전쟁으로 인정할 만한 것은 없었다.

이제 중동에서 마지막으로 철수한 십자군이 된 템플(성전) 기사단에 대해 살펴본다. 템플 기사단은 성지 순례자를 보호하기 위해 조직되었다. 1차 십자군이 예루살렘과 지중해 동부의 여러 도시를 장악한 후 1118년에 예루살렘에서 템플 기사단이 최초로 조직되었다. 이 기사단은 붉은 십자가가 새겨진 흰 망토를 걸치고 많은 십자군 전쟁에서 선봉에 서기도 했다.

이집트의 아이유브 왕조와 그 뒤를 이은 맘루크 왕조는 중동에서 십자군을 계속 몰아내 십자군의 수는 줄어들었다. 그런데 1279년부터 1290년까지 이집트와 중동을 다스린 맘루크의 술탄 칼라운이 아크레에서 십자군도 무역을 할 수 있게 해 주었다. 그래서 템플 기사단은 무역업자와 주민을 상대로 금융업을 하며 많은 부를 누렸다.

그런데 칼라운의 아들 칼릴이 술탄이 된 후 십자군에 대한 정책이 바뀌었다. 맘루크가 다스리는 중동에서 십자군의 경제 활동이 금지되었다. 그리고 예루살렘의 왕 앙리 2세는 로마에 도움을 요청해 수천 명의 기사단이 아크레에 도착했다. 그러나 1291년 6월에 아크레로 대군을 이끌고 온 칼릴에 의해 성전 기사단은 아크레를 떠나 본국인 프랑스로 돌아갔다. 이로써 중동 일대에 잔존했던 십자군은 다 사라졌다. 그리고 앙리 2세는 예루살렘을 떠나 키프로스의 왕이 되었다.

그런데 칼릴의 맘루크군에게 패하고 프랑스로 돌아온 노병들은 큰 고통을 겪었다. 이들은 악마를 숭배하고 십자가에 침을 뱉고 성지를 이슬람에 팔아넘겼다는 모함을 받았다. 그리고 템플 기사단은 해체되었다. 이 성전 기사단의 노병들은 고문당하며 억지 자백을 강요당하기도 했다. 결국 단장은 1314년 3월에 화형당했다. 성전 기사단이 왜 이런 수난을 당했을까? 이는 십자군의 실패를 왕에게 전가하지 않으려는 필리프 4세의 정치적 목적이었다. 이 십자군 전쟁은 확실한 승자도 패자도 없지만 실패한 전쟁으로 평가되고 있다. 이런 실패의 책임을 누군가에게 덮어씌우는 술수는 오늘날도 여전해 씁쓸하다. 신을 믿는다는 자들도 똑같아 더 안타깝다.

십자군 전쟁의 영향

진정한 승자가 없다는 전쟁이 200년이나 지속되며 이슬람 세계와 유럽의 차이가 분명히 드러났다. 종교와 속세 권력의 충돌은 양자가 같았다. 또 종교와 속세 권력이 서로 이용하거나 서로에게 의존하는 것도 비슷했다. 그런데 정치 체제는 유럽이 이슬람 세계보다 조금 나은 듯 더 안정적이었다.

그러나 그 외 모든 문물에서 이슬람이 훨씬 앞섰기에 유럽을 아직도 야만인으로 부를 정도였다. 특히 의술의 차이는 가장 심했다. 세종대왕이 이슬람의 의사를 극비밀리에 왕궁으로 초대해 환자의 수술을 부탁할 정도로 아랍 의술이 뛰어났다. 그뿐만 아니라 교육 시스템도 이슬람이 훨씬 앞섰다. 11세기에 니잠이 세운 공립학교 마드라사는 아랍 교육의 산실이 되었다. 사학에 의존한 유럽은 이보다 몇백 년이나 늦었다.

두 세계의 문화 차이는 도서관의 소장 도서를 보면 쉽게 알 수 있다. 중국의 제지술과 책 제본 기술이 압바스 왕조의 수도, 바그다드에 도입된 것이 8세기 후반이었다. 이후 10세기의 유럽 전체의 소장 서적이 십만 권에 못 미쳤다고 한다. 반면 이슬람이 세운 스페인의 코르도바 왕국 도서관은 백만 권에 달했다고 한다. 당시 이슬람의 중심권 중 하나였던 카이로의 파티마 왕국 도서관은 약 2백만 권의 각종 서적을 구비했다고 한다. 그중 유명한 역사가 타바리의 역사책만 해도 1,220권이었다고 한다. 그리고 1175년에 쓰인 다마스쿠스의 도시 연보는 80권으로 완성되었다. 이를 보면 이슬람이 유럽을 미개한 야만인으로 부를만하지 않은가?

왜 이런 차이가 났을까?

사실 유럽은 로마의 생존 당시에 이미 로마인에게 미개인으로 불렸다. 그런데 미개인 게르만 민족에게 멸망한 로마의 뛰어난 문명을 이 미개인 유럽이 바로 계승하지 못했다. 그들은 문화의 가치를 몰라 파괴하고 학문을 홀대했다. 반면에 약탈을 일삼던 미개인 아랍은 이슬람으로 통일된 후 이슬람의 확장을 통해 큰 문명을 삼키고 소화했다. 즉 이슬람이 정복한 이집트 문명과 페르시아, 시리아 문명을 이어받았을 뿐 아니라 이슬람이 진출한 인도의 문명까지 수용해 발전시켰다. 인도에서 창안한 숫자

'0'을 발전시켜 십진법인 아라비아 숫자를 압바스 왕조의 학자들이 만들었다. 오늘날 전 세계가 이 아라비아 숫자를 쓰지 않는가?

이런 수용 발전이 가능했던 가장 큰 이유는 이슬람은 메카의 상인 출신들이 일으켰기 때문이었다. 무함마드, 아부 바크르, 오마르, 오스만과 우마이야 왕조를 연 무아위야가 모두 시리아와의 무역을 통해 부를 누렸다. 이런 무역업자들이 이슬람을 세웠기에 타 문명에 개방적일 수밖에 없었다. 또 중국을 위시한 동아시아와 지중해 세계의 무역도 이들 이슬람 상인들이 담당했지 않은가? 한국이 '꼬레아'로 알려진 것도 이들이 고려와 교역한 덕분이다. 이들이 신라와도 교류한 흔적이 발견된다. 아무튼 아랍 상인들이 전 세계를 헤집고 다녔기에 타 문화를 수용 발전시키는 능력이 탁월하였다.

반면 문명 특히 교육의 중요성을 몰랐던 유럽은 찬란한 로마 문명을 파괴하고 처음부터 시작하는 꼴이 되었으니 이슬람에 뒤질 수밖에 없었다.

그러나 십자군으로 유럽은 눈을 떴는데, 이슬람 세계는 유럽을 야만인으로 얕보며 정체 상태에 들어갔다. 눈을 뜬 유럽은 전 분야에 발전의 엔진을 가동했다. 그러나 이슬람은 정치와 종교 체제가 계속 불안정했다. 이런데도 유럽을 얕본 이슬람은 모든 분야의 발전이 급속도로 마비되는 수렁에 빠지는 것도 자각하지 못했다.

그렇지만 무역을 통해 이슬람의 커피와 설탕이 유럽에 소개되었다. 커피와 설탕은 이후에 유럽을 통해 전 세계에 퍼지며 지금까지 인류의 입맛을 사로잡고 있다.

승자도 패자도 없이 끝난 십자군 전쟁에서 신은 도대체 누구 편이었나?

9. 요동치는 이슬람 제국

이집트의 맘루크 노예왕국과 칼리파

7차 십자군으로 인해 술탄 살리흐의 사망과 루이 9세의 카이로 점령 소식을 이라크에서 들은 살리흐의 아들 투란 샤는 맘루크 군을 카이로로 급파했다. 용맹한 맘루크군은 루이 9세를 생포하고 카이로의 왕궁을 되찾았다. 그러나 카이로에 온 투란 샤는 맘루크의 큰 공로에 대한 상을 주지 않았다. 외지 생활로 카이로에 기반이 없었던 투란 샤는 자기 사람들을 카이로에 데리고 와서 중직에 앉혔다. 그래서 루이 9세를 생포하고 십자군을 격퇴한 공로를 인정받지 못한 바이바르스와 그 상관의 주동으로 맘루크는 1250년에 투란 샤를 죽였다. 그리고 이들은 살리흐의 아내인 샤자르를 술탄으로 옹립하여 아랍권 이슬람 역사상 최초의 여성 술탄을 세웠다.

샤자르는 어떤 여인이었을까? 샤자르는 투르크 출신으로 아이유브 왕조의 하렘에서 노예로 일했다. 그러나 예쁘고 똑똑한 그녀는 술탄 살리흐의 눈에 띄며 그의 두 번째 아내가 되었다. 술탄의 아내가 된 샤자르는 엄청난 독서로 지식을 쌓으며 정치에 관심을 가졌다. 십자군의 공격으로 남편이 죽고 카이로를 빼앗기고 다시 빼앗는 혼란의 와중에도 샤자르는 맘루크군의 지지를 얻었다. 투란 샤가 살해된 후 마침내 샤자르는 맘루크 왕조의 초대 술탄이 되었다. 그녀는 정통성 확보를 위해 압바스 왕조의 마지막 칼리파 알 무스타심에게 술탄 서임을 요청했다. 그러나 여성 통치자를 인정하지 않는 알 무스타심에게 오히려 이런 모욕을 받았다. "카이로에는 쓸 만한 남자가 없는 것 같으니 내가 남자를 보내줄까?" 그러나 샤자르는 금요 예배인 꾸뜨바에서 이집트 신자들에게 자신을 '알라께서 자선을 행하시는 자', '무슬림들의 여왕', '세속적 세상과 신앙의 축복을 받은 자', '칼리파 알 무스타심의 어머니'로 부르게 하였다.

이렇게 발버둥 쳤지만 그녀는 자신의 한계를 느꼈는지 아니면 사랑에 빠졌는지 갑자기 결혼했다. 샤자르는 즉위 80일 만에 맘루크의 실권자인 아이박과 결혼하였다. 이로써 아이박은 2대 술탄이 되었다. 하지만 샤자르는 권력을 포기하지 않고 남편과 함께 공동 통치하였다. 아이박은 샤자르를 옹립한 바이바르스를 경계하여 그와 그의 상관을 죽이려고 했다. 결국 바이바르스의 상관이 아이박의 심복인 쿠투즈에게 살해 당했다. 이에 바이바르스는 시리아로 도망가 숨었다.

이후 샤자르와 아이박은 사랑과 갈등이 공존한 가운데 근 7년간 이집트를 통치했다. 그러다 1257년에 아이박이 다른 여자를 아내로 맞이하려고 하여 샤자르는 격분했다. 마침내 1257년 4월 12일에 샤자르가 목욕하는 아이박을 시종을 시켜 살해하였다. 샤 자르는 아이박이 목욕 도중에 급사했다고 말했다. 하지만 쿠투즈가 이를 믿지 않고 사인을 조사하였다. 결국 샤자르에 의해 아이박이 살해당한 것을 알게 된 쿠투즈는 1257년 4월에 샤자르를 체포했다. 쿠투즈는 샤자르를 발가벗겨 알몸 상태에서 여자 노예들이 때려죽이게 하였다.

그리고 쿠투즈는 아이박의 아들인 15세의 알리를 3대 술탄에 앉혔다. 그러나 압바스 왕조의 바그다드가 1258년에 몽골에 의해 망하는 것을 본 맘루크 장수들은 어린 술탄 에게 불안감을 느꼈다. 어쩔 수 없이 이들은 1259년에 알리를 퇴위시키고 실권자인 쿠투즈를 4대 술탄으로 옹립하였다.

얼마 후 1260년에 쿠투즈는 시리아를 점령한 몽골의 훌라구가 맘루크 왕국의 항복 을 받기 위해 보낸 몽골 사신의 목을 베었다. 이 소식을 들은 바이바르스는 몽골과 싸 우려고 쿠투즈의 카이로로 되돌아왔고 쿠투즈는 그를 환영했다. 이때 격분해 이집트 를 치려던 훌라구에게 더 급한 일이 발생했다. 훌라구의 큰형인 몽골의 몽케 대칸의 사망 소식이 전해진 것이었다. 이에 훌라구는 최소한의 군사만 다마스쿠스에 남기고 몽골로 되돌아갔다.

훌라구가 몽골로 귀환한 틈을 타서 쿠투즈의 맘루크군은 팔레스타인으로 갔다. 이 때 몽골의 사령관 키트부가는 훌라구가 없는 틈을 타 일어난 반란을 진압하기에 바빴 다. 그러다가 그는 1260년 9월에 맘루크의 유인책에 빠져 군사를 이끌고 다마스쿠스 밖으로 나갔다. 훌라구가 없는 몽골군은 아인 잘루트 전투에서 맘루크 군에게 몰살당 하였다.

이 전투를 하기 전에 쿠투즈는 바이바르스가 전투에서 큰 공을 세우면 그를 알레포의 태수로 임명하겠다고 약속했었다. 바이바르스가 큰 공을 세웠지만 그가 태수가 되면 자기 나라를 세울 것을 염려한 쿠투즈는 약속을 지키지 않았다. 그는 다른 사람을 알레포 태수로 임명하였다. 그래서 카이로로 귀환할 때 바이바르스는 쿠투즈가 10년 전에 자기 상관을 죽이고 이번엔 자신과의 약속도 지키지 않은 것에 대해 보복을 하였다. 그는 사냥터에서 쿠투즈를 살해하였다. 그리고 그는 맘루크의 5대 술탄이 되어 1260년에 카이로로 되돌아왔다.

바이바르스는 도대체 어떤 위인이었나? 그는 중앙아시아의 투르크 출신으로 금발, 파란 눈과 갈색 피부를 가졌고, 키가 크고 애꾸눈이었다. 그는 고향을 정복한 몽골의 포로가 되어 노예로 팔렸다. 그런데 피부가 검고 애꾸눈이라는 이유로 그의 매수인들이 노예상에게 되돌려 주는 수모를 두 번이나 당하였다. 그를 세 번째로 산 사람은 아이유브 왕조였다. 그는 아이유브 왕조의 맘루크군에 소속된 뒤 두각을 나타내더니 마침내 루이 9세를 생포하는 엄청난 공을 세웠다. 이후 그는 18년만인 1260년에 맘루크 왕조의 술탄이 되었다.

맘루크 왕조의 초기 역사와 압바스 왕조의 맘루크 역사가 보여주듯 맘루크 군인이 되는 것은 출세와 성공의 방법이기도 했다. 이 맘루크군은 주로 백인 노예로 구성되었는데 일반 서민보다 잘살았다. 그래서 당시 자유인이면서도 건장한 사람은 맘루크군이 되려고 자진해서 노예가 되는 경우가 많았다.

술탄이 된 바이바르스는 17년의 재위 기간에 30회 이상 시리아로 원정 가서 십자군을 쫓아냈다. 그는 몽골의 훌라구에게 협조한 아르메니아를 점령하고 4만 명을 학살하였다. 또 안티오크도 되찾아 십자군이 점령한 땅은 많이 사라졌다. 그러나 그는 1272년에 예루살렘의 명목상 왕인 위그 3세와 휴전을 체결하기도 했다. 그는 행정 능력도 뛰어나 맘루크 왕국을 잘 통치하였다. 그러나 애주가인 그는 1277년에 말젖으로 만든 마유주에 취해 죽었는데 독살당했다고도 한다.

바이바르스의 아들인 바라카가 6대 술탄이 되었는데, 그는 사령관의 권력을 약화시켰다. 이 정책을 싫어한 자기 장인인 사령관 칼라운에 의해 바라카는 1279년에 퇴위당했다. 칼라운은 바이바르스의 또 다른 아들인 살라미쉬를 7대 술탄에 앉혔지만 3개월 만에 퇴위시키고 1279년에 자신이 8대 술탄이 되었다. 11년을 통치한 칼라운은 바이바르스의 통치 방식을 따랐다. 그리고 얼마 남지 않은 십자군과는 평화롭게 지내며 십자군이 아크레에서 무역할 수 있도록 해 주었다. 그런데 1285년부터 1291년까지 예루살렘 왕이었던 앙리 2세가 로마에 원군을 요청하여 수천 명의 기사단이 아크레에 도착하였다. 칼라운의 뒤를 이어 1290년에 9대 술탄이 된 칼라운의 아들 칼릴은 십자군 정책을 바꾸었다. 1291년 6월에 칼릴은 대군을 이끌고 아크레로 가서 십자군과 싸워 이겼다. 이로써 중동 일대에 잔존했던 십자군은 완전히 사라졌다.

1250년에 여성 술탄 샤자르로 출발한 맘루크 왕조는 잦은 정변으로 인해 정통성이 없다는 취약점으로 고민했다. 칼리파가 자신들을 인정하면 정통성 문제는 쉽게 해결되는데 과거 맘루크에 대한 칼리파의 감정이 걸림돌이었다. 이 와중에 압바스 왕조의 멸망은 맘루크 왕국에게 기회를 주었다. 압바스 왕조가 1258년에 망한 후 3년 6개월간 칼리파 없는 세상이 되어 무슬림은 칼리파의 출현을 갈망했다.

이때 1261년에 압바스 왕조 마지막 칼리파의 숙부인 아부 알 까심 아흐마드가 이집트의 카이로에 나타났다. 맘루크의 통치자인 바이바르스는 울라마(학자)와 대신들에게 그가 진짜 칼리파의 숙부인지 조사를 시켰다. 진짜임을 확인한 바이바르스는 그에게 충성 서약을 하며 모든 대신도 충성 서약을 하게 만들었다. 그리고 그에게 '알 무스탄씨르'라는 새 이름을 부여하며 칼리파로 세웠다. 알 무스탄씨르는 압바스 왕조의 마지막에서 두 번째 칼리파의 이름과 같았다. 아무튼 칼리파가 된 알 무스탄씨르는 바이바르스에게 술탄의 칭호를 주며 지하드, 즉 성전(聖戰)을 통한 정복에 신의 축복을 빌었다.

그리고 알 무스탄씨르 칼리파는 바이바르스 술탄에게 몽골이 점령한 바그다드의 탈환을 부탁해 함께 바그다드로 향했다. 가는 도중에 칼리파의 야심을 의심한 바이바르스는 칼리파에게 300명의 기병만 주고 자기는 이집트로 돌아갔다. 그래도 칼리파는 계속 행군하다가 압바스 왕조의 아부 압바스 아흐마드 왕자가 이끄는 기병과 또 다른 기병을 만났다. 이들은 총 1천 명의 기병을 이루어 몽골군과 싸웠으나 대패하고 칼리파도 전사했다.

그런데 이 싸움에서 살아남은 아부 압바스 아흐마드 왕자가 이집트에 왔다. 바이바르스는 아부 압바스 아흐마드 왕자의 신원을 조사해 칼리파 핏줄을 확인하였다. 그리고 왕자에게 충성 서약인 바이아를 하고 그에게 알 하킴이란 새 이름을 주고 1262년에 맘루크의 2대 칼리파로 세웠다. 바이바르스의 머리에 왕관을 씌워준 알 하킴 칼리파는 1302년까지 41년간 재위하며 모두 8명의 술탄 대관식을 치러 주었다. 모든 면에서 뛰어난 바이바르스가 54세인 1277년에 독살된 후 25년 사이에 7명의 술탄이 들어섰으니 맘루크 왕조의 초기가 얼마나 불안정했겠는가!

칼리파는 통치와 정치에는 의견을 전혀 못 내고 바이바르스가 준 '깔라아'란 별채에 격리되어 살았다. 바이바르스는 칼리파의 이름도 자기 마음대로 바꾸었으니 칼리파가 무슨 힘이 있겠는가! 칼리파로 세워준 것이 그저 고마울 따름 아닌가! 말이 칼리파이지 실제는 술탄의 시종 노릇을 한 것이었다.

맘루크의 칼리파는 250년간 대부분 이런 생활을 했다. 한 칼리파는 세 번이나 칼리파에 오르기도 했다. 어떻게 그런 일이 발생했을까? 칼리파는 종신직인데도 그는 두 번이나 해임당했기 때문이다. 감금되다시피 한 생활에서 어떤 칼리파는 유희와 방종에 빠져들기도 했다. 이런 칼리파가 어찌 신의 대리인으로 불릴 수 있겠는가?

상황이 이렇게 되니 이슬람 세계 곳곳의 소국 통치자들이 자신도 칼리파임을 주장하는 사람이 더 늘어갔다. 마침내 학자들도 칼리파 무용론을 주장하게 되었다. 그 근거로 무함마드의 언행록인 '하디스'를 제시했다. "나 이후의 칼리파 제도는 30년간 지속할 것이다. 그 이후는 왕이 통치하는 시대가 온다." 이들 학자들은 무함마드가 말한 30년은 정통 칼리파 4명으로 끝났다고 해석했다. 그리고 우마이야 왕조부터는 왕이지 칼리파가 아니라고 학자들은 주장했다.

그러나 현실은 그렇지 못해 여전히 칼리파를 찾는 자들이 있었다. 이들은 모두 자신의 정통성 확보에 조금이라도 도움을 받고자 허수아비일지언정 카이로의 칼리파를 찾았다. 남페르시아의 한 소군주가 카이로의 칼리파를 찾아 서품을 받았다. 또 인도 델리에서 부친을 죽이고 왕이 된 자가 18년이나 정통성 시비로 고민하다가 카이로의 칼리파에게 술탄 지위를 요청하기도 했다. 술탄 서품을 받은 그는 칼리파를 찬양하는 글과 선물을 보내기도 했다고 한다. 또 몽골의 소군주도 칼리파를 찾으려고 노력했다는 설도 있다.

어쨌든 이 시기는 무용론이 강하게 제기되었지만, 여전히 칼리파 필요론도 공존했다. 맘루크 술탄국이 1517년에 오스만의 술탄 살림 1세에게 멸망함으로 논란 많은 카이로의 칼리파도 사라졌다.

북아프리카와 이븐 할둔

이런 맘루크 시대에 아주 뛰어난 사람이 나타났다. 그의 이름은 '이븐 할둔'이다. 이븐 할둔은 북아프리카의 튀니지에서 1332년에 태어나 1406년에 카이로에서 죽었다. 그의 가문은 스페인의 마지막 이슬람 세계인 그라나다 왕국에서 튀니지의 하프스 왕조로 망명한 명문가였다. 그래서 그는 어릴 때부터 국제 감각과 폭넓은 대인 관계를 키우며 튀니지에서 많은 학문을 배웠다. 그러나 그가 자란 튀니지가 속한 이프리키야는 당시 정세가 매우 불안하였다. 이프리키야는 북아프리카의 중서부를 일컫는 말로 '비옥한 땅'이란 뜻이다. 현재의 튀니지, 모로코, 알제리가 이에 해당한다. 이 지역을 '마그레브'라고도 불렀는데, 이 말은 '해가 지는 지역', '서쪽'을 뜻하는 단어에서 파생된 말이다.

마그레브의 원주민을 베르베르인으로 불렀다. 이곳은 8세기 초에 우마이야 왕조에 점령당하며 이슬람화되었다. 그 후 압바스 왕조 시대에 독자적인 왕조가 마그레브에 세워지며 지중해 세계의 금 공급지가 되었다. 금 무역으로 인한 수익은 마그레브 경제의 큰 비중을 차지했으나 대부분 서민은 농경에 의존했다.

그런데 11세기에 아랍의 베두인 유목민들이 마그레브를 침공함으로 마그레브는 황폐해졌다. 베두인에게 세금 내는 것을 피하려고 농민이 유목민으로 변하기도 했다. 유목민이 되면 아랍 베두인을 피하기가 좀 더 쉽기 때문이었다. 베두인들이 마그레브를 얼마나 심하게 유린했는지를 나타내는 말이 생겼다. "아랍인들은 만약 냄비를 앉힐 돌이 필요하면 그 돌을 얻기 위해 건물을 파손한다. 말뚝이나 천막의 받침대를 만들려고 나무가 필요하면 가옥의 지붕을 뜯어낸다."

이런 아픔을 지닌 마그레브에 애착심이 컸던 이븐 할둔은 20대 초에 튀니지 하프스 왕조의 술탄에게 비서관으로 발탁되었다. 이후 마그레브의 잦은 정변으로 모로코, 알제리뿐 아니라 스페인의 그라나다 왕국에서도 재상이 되었다. 당시 마그레브에는 세 왕국의 다툼이 심하여 술탄들은 강한 부족장에게 휘둘리기도 하였다. 이런 와중에 이븐 할둔은 자신이 섬기던 술탄이 갑자기 죽었을 때 한 도시를 적국의 술탄에게 넘겨주기도 하였다. 또 음모 가담으로 감옥에 갇히기도 하였다. 이런 전력에도 불구하고 그는 어느 왕국에 가도 환영받았으니 그의 처세술이 얼마나 놀라운가! 심지어 학문 연구를 위해 그가 은거해도 그에게 재상 지위가 주어졌다. 이는 그의 뛰어난 자질뿐 아니라 그의 가문과 그가 돈독하게 쌓은 인맥 때문이기도 했다.

이븐 할둔은 40대 중반인 1375년부터 1378년까지 3년간 알제리의 작은 마을에 칩거하며 《무키디마(역사 서설)》를 저술했다. 이 책은 그의 말년에 전 3권으로 완성되었다. 1, 2권은 1377년 7월에서 11월까지 썼으며 '베르베르 역사'를 다루었다. 마지막 3권은 이집트에서 인생 말년에 완성하였다. 1, 2권은 7세기 동안의 북아프리카 사건사와 생활 문화를 다루었다.

일반적인 이슬람 역사서와 마찬가지로 이 책도 역사의 흐름에 신의 뜻을 인정하고 있다. 그러나 이븐 할둔은 역사에 신의 뜻 말고도 '아사비야'가 적용된다고 보았다. 아사비야는 사회 집단이 집단으로 일치된 행동을 할 수 있는 역량을 의미한다. 아사비야가 높은 집단이 아사비야가 낮은 집단을 이긴다는 것이 이븐 할둔의 역사관이었다. 그래서 아랍의 베두인이 지중해 세계에서 대아랍 제국을 건설한 것은 신의 뜻도 있지만, 아랍 베두인의 아사비야가 다른 부족과 국가보다 높았기 때문으로 이븐 할둔은 보았다.

몸소 14세기의 요동치는 마그레브 정치 한복판에 있었던 그는 자기 저서에서 마그레브의 과거와 현재를 안타깝게 분석하며 가까운 미래도 어둡게 전망하였다. 그의 책은 마그레브에 대해 매우 귀중한 역사 문화서적으로 평가받고 있다. 그는 이 책의 저술 후 강연에 주력하였다.

이런 그가 50세인 1383년에 두 가지 이유로 카이로로 갔다. 하나는 튀니지의 술탄이 전쟁을 벌이며 이븐 할둔이 도와주길 원했는데 이를 피하고자 함이었다. 다른 이유는 카이로에서 학문에 더욱 전념하고픈 욕심 때문이었다.

카이로는 당시 이슬람 세계뿐 아니라 전 세계의 무역 중심지였다. 상인들로부터 시작된 이슬람교이기에 당시 이슬람 세계의 중심 도시인 카이로는 전 세계와 교역하였다. 유럽과 비잔틴 제국은 물론이고 중국과 일본의 상품도 카이로에 있었다. 이 카이로에는 이븐 할둔이 태어나기 400년 전에 세워진 알 아즈하르 연구소도 있었으니 이븐 할둔이 카이로에 갈 이유는 충분했다.

그는 카이로에서 신학과 철학에 몰두하며 강연을 시작했다. 그의 강의에 사람이 몰려들었고 마침내 맘루크 술탄의 귀에까지 그의 소문이 들어갔다. 이에 따라 이븐 할둔은 술탄 바르쿠크의 신임을 얻으며 교수로 활동하다가 대법관이 되었다. 그러나 그는 1389년에 쿠데타 음모에 연루되어 대법관에서 해임되었다. 그럼에도 교수 활동을 계속한 것은 술탄 바르쿠크가 주동자의 협박에 의해 어쩔 수 없이 그가 음모에 가담한 것으로 보았기 때문이었다.

그러다 1400년에 몽골의 티무르가 시리아를 공격했다. 맘루크 술탄 파라지가 티무르와 싸우려고 이븐 할둔을 데리고 다마스쿠스로 갔다. 그러나 술탄 파라지는 이미 티무르에게 거의 포위된 다마스쿠스에 68세의 이분 할둔을 남겨 놓고 자기는 카이로로 돌아갔다. 다마스쿠스를 포위 공격하던 티무르와 다마스쿠스 성주 사이에 1401년에 항복 협상이 시작되었다.

그런데 티무르가 별안간 이븐 할둔을 자기에게 보내라고 요구하였다. 이에 이븐 할둔이 밧줄을 타고 성벽을 내려왔고 티무르는 막사에서 그를 정중히 맞이했다. 그의 명성에 호감을 느꼈던 티무르는 그의 강연을 들으며 아사비야와 마그레브에 관해서도 물었다. 7주 동안 티무르의 융숭한 대접을 받은 그는 다마스쿠스에 선처를 부탁할 정도로 티무르와 가까워졌다. 티무르는 이븐 할둔에게 자신의 모사가 되어달라고 요청했으나 그는 정중히 사양하였다.

칭기즈칸보다 더 넓은 영토를 정복한 티무르가 인정한 이븐 할둔은 카이로로 돌아와 여섯 번째 대법관을 지내다 74세에 병사했다.

쿠데타에 연루되어도 모두가 환영한 이븐 할둔이 보인 삶의 지혜에 탄복되지 않는 가! 이런 그가 안타까운 시선으로 염려한 마그레브뿐 아니라 북아프리카 전체가 현재도 안타까워 얼마나 애처로운가!

이븐 할둔이 죽은 후 86년이 지난 1492년에 스페인의 이슬람 왕국 그라나다가 스페인 북부의 기독교 왕국에 점령당했다. 이로써 스페인에서 700여 년간 존속한 이슬람 왕국은 사라졌다. 그러나 무슬림이 사라진 것이 아니기에 스페인은 여전히 유럽에서 이슬람의 전초 기지 역할을 하고 있었다.

터키의 오스만 제국

오스만 제국은 오스만 투르크 제국 또는 오스만 터키 제국으로도 불린다. 오스만 제국은 1281년에 투르크 출신으로 생각되는 오스만 1세가 아나톨리아 반도의 서북쪽에 세운 작은 부족 국가로 출발했다. 초기엔 '가지'에 불과했는데 '가지'는 '가주' 즉 약탈을 일삼는 사람을 뜻한다.

이런 오스만의 무라드 1세가 1364년에 노예 용병인 '예니체리'를 조직하며 점점 강해졌다. 이 예니체리는 오스만이 가는 곳마다 항상 앞장서 오스만을 대표하는 군대로 유명해졌다. 예니체리는 투르크어인데 '새로운 병사'라는 뜻이다. 예니체리는 군주 직속 부대로 군주의 경호와 친위대 역할도 맡았다. 예니체리는 일반적인 노예 용병과 달리 결혼이 금지되어 오직 주인인 군주에게만 복종하였다.

그런데 오스만이 가장 강했던 16세기에 엄격한 금혼 등의 규율이 일부 완화되었다. 그러자 예니체리는 점차 압바스 왕조의 맘루크처럼 되었다. 그래서 예니체리를 해체하려던 오스만 2세는 1622년에 오히려 예니체리에게 암살당했다. 이후에도 예니체리는 반란을 자주 일으키며 술탄을 자기들 마음대로 갈아 치웠다. 이 예니체리는 1826년에 마무드 2세가 해체에 성공할 때까지 존재했다.

이 예니체리를 처음 만든 무라드 1세는 1372년에 아나톨리아반도의 서쪽 좁은 바다를 건너 발칸반도로 진격해 동유럽을 장악하였다. 그는 동유럽의 기독교 소년들을 강제로 징집해 혹독한 군사 훈련을 시켰다. 그리고 이슬람으로 개종시켜 예니체리에 복속시켰다. 이로써 오스만은 비잔틴 제국의 콘스탄티노플을 둘러싼 지역을 지배하였다. 그러나 오스만은 패배를 전혀 모르는 몽골의 티무르에게 1402년에 패배하여 오스만의 팽창이 잠시 주춤하였다. 이후 무함마드 1세, 무라드 2세의 치세를 거치며 오스만은 다시 강해졌다. 콘스탄티노플을 정복하는 대신에 비잔틴으로부터 조공을 받은 무라드 2세가 1451년에 죽었다. 그의 뒤를 이은 무함마드 2세는 '정복자'라는 별명에 걸맞게 비잔틴의 제후국들을 정복하였다. 특히 그는 1453년에 재상의 반대를 뿌리치고 콘스탄티노플을 공격하였다. 그런데 바다에 많은 쇠그물이 설치되어 바다에서 콘스탄티노플로 접근하기가 불가능했다. 그래서 그는 군함을 산으로 끌고 가서 산에서 콘스탄티노플로 대포를 발사하였다. 누구도 생각지 못한 전술로 콘스탄티노플을 정복한 무함마드 2세는 도시의 이름을 이스탄불로 바꾸었다. 그리고 그는 로마의 황제 즉 '카이사르'임을 자처하였다. 또 그는 이슬람 세계의 칼리파라고도 자처하였다.

이후 오스만의 술탄 살림 1세가 페르시아와 시리아를 정복했다. 살림 1세는 1517년에 드디어 카이로를 정복해 이슬람 세계의 최강자가 되었다. 이에 맘루크 술탄국의 마지막 칼리파, 알 무타와킬 3세가 콘스탄티노플로 예언자의 망토와 오마르의 검을 들고 갔다. 그리고 그는 칼리파 위를 살림 1세에게 양위하였다. 이로써 오스만의 술탄은 칼리파를 겸하며 400년 동안 이슬람 세계의 최고 통치권자가 되었다.

그런데 오스만은 약 100년 전인 무함마드 1세부터 자신이 칼리파임을 주장하고 있었다. 그렇지만 이는 당시 칼리파를 자칭하는 소 군주들이 많이 나타난 현상의 일례에 지나지 않았다. 그러므로 살림 1세부터 전 이슬람 세계가 인정하는 명실상부한 칼리파 시대가 개막된 것으로 본다.

오스만이 맘루크를 무너뜨린 1517년에 유럽에선 종교 개혁이 일어나며 격변의 소용돌이에 휩싸였다. 십자군 전쟁으로 인해 앞선 이슬람의 문물에 영향을 받은 유럽은 종교 개혁 이후 교육을 비롯한 전 분야가 더욱 발전하게 되었다. 왜냐하면 종교 개혁의 결과 성경이 각국 언어로 번역되며 누구나 읽게 되었기 때문이다. 종교 개혁 이

전에는 사제만 라틴어로 된 성경을 독점했었다. 자국어로 된 성경은 유럽인의 의식을 깨워 각 분야의 변화와 발전에 큰 밑거름이 되었다.

유럽이 종교 개혁의 열풍에 휩싸인 시기에 오스만은 대제국을 이루었다. 술레이만 1세는 종교 개혁 발발 3년 후인 1520년부터 1566년까지 재위하며 오스만의 전성기를 열었다. 술레이만은 동서로는 헝가리에서 페르시아까지, 남북으로는 흑해에서 이집트와 인도양에 이르는 제국을 지배하였다. 그는 오스만 제국의 정점을 이루며 가장 강력하고 발달한 국가를 만들었다. 그래서 유럽은 언제 오스만의 투르크족이 서유럽까지 침공할지 경계하며 겁먹고 있었다. 종교 개혁을 일으킨 루터는 오스만 투르크의 정복 전쟁으로 세상의 종말이 가까이 온 것으로 보고 투르크족을 사탄의 군대로 부를 정도였다.

이렇게 강한 오스만을 이룬 술레이만은 이슬람 재판관 까디와 법률 고문 무프티와 꾸란 학자 울라마를 정부 관리로 세웠다. 그는 이들이 술탄과 백성 사이에서 종교적 징검다리 역할을 담당케 했다.

그러나 이들이 정부의 관리가 됨으로 이들의 비판적 기능은 사라졌다. 대신에 이들은 술탄의 통치에 협조하며 그 대가로 자기 이익을 챙기는 데 익숙해졌다. 그러면서 오스만은 이란의 사파비 왕국과 끊임없이 영토 싸움을 하였다. 이런 가운데 탁월한 술레이만 1세가 죽은 후에는 안타깝게도 이슬람 제국 전체의 힘이 쇠약해져 갔다.

이란의 사파비 왕국

몽골의 훌라구가 정복한 페르시아와 이라크의 바그다드, 그리고 그가 세운 일한국에는 모두 여섯 명의 여왕이 등장했다고 파티마 메르니시가 《이슬람의 잊혀진 여왕들》에서 말했다. 꾸뜨바에서 여왕의 이름이 울려 퍼졌던 것이다. 여성 통치자를 인정하지 않는 이슬람의 모스크에서 여왕의 이름이 여섯 명이나 선포되었다니 놀랍지 않은가! 이는 몽골이 여성 귀족에겐 매우 우호적이었음을 나타낸 것 아닌가!

그런데 16세기의 개막과 함께 이란에는 7대 이맘의 후손인 이스마일에 의해 사파비 왕국이 들어섰다. 국경 분쟁으로 발생한 아제르바이잔과의 전투에서 이스마엘의 아버지와 형들이 죽었다. 그래서 13세의 이스마일은 죽은 아버지와 형들을 대신하여 1500년에 키질바시 부족의 도움을 받아 봉기했다. 1501년 14세의 이스마일은 아제르바이잔을 점령하고 타브리즈를 수도로 사파비 왕국을 세웠다. 키질바시 부족의 도움을 받았다고 해도 14세에 나라를 세웠다니 이 얼마나 감탄할 일인가!

이스마엘은 이후 10년간 이란 전 지역을 점령한 후 '열두 이맘파'를 국교로 선포하였다. 열두 이맘파는 현재까지도 이란의 국교로 되어 있다. 도대체 '열두 이맘파'는 무엇인가?

시아파의 이맘은 수니파의 이맘과는 그 비중이 확연히 다르다. 무함마드는 이슬람교에 성직자를 두지 않았다. 그는 꾸란을 낭송하며 예배를 인도하는 자를 이맘으로 불렀다. 이맘은 '지도자', '모범이 되어야 할 것'을 뜻한다. 무함마드가 죽은 후 이맘은 점차 타 종교의 성직자와 비슷한 역할을 하여 모스크에서 봉급도 받게 되었다. 그런데 시아파의 이맘은 그 정도 역할을 훨씬 뛰어넘어 시아파의 최고 지도자를 의미한다. 그러므로 파티마 왕조의 칼리파는 자신을 이맘으로 불렀다. 그래서 시아파는 1대 이맘으로 무함마드의 사위인 알리를 정했다. 그 뒤를 하산, 후세인 등 알리의 후손으로 정했다. 시아파의 1, 2, 3대 이맘 선정은 마치 베드로가 사후 수백 년이 지나 1대 교황으로 선정된 것과 같았다.

그런데 12대 이맘이 갑자기 사라져 그를 '숨은 이맘'으로 부르게 되었다. 최후의 날에 이 '숨은 이맘'이 다시 나타나 자신들을 이끌 것을 믿는 것이 '열두 이맘파'이다. 현재 시아파의 대부분이 이에 속한다. 이후 시아파 사회에선 현재까지 '숨은 이맘'을 자처하는 가짜 메시아가 종종 나타났다.

이스마엘은 아랍어인 술탄 대신에 페르시아어인 '샤' 칭호를 사용했다. 이스마일의 등극을 도운 키질바시 부족 사람들은 전쟁에서 연승하는 그를 신으로 생각했다. 그러나 사파비 왕국이 서쪽으로 진출하여 유프라테스강까지 이르자 오스만의 살림 1세가 좌시하지 않았다. 1514년에 살림 1세의 공격으로 사파비 왕국의 수도 타브리즈가 함락당했다. 오스만은 타브리즈에서 철수했지만 이스마일은 이 치욕을 잊지 못했다. 그래서 그는 1524년 37세에 죽기까지 10년간 웃지 않았다고 한다. 이스마일 사후에도 수니파인 오스만과 시아파인 사파비는 끊임없이 싸웠다.

사파비의 5대 왕, 샤 압바스 1세는 1588년부터 1629년까지 재위하며 사파비 왕국의 전성기를 이루었다. 그는 이스파한에 새 도시를 건설하여 1598년에 수도를 이스파한 으로 옮겼다. 예술 애호가인 샤 압바스 1세는 왕궁에 화원을 설치하여 뛰어난 화가가 많이 배출되었고 회화에서 이스파한파가 발달하였다. 그는 학교인 마드라사를 건립 하고 아랍인 울라마들을 초빙해 '열두 이맘파'를 가르치게 했다. 또 그는 합리적 온건 주의를 따르며 능력 위주로 인재를 발탁하였다. 그리고 유럽과의 외교 통상에도 힘써 산업과 상업의 발전을 꾀하였다.

그런데 샤 압바스 1세가 죽은 후 국경 지대에서 문제가 자주 발생했다. 하지만 그 이 후의 왕들은 이를 완전히 해결할 능력이 없었다. 결국 그의 사후 약 백 년 후 1722년에 사파비 왕국은 아프간족의 거센 침공을 받아 항복하였다. 그래도 겨우 유지되던 사파 비 왕조의 한 왕자가 나디르의 힘을 빌려 아프간족을 몰아냈다. 그런데 이를 계기로 나 디르가 이란을 장악하여 1736년에 아프샤르 왕조를 창건함으로 사파비는 사라졌다.

나디르는 1748년 궁중에서 암살되기까지 정복 사업을 펼치며 이란을 수니파로 바꾸 려고 했다. 칭기즈칸과 티무르를 존경한 나디르는 후대 역사가에 의해 '페르시아의 나 폴레옹, 제2의 알렉산드로스'로 불렸다. 전쟁이 없으면 무슨 재미로 사느냐고 말하며 정복 전쟁을 즐긴 그는 과거 페르시아의 땅을 거의 다 회복했다. 그는 1739년에 인도 무굴 제국의 델리를 점령해 잔인한 학살을 저질렀다. 백성을 돌보지 않고 전쟁을 즐 긴 나디르가 세운 아프샤르 왕조는 그가 암살당한 후 48년 만에 망했다.

르크족의 카자르 출신인 아가 무함마드가 1779년에 이란을 통일하며 카자르 왕조를 설립하였다. 다시 시아파로 돌아간 카자르 왕조는 1925년까지 존속하였다.

카자르 왕조는 러시아의 남하 정책에 밀려 많은 영토를 잃었다. 또 영국과의 관계에 서 담배 불매 운동을 벌이기도 하였다.

인도의 델리 술탄국과 무굴 제국

　인도는 아랍에 점령당한 후 근 500년간이나 소수의 이슬람 세력이 다수의 힌두교도를 다스리는 양상이 계속되었다. 그 긴 기간 동안 왕국도 못 이룬 소수의 무슬림에게 인도가 유린당했다니 놀랍지 않은가! 그러다가 아이박에 의해 인도 사상 처음으로 이슬람 왕조가 1206년에 세워졌다. 1526년까지 존속한 델리 술탄국은 델리를 근거지로 인도를 지배하였다. 이 델리 왕국을 통치한 라디아 여왕의 삶을 파티마 메르니시 저서《이슬람의 잊혀진 여왕들》과 각종 자료를 참조해 소개한다.

　라디아의 아버지 일투트미시 술탄은 원래 투르크 출신으로 맘루크 백인 노예 용병의 사령관이었다. 그가 델리에 오자 그의 출중함을 알아본 술탄 아이박은 그를 사위로 맞이하였다. 아이박이 1211년에 죽은 후 권력을 장악한 일투트미시는 스스로 자신을 노예에서 해방했다. 당시 노예는 술탄이 될 수 없었기 때문이다. 주인에 의해 해방된 자라야 술탄 자격이 있었다. 그런데 한 법관이 일투트미시가 적법하게 노예에서 해방된 것으로 인증서를 만들었다. 그 인증서를 본 법학자들이 일투트미시에게 충성을 서약하였다. 일투트미시는 뒤늦게 1229년에 압바스 왕조 칼리파에게 술탄 서품을 받으며 26년간 델리 왕국을 통치했다. 이후 노예 출신이 술탄이 되는 경우가 잦아져 이 델리 왕조를 '노예 왕조'라고도 부른다. 1320년까지 지속된 인도의 노예 왕조는 델리 술탄국의 첫 번째 왕조였다. 1236년에 일투트미시는 딸 라디아를 후계자로 정하고 죽었다. 그는 자신의 두 아들보다 라디아의 통치 능력이 뛰어나다고 보았기 때문이다.

　그러나 아들들이 이를 받아들이지 않았다. 이복 오빠가 이복 남동생을 죽이고 스스로 술탄이 되자 라디아는 피신했다. 피신하기 전에 라디아가 잠시 통치할 때, 억울한 피해를 본 백성은 인도인이 평소 입던 흰옷 대신에 색깔 있는 옷을 입게 하였다. 색깔 있는 옷을 입은 백성이 라디아의 궁 앞에 달린 종을 치면 라디아는 자다가도 일어나 피해자의 호소를 들어주었다. 그뿐만 아니라 길을 가다가도 유색 옷을 입은 백성을 보면 백성의 억울함을 들어주었다. 그런데 궁에서 피신한 라디아가 유색 옷을 입고 금요 예배에 나타나 백성들에게 호소했다. 오빠가 동생을 죽이고 이제 자기까지 죽이려고 한다는 라디아의 호소에 백성들의 마음이 동하였다. 그때 금요 예배에 참석했던 오빠는 백성들에게 잡혀 처형당했다. 이에 라디아는 다시 여왕이 되어 통치 기반을 굳혔다.

라디아는 다시 여왕이 되자 주화를 발행하였다. 주화에는 압바스 왕조의 칼리파에게 충성을 다짐하는 문구가 새겨져 있었다. 의욕이 넘친 라디아는 남장하여 남자처럼 머리를 짧게 깎고 말도 타고 활도 쏘며 적극적으로 활동하였다. 이런 라디아는 백성들의 어려움에 귀를 기울이며 델리를 통치하였다.

그런데 라디아가 인도의 카스트 제도에 반하여 신분이 낮은 그녀의 마부를 사랑하게 되었다. 라디아는 그 마부를 초고속으로 승진시켜 아미르 중의 아미르로 세웠다. 아미르는 사령관인데 일부 이슬람 국가에선 군주를 뜻하지 않는가? 졸지에 마부의 지휘와 명령을 받아야 하는 사령관들의 불만이 컸다. 이들은 라디아와 마부의 동태를 철저히 살피며 트집거리를 찾으려 했다. 이런 가운데 라디아가 말을 탈 때 마부가 라디아의 겨드랑이에 손을 넣는 것을 사령관들이 목격했다. 사령관들은 이슬람의 윤리법과 인도의 카스트 제도를 어겼다고 라디아에게 시비를 걸었다.

결국 반란이 일어나 라디아는 반란군에 맞서 싸웠다. 그러나 라디아는 패하였고 포로가 되었다. 그런데 라디아를 생포한 사령관이 라디아를 사랑하여 라디아와 결혼하였다. 그리고 라디아의 왕권을 되찾아 주려고 라디아와 함께 반란군과 싸웠다. 하지만 라디아 부부는 전투에 패하였고 라디아는 쫓기는 신세가 되었다. 쫓기는 라디아는 한 농부의 집에서 빵을 얻어먹고 잠들었다. 그런데 농부는 잠든 라디아의 고급 속옷을 보고 여자가 남장한 것을 알고는 그만 라디아를 죽였다. 그리고 농부는 라디아의 옷을 시장에서 팔고 있었다. 이때 라디아의 옷을 알아본 사람에 의해 라디아의 죽음이 델리에 알려졌다.

1236년부터 1239년까지 델리를 통치한 라디아에 이어 약 백 년 후 인도양의 섬나라 몰디브에 여왕들이 또 나타났다. 1347년부터 1388년까지 연이어 세 명의 여왕이 몰디브를 다스렸다. 이슬람 국가임에도 불구하고 몰디브의 여인들은 천으로 배꼽 아래만 살짝 가리고 활보하였다. 그래서 아랍에서 온 법무관이 반나체의 여인들을 보며 처음엔 곤혹스러워했다고 한다.

그러다가 16세기의 인도아대륙에 무굴 제국이 건국되어 이슬람 세계는 오스만, 사파비, 무굴로 3분 되었다. 이란 사파비 왕국의 이스마일과 동맹을 맺었던 바부르는 1483년 우즈베키스탄의 티무르가의 왕족으로 태어났다. 그는 티무르의 영광을 재현하려고 사마르칸트를 공격했으나 실패했다. 바부르는 차선책으로 인도 북부의 델리를 점령하여 무굴 왕국을 세우고 1531년에 죽었다.

뒤를 이은 후마윤은 영토 확장을 꾀하였다. 그러나 그는 도리어 델리를 아프가니스탄의 수르에게 빼앗기며 이란의 사파비 왕국으로 피신했다. 15년 후 사파비의 도움으로 후마윤은 델리를 되찾으며 왕좌에 복귀했다.

후마윤의 뒤를 이은 3대 황제 악바르는 인도의 북부와 남부의 데칸고원 지역까지 장악하였다. 그는 인도아대륙 전체를 장악해 무굴을 제국으로 발전시키며 전성기를 열었다. 악바르는 이슬람교를 강요하지 않아서 백성들의 자유로운 신앙생활이 가능하였다. 이런 악바르는 1575년에 '예배의 집'을 건립해 모든 종교인이 자유롭게 사용할 수 있게 하였다. 게다가 악바르는 절대다수의 힌두교를 의식해 채식주의자가 되었고 딤미에게 세금을 부과하지 않았다.

악바르의 뒤를 이은 자한기르는 인도에서 태어난 최초의 무굴 제국 왕이었다. 자한기르는 셋째 아들로 태어났지만 두 형이 일찍 죽어 사실상 장남이 되었다. 그는 아버지 악바르의 절친한 친구를 죽이고 아편 중독에 빠져 악바르를 번민케 하였다. 그러나 할머니의 죽음이 계기가 되어 왕궁으로 돌아왔고 아버지가 죽은 후 무사히 왕이 되었다. 이후 무난히 제국을 통치했다. 그러나 말년에 그는 다시 방탕한 생활에 빠져 통치를 게을리하였다. 그래서 자한기르의 아들들이 대신해 제국을 다스렸다.

자한기르의 셋째 아들 샤 자한은 할아버지의 총애를 많이 받았다. 샤 자한은 15세에 14세의 뭄타즈 마할과 약혼하고 20세에 결혼하였다. 무굴 제국은 장남이 왕위를 계승하는 전통이 없었다. 그래서 왕자들의 왕위 다툼이 심했는데 샤 자한은 장인의 도움으로 5대 황제가 되었다. 신앙심이 깊었던 그는 1627년부터 1658년까지 통치했다. 그는 힌두교도인 어머니를 배려하였고 그 결과 조부인 악바르의 정책을 충실히 따랐다.

페르시아어로 '세계의 왕'이란 뜻인 그의 이름에 걸맞게 샤 자한은 할아버지처럼 무굴 제국의 번영을 이끌었다. 자한이 아내 뭄타즈 마할(황궁의 보석이란 뜻)을 위해 22년간 '타지마할'을 건축했다. 이 '타지마할'은 이슬람과 힌두 양식을 결합한 독특한 건축물로 후세의 눈길을 끌고 있다. 자한이 그토록 사랑했던 뭄타즈 마할은 열네 번째 자녀를 낳다가 죽어 그의 슬픔은 이루 말할 수 없었다. 자한의 통치기에 무굴 제국은 안정적인 번영을 이루었지만 그의 말년은 비참했다. 그가 병들자 아들들의 왕위 다툼이 심해졌다. 그런데 삼남인 아우렝제베가 아버지를 궁에 유폐시키고 6대 황제에 올랐다. 아우렝제베는 아버지 자한이 죽기까지 아버지를 찾지 않았다. 자한은 유폐된 방에서 자신이 건축한 타지마할을 보며 뭄타즈 마할을 그리워했다고 한다.

1658년부터 1707년까지 49년간 통치한 아우렝제베는 어학을 비롯한 다방면에 능력이 뛰어났다. 그리고 신앙심이 매우 깊었다. 그는 처음에는 악바르와 샤 자한처럼 힌두교도도 많이 배려하였다. 그러나 1680년에 아우렝제베가 인두세를 부활시키며 샤리아, 즉 신법(神法)을 충실히 따르는 정책을 펼쳤다. 그래서 힌두교식 인사를 금지하고 힌두교 사원을 파괴하며 힌두교도에 대한 박해가 철저하게 시행되었다. 그리고 자신에게 반기를 든 마라타족을 소탕하는 데 오랜 기간과 많은 재정을 소비하였다. 이에 이교도의 반발이 거세지며 무굴 제국은 약해졌다.

소수의 이슬람 지배 세력이 다수의 힌두교도를 통치하기 위해선 악바르, 자한처럼 계속 이들을 존중하는 것이 필요했다. 게다가 무굴은 1739년에 이란의 나디르에게 델리가 점령당하며 큰 손실을 입었다. 또 17세기 초에 영국이 인도에 설립한 동인도 회사가 18세기에 점점 강성해졌다. 그래서 무굴 제국은 백성의 다수를 차지하는 힌두교도와 영국에 의해 계속 약해졌다. 이는 인도 전체가 점차 영국의 식민지가 되는 결과를 낳았다. 이런 가운데 겨우 수도 델리를 지키며 명맥만 유지하던 무굴 제국은 1857년에 역사 속으로 완전히 사라졌다.

그런데 소수의 이슬람 세력이 다수의 힌두 세력을 천 년이나 지배한 인도는 그 여파가 지금까지도 나타나 안타깝다. 양측의 갈등과 충돌은 1946년에 인도가 분리되어 인도와 파키스탄, 두 나라로 독립하는 결과를 낳았고 양국의 국경 분쟁은 끊어지지 않고 있다. 이런 가운데 이슬람 협력 기구 가입을 인도가 원함에도 파키스탄의 강력한 반대로 지금까지 이루어지지 않고 있다. 또 인도에 여전히 남아 있는 소수의 이슬람과 다수의 힌두가 충돌해 폭동이 발생하는 아픔도 겪고 있어 안타깝다.

10. 몸부림치는 이슬람

강해진 유럽과 약해진 오스만

오스만 제국의 전성기를 이룬 술레이만 1세는 오스트리아와 싸운 적이 있었다. 이때 오스만을 지원했던 프랑스의 프랑시스 1세는 그 대가를 요구했다. 그래서 1535년에 오스만과 프랑스는 '카피툴레이션' 조약을 맺었다. 이 조약에서 오스만은 자국 내의 프랑스 상인들에게 치외특권을 부여하였다. 이 특권으로 프랑스 상인들은 오스만 제국 내에서 세금을 내지 않고 오스만의 사법적 제약도 받지 않고 장사하게 되었다. 왜 이런 조약을 맺었을까? 프랑스의 도움을 받았다고 해도 너무 큰 특혜를 준 것 아닌가? 그런데 오스만은 이 조약으로 오히려 자국의 상업을 더욱 발전시켜 관세 수입으로 재정을 견실하게 하였다. 프랑스에 이 정도의 아량을 베풀어도 오스만은 끄떡없다는 자신감이 현실로 나타난 것이다. 이 자만이 예니체리의 규율 완화로 이어졌다 오스만에 빨간불이 켜졌지만 가장 강성한 시기였기에 아무도 이를 자각하지 못했다. 살림과 술레이만 같은 황제의 시대가 계속 이어질 줄 알았다. 그런데 술레이만이 죽은 5년 후 오스만은 1571년에 유럽과의 레판토 해전에서 패배했다. 패전으로 오스만의 힘은 약해지며 프랑스 상인에게 준 특권은 오스만에게 매우 불리하게 나타났다. 그래서 영국도 '카피툴레이션'조약을 원했고 결국 1579년에 영국과도 이 조약을 체결하였다. 이어 1613년에는 네덜란드와도 이 조약을 체결하였다.

사정이 이럼에도 오스만의 술탄은 힘을 못 쓰고 점점 예니체리가 더 설치는 세상이 되었다. 정치에 간섭하던 예니체리는 반란도 일으키곤 했다. 오스만의 오스만 2세는 예니체리를 해체하고 군대를 재조직하려다가 1622년에 오히려 예니체리에게 암살당했다.

국내 사정이 이런 오스만은 강해지는 유럽에 밀려 1686년에 현재 헝가리의 도시 부다를 잃었다. 또 1699년에는 헝가리 전체뿐 아니라 폴란드, 크로아티아, 슬로베니아, 달마티아 및 그리스 펠레폰네소스반도에 있던 영토까지 잃었다. 종이호랑이로 전락한 오스만은 1740년에 치외특권을 유럽의 모든 기독교인에게 확대 적용하게 되었다. 이로써 유럽인들이 오스만에서 마음껏 활보하였다. 치외특권을 인정하는 '카피툴레이션' 조약은 유럽이 다른 이슬람 국가에서도 이권을 챙기는 방법으로 활용되었다. 17세기에 이란도 영국 등에 이런 조약을 맺게 되었다.

그리고 오스만은 부동항을 찾아 남하정책을 펴던 러시아와 17세기 말부터 계속 충돌하였다. 급기야 1774년에 러시아와 조약을 맺었다. 이 조약에서 오스만은 러시아를 오스만 제국 내 정교와 슬라브족의 권리 수호자로 인정하는 수모를 겪었다. 게다가 1844년에 러시아의 니콜라스 1세가 오스만을 분할 통치하자고 영국에 제의하는 치욕도 당했다. 영국과 프랑스가 러시아의 남하정책을 견제했기에 오스만이 유지될 수 있었으니 얼마나 딱한가! 그래서 1854년에 발생한 러시아와의 크림 전쟁에서도 영국과 프랑스의 도움으로 오스만이 겨우 이길 수 있었다.

이런 오스만이 과거의 영광을 되찾기 위해 몸부림친 술탄이 또 있었다. 프랑스 혁명이 발생한 1789년에 술탄이 된 살림 3세는 개혁을 이끌며 여러 곳에 군사학교를 세우고 프랑스 교관을 통해 생도들을 가르쳤다. 그런데 1798년에 나폴레옹이 이집트를 침공하여 살림 3세는 영국, 러시아와 연합했다. 그러나 1798년 7월에 살림 3세는 나폴레옹에게 대패하였다. 이 여파로 그는 속주의 반란들도 완전히 진압할 힘이 없게 되었다. 그래서 1805년부터 40년 이상 이집트를 통치한 무함마드 알리는 오스만을 공공연히 거부했으나 오스만은 이를 잠재울 수 없었다. 이에 살림 3세는 개혁을 실시했는데 가장 중점 사항은 예니체리 군단을 폐지하는 것이었다. 그런데 술탄들의 이런 개혁에 늘 저항했던 예니체리는 1808년에 오히려 살림 3세를 잡아 감금하였다. 이에 살림 3세를 옹호하는 움직임이 일자 예니체리는 아예 살림 3세를 암살하였다.

살림 3세의 후임자는 1년 만에 퇴위당했다. 그 뒤를 이어 1808년에 술탄이 된 마무드 2세는 예니체리와 타협하며 예니체리의 눈치를 살폈다. 그러던 그가 1826년에 중대한 결심을 했다. 13만 명이나 되는 예니체리에 지불하는 급료를 감당하자니 국가 재정이 파산 지경에 이르렀기 때문이다. 마무드 2세가 군을 재조직할 것이란 소문을 들은 예니체리가 또 반란을 일으켰다. 그러나 마무드 2세의 준비가 철저해 예니체리는 왕궁을 점령하지 못했고 예니체리는 자기들 막사로 돌아갔다. 1826년 6월, 마무드 2세의 명령을 받은 포병은 이스탄불의 예니체리 막사에 대포를 마구 발포하였다. 이로써 오스만을 제국으로 만들고 또 오스만을 약화한 노예 용병 군단인 예니체리는 역사 속으로 사라졌다.

근 400년간 존재했던 예니체리는 사라졌지만 오스만은 이미 과거의 오스만이 아니었다. 31년간 통치한 마무드 2세가 죽은 후 왕자들의 권력 다툼이 더욱 심해졌다. 이에 술탄의 아내들도 자기 자식을 보호하려고 온갖 음모와 술수를 부렸다. 그래서 무능한 술탄들이 등장하게 되었다.

이런 오스만이 유럽의 신무기를 수입하려고 영국과 프랑스에서 거액을 빌려 재정 파탄에 빠지기도 했다. 이제 모든 것이 유럽에 뒤지게 된 오스만의 이스탄불에 철도가 건설된 것이 1888년이었다. 그런데 당시 파리는 1900년의 만국 박람회 개최를 위해 지하철을 계획하고 있었으니 오스만과 너무 차이 나지 않는가!

오스만이 약해지는 가운데 17세기 인도네시아 수마트라섬의 북쪽 아체주에는 여왕이 등장했다. 파티마의 저서 《이슬람의 잊혀진 여왕들》은 이 여왕들에 대해 이렇게 말했다. 이 섬에 14대부터 17대까지 네 명의 여왕들이 연속 통치했다. 이들은 오스만 칼리파의 인정을 요구하지도 않고 스스로 칭호를 부여했다. 1641년부터 1675년까지 재위한 여왕은 '세상의 왕관, 신앙의 순결', 1675년부터 1678년까지 재위한 여왕은 '세상의 빛, 신앙의 순결' 칭호를 부여했다. 또 1678년부터 1688년까지 재위한 여왕도 '신앙의 순결'이라고 부여했고, 1688년부터 1699년까지 재위한 여왕도 칭호를 스스로 붙였다. 여성 통치자를 인정하지 않는 이슬람 사회에서 연이은 여왕의 등장이 놀랍지 않은가! 이 여왕들이 칼리파와 상관없이 스스로 칭호를 부여한 것은 칼리파와 술탄을 겸한 오스만의 약화와 관련이 없을까?

개혁 운동과 사우디아라비아

유럽은 강해진 반면, 오스만이 약해진 18세기에 이슬람의 발생지 아랍에서 변화가 일어났다. 1702년에 태어난 와합은 1792년에 죽기까지 꾸란의 가르침으로 돌아가자고 외쳤다. 이슬람 초기의 순수한 정신으로 돌아가자는 와합의 주장에 아랍의 많은 무슬림이 동참하여 와하비 운동이 리야드를 중심으로 일어났다. 이는 이슬람교가 아랍 반도에서 탄생했음에도 불구하고 아랍이 소외된 지 오래되어 아랍에서 와하비 운동이 호응받은 것 같다. 어쨌든 이 운동의 여파로 사우디아라비아가 탄생하였다.

와합과 동맹을 맺은 이븐 사우드는 1744년에 리야드를 수도로 사우디 제1 왕국을 세웠다. 그는 1802년에 메카를 정복하며 아랍 반도를 장악하였다. 이에 위험을 느낀 오스만 제국이 이집트 총독에게 공격을 명해 1818년에 사우디 제1 왕국을 멸망시켰다.

그러나 사우드 가문은 1824년에 네지드 지역에서 사우디 제2 왕국을 세웠다. 이후 사우드 가문은 현재 아랍 에미리트의 왕실인 라시드 가문과 계속 분쟁을 겪었다. 이 내분에서 오스만의 지원을 받은 라시드 가문에게 패한 사우드 가문은 1891년에 쿠웨이트로 망명하였다. 그러다가 오스만 제국의 힘이 많이 약해진 틈을 타 사우드 가문의 압둘 아지즈가 1902년에 또 네지드에서 사우디 제3 왕국을 건국하였다. 그 후 그는 1926년에 헤자즈 왕국을 점령했다. 그는 두 왕국을 각각 다스리다가 1932년 9월 23일에 두 왕국을 통합해 사우디아라비아를 세웠다. 사우디 제3 왕국을 사우디아라비아로 발전시킨 압둘 아지즈는 자신의 이름보다 제1 왕국 건립자인 이븐 사우드로 불렸으며 백성들의 이맘이 되려고 했다. 그는 미국의 록펠러가 세운 스탠더드 정유 회사와 함께 1933년에 유전 개발에 나섰다. 그의 개발 사업은 아랍뿐 아니라 중동의 이슬람 국가들을 석유 부국으로 만드는 계기가 되었다. 그는 많은 부족과 혼인 관계를 맺어 44명의 아들을 낳았다. 그 여파로 현재 사우디아라비아의 왕족은 5천 명이 넘는다.

그리고 전 세계를 무대로 한 유럽의 식민지 쟁탈전은 19세기에 이슬람 세계에도 본격적으로 행해졌다. 1798년부터 1818년까지 인도의 대부분을 식민지로 삼은 영국은 북아프리카와 중동에선 프랑스에 뒤졌다. 나폴레옹 당시 이집트를 점령했던 프랑스는 1830년에 알제리를, 1881년에 튀니지를, 1912년에 모로코를 식민지로 삼았다. 영국은 1882년에 이집트, 1889년에 수단을 식민지로 만들었다. 영국과 프랑스에 뒤진 이탈리아가 1912년에 리비아를 점령하였다.

나폴레옹이 많은 이집트 문화재와 유물을 가지고 프랑스로 돌아간 후 무함마드 알리가 1805년부터 이집트를 다스렸다. 그는 오스만이 파견한 이집트 총독의 명령을 공공연히 거부하였다. 무함마드 알리의 손자, 이스마일 파샤의 집권기인 1869년에 프랑스인 페르디낭의 주도로 지중해와 홍해를 잇는 수에즈 운하가 개통되었다. 또 이스마일 파샤는 1,500km의 철도를 건설하고 사막을 농경지로 개간하고 서양식 학교를 건립해 이집트의 발전을 도모하였다.

자말 압딘과 범이슬람주의

이런 가운데 순수했던 초기로 돌아가자는 와하비 운동은 학자들에게도 크게 영향을 끼쳤다. 이 운동이 밑바탕이 되어 자말 압딘 알 아프가니는 범이슬람주의를 외쳤다. 범이슬람주의는 현재까지도 이슬람 세계에 큰 영향을 끼치고 있기에 자말 압딘의 삶을 간단히 살펴본다.

그는 1838년 아프가니스탄 카불 인근의 부유한 가정에서 태어났다. 자말 압딘은 많은 언어와 학문을 배우고 자라며 러시아의 내정 간섭을 겪었다. 또 그는 1857년에 인도로 가서 1년을 머물며 영국의 식민지 통치를 겪었다. 그는 아프가니스탄으로 돌아가 제자들을 가르치다가 27세에 아프가니스탄의 통치자, 아미르의 측근이 되었다. 그러나 이내 나라가 망하며 다시 인도로 간 그는 지식인과 민중을 일깨웠다. 이에 영국은 그를 위험인물로 보아 그의 인도 장기 체류를 허락하지 않았다. 자말 압딘은 1870년에 이집트로 가자마자 오스만으로 초대되어 교육위원을 맡아 활동했다. 그런데 오스만 울라마들의 질투가 심해 자말 압딘은 교육위원을 그만두었다. 그는 다시 이집트로 가 알 아즈하르에서 1879년까지 강의했다. 당시 이집트는 오스만 터키의 독재에 항거하는 세력과 근대 이슬람의 여러 개혁이 활발하였다. 그래서 그의 강의에는 많은 사람이 모여들었다. 1879년에 이집트를 통치하는 영국으로부터 추방당한 그는 인도로 다시 갔지만 인도에서도 캘커타에 격리, 구금되었다.

인도를 떠난 그는 런던을 거쳐 파리에 가서 3년간 머물렀다. 그는 파리에서 이집트와 인도의 무슬림을 주축으로 '알 우르와 알 우스까'(강건한 결속) 회를 조직해 비밀 활동을 했다. 그는 1884년 3월에 파리에서 범이슬람주의를 표방하는 회지 '알 우르와 알 우스까'를 발간해 이슬람 세계에 무료로 배부하였다.

이로써 이슬람 세계의 정신적 지도자가 된 자말 압딘은 이슬람 세계가 서구 유럽에 뒤처진 이유가 군주 독재와 광신 때문이라고 지적했다. 그래서 서구 문물 교육을 받아들일 것을 주장하며 과거의 영광을 되찾기 위해 범이슬람 운동을 부르짖었다. 그는 인종적인 연합보다는 이슬람 초기와 같이 종교적인 연합을 꾀하였다. 즉 정신적 지주인 칼리파를 중심으로 모든 이슬람 세계가 하나 되는 것을 생각하였다. 그러나 당시 이슬람 국가로서 최강국인 오스만 제국이 이 역할을 제대로 할 수 있는가에 관해 의문을 가졌다. 그래서 국가적인 연합체의 모색을 그 대안으로 생각하였다.

1886년에 자말 압딘은 이란 샤의 초대로 이란에 갔다. 그러나 독재를 펼치는 샤와 함께 하지 못하고 러시아의 상트 페테르부르크로 갔다. 그곳에서 3년간 머문 후 파리와 뮌헨을 여행했다. 이때 이란의 초청을 세 번이나 다시 받아 1889년에 다시 이란으로 갔다. 그는 담배로 영국이 이권을 챙기는 것을 막기 위해 이란에서 담배 불매 운동을 전개했다. 그리고 개혁 운동을 펼치며 민중의 지지를 받았다. 그러나 개혁을 받아들이지 못한 샤에 의해 체포되어 추방당하였다. 그래서 그는 런던으로 갔는데 1892년에 오스만 터키의 술탄, 압둘 하미드 2세의 초청장을 두 번이나 받았다. 그는 1892년에 오스만으로 가서 자신의 마지막 개혁 운동을 펼쳤다.

그는 오스만의 술탄, 압둘 하미드 2세에게 아랍어를 공용어로 추천했다. 또 지방 분권주의와 입헌 군주제를 내세우며 칼리파인 술탄에게 '충성 서약'을 하였다.

그러나 술탄은 자말 압딘을 통해 민중의 지지를 얻어 강력한 중앙 통치를 이루길 원했었다. 그러기에 술탄이 자말 압딘을 끝까지 안고 갈 수가 없었다. 둘 사이의 골은 깊어져 결국 자말 압딘은 자신이 했던 충성 서약을 취소하였고, 1897년 5월에 이스탄불에서 사망하였다.

한편 크림 전쟁 이후에도 러시아는 부동항을 얻으려고 발칸반도에 대한 욕심을 버리지 않아 영국, 프랑스, 독일이 이를 막았다. 발칸반도가 유럽의 화약고가 된 가운데 오스트리아-헝가리 제국이 1909년에 발칸반도의 보스니아를 점령하였다. 그리고 1911년에 오스만이 이탈리아와의 전쟁에서 패했다. 이에 힘을 얻은 그리스, 세르비아 등의 발칸 동맹국이 오스만을 상대로 1912년 10월에 1차 발칸 전쟁을 일으켰다. 그 결과 불가리아가 독립하고 발칸반도에서 오스만의 영토는 동유럽 쪽의 83%나 줄었다. 승전한 발칸 동맹국은 마케도니아 땅 배분을 놓고 1913년 여름에 한 달간 2차 발칸 전쟁을 벌였다. 그리고 1914년에 오스트리아-헝가리 제국의 황태자 부부가 자기들이 합병한 발칸반도 보스니아의 군대 사열을 받으려고 보스니아의 수도 사라예보로 갔다. 그런데 황태자 부부가 암살당했다. 이 사건이 계기가 되어 곧 제1차 세계 대전이 발생했다. 오스만은 독일 편이 되어 4년간 전쟁한 후 1918년에 패전국이 되었다.

이후 오스만은 1924년에 칼리파 제도와 술탄 칭호의 폐기를 선언했다. 또 국명을 터키공화국으로 변경하며 '오스만'을 국호에서 지웠다.

칼리파제의 폐기 선언으로 당시 인도의 7천만 무슬림과 전 이슬람 세계가 충격을 받았다. 많은 무슬림이 상징적이라도 칼리파의 필요성을 제기하며 터키에 대한 비난을 쏟아냈다. 그러나 신생 터키 공화국은 작심한 듯 개혁이라는 이름으로 반이슬람, 친서구 정책을 마구 쏟아냈다. 이슬람법으로 재판하는 샤리아 법원을 폐지하고 일반 법원으로 바꾸었다. 학교 교육에서도 이슬람 교육과 아랍어 교육을 폐지하고 서구 문물을 교육하였다. 마침내 1928년에는 헌법 2조 "터키의 종교는 이슬람이다."라는 조항도 삭제하였다. 또 금요일 대신 일요일을 공휴일로 정하고 이슬람력인 히즈라력도 폐지해 태양력만 사용하고 모스크의 수도 제한하였다. 게다가 아랍어로만 출판되던 꾸란을 터키어로 번역하여 모스크에서 낭송해 이슬람 세계의 공분을 일으키기도 했다.

그런데 터키의 칼리파제 포기를 기다렸다는 듯 이틀 후 아랍 반도의 히자즈에서 후세인 왕이 자신이 칼리파임을 선언했다. 그러나 이내 와하비에 의해 퇴진 당하며 칼리파는 완전히 사라졌다. 이때 이슬람 칼리파제의 부활에 대한 카이로 회의가 1924년 3월에 개최되었다. 이후 이집트의 후아드 왕을 칼리파로 옹립하려고 1926년 개최 예정인 이슬람 총회에 대한 초청장이 '알 아즈하르' 명의로 발송되었다. 그런데 세계 최대 공산 국가인 소련의 무슬림은 비자가 발급되지 않아 불참했다. 하지만 각국의 많은 대표가 참석했다. 그러나 카이로 총회는 칼리파의 필요성만 인정했을 뿐 후아드의 옹립에는 실패했다. 1차 세계 대전의 승전국인 영국과 프랑스의 신탁 통치를 받고 있던 대부분의 이슬람 국가들은 독립국의 쟁취가 그들의 최우선 과제였기에 후아드의 추대에는 한마음이 될 수 없었다.

더군다나 이 총회를 주최한 '알 아즈하르' 대학의 학자인 알리 압둘 라지끄는 칼리파제 무용론을 밝히며 이렇게 말했다. "완벽한 경전이라는 꾸란에는 칼리파제가 이슬람의 의무 제도라는 명확한 규정이 없다. 꾸란 2:30, 38:26에는 애매모호한 표현이 있을 뿐인데 수니파는 이것을 칼리파의 근거로 삼는다." 알리 압둘 라지끄는 칼리파제의 이슬람 법적 정통성을 부정하여 울라마들에게 이단으로 탄핵받았다. 그러나 그는 칼리파제가 이슬람의 유일한 통치 제도가 아니고 칼리파제 폐기가 현대에선 오히려 유익하다고 말했다(손주영의《이슬람 칼리파制史》에서 인용함). 그의 주장과 자말 압딘이 말한 국가 연합체로의 범이슬람주의가 100년이 지난 지금까지 많은 공감을 얻고 있다.

아랍과 이스라엘의 중동 전쟁

2차 세계 대전이 1945년에 끝나며 강대국의 지배 하에 있던 많은 나라들이 그토록 원하던 독립을 이루었다. 이때 중동과 북아프리카의 이슬람 국가들도 유럽으로부터 독립하였다. 이 시기에 예루살렘을 포함한 팔레스타인에도 엄청난 변화가 일어났다. 히틀러에게 600만 명이나 학살당한 유대인들이 똘똘 뭉쳐 나라를 세운 것이다. 1,900년 동안 나라 없이 세계 각처에 흩어져 살았던 이들이 도대체 어떻게, 어디에서 나라를 세울 수 있겠는가! 인류 역사상 천 년 이상 흩어져 산 민족이 나라를 세운 예가 없지 않은가! 한군데 모여 살지 않으면 건국은 고사하고 민족 자체가 사라졌지 않은가! 그런데 유대인은 세 번이나 디아스포라를 당해 뿔뿔이 흩어졌음에도 그 긴 세월 동안 사라지지 않았다. 나라 없이도 잘 살던 유대인들이 히틀러에게 당하며 나라의 필요성을 절감했다. 그래서 이들은 신이 약속했고 조상들이 살았던 시온(예루살렘)으로 돌아가자고 외쳤다.

그러나 2,000년 전에 조상들이 살았던 팔레스타인에는 벌써 천 년 이상 아랍 무슬림이 살고 있었다. 또 이때는 영국의 통치를 받고 있어 산 넘어 산이었다. 그리고 유대인이 시오니즘을 외친 이때 팔레스타인 인구 중 유대인은 1/4 정도로 미미했다. 게다가 유대인이 소유한 땅은 팔레스타인 전체의 7%였다. 이런 가운데 유대인의 건국 추진을 들은 아랍인의 거센 반발로 팔레스타인은 날이 갈수록 심한 내분에 휩싸였다. 상황이 이런데 신께 아무리 기도한다고 해도 유대인이 팔레스타인에서 건국할 수 있을까?

그런데 신의 응답인지 기적이 일어났다. 1947년 11월에 UN에서 팔레스타인 분할안이 통과된 것이었다. 히틀러에게 학살당한 유대인을 각국의 지도자들이 불쌍히 여긴 결과였다. 이 안은 팔레스타인을 유대인 지구와 아랍인 지구로 나누며, 예루살렘은 UN의 관할로 한다는 것이었다. 그리고 UN이 정한 유대인 지구가 전체의 56%인데 전체 올리브 농장의 약 4/5가 이에 속했다. 이 소식을 들은 아랍인은 분노했고 유대인은 환영했다. 그래서 유대인은 이를 토대로 건국에 집중했고 팔레스타인은 내전에 빠졌다.

이 와중에 1948년에 영국군이 철수하자 그해 5월 14일에 유대인은 드디어 이스라엘 건국을 선언하였다. 당시 미국과 유럽을 비롯한 세계의 많은 유대인이 입국해 건국에 동참하였다. 그럼에도 불구하고 'The TIMES of Israel'에 의하면 이때의 이스라엘 인구는 806,000명에 불과했다고 한다.

그런데 건국 선언 이틀 후인 1948년 5월 16일에 이집트의 전투기가 이스라엘을 폭격하였다. 이로써 1차 중동 전쟁이 시작되었다. 이집트는 시리아, 요르단, 레바논, 이라크와 연합하여 이스라엘을 공격하였다. 코딱지만 하게 갓 태어난 이스라엘의 건국을 깨고 아랍의 통치를 유지하려고 5개국이 뭉쳤다니 얼마나 놀라운가! 전쟁이 터졌는데 이스라엘은 무기도 부족하고 전투 경험도 없었다. 그럼에도 엄청난 비극 끝에 1,900년 만에 세운 나라를 또 잃지 않으려고 모든 국민이 똘똘 뭉쳐 싸웠다. 그래서 아랍 연합군은 기습적으로 선제공격했음에도 불구하고 20일이 지나도 이스라엘의 땅을 빼앗지 못했다. 이때 스웨덴은 휴전 회담을 중재하였고 이에 따라 이스라엘은 시간을 벌었다. 그사이에 이를 지켜보던 미국이 이스라엘에 무기를 지원하였다. 이에 이스라엘은 이집트의 카이로, 시리아의 다마스쿠스, 요르단의 암만을 폭격하며 승기를 잡았다. 아랍 연합군에 예멘, 사우디아라비아, 모로코 등 더 여러 국가가 참여했지만 역부족이었다. 이로써 9개월간 지속된 전쟁은 이스라엘의 승리로 끝나며 1949년 2월에 평화 회담이 조인되었다. 이 전쟁의 결과 이스라엘은 비로소 유대인 지구 전부를 장악하였다. 게다가 아랍인 지구의 60%도 장악했다. 이집트는 가자 지구를, 요르단은 요르단강(성경의 요단강) 서안을 장악했다.

이 중동 전쟁을 아랍-이스라엘 전쟁으로도 부르는데, 이 1차 중동 전쟁은 이스라엘 독립 전쟁으로도 부른다. 인구가 근 100배 이상 많은 아랍 연합군이 갓 태어난 이스라엘에 완패하는 것을 보고 전 세계가 놀랐다. 그리고 아랍은 미국이 이스라엘의 건국과 이 전쟁을 도왔다고 생각해 아랍의 반미 감정은 이때부터 싹이 텄다.

2차 중동 전쟁은 수에즈 운하가 원인이었기에 '수에즈 위기'라고도 부른다. 지중해와 홍해를 잇는 수에즈 운하는 프랑스의 외교관이자 기술자인 페르디낭의 주도로 11년간 공사한 끝에 1869년 11월에 개통되었다. 당시 이집트는 영국이 통치했기에 수에즈 운하는 프랑스인과 영국인이 설립한 '수에즈 운하 회사'에 의해 운영되었다.

그런데 1952년에 이집트 국왕을 몰아내고 대통령이 된 나세르가 1956년 7월에 수에즈 운하의 국유화를 선언했다. 이에 이스라엘이 발끈했다. 왜냐하면 이스라엘의 해안 국경이 지중해와 홍해이기에 자국 선박의 안전 통행이 불안해졌기 때문이다. 결국 이스라엘은 1956년 10월 29일에 이집트를 공격하였다. 공격 목적은 수에즈 운하에 대한 권리를 영국과 프랑스에 돌려주고 나세르를 축출하려는 것이었다. 이에 영국과 프랑스가 가세해 삼국 동맹을 보여주었다. 그러나 세계 대전을 염려한 미국과 소련의 주도로 동년 11월 14일에 UN에서 UN군 파견과 정전 안이 통과되었다. 이에 영국과 프랑스는 즉각 철수하였다. 이후 이스탄불에서 열린 회담에서 전쟁 시에도 모든 선박이 수에즈 운하를 통행할 수 있도록 합의되었다.

3차 중동 전쟁은 1964년부터 시작된 아랍 게릴라의 활동이 불씨가 되었다. 1967년 4월에 이스라엘은 게릴라의 본거지인 시리아를 공격해 게릴라 기지를 거의 궤멸시켰다. 이에 범아랍주의를 외치던 이집트의 나세르가 티란 해협을 봉쇄해 이스라엘 선박

항해를 막았다. 그리고 시나이반도에 대군을 보내며 아랍의 단결을 호소했다.

이렇게 하여 1967년 6월에 시작된 이 전쟁은 6일 만에 끝났기에 '6일 전쟁'으로도 부른다. 전투가 시작되자 이스라엘은 곧 전투기를 총동원해 이집트 카이로의 전투기 300여 대를 약 세 시간 동안 격파했다고 한다. 다음 날은 시리아, 요르단, 이라크의 전투기 400여 대를 격파하며 일찌감치 승리를 결정지었다. 이스라엘은 이 전쟁을 통해 영토를 3배나 넓혔다. 이집트로부터 가자 지구와 시나이반도를, 시리아로부터 골란고원을, 요르단으로부터 동예루살렘과 요르단강 서안을 빼앗았다.

4차 중동 전쟁은 1973년 10월에 발생했다. 이때는 이스라엘의 명절인 욤키푸르(대속죄일)이었고 이슬람력으로도 라마단 명절이었다. 욤키푸르는 이스라엘력으로 7월 10일인데 초막절 전에 금식하며 신에게 속죄를 비는 날이다. 그래서 이 전쟁을 욤키푸르 전쟁 또는 라마단 전쟁으로도 부른다.

이 전쟁은 사다트 대통령의 명령으로 이집트군이 시나이반도를 공격하고 동시에 시리아가 골란고원을 공격함으로 시작되었다. 그동안의 승리로 자만심에 빠진 이스라엘은 금식하는 명절에 발생한 전쟁 초기엔 저항도 못 했다. 그래서 아랍 연합군의 승리가 바로 눈앞에 보였다. 그러나 명절 후 전열을 정비한 이스라엘이 반격을 개시하며 상황은 바뀌었다. 이 전쟁은 미국이 이스라엘을, 소련이 이집트와 시리아를 적극적으로 지원해 양 강대국의 대리전 성격을 띠었다. 그래서 미국과 소련이 직접 부딪힐 위기의 순간에 UN의 중재로 휴전되었다.

그 이후 이스라엘은 지금까지 주변의 아랍 국가들과 끊임없이 다투고 있다. 이런 가운데도 이스라엘의 인구는 계속 늘어 2021년 인구는 약 930만 명으로 건국 당시보다 10배 이상 증가했다. 그래도 주변 아랍에 비하면 여전히 미미하다. 그런데 이상하게도 아랍 연합군은 단 한 번도 완승한 적이 없었다. 왜 그랬을까? 신의 뜻인가? 필자는 티무르도 감탄했던 이븐 할둔의 말을 빌리고자 한다. 신의 뜻도 있겠지만 아사비아가 높은 이스라엘이 아사비아가 낮은 아랍을 이겼다. 1970년대 필자가 중학생일 때 수업 시간에 한 선생님에게서 들은 말씀이 귓가에 아직도 쟁쟁하다. "인구가 수십 배나 많고 땅도 수백 배나 넓은 아랍이 이스라엘을 포위해 산다. 그럼에도 싸움만 하면 진다.

와 그런지 아나? 정신 상태가 글러 먹었기 때문이다. 전쟁이 터지면 이스라엘은 외국에 유학 간 아도 돌아온다는 데 아랍은 안에 있는 놈도 토낀다 안 카나?"

유럽의 식민지에서 해방된 기쁨은 잠시고 경상도보다 작다는 이스라엘의 눈치를 보는 거대한 아랍이 애처롭지 않은가!

OIC(이슬람 협력 기구)

20세기 중반의 중동 아랍 국가들에겐 호재와 악재가 겹쳤다. 호재는 유전 개발 성공이고 악재는 중동 전쟁 패배였다. 3차 중동 전쟁이 발발하기 3년 전인 1960년에 석유 수출국 기구인 OPEC가 창설되었는데 회원국의 대부분은 아랍 국가이다. 유전 개발로 인한 오일 달러는 중동의 아랍 국가에 새로운 활력소가 되었다. 그럼에도 이슬람 세계는 수니파와 시아파의 케케묵은 갈등, 독재와 부패, 중동 전쟁, 친미와 친소련으로의 분열 등으로 하나 되지 못하고 매우 복잡하였다.

이런 가운데 이슬람의 새 구심점을 찾으려는 움직임이 일어났다.

마침내 1969년에 OIC(Organization of Islam Conference, 이슬람 회의 기구)가 창설되었다. 본부는 이슬람이 태동한 사우디아라비아에 두었다. 회원국이 57개국이나 되었다. 또 옵서버 준회원국으로 보스니아, 북키프로스공화국, 중앙아프리카공화국, 태국, 러시아가 있다. '무슬림이 전 국민의 8%에도 못 미치지만 약 1억의 무슬림이 있는 인도는 정회원 가입을 원하였다. 그러나 2억 2천만 인구의 절대다수가 무슬림인 파키스탄과 국경 분쟁을 겪으며 파키스탄의 강력한 반대로 인도의 가입은 안 되었다.'

정회원과 준회원국 모두 무슬림 인구가 그 나라 인구 중 가장 많은 것은 아니다. 오히려 기독교 인구가 더 많은 정회원국이 6개국이나 된다. 이 가운데 가봉은 무슬림이 1%인데 기독교는 약 65% 내외이다. 모잠비크, 카메룬, 토고는 무슬림보다 기독교가 배나 더 많다. 무슬림에 대한 기독교 비율은 남미의 가이아나는 5배 이상, 수리남은 3배나 된다. 가입에 실패한 인도, 준회원국 러시아, 태국도 무슬림보다 다른 종교가 훨씬 많다.

이런 사실은 OIC가 자말 압딘의 범이슬람주의를 충실히 따르지 않는 조직임을 보여준다. 한마디로 OIC는 종교 조직이 아니고 정치 조직인데 이슬람 이름하에 모였다. 그래서 OIC는 2011년에 이름을 Organization of Islam Cooperation, 이슬람 협력 기구로 바꾸었다. 그러나 영어 약자는 OIC로 그대로다. 이는 참여 동기가 정치적임을 더욱 잘 나타내는 명칭이다.

그래서 57개 회원국 중에 국교가 이슬람인 국가는 42%인 24개국뿐이다. 이들 국가는 다음과 같다. "카타르, 리비아, 몰디브, 말레이시아, 모로코, 바레인, 방글라데시, 브루나이, 소말리아, 아랍에미리트, 알제리, 오만, 요르단, 이라크, 이집트, 코모로, 쿠웨이트, 튀니지, 사우디아라비아, 모리타니, 이란, 아프가니스탄, 예멘, 파키스탄."

기자 출신 김동문 작가의 저서,《기독교와 이슬람 공존과 갈등》에 의하면 전 국민의 90% 이상이 무슬림인데도 이슬람이 국교가 아닌 나라는 알바니아, 아제르바이잔, 감비아, 코소보, 말리, 세네갈, 시리아, 타지키스탄, 터키, 투르크메니스탄, 우즈베키스탄 등이다.

이슬람법으로 재판하는 신정 국가는 사우디아라비아, 모리타니, 이란, 아프가니스탄, 예멘, 파키스탄이다.

그리고 이슬람에서 타 종교로의 개종을 불법으로 처단하는 국가는 사우디아라비아, 아프가니스탄, 파키스탄, 이집트, 이란, 몰디브 등이라고 한다. 이를 어기면 징역형이나 최고 사형에 처할 수도 있다. 선교사들의 증언에 따르면 실제로 사형이 집행됨에도 비밀리에 모이는 기독교의 지하 교회가 있다고 한다. 게다가 그 수가 줄지 않는다니 얼마나 놀라운가! 그런데 이렇게 엄격한 나라일수록 여성의 교육과 사회 활동에는 많은 제약이 있다니 안타깝지 않은가!

그리고 김동문의 저서에 의하면, 2008년에 이집트에서 개종을 이유로 3년 징역형을 선고했다고 한다. 이혼이 허락되지 않는 이집트 정교회 교인이었던 한 남성이 이혼하려고 1962년에 이슬람으로 개종하였다. 그는 이혼한 후에 곧 다시 이집트 정교회 교인이 되었다. 이때 그는 신분증에 다시 이집트 정교회 교인 표시를 했지만 호적은 바뀌지 않았다. 한 번 이슬람교 신자가 되면 호적이 바뀌지 않기 때문이었다. 이런 사실을 전혀 모르고 이 남성의 두 딸이 계속 이집트 정교회 활동을 하였다. 그런데 법은 아버지가 잠시라도 무슬림이었으면 그 자녀도 무슬림으로 간주하였다. 그래서 이집트 법원은 40대 후반의 두 딸에게 무슬림 정체성 위반으로 3년 징역형을 선고했다고 한다. 아버지가 잠시라도 무슬림이었다면 자녀의 종교 선택권은 전혀 인정되지 않으니 놀랍지 않은가! 이후 이와 같은 판례는 없다는데 그 이유는 개종 사실을 비밀로 하기 때문이라고 한다.

그러나 타 종교에서 이슬람으로의 개종은 환영한다니 너무 이기적이지 않은가! 법이 이렇기에 자신의 진짜 종교를 숨기는 사람들이 늘지 않겠는가?

이슬람 국가 중에 타 종교로 개종이 허용되는 국가도 있다. 카자흐스탄, 키르기스스탄, 우즈베키스탄, 투르크메니스탄, 타지키스탄, 터키가 개종을 허락한다고 한다.

그리고 대부분의 이슬람 국가가 일부다처제를 시행하고 있는데, 터키와 튀니지는 이를 불법으로 금지하고 일부일처제를 시행하고 있다. 특이한 것은 인도와 싱가포르가 무슬림 국민에겐 일부다처를 허용하고 있다는 것이다.

이제 동남아의 이슬람 사회가 타 지역과 두드러지게 다른 것을 살펴본다. 이슬람이 시작된 동기부터 다르다. 타 지역은 전부 아랍의 정복 전쟁으로 이슬람화가 강제로 시작되었다. 그러나 동남아는 아랍 무역상과 수피즘의 포교로 시작되었다. 이렇게 시작된 이슬람교가 일반화된 데는 말레이 왕국이 큰 역할을 했다. 국왕이 아랍 무역상들과의 교류를 증진하게 시켜 부국을 만들려고 이슬람교로 개종했다. 국왕의 개종은 백성의 개종을 유발했다. 말레이의 후손이 말레이시아와 인도네시아이다. 정복당한 곳이 아니기에 아랍의 총독이 파견되지도 않았다. 그래서 출발 때부터 지금까지 타 지역과 여러 면에서 차이를 보일 수밖에 없었다.

세계 최대 섬나라, 세계 4대 인구 대국인 인도네시아는 2억 8천만 인구 중 무슬림이 약 2억 이상으로 세계 최대 무슬림 국가이다. 그런데도 인도네시아는 1949년에 완전히 독립한 이후 지금까지 이슬람교를 국교로 정하지 않고 있다. 약 2천만의 개신교인과 약 8백만의 가톨릭교인 그보다 더 적은 힌두교와 불교, 유교 국민을 존중하기 때문이다. 특히 개신교 집단 거주지의 독립을 방지하려고 이슬람을 국교로 정하지 않는다고 한다. 다민족, 다종교로 인한 다문화 사회 국가의 고민이 느껴지지 않는가?

그리고 인도네시아와 뿌리가 거의 같으며 이웃한 말레이시아는 3,230만 인구 중 무슬림이 약 2천만인데 이슬람교가 국교이다. 그러나 약 650만의 불교, 각각 약 3백만의 기독교, 힌두교 국민을 존중해 종교의 자유를 허용한다. 세월이 흐르며 말레이시아도 다민족, 다종교의 다문화 사회로 바뀌었기 때문이다. 그래서 무슬림을 위해 신법이 적용되는 이슬람 법원과 비무슬림을 위한 세속 법원이 각각 존재한다.

네덜란드의 300년 통치에서 독립한 인도네시아와 영국의 200년 통치에서 독립한 말레이시아는 타지역의 이슬람 국가에 비해 훨씬 개방적이다. 특히 여성의 대학 진학률과 공직 사회 진출은 타 지역의 많은 이슬람 국가와 비교가 안 될 정도로 압도적으로 높다. 인도네시아 여성의 대학 진학률은 최근에 남성보다 오히려 높다. 둘 다 50%에 못 미치지만, 여성이 좀 더 높다니 얼마나 놀라운가! 그런데 말레이시아의 경우는 더 심해 최근 여대생이 남대생보다 거의 배 가까이 많다. 이는 돈이 많은 중국계의 대학 입학 인원을 제한해 중국계가 영국 등으로 유학을 많이 하러 가기 때문이라고도 한다. 이유가 어떻든 한국보다 높은 비율이 놀랍지 않은가! 또 말레이시아의 여성 공무원이 1990년에도 남자보다 많은 것 같아 놀랐다고 거기에서 근무했던 김 모 씨는 말한다. 타 지역의 많은 이슬람 사회에선 상상도 못 할 일 아닌가! 교육의 기회조차 제대로 주지 않고 홀대하는 지역의 여성들이 이를 알면 얼마나 부러워하겠는가!

그런데 동남아는 어째서 이럴까? 타 지역은 정복 전쟁으로 이슬람화되었고, 동남아는 순전히 전도로 이슬람화되었기 때문인가? 또 중동과 북아프리카보다 동남아가 훨씬 오래 유럽의 식민지로 있으며 영향을 더 많이 받았기 때문인가? 그리고 동남아에서도 말레이시아의 여성 진출이 더 뛰어난 이유는 뭘까? 말레이시아가 1957년 완전히 독립할 때 영국의 젊은 여왕 엘리자베스의 존재에 자극받았기 때문인가?

그런데 이와 달리 인도네시아에서는 아직도 초등 교육조차 못 받은 여성이 남성보다 배나 더 많다고 한다. 그 수가 무려 1천만 명이 넘는다니 얼마나 안타까운가! 이 인도네시아의 가장 큰 명절은 이슬람력 10월 한 달간이다. 이슬람력으로 9월 라마단 금식이 끝나면 10월의 첫날은 대부분의 이슬람 국가는 휴일로 즐긴다. 그런데 인도네시아는 10월 한 달 내내 명절로 지낸다고 한다. 이 기간에 고향을 찾아 인사하고 주변 사람들에게 그동안의 잘못에 대해 용서를 구한다고 한다. 너무 긴 명절 분위기에 타국의 무슬림이 놀랄 지경이라니 대단하지 않은가!

그리고 필리핀은 약 1억 인구의 15%가 무슬림이다. 이들은 필리핀에서 두 번째로 큰 섬인 민다나오섬을 거점으로 독립을 요구하며 정부군에 맞서고 있다. 알 카에다가 무기를 제공하며 돕는 것으로 안다고 마닐라의 교민이 말했다. 한편 불교 국가로 유명한 태국은 약 7천만 인구 중 약 5백만 명이 무슬림이다. 이들은 남부에 집단 거주하고 있다. 태국 정부는 이들을 배려해 이 지역의 이슬람 여성 경찰에게 히잡의 착용을 허용하고 있다고 한다.

팍스 아메리카나와 이슬람 난민

'팍스 로마나'란 말이 있었다. '로마에 의한 평화'란 뜻이다. 이 평화는 진정한 평화라기보다는 강요된 평화이다. 그렇지만 이 세상에 진정한 평화는 있을 수 없기에 이 평화도 의미가 있다. BC 6세기에 지중해 세계의 변두리에 건립된 로마가 지중해 세계의 지배자가 된 후에 '팍스 로마나'란 말이 생겼다. 팍스 로마나 시대에 지중해 세계는 평화로웠을까? 대체로 그랬던 것 같다. 로마는 피정복지의 종교와 어느 정도의 자치권을 인정했기 때문이다. 그래서 완전한 자주독립만 부르짖지 않으면 로마의 그늘에서 평화를 누릴 수 있었다. 그러나 유대인처럼 계속 독립 투쟁하면 오히려 고통스러웠다. 유대인들은 독립을 요구하다가 AD 70년에 오히려 나라를 완전히 잃고 세 번째 디아스포라를 당했다. 팍스 로마나를 거부한 유대인은 세계 각처에 흩어져 살게 되었다. 1,900년이 지나 히틀러에 의해 600만 명이 학살당한 후에 겨우 독립해 다시 이스라엘을 세웠다. 팍스 로마나를 거부한 대가가 너무 컸지 않은가?

팍스 로마나 시대를 구가한 로마는 313년에 기독교를 공인하고 콘스탄티노플을 건설하여 콘스탄티누스 황제와 중심 세력이 이주하였다. 중심 세력이 빠져나가 약해진 로마는 어이없이 야만인이라 불린 게르만 민족에게 476년에 망했다. 그러나 콘스탄티노플의 동로마 제국 비잔틴은 로마의 힘을 계속 유지하지 못했다. 비잔틴에 의한 평화가 구현되는 곳은 좁아졌다.

이 와중에 무함마드가 세운 이슬람은 아랍 반도를 뛰어넘어 외지 정복에 나섰다. 무서운 기세로 여기저기 정복한 이슬람으로 인해 '팍스 아라비아나', 즉 '아랍에 의한 평화'가 형성되었다. 지중해 세계와 적도 인근의 미들 벨트(Middle Belt) 지역엔 이슬람에 의한 평화 체제가 구축되었다. 그러나 팍스 아라비아나는 팍스 로마나와 달랐다. 다신교 시대에 전성기를 구현했던 로마였기에 로마는 종교의 자유를 허락했었다. 그런데도 유독 일신교인 기독교를 탄압하다가 오히려 기독교를 국교로 삼았다. 그러나 팍스 이슬람나는 종교의 자유를 허락할 수 없었다. 다만 이슬람은 같은 일신교 뿌리인 기독교와 유대교 교도들에겐 인두세를 받고 이들이 모욕감을 느끼면서 자신의 신앙을 갖게 했다. 이런 이슬람은 영토 확장이 빨랐던 만큼 분열도 빨랐다. 수니파와 시아파의 분쟁뿐 아니라 수많은 소 군주들이 명멸하였다. 그래서 이슬람에 의한 평화는 불안정하고 국지적일 수밖에 없었다. 또 유럽을 떨게 했던 오스만 튀르크의 위력도 백 년을 넘지 못했다.

이런 가운데 로마의 힘을 회복한 유럽은 전 세계로 뻗어갔다. 이에 따라 유럽인은 좋았겠지만 전 세계는 몸살을 앓았다.

이때 1776년에 독립한 미국은 불과 백 년 만에 세계무대의 중심에 들어섰다. 이후 1, 2차 세계 대전을 거치며 미국은 소련과 함께 세계 최강국이 되었다. 이때 미국은 자본주의 체제의 진영에 '팍스 아메리카나'를 구축하고 있었다. 그러다 20세기 말에 소련이 몰락하며 미국은 세계의 유일한 초강대국이 되었다. 이로써 팍스 아메리카나 시대가 전 세계를 무대로 열렸다.

미국이 세계 평화를 유지하는 세계 경찰이 된 것이다. 이는 세계의 주요한 전략적 지역마다 미군이 주둔하기에 가능했다. 팍스 아메리카나에 도전장을 던진 세력이 있는데 바로 중국, 러시아와 이슬람 무장단체이다. 세계의 공장으로 성장한 세계 최대 인구 대국인 중국은 막강한 경제력으로 미국과 머니 전쟁을 키우고 있다. 유라시아 대륙에 걸쳐 세계 최대 영토를 보유한 러시아는 구소련의 막강한 화력을 이어받아 미국을 견제한다. 다만 이들은 미국과의 물리적 충돌을 애써 피하는 양상이다. 이들과의 직접적 충돌은 세계 경찰 미국도 자제심을 발휘한다.

그런데 이슬람 무장 단체는 중국, 러시아와 반대로 미국에 물리적인 저항을 끊임없이 하고 있다. 미국도 이들에 대해선 자제하지 않는다. 이슬람의 미국 항전은 시아파의 맹주인 이란을 제외하면 국가적 항전은 거의 없다. 오히려 수니파의 맹주인 사우디아라비아와 많은 중동 국가들은 친미 성향이다.

그러나 소재 파악이 힘든 이슬람 무장 단체들은 미국을 제1의 지하드 대상, 즉 거룩한 전쟁 대상으로 부른다. 이슬람 무장 단체들의 항전 대상은 20세기에는 주로 미군이었다. 그러나 21세기 들며 지하드의 대상이 일반 시민을 향한 '묻지 마' 테러로 바뀌며 전 세계를 공포에 떨게 하고 있다. 알 카에다, 탈레반, IS 같은 단체들은 테러 발생 후 자기들의 업적이라고 곧 밝혀 자기들끼리 주도권 경쟁을 하는 모습도 보인다.

이런 민간인 테러의 신호탄은 2001년 9월 11일에 미국의 뉴욕에서 터졌다. 이것은 쌍둥이 빌딩인 무역 센터를 비행기로 박아 2,996명의 사망자와 6,000여 명의 부상자를 낸 가공할 테러였다. 지구촌을 경악하게 한 이 테러는 이슬람 무장 단체뿐 아니라 미국에 저항하는 이슬람 국가 지도자에 대한 미국의 응징을 정당화시키는 결과를 낳았다. 이렇게 하여 이슬람 사회에 난민이 발생하였다.

그리고 팍스 아메리카나에 동조하는 유럽의 곳곳에도 묻지 마 테러가 발생했다. 파리, 런던, 마드리드, 니스 등의 극장, 지하철, 해변 휴양지에서 발생한 테러는 이슬람을 테러 단체로 각인시켰다. 이에 따른 미국과 유럽의 응징은 더 많은 이슬람 난민을 양산했다. 일부가 팍스 로마나에 맞서 전체 유대인이 난민이 되었던 것처럼, 팍스 아메리카나에 맞선 과격 단체 때문에 선량한 이슬람 난민이 계속 늘어 갔다.

여기에 이슬람 국가 지도자들의 독재와 부정부패는 새로운 난민을 만들었다. 2010년 12월에 북아프리카 튀니지에서 부패한 경찰의 과한 노점 단속에 26세의 한 청년이 분신자살하였다. 2011년에 대통령이 사퇴하기까지 발생한 민중의 봉기를 '재스민 혁명'으로 불렀다. 이는 튀니지의 국화가 재스민인 것에서 부른 명칭이다. 이 혁명의 불길은 북아프리카의 이슬람 국가를 거쳐 아랍권 전체로 퍼졌다. 민중은 봉기했지만 부패한 정권은 쉽게 물러나지 않고 장기화하는 과정에서 난민은 증가할 수밖에 없었다.

팍스 아메리카나에 맞선 탈레반이 부패한 아프가니스탄 정부를 무너뜨린 2021년 여름에 이슬람 난민들은 또 크게 발생했다. 그동안 난민 수용은 미국과 유럽의 몫이었다. 이 문제에 소극적이었던 한국이 이번엔 다른 모습을 보였다. 8월에 전세기를 카불 공항에 보내 380여 명의 난민을 한국으로 데리고 와서 돌보고 있다. 이들이 도착한 지역에는 환영 현수막이 넘쳤다. 또 이들을 돕기 위해 성금까지 내는 따뜻한 마음도 많았다. 그러나 모든 국민의 마음이 환영 일변도는 아닌 것 같았다. 세계의 경제 대국으로 성장한 한국의 현실상 이 정도는 감당할 수밖에 없다는 마음도 있었다. 이슬람 과격 단체들의 많은 무고한 테러를 들먹이며 '하필이면 이슬람 난민을 도와야 하나'라는 자괴 섞인 안타까운 푸념도 있는 듯했다.

이슬람 난민들은 이슬람 지도자들의 잘못으로 가장 큰 피해를 겪고 있다. 팍스 아메리카나 시대의 미국이 자기들 이익을 위해 세계의 경찰 노릇을 하고 있음은 누구나 다 안다. 그래서 세계 경찰에 공정을 기대하지 않는다. 미국의 뒤를 이어 세계 경찰이 되겠다는 중국과 러시아도 마찬가지다. 다 경찰복을 입은 강도일 가능성이 크다. 이런 경찰에 목숨 걸고 지하드를 하는 자들을 우리는 칭찬하고 격려해야 하는데 오히려 나무랄 수밖에 없다. 이들은 왜 무고한 일반인에게 무차별 테러를 일삼아 이슬람 난민들의 처지를 더욱 어렵게 하는가? 무고한 사람을 죽여도 된다고 꾸란이 가르치는가? 그리고 심판자의 역할을 할 정도로 자기들은 과연 깨끗한가? 지하드를 외치는 자들이 꾸란을 제대로 이해하지 못하고 꾸란의 모태가 되는 성경을 도통 모르는 것 아닌가? 다음부터 시작되는 이 책의 3부를 참고하여 무슬림과 비무슬림이 모두 깊이 고찰하기를 소망한다.

제3부

꾸란과 성경의 대비

11. 꾸란과 성경의 차이

꾸란을 번역한 최영길 교수가 사우디아라비아의 지원으로 그곳에 유학 가는 조건이 꾸란을 다 외우는 것이었다. 자신이 없었던 그는 최대한 외우겠다는 약속을 하고서야 지원을 받아 사우디아라비아로 갔다고 한다.

그런데 신약 성경 분량의 꾸란을 다 암송하는 사람이 현재 세계에 약 천만 명이나 된다고 한다. 얼마나 놀랍고 감탄할 일인가! 이렇게 암송하는 신자들의 삶이 얼마나 착하고 경건하겠는가? 평생 크리스챤으로 산 나의 성경 암송이 이들의 1/10도 못미쳐 너무 부끄럽다. 그나마 자꾸 잊어 복구에 바쁘기에 무슬림의 꾸란 사랑과 암송에 감탄이 절로 나온다.

그런데 분명히 성경이 꾸란의 모태임에도 불구하고 대부분의 무슬림뿐 아니라 이들 신실한 자들도 성경을 안 읽는다. 그래서 꾸란과 성경의 차이를 잘 모른다. 이 얼마나 안타까운 일인가! 그러므로 이 책의 핵심인 3부는 무슬림과 기독교인 모두에게 아주 유용한 파트가 됨을 확신한다.

성경의 내용을 잘 아는 사람이 꾸란을 읽으면 꾸란의 내용과 등장인물이 중복된 내용이 많아서 놀란다. 그래서 성경보다 짧게는 5백 년, 길게는 2천 년 후에 기록된 꾸란이 성경의 모조품이라는 주장도 제기되고 있다. 그럼에도 꾸란은 성경과 완전히 다르다. 이에 성경과 꾸란의 공통점과 차이점을 살펴본다.

이 책에 인용된 꾸란과 하디스는 한국 이슬람교 중앙회(이후로는 줄여 '중앙회'로 표기한다.)의 홈페이지에 2021년, 2022년에 등재된 꾸란과 하디스 그리고 웹 사이트 sunnah.com에서 인용했음을 밝힌다.

섬기는 신이 같다

이슬람교의 신을 우리는 '알라'로 부른다. 알라는 아랍어인데 보통 명사이다. 뜻은 신(神)이다. 이 신은 다신 주의 사회에서 일컫는 수많은 신 중 하나가 아니다. 한 분밖에 없는 절대자 유일신을 의미한다. 그래서 영어로는 대문자 GOD이다. 소문자 god 는 잡다한 신들 중 하나를 의미하므로 사용하지 않는다. 한글로는 '하나님'이다. 이는 '한 분밖에 없는 유일한 신'이란 뜻이다. 가톨릭에선 '하느님'으로 적고 있는데 이는 '하늘에 계시는 신'이란 뜻이다. 이런 연유로 한국에선 가톨릭을 천주교로도 부른다. 또 알라를 하느님으로 번역해 표기한 책들도 있다. 그러나 중앙회 홈피의 꾸란은 하나님으로 적고 있다. 유일신 신앙의 개념으로는 한 분뿐인 신이란 뜻의 하나님이 더 적합한 말이다.

그런데 알라는 분명히 보통 명사인데, 일부 꾸란 번역본과 한국어 서적에는 '알라 하나님'으로 표현해 알라를 고유 명사처럼 사용하는 경향이 있다. 이는 성경의 '여호와 하나님' 또는 '야훼 하나님'과 비슷한 표현인 것 같다. '야훼', '여호와'는 고유 명사로 하나님의 이름이다. 야훼가 더 정확한 발음인데 뜻은 '스스로 있다', …'이 되게 한다'이다. 어쨌든 알라는 보통 명사이기에 아랍어를 사용하는 이집트에서는 기독교인이 하나님을 알라로 부르며 기도하기도 한다.

신의 호칭이 같으니 유대교, 기독교, 이슬람교는 같은 신을 섬기는 것일까? 같은 신을 섬기는지 아닌지는 성경보다 훨씬 오랜 후에 기록된 꾸란을 통해서만 알 수 있다. 그런데 이 꾸란이 성경의 하나님을 섬기고 있음을 꾸란 곳곳에 계속 밝히고 있다. 이 중 두 군데를 살핀다.

꾸란 29장 46절에 "……말하라 우리는 우리에게 계시된 꾸란과 너희에게 계시된 토라와 복음서를 믿노라 우리의 하나님과 너희의 하나님은 한 분이시며 우리는 하나님께만 복종하노라"라고 말한다. 또 46장 12절에는 "꾸란 이전에도 안내서이자 자비로서 내려진 모세의 성서가 있었노라 아랍어로 된 이 꾸란은 그것을 증거하며……"라고 말한다. 참고로 성경과 성서는 같은 뜻인데 꾸란에는 성서로 표기하고 있다.

믿고 섬기는 신이 같기에 한국어로는 그 신을 "하나님"으로 부르는 것도 같다. 토라는 모세가 기록한 구약 성서의 첫 부분인 창세기, 출애굽기, 레위기, 민수기, 신명기를 말한다. 복음서는 신약 성서의 첫 부분으로 예수의 삶과 가르침, 활동을 기록한 마태복음, 마가복음, 누가복음, 요한복음을 말한다. 즉 토라는 구약 성경, 복음서는 신약 성경을 대표하는 것이다. 그래서 토라와 복음서는 신구약 성경 전체를 일컫는 말이 된다.

그리고 4장 163절은 성경에 나오는 더 많은 사람을 언급하는데, 내용은 이렇다. "내가 그대에게 계시한 것도 노아나 그 이후의 예언자들에게 계시한 것과 같으며 아브라함과 이스마일과 이삭과 야곱과 그의 후손들과 예수와 욥과 요나와 아론과 솔로몬에게 계시한 것과 같으며 다윗에게 시편을 내린 것과 같으니라." 여기에서 노아, 아브라함은 이스마엘과 이삭의 조상이고, 나머지는 모두 이삭의 후손인 이스라엘 사람이다. 이스마엘의 후손인 아랍인에게 계시된 것은 꾸란뿐이다. 그런데 이것이 이스마엘의 이복동생인 이삭의 후손에게 약 1,500년 동안 계시된 성경과 같다는 것이다.

믿는 신이 같으며 토라와 복음서를 비롯한 많은 선지자의 계시를 믿는다는 말은 꾸란 곳곳에 계속 반복된다. 그러므로 꾸란의 내용과 등장인물은 성경과 흡사할 수밖에 없지만 차이점도 많다. 믿는 신이 같아서 모든 것이 같다면 꾸란이 존재할 이유가 없다. 믿는 신은 같지만 그 신을 이해하는 데는 엄청난 차이가 있다. 그 차이가 이슬람교를 탄생시켰다.

그 차이를 간단히 살핀다. 기독교는 그리스도교의 한문식 표기다. 그리스도교의 핵심은 사랑이다. 그리스도는 고대 그리스어로 왕, 제사장, 선지자의 세 역할을 하는 자를 의미하며, 히브리어의 메시아와 같다. 그리스도는 예수를 말하며 꾸란도 예수를 메시아로 인정한다. 인류를 너무 사랑한 신은 인류 구원을 위해 자기 아들 예수를 희생양으로 삼아 그리스도교의 핵심인 사랑을 보여주었다. 반면 이슬람교의 핵심은 복종이다. '이슬람'의 뜻이 복종이다. 그리고 이슬람교 신자를 일컫는 '무슬림'의 뜻은 '복종하는 자'이다. 꾸란은 신에게 복종함으로 현세와 내세의 복을 받는다고 단순 명료하게 가르친다.

믿는 신이 같음에도 꾸란이 계시된 이유는 성경을 계시받은 자들이 성경대로 살지 않고 심지어 성경을 거부하며 변질시켰기 때문이라고 한다. 그래서 꾸란은 유대인과 기독교인을 '성서의 백성들'이라고 부르며 곳곳에서 이들을 계속 책망하고 있다.

이처럼 꾸란이 하나님을 찾는 것에 대해 성경은 십계명 중 세 번째 계명으로 미리 경고했다. 즉 신의 이름을 잘못 사용하지 말라고 경고하고 있다. 신을 섬기는 자들의 변질과 잘못에 대한 경고는 성경으로 충분하다. 그렇지 않고 다른 경전이 필요하다면 사람들이 잘못할 때마다 또 다른 경전이 계속 나와야 하는가? 이런 점에서 이슬람교는 수많은 이단 중에 가장 큰 이단이라는 성경학자들의 주장도 있다. 그러나 꾸란은 10장 37절에 "이 꾸란은 하나님 이외의 어느 누구에 의해서도 올 수 없는 것으로 이전에 계시된 것을 확증하고 그 성서의 말씀을 설명하기 위해 계시되었나니 이는 만유의 주님으로부터 온 것이니라"라고 말한다. '이전에 계시된 것'은 바로 '성경'(성서) 아닌가? 성경을 확정하고 '성서의 말씀'을 설명하기 위해 다른 경전인 꾸란이 필요할 정도로 성경이 허술한가? 이렇게 허술한 성경을 하나님께서 계시했다고 꾸란이 거듭거듭 밝히는 것은 도대체 어떻게 된 일인가? 보충 설명이 필요할 정도로 신이 성경을 허술하게 계시할 수 있는가?

어쨌든 이슬람교는 기독교의 이단설을 일축한다. 그리고 기독교가 구약 성경만 믿는 유대교에서 나왔지만 유대교인보다 훨씬 증가한 것처럼 이슬람교가 곧 기독교를 추월해 세계 제1의 종교가 될 것을 자신한다. 이는 기독교인은 대부분 저출산이고 무슬림은 대부분 고출산이기에 매우 신빙성 있는 예견이다.

하여튼 이슬람교는 "하나님 외 다른 신은 없다"라고 신앙 고백하는 것을 이슬람교의 다섯 기둥 중에 첫 번째로 삼고 있다. 이 고백은 성경과 일치한다. 이 점에서 유대교, 기독교와 같은 유일신 주의를 지향한다. 그리고 이 유일신이 우주 만물과 사람을 창조하고 천국과 지옥까지 만들고 다스린다는 것도 같다.

그런데 이슬람교의 첫째 신앙 고백에는 "무함마드는 하나님의 사도다"라는 고백도 포함된다. 그리고 성경에 신의 아들로 나타난 예수를 꾸란은 신의 아들이 아니고 마리아의 아들이라고 거듭 강조하고 있다. 예수가 신의 아들이란 믿음은 기독교가 유대교에서 파생되게 하였다. 그런데 예수가 신의 아들이 아니라는 주장이 이슬람교를 기독교에서 파생되게 하였다. 그러면 유대교로 돌아가면 될 터인데 굳이 이슬람교를 창설한 것은 무함마드에 대한 신앙 고백 때문이다.

같은 유일신 사상을 지녔으면서도 유대교, 기독교, 이슬람교로 나뉘게 만든 예수와 무함마드의 관계에 대해선 다음 '14. 예수에 대한 차이'에서 소상히 다룬다.

지옥은 같지만 천국은 다르다

꾸란과 성경은 천국과 지옥이 있다는 내세관은 같지만, 그 내용에는 차이가 있다.

지옥의 비참한 형벌 묘사는 같지만, 성경보다 꾸란이 더 많은 경고를 하는 것 같은데, 꾸란 88장 26절은 이렇다. "그날 굴욕을 맛볼 얼굴들이 있나니 그들은 심한 노동으로 지친 상태에서 불지옥으로 끌려들어 가 끓고 있는 화염의 물을 마시게 되노라 그들에게는 가시 돋친 모진 가시 외에는 먹을 음식이 없으며."

또 꾸란 111장 전부인 15절은 무함마드의 숙부에 대한 지옥의 저주가 있다. "아부 라합의 두 손이 썩고 멸망할 것이며 그의 재물과 그가 얻은 것이 그에게 아무런 소용이 없을 것이라 그는 곧 타오르는 불지옥에 들어갈 것이며 그의 아내는 불지옥의 땔감을 운반할 것이요 그녀의 목에는 단단히 꼬인 동아줄이 감겨질 것이라." 숙부와 숙모가 돌을 던지며 무함마드를 핍박한 것에 대한 저주가 무섭지 않은가?

성경도 꺼지지 않는 불로 소금 치듯 하는 지옥의 형벌 속에서 벌레가 사람의 몸을 갉아 먹지만 죽지 않고 고통을 당한다고 경고한다. 그리고 지옥에 간 부자가 자기 집 대문에서 구걸하던 거지 나사로가 천국에 있는 것을 보고 한 방울의 물을 손가락에 찍어 너무 목마른 자기 입에 떨어뜨려 달라고 요청했으나 거절당한 일화를 전한다. 어쨌든 지옥에 관해선 꾸란과 성경이 같다.

그러나 천국에 관해선 양자가 다르다. 천국에 관한 언급의 빈도는 공히 비슷하지만, 성경은 비유의 방식을 즐겨 사용한 점에서 꾸란과 다르다. 또 우리가 가장 궁금해하는 천국 생활의 실상에 대해선 양자 간에 큰 차이를 보인다. 성경은 천국에는 슬픔, 걱정, 고통의 눈물이 없고 기쁨이 풍성하다고 하는데 꾸란도 이 점에서는 같다.

그래서 꾸란은 강물이 흐르는 천국을 성경보다 훨씬 자주 약속하고 있다. 그 예로 꾸란 48장 5절을 살핀다. "하나님께서는 믿는 남자와 여자로 하여금 물이 흐르는 천국으로 들게 하여 그곳에서 영원히 살도록 하여 주시며……." '강물을 많이 언급한 이유가 뭘까? 아랍 반도의 90%가 사막이기에 아랍인의 가장 중요한 과제는 물과 식량 확보였다. 물과 식량 때문에 목숨을 건 싸움이 일상화된 아랍의 베두인 유목민에게 강물과 풍부한 음식의 보장은 천국의 필수 조건이 아닐까?

성경은 생명수가 흐르는 강과 온갖 과실과 걱정 없는 식생활을 예고한다. 물과 음식에 관해서는 성경과 꾸란이 일치하는데, 천국의 기쁨을 누리는 생활에서는 완전히 다르다. 성경은 천국에선 이 땅의 부부 관계가 사라지고 천사처럼 살게 된다고 예수가 말한 것을 전한다. 이 땅의 남녀 간 사랑과 비교할 수 없는 고차원적인 삶의 형태를 예고한 것이다. 육체적인 사랑 대신 신과의 사랑과 천국 시민 간의 사랑으로 기쁨과 감사만 누리며 시기, 질투, 슬픔과 고통이 없다고 한다.

그러나 이와 다른 삶을 예고하는 꾸란의 천국 생활을 76장 12~22절에서 살핀다.

"12. 하나님께서는 인내한 자들에게 천국과 비단옷으로 보상을 내려주실 것이며 13. 그들은 그곳에서 높은 안락의자에 기대어 작열하는 열사와 추위를 알지 못하니라 14. 천국의 나무 그늘이 그들 위로 가까이 드리우고 송이송이 열린 과일들은 손이 쉽게 닿는 곳에 있으며 15. 은과 수정으로 된 잔들이 그들 사이를 오가고 16. 그들은 수정 같은 맑은 은잔에 좋을 만큼 따라 마시노라 17. 잔자빌이 혼합된 술잔을 받으며 18. 그곳에는 쌀사빌이라는 샘물이 있고 19. 청순한 소년들이 그들 주위를 돌면서 시중을 드니라 그들을 보면 마치 뿌려진 진주들처럼 생각이 들 것이라 20. 너희가 그곳을 볼 때 그곳에는 축복이 있고 위대한 왕국이 있음을 알게 될 것이라 21. 그들은 초록색 명주와 두툼한 금실로 짠 명주옷을 걸치고 은 팔찌로 장식을 하고 있으며 주님께서는 그들로 하여금 성스러운 음료수를 마시게 하시니라 22. 실로 이것이 너희를 위한 보상으로 너희의 노력은 이처럼 보상 되느니라"

17절의 '잔자빌'에 대한 중앙회의 해설은 이렇다. "냄새가 향기로운 것. 믿음으로 의롭게 살았던 자들이 천국에서 마시는 샘물 이름이라고 까따다는 말하고 있다. 생강으로 해석하는 학자들도 있다." 또 18절의 '쌀사빌'에 대한 중앙회의 해설은 이렇다. "천국에 있는 샘물 가운데 하나로 달콤한 것으로 해석되고 있다."

상기 본문은 꾸란에 소개된 천국 중 성경의 천국과 가장 비슷한 묘사를 한 것으로 보인다. 그럼에도 성경과는 다른 느낌이 든다. 청순한 소년들이 시중드는 것과 술잔에 대한 느낌이 이상하다. 이 느낌은 꾸란의 다른 부분을 보면 더 명확하게 나타난다. 놀랍게도 꾸란은 천국의 여인과 술, 그리고 술 시중드는 동자를 약속하고 있다. 이 약속을 담은 꾸란을 소개한다.

1. 37장 43~50절 : "43. 그들은 가장 축복받은 천국에서 44. 옥좌에 앉아 서로 마주 보고 앉아 있노라면 45. 흐르는 샘물을 따라 술잔이 돌고 도노라 46. 그것은 수정같이 하얗고 마시는 이들에게 맛이 그만이라 47. 그것은 머리가 아프지 아니하고 취하지도 않노라 48. 그들 주위에는 순결한 여인들이 자리를 함께하며 그녀들의 눈은 잘 보호되고 눈은 크고 아름다워 49. 마치 잘 보호받은 달걀과 같으니라 50 그들은 서로 마주 보며 환담을 나누노라"

2. 38장 49~52절 : "49. 이것은 하나의 교훈이라 실로 의로운 자는 최후의 아름다운 거주지를 갖게 되니라 50. 에덴의 천국이 바로 그들을 위해 문을 열어놓고 있나니 51. 그들이 그곳에서 휴식을 취하며 풍성한 과일과 달콤한 음료수를 청하면 52 나이가 비슷하게 보이고 눈을 내리감은 순결한 여성들이 그들 옆에서 시중을 드니라"

3. 44장 51~56절 : "51. 그러나 의로운 자들은 안전한 곳에 있게 되나니 52. 그곳은 샘이 있는 낙원이라 53. 그들은 그곳에서 고급 실크와 비단옷을 걸치고 서로 마주 보고 있느니라 54. 이렇듯 은혜를 베풀고 아름답고 눈이 큰 여자로 짝을 지어 줄 것이라 55. 그들은 그곳에서 평온하고 안락한 가운데 온갖 종류의 과일을 원하는 대로 즐길 것이라 56. 그리고 그곳에서는 두 번 다시 죽음을 맛보는 일도 없으며……"

4. 52장 17~20절 : "17. 그러나 하나님을 경외하는 자들은 은혜의 천국으로 들어가 18. 주님께서 베푸신 축복을 만끽하라 주님께서는 이글거리는 불지옥의 징벌로부터 너희를 구원하여 주신 것이니라 19. 즐거이 먹고 마시라 너희가 행한 것에 대한 보상이니라 20. 침상에 줄지어 기대면 눈이 크고 아름다운 여인이 옆에 있을 것이니라"

20절에서 침상에 기다리는 "눈이 크고 아름다운 여인"의 아랍어 원문에 대한 중앙회의 해설은 다음과 같다. "후르 아인에서 후르(Hur)는 아주 새하얀, 아인(Ain)은 눈이 큰 뜻으로 가장 아름답고 순결한 여인을 의미한다."

이렇게 아름답고 순결한 여인이 천국에서 기다린다는 것은 당시 아랍의 베두인 남자에겐 충격적 소식이었다. 당시 베두인 사회에서 혼전 순결을 잃은 여자는 곧 처형해도 되었지만 결혼한 여인은 반대로 자유분방했기 때문이다. 즉 유부녀가 다른 남자와 쉽게 성관계를 해도 처형되지 않았다. 무함마드의 적이면서 메카의 최고 지도자였던 아부 수피안의 아내 힌드는 여러 남자와 정을 통한 것으로 알려져 있다. 그리고 당시 베두인 남자들이 가장 좋아한 것은 술, 여자, 도박이었기에 매춘이 성행하였다. 이런 풍토에서 천국의 여인은 너무 순결해 바람피우지 않고 자기만 쳐다보는데 그것도 모자라 아주 아름답다니 너무 구미 당기는 것 아닌가?

그리고 55장 61~78절은 후렴구를 절 사이에 끼워 넣어 마치 CM 송처럼 천국을 거역하지 말 것을 이렇게 홍보하고 있다.

"61. 너희는 너희 주님의 은혜 중 어느 것을 거역하겠느뇨 62. 이 두 개의 천국 외에도 다른 두 개의 천국이 있나니 63. 너희는 너희 주님의 은혜 중 어느 것을 거역하겠느뇨 64. 그 두 곳은 짙은 초록색 빛의 천국이니라 65. 너희는 너희 주님의 은혜 중 어느 것을 거역하겠느뇨 66. 그 두 곳에는 물을 풍성하게 내뿜는 두 개의 샘물이 있노라 67. 너희는 너희 주님의 은혜 중 어느 것을 거역하겠느뇨 68. 그 두 곳에는 온갖 종류의 과실과 종려나무와 석류로 풍성하니라 69. 너희는 너희 주님의 은혜 중 어느 것을 거역하겠느뇨 70. 그 두 곳에는 정숙하고 아름다운 여인들이 있노라 71. 너희는 너희 주님의 은혜 중 어느 것을 거역하겠느뇨 72. 눈을 내려감은 사랑스러운 여인들이 정자에 있느니라 73. 너희는 너희 주님의 은혜 중 어느 것을 거역하겠느뇨 74. 인간도 진도 스치지 아니한 여인들이니라 75. 너희는 너희 주님의 은혜 중 어느 것을 거역하겠느뇨 76. 그들은 초록색 방석과 아름다운 융단에 몸을 기대노라 77. 너희는 너희 주님의 은혜 중 어느 것을 거역하겠느뇨 78. 권능과 영광으로 충만하신 주님 이름에 축복이 있으소서"

후렴구를 반복하면서 거듭 권하는 천국에 또 아름다운 여인들이 기다린다고 하지 않는가? 이 여인들은 사람과 '진'이란 요정의 손길이 전혀 스치지 않은 순결한 처녀임을 강조하지 않는가? 이 미녀들이 눈을 내리깔았단 것은 내 말에 100% 순종하겠다는 뜻 아닌가?

그런데 이런 약속들도 모자라 56장은 온통 천국으로 도배하고 있다. 이 중 10~26절에 있는 다른 약속을 살핀다.

"10. 또 다른 부류는 앞서가는 자들이 될 것이라 너희는 앞서가는 자들에 대하여 아느뇨 11. 그들은 하나님 곁 가장 가까이서 12. 축복의 천국에 있게 될 것이라 13. 그곳에는 초기 무슬림들이 많을 것이나 14. 후세의 무슬림들은 그 숫자가 적을 것이라 15. 그들은 금으로 장식된 금좌에 앉아 16. 서로 얼굴을 마주 보고 기대어 있노라 17. 영원히 사는 동자들이 그들에게 시중들며 18. 술잔과 물병과 그리고 가득 찬 잔들로 시중을 드느니라 19. 그들은 그것을 마셔도 머리가 아프거나 취하는 일이 없으며 20. 취향에 따라 과일을 선택하노라 21. 그들이 원하는 조류의 고기를 즐기고 22. 눈이 크고 아름다운 여인들을 맞이하는데 23. 그녀들은 잘 보호된 진주와도 같으니라 24. 이것들은 그들이 행한 것에 대한 보상이니라 25. 그들은 그곳에서 무익하고 욕된 말들을 듣지 아니하며 26. 단지 평안하소서 평안하소서라는 말만 듣노라"

17절의 '동자'에 대한 중앙회의 해설은 이렇다. "아랍어 원서의 '윌다눈무칼라둔'에서 '윌다눈'은 동자들, '무칼라둔'은 변함없이 천국에서 영원히 사는 자들이라는 뜻이다."

후르 아인 여성의 술시중도 모자라 천국에선 변함없는 어린 동자까지 술시중을 든다니 베두인 남자들의 천국에 대한 기대가 얼마나 컸을까? 왜냐하면 이슬람교는 이 땅에선 술을 금하고 있기 때문이다. 5장 90, 91절을 살핀다.

"90. 믿는 자들이여 술과 도박과 우상 숭배와 점술은 사탄이 행하는 불결한 것들이거늘 그것들을 피하라…… 91. 사탄은 술과 도박으로써 너희 서로 간에 원한과 증오를 유발시키며 하나님을 염원하고 예배하는 것을 방해하려 하느니라 그래도 너희는 단념하지 않겠느뇨"

현세의 술을 사탄의 것으로 단정해 사람끼리 원수가 되게 하고 신과의 관계도 방해한다고 하지 않는가? 그래서 이 땅에서 금지한 술을 천국에서 마음껏 보장하니 아랍 남자들의 천국에 대한 기대가 얼마나 컸겠는가? 전쟁에서 몸을 아낄 필요가 없을 정도 아닌가? 미녀와 술을 잊지 말라는 듯이 78장 31~36절에 또 반복한다.

"31. 그러나 의로운 자들은 승리의 천국을 갖게 될 것이라 32. 그곳에는 정원들과 포도원들이 있고 33. 같은 또래의 정숙한 처녀들이 있으며 34. 술로 가득 찬 잔들이 있노라 35. 그곳에서는 쓸데없는 이야기나 거짓말을 듣지 않으며 36. 행한 것 중에서 가장 좋은 것에 기준하여 주님으로부터 보상을 받느니라"

같은 또래의 처녀가 있다는 것은 젊은 나이에 천국 간 청년을 두고 하는 말 아닌가? 젊은 나이에 죽는 것은 전쟁이 가장 큰 이유 아닐까? 같은 또래의 순수한 처녀와 술이 신의 보상임을 계속 강조하니 놀랍지 않은가? 이 보상이 있는데 전투에서 몸을 아낄 필요가 있겠는가? 이슬람 이전부터 존재한 일부다처제가 이슬람 이후에도 유지되어 당시 가난한 노총각이 제법 있지 않았던가! 하여튼 머리가 아프지 않고 취하지 않는 술과 바람피우지 않고 나만 보는 순결한 미녀를 계속 반복해 약속하는 천국! 신앙 때문에 술과 여자를 절제한 남자에게 이보다 더 좋은 보상이 있을까? 남자들에게 천국은 상상만 해도 좋은 곳 아닌가?

그럼, 부부가 함께 천국에 가면 어떻게 되나? 이에 대해 꾸란은 43장 70~73절에서 이렇게 말하고 있다.

"70. 너희와 너희의 아내가 함께 천국으로 들어가서 기뻐하라 71. 그들에게는 황금의 접시들과 컵들이 차례로 돌려지노라 그 안에는 그들의 영혼이 원하는 모든 것과 그들의 눈들을 기쁘게 할 모든 것들이 있나니 너희는 그 안에서 영원히 사느니라 72. 그것은 너희가 현세에서 행한 대가로 받은 천국으로 73. 그곳에서는 온갖 종류의 과일이 풍성하니 너희가 원하는 대로 맛볼 것이라"

이 구절들을 보면 현세의 부부가 천국에서도 부부가 되는 듯하다. 그러나 이슬람교에서 꾸란에 버금가는 하디스에는 반드시 그렇지는 않음을 나타내는 이야기가 있다. 아내가 많은 무함마드에게 누구를 가장 사랑하느냐고 어떤 사람이 물었다. 무함마드는 "아이샤"라고 답하며 아이샤는 천국에서도 자기 아내가 될 것이라고 말했다. 이 땅의 부부가 천국에서도 부부가 될 수 있고 안 될 수도 있다는 뜻 아닌가? 그리고 지옥에 있는 자는 대부분 여자인 것을 보았다고 무함마드가 말한 하디스도 있다. 이는 여자가 천국에 가기는 힘들다는 의미 아닌가? 그럼에도 어렵게 천국에 갈 경우 그 여성이 천국의 행복을 누릴 수 있을까? 왜냐하면 천국 간 남자에게 천국의 미녀가 기본적으로 두 명 주어지는 것으로 무함마드가 말했기 때문이다. 그러니 설령 천국에서도 또 부부가 되었다고 해도 남편이 천국의 미녀를 또 아내로 맞이해 즐기는 것을 보면 천국의 기쁨을 누릴 수 있을까?

또 꾸란은 56장 27절부터 천국의 풍성한 과실을 언급한 후 34~37절에 천국에 간 노파들에 대해 이렇게 말한다. "높은 곳에 있는 옥좌에 앉아 나는 노파들을 새로이 창조할 것이니 그녀들을 처녀로 만들어 비슷한 나이 또래의 사랑스런 여인들로 만들 것이니라"

노파를 사랑스런 젊은 처녀로 만들어준다니 얼마나 좋은가! 하지만 그 이후의 삶이 어떻게 될 것인지에 대한 언급이 없어 궁금하다. 꾸란은 천국에 가는 남자에겐 미녀와 술과 시중드는 동자까지 약속하지만 천국에 가는 여자에겐 음식 외의 약속은 없다. 어렵게 천국에 갔는데 천국도 일부다처제이기에 한 남자를 놓고 또 경쟁해야 하는 여자에게 먹을 것만 주는 곳이 천국인가? 젊은 처녀로 만들어줘도 다른 미녀와의 사랑 다툼을 피할 수 없는 곳이 과연 천국인가?

반면 성경은 천국에 가는 사람의 몸은 영광스러운 몸으로 바뀐다고 하고 있다. 자기 몸이 가장 좋은 상태에서 죽는 사람은 거의 없다. 그렇기에 늙고 병들고 사고로 또는 전투에서 망친 몸은 천국에서 당연히 좋은 상태로 변해야 하지 않겠는가?

끝으로 천국과 지옥에 간 사람들에 대해 무함마드가 말한 하디스를 엣티미느가 정리한 것을 참고로 소개한다.

"참으로 낙원에 들어가는 첫 번째 무리는 밤의 보름달처럼 나타날 것이며, 두 번째 무리는 하늘에서 가장 아름다운(가장 밝은) 별의 색과 같이 나타날 것입니다. 그들 중 각 남자는 두 사람을 가질 것입니다."

(또 다른 체인) "……예언자가 SAW를 보았다고 말했습니다. 하늘의 아름다운 별이요 그들 중에 남자마다 아내가 둘 있으니 각각 아내는 팔십 장의 팔찌를 차고 있고 그 정강이 골수는 뒤에서 볼 수 있느니라."

11장 "나는 (지옥) 불속을 들여다보았고 그 사람들의 대부분이 여성인 것을 보았고,

낙원을 들여다보았고 그곳 사람들의 대부분이 가난한 사람들임을 보았습니다."

낙원 23장 최하층 주민들을 위한 현상금 "낙원에 있는 백성 중에 가장 작은 자로서 종이 팔만 명과 아내 칠만 두 명을 거느린 자니 그를 위하여 진주와 감람나무와 강옥으로 된 장막을 세울 것이요……."

아내가 칠만 두 명이라는 하디스는 신뢰가 가지 않지만 꾸란은 천국에서도 일부다처제인 것이 확실하다. 무슨 이유인지는 모르지만 여자는 천국에 가기가 쉽지 않다. 그런데 어렵게 천국까지 간 여성은 한 남자를 두고 천국의 미녀와 경쟁해야 할 판이니 과연 행복할까?

맹세에 대한 차이

사람은 왜 맹세를 하고 요구할까? 무엇을 약속하거나 증언할 때 맹세로 약속을 지킬 것과 자신의 말이 진실임을 확신케 하려고 맹세를 하고 요구한다. 그래서 맹세할 때는 보통 자기보다 월등하거나 불변하는 존재인 신의 이름으로 맹세한다. 그럼에도 거짓 맹세로 드러나면 과거에는 그 벌이 무거워 죽을 수도 있었다.

구약 성경에는 맹세가 많이 나타나는데, 사람뿐 아니라 신도 맹세한 것이 자주 나타난다. 이 경우 하나님은 자신을 두고 맹세했다. 이는 하나님보다 위대하고 불변하며 살아 있는 존재가 없기 때문이다. 하나님이 맹세한 이유는 자신의 말을 믿고 따르기를 간절히 원했기 때문이다. 그리고 구약 성경은 맹세한 것이 자신에게 해롭다고 해도 지킬 것을 요구하고 있다. 왜냐하면 신의 이름으로 맹세했기 때문이다.

그러나 신약 성경 마태복음 5장 33~37절은 신의 아들 예수가 맹세하지 말라고 말한 것을 밝힌다. 단순히 "예" 또는 "아니요"라고만 하라는 것이다. 이는 사람을 위한 것으로 남발되는 거짓 맹세를 막기 위함이다. 또 하나님의 이름을 잘못 사용하는 것을 막기 위함이다. 그래서 신약 성경에는 신이나 성도가 맹세하는 경우가 전혀 없다. 예수도 자신의 말이 진실임을 강조했을 뿐이다.

그러나 예수 부활 승천 후 600년이 지나 등장한 꾸란에는 오히려 맹세를 아주 많이 하고 있다. 꾸란 16장 94절에 이런 말이 있다. "너희 사이에 기만의 수단으로 맹세하지 말라 그렇지 아니하면 안전한 너희의 발이 미끄러질 것이라……"

거짓 맹세를 경고한 꾸란은 무함마드에 대해 36장 2~4절에 이렇게 맹세하고 있다. "2. 지혜로 충만한 꾸란을 두고 맹세하나니 3. 그대는 사도들 가운데 한 사도로 4. 바른길을 가는 자라." 무함마드의 사도직 수행에 말이 많았던가! 그가 사도로서 바르게 하고 있다고 꾸란을 두고 맹세하니 흥미롭지 않은가!

그런데 꾸란에는 이외에도 맹세가 넘치는데 무엇을 두고 맹세하는지도 너무 다양해 신기할 정도다. 이런 맹세는 이슬람교가 태동한 초기에 많이 한 것으로 보인다. 이는 신도들에게 확신을 주기 위함인 듯하다. 이에 꾸란에 나타난 맹세의 대상과 형태를 소개한다.

1. 51장 1~8절 : "1. 먼지를 분산시키는 바람을 두고 맹세하며 2. 무거운 습기를 운반하는 구름을 두고 맹세하며 3. 순항하는 배를 두고 맹세하며 4. 나의 명령에 따라 축복을 분배하여 주는 천사를 두고 맹세하나니 5. 실로 너희에게 약속된 것은 모두가 진실이며 6. 심판은 분명한 사실이니라 7. 완전한 궤도를 가진 하늘을 두고 맹세하나니 8. 실로 너희는 일치하지 않는 논쟁을 일삼는 자들이라"

2. 52장 1~7절 : "1. 뚜르산을 두고 맹세하고 2. 기록된 성서를 두고 맹세하사 3. 그것은 펼쳐진 양피지에 기록된 것이니라 4. 카으바 신전을 두고 맹세하며 5. 높은 하늘을 두고 맹세하며 6. 만조가 된 바다를 두고 맹세하나니 7. 주님의 징벌은 반드시 내릴 것이니"

3. 53장 1절 : "지는 별을 두고 맹세하사"

4. 70장 40절 : "동쪽과 서쪽의 주님께 맹세하사 나는 무엇이든 할 수 있느니라"

5. 74장 32~36절 : "32. 달을 두고 맹세하사 33. 사라져 가는 밤을 두고 맹세하며 34. 밝아오는 아침을 두고 맹세하나니 35. 실로 그것은 가장 큰 죄악 가운데 하나이며 36. 인간에게 내리는 하나의 경고로"

6. 75장 1~4절 : "1. 내가 부활의 날을 두고 맹세하며 2. 스스로 자책하는 영혼을 두고 맹세하나니 3. 인간은 내가 그의 뼈들을 추려 모을 수 없다고 생각하느뇨 4. 내게는 인

간의 손가락 끝의 뼈까지도 부활시킬 수 있는 권능이 있노라"

7. 77장 1~7절 : "1. 연이어 보내지는 바람을 두고 맹세하사 2. 분노한 폭풍우를 두고 맹세하며 3. 멀리 구름을 나르는 것을 두고 맹세하며 4. 서로를 격리시켜 주는 것을 두고 맹세하며 5. 계시를 전달하여 주는 천사를 두고 맹세하나니 6. 모든 변명은 차단하거나 경고하노라 7. 실로 너희에게 약속된 것들이 다가오고 있노라"

8. 79장 1~7절 : "1. 사악한 자들의 영혼을 강력하게 끌어가는 천사들을 두고 맹세하고 2. 축복받은 자들의 영혼을 부드럽게 인도하는 천사들을 두고 맹세하며 3. 재빨리 오르내리는 천사들을 두고 맹세하며 4. 경주에서처럼 앞서가는 천사들을 두고 맹세하며 5. 하나님의 명령들을 수행하는 천사들을 두고 맹세하나니 6. 땅과 산들이 강력하게 흔들리는 날 7. 뒤를 이어 두 번째 흔들림이 시작되노라"

9. 81장 15~19절 : "15. 지는 유성들을 두고 맹세하사 16. 나타났다가 지는 별들을 두고 맹세하며 17. 어둠을 맞이하는 밤을 두고 맹세하며 18. 빛을 맞이하는 아침을 두고 맹세하나니 19. 실로 이것은 고귀한 사도가 전달한 말씀이라"

10. 84장 16~19절 : "16. 해질 때의 황혼을 두고 맹세하사 17. 밤과 어둠 속에 모여든 모든 것을 두고 맹세하며 18. 완전히 차오른 달을 두고 맹세하나니 19. 실로 너희는 한 단계에서 다른 단계로 옮겨 가느니라"

11. 85장 1~4절 : "1. 별들의 궤도를 둔 하늘을 두고 맹세하사 2. 약속된 심판의 날을 두고 맹세하며 3. 증언하는 자들과 증언 받는 자들을 두고 맹세하지만 4. 함정을 만든 자들에게 저주가 있을 것이라"

12. 86장 1, 2절 : "1. 하늘과 샛별을 두고 맹세하사 2. 무엇인지 무엇이 샛별이 그대에게 설명하여 주리요"

13. 86장 11, 12절 : "11. 비구름을 보내는 하늘을 두고 맹세하사 12. 식물을 싹트게 하는 대지를 두고 맹세하사"

14. 89장 1~5절 : "1. 새벽의 여명기를 두고 맹세하사 2. 열흘 동안의 밤을 두고 맹세하며 3. 짝수와 홀수를 두고 맹세하며 4. 사라지는 밤을 두고 맹세하니 5. 실로 그 안에는 이해하는 자들을 위한 증거들이 있노라"

15. 90장 1~4절 : "1. 이 도읍을 두고 맹세하사 2. 그대는 이 도읍에 거주하는 자유인이라 3. 선조와 자손을 두고 맹세하사 4. 실로 나는 인간이 고생과 노동을 통하여 살도록 창조하였노라"

16. 91장 1~7절 : "1. 태양과 그 빛을 두고 맹세하사 2. 그 뒤를 따르는 달을 두고 맹세하며 3. 태양과 영광을 드러내는 낮을 두고 맹세하며 4. 그것에 장막을 드리우는 밤을 두고 맹세하며 5. 하늘과 그것을 세우신 주님을 두고 맹세하며 6. 대지와 그것을 펼쳐 놓으신 주님을 두고 맹세하며 7. 인간을 창조한 후 그것을 완성시킨 주님을 두고 맹세하나니"

17. 92장 1~3절 : "1. 장막을 드리우는 밤을 두고 맹세하사 2. 빛을 드러내는 낮을 두고 맹세하며 3. 남녀를 창조하신 주님을 두고 맹세하나니"

18. 95장 1~4절 : "1. 무화과와 올리브 열매를 두고 맹세하사 2. 시나이산을 두고 맹세하며 3. 안전한 이 도읍을 두고 맹세하나니 4. 나는 인간을 제일 아름다운 모습으로 창조하였느니라"

19. 100장 1~5절 : "1. 질주하는 말을 두고 맹세하사 2. 말굽에서 불꽃을 튀기는 말을 두고 맹세하며 3. 새벽에 공격하는 말을 두고 맹세하나니 4. 먼지를 일으키며 적 깊숙이 돌진하는 말을 두고 맹세하사" 말과 말굽에 대한 중앙회의 해설은 이렇다. "하나님의 적을 향하여 소리치며 돌진하는 말을 두고 맹세하사; 세차게 질주할 때 말굽과 땅에 있는 돌 사이에서 일어나는 불꽃"

20. 103장 1절 : "1. 흘러가는 세월을 두고 맹세하사"

상기 2번의 52장 2절은 성서(성경)를 두고 맹세해 흥미롭다. 그런데 상기의 맹세를 한 자는 누구일까? 누가 맹세하는지 밝히지 않았지만 문맥상 무함마드와 신으로 보인다. 둘 다 맹세의 대상으로 의외가 너무 많아 납득이 잘 안 되고 놀랍다. 말을 두고 맹세한 것에 대해 중앙회가 해설한 것처럼 모든 맹세에 의미를 부여할 수는 있을 것이다. 그러나 이 의미 부여가 억지 해석으로 느껴질 정도로 어색한 면이 많아 이상하다. 보통 부정적 의미로 보는 '지는 별', '지는 유성', '어두움을 맞이하는 밤', '밤과 어둠 속에 모여든 모든 것', '사라지는 밤' 등을 두고 도대체 뭘 맹세한단 말인가? 홀수와 짝수,

열흘 동안의 밤, 흘러가는 세월 같은 것도 맹세의 대상이 되니 너무 황당하다. 이런 것에도 의미를 부여할 수는 있겠지만 어색한 느낌이 들지 않겠는가? 또 무함마드의 맹세로 보이는 것들 중에 맹세의 대상이 신이 아닌 경우가 너무 많아 놀랍다. 왜 그랬을까? 더군다나 무함마드가 그토록 싫어했던 우상의 대상인 하늘, 태양, 달, 별을 두고 맹세한 것은 너무 이상하다. 우상 숭배자들이 하늘, 해, 달, 별을 섬기려고 그것들에 나름의 의미를 부여한 것과 무엇이 다른가? 신을 두고 맹세하는 것이 뭐가 부족해 그랬을까? 신을 두고 맹세하는 것에 싫증이 났을까? 그리고 신의 명령대로 움직이는 여러 천사들을 두고 맹세한 것도 너무 이상하지 않은가?

그런데 신의 맹세는 더 의아하다. 어째서 신이 자기가 조종하는 바람과 비구름을 두고 맹세하나? 어째서 신이 자기가 만든 완전한 궤도를 가진 하늘을 두고 맹세하는가? 어째서 신이 순항하는 배를 두고 맹세하나? 어째서 신이 자기 명령을 따라 축복을 나눠주는 천사를 두고 맹세하는가? 신이 이런 것들보다 못한 존재인가! 어째서 신이 스스로 자책하는 영혼을 두고 맹세할 수 있는가? 어째서 신이 자기가 정한 부활의 날을 두고 맹세하며 자기 능력을 자랑하는가? 어째서 신이 자기 심부름꾼으로 계시를 전달하는 천사를 두고 맹세하는가? 어째서 신이 인간의 선조와 자손을 두고 맹세하나? 어째서 신이 자기가 만든 무화과나무와 올리브를 두고 맹세하나? 어째서 신이 자신이 만들고 자신이 나타난 시나이 산을 두고 맹세하나? 어째서 신이 안전한 도읍을 두고 맹세하나? 신이 이런 것들보다 못하단 말인가! 그래서 꾸란에는 신이 자신을 두고 맹세한 것이 없는가? 성경처럼 신이 자신을 두고 맹세하지 않은 꾸란이 너무 의아하다. 꾸란은 신의 아들이 금지한 맹세를 구태여 남발하며 오히려 신을 신 같지 않은 존재로 만드는 것 같아 너무 안타깝다.

적과 불신자를 대하는 차이

유일신을 섬기는 신도들을 핍박하는 자에 대한 대응 자세가 성경과 꾸란은 크게 다르다.

모세의 토라로 불리는 모세오경에는 가나안 땅을 정복하기 위한 전쟁이 자주 나타난다. 이 전쟁에서 신은 이방인 원주민을 모조리 근절시키라고 명했다. 그래서 잔인한 신으로 생각하는 분들도 있다. 또 하나님이 이스라엘만의 신이고 사랑이 없는 신으로 생각되게도 한다. 사랑의 신이라고 스스로 밝힌 신이 원주민 근절을 명한 이유가 뭘까? 이는 우상을 섬기는 원주민에게 신이 샘플로 뽑은 이스라엘이 물들어 하나님을 떠나 우상을 섬기게 되는 것을 막기 위한 결단이었다. 그러나 우상을 버리고 하나님만 섬기겠다는 개종자 원주민은 이스라엘 민족과 같은 대접을 받게 하였다. 그럼에도 텃세를 부리며 이방인을 홀대하는 이스라엘 사람들은 오히려 벌을 받도록 하였다.

그런데 신의 아들 예수가 이 땅에 온 이후에는 유일신의 사랑이 더 크게 확대되었다. 예수는 원수까지도 사랑하라고 가르쳤다. 그리고 핍박하는 가해자를 위해 기도하며 하나님의 사랑을 보여주라고 한다. 그 근거로 신도 착한 자와 악인 모두에게 햇볕을 쬐게 하고 비를 내린다고 신의 아들은 말했다. 원수사랑은 너무 힘든 것이라 실천하는 자는 적다.

왜 실천하기에 너무 힘든 것을 요구할까? 이는 신이 먼저 직접 자기희생의 본을 보였기 때문이다. 신이 만든 제도에 의하면 사람의 죄를 용서하기 위해선 사람의 죄를 대신 짊어지고 죽는 제물이 필요했다. 그런데 수많은 인류의 죄를 한꺼번에 용서해줄 수 있는 값진 제물이 세상에 없었다. 그래서 신은 자기 아들을 희생 제물로 택했다. 자기 아들을 희생 제물로 삼을 정도로 신이 인간을 사랑했단 말인가? 죄지은 인류는 감히 신을 무시하고 신에게 맞서며 어느덧 원수 같은 존재가 되지 않았는가? 그러나 인간이 처음부터 신에게 원수 같은 존재는 아니었다. 오히려 인간을 만들 때 신은 자기 형상과 모양을 따라 창조했다. 만약 사람과 같은 로봇을 누군가 만든다면 그 과학자가 그 로봇을 얼마나 소중히 여기겠는가? 신은 자신을 닮은 자기 작품인 인간을 이런 과학자보다 훨씬 더 소중히 여기고 사랑했다. 과학자가 자기 작품이 망가지는 것을 가만히 볼 수 있겠는가? 신도 자기 작품인 인간이 죄로 망가져 지옥에 가는 것을 가만히 보고 있을 수 없었다. 그래서 신은 인류의 죄를 용서하기 위해 자기 아들을 희생양으로 삼았다. 이로써 신은 자기 아들을 십자가에 못 박는 자기희생의 극치를 보여 주었다. 그래서 신은 자신을 믿는 성도에게 원수도 사랑하라고 한 것이다. 이는 성도가 되기 전의 삶은 신의 원수로 살았음을 잊지 말라는 것이다.

꾸란도 유일신의 자비를 끊임없이 반복해 강조한다. 그러나 핍박자를 위해 기도하고 원수를 사랑하라고는 하지 않는다. 그렇지만 무슬림을 자극하지 않는 자와는 평화롭게 지내길 명한다. 그래서 꾸란 2장 190절은 이렇게 말한다. "너희를 공격하는 하나님의 적들에게 맞서 싸우되 그러나 먼저 공격하지 말라 하나님은 먼저 공격하는 자들을 사랑하지 아니하시니라" 선제공격을 금한 것은 평화를 추구하라는 것 아닌가?

그리고 4장 89~91절에는 거짓 신자인 위선자들이라도 이슬람에 맞서지 않고 평화를 원하면 공격하지 말라고 한다. 그럼에도 그들을 공격하면 신이 길을 열어주지 않을 것이라고도 말한다. 그러나 위선인인 거짓 신자를 친구로 삼지 말라고 한다. 또 위선자가 배반하거나 이슬람에 물러서지 않고 평화를 제안하지 않으면 그들을 보이는 대로 포획하고 공격하라고 하며 이는 신이 부여한 권한이라고 한다. 한마디로 무슬림이 아닌 경우에는 이슬람에 복종해야 평화롭게 함께 살 수 있다는 것이다. 그리고 배반하거나 물러서지 않거나 평화를 제안하지 않으면 보이는 대로 포획하고 공격하라는 것은 선제공격을 허용하는 듯해 헷갈린다.

그리고 9장 12절의 내용도 선제공격을 허락하는 것 같다. "조약을 체결하고서 위반하는 것은 그들이 너희의 종교를 공격하는 것이니 불신자들의 우두머리들에 대항하여 투쟁하라 그들은 믿음이 없으니 저지될 것이니라" 조약 위반을 공격으로 간주해 조약 이행 촉구도 없이 상대를 공격하라는 것은 너무 호전적이지 않은가?

또 9장 29절도 그렇다. "하나님과 내세를 믿지 아니하며 하나님과 사도가 금기한 것을 준수하지 아니하고 진리의 종교를 따르지 아니한 자들에게 비록 그들이 성서의 백성이라 하더라도 인두세를 지불할 때까지 그들에 대항하여 성전 하라. 그들은 스스로 초라함을 느낄 것이니라." 이슬람세인 인두세를 내는 것은 항복을 의미하지 않는가? 인두세를 내지 않으면 즉 항복하지 않으면 평화가 보장되지 않고 선제공격의 대상이 될 수 있다. 이로써 상대가 초라함을 느끼리라는 것은 무슨 뜻일까? 이는 불신자에게 굴욕감을 느끼게 하라고 무함마드가 말한 것과 일맥상통한다. 즉 상대의 자존감에 깊은 상처를 주어 비참한 모욕감을 느끼게 하라는 것이다.

또 사로잡은 포로에 대해 꾸란은 47장 4절에 이렇게 말한다. "전쟁에서 불신자들을 만났을 때 그들의 목을 때리라 너희가 그들을 제압했을 때 그들을 포로로 취하고 그런 후 자비를 베풀어 석방하든지 아니면 전쟁이 종식될 때까지 보석금을 받고 그들을 풀어주도록 하라……"

전쟁에서 만난 불신자의 목을 때리라는 것은 무슨 말일까? 꾸란에 정통한 학자에 의하면 이 말은 순화시킨 번역이라고 한다. 아랍어 원어는 "목을 베라"고 하는데 너무 잔인한 느낌을 주기에 "목을 때리라"로 번역했다는 것이다. 그러나 아랍어 꾸란은 참수를 명하고 있고 무함마드는 전쟁터의 적들에겐 이 참수를 스스럼없이 행하였다. 이런 연유로 오늘날에도 이슬람 무장 단체들은 참수형을 쉽게 행하고 있음을 우리는 볼 수 있다.

상기 꾸란은 무슬림이 이겼을 경우엔 참수를 면한 포로들을 석방하라고 명한다. 대가 없이 자비를 베풀어 석방하든지 몸값을 받고 석방하든지 아무튼 석방하라는 것이다. 사실 몸값을 받고 풀어주는 것은 승자에게도 이득이 크다. 참수형이나 노예로 팔리는 것을 면하기 위해 가족들이 최대한 많은 금액을 빨리 지불할 것 아닌가? 바드르 전투에서 잡은 포로들의 몸값이 무함마드가 무슬림 공동체를 다스리는 데 큰 도움이 되지 않았던가? 보석금 제도는 겉으론 자비를 베풀고 속으론 이익을 챙기는 장사인데 종교의 입장에서 보면 너무 계산적이지 않은가? 이슬람이 상인들로부터 시작되었기에 보석금 제도가 지금까지 많이 활용되는 것 같지 않은가?

어쨌든 꾸란은 전쟁 후 포로 석방을 명했고 무함마드는 자신의 전리품 포로들을 몸값 없이 석방하기도 했다. 이슬람 무장 단체들이 사랑의 석방을 과감히 행해 신의 자비를 느낄 수 있기를 소망한다.

그리고 싸움을 적극적으로 권하는 듯한 말이 9장 123절에 이렇게 나타나 놀랍다. "믿는 자들이여 너희 가까이에 있는 불신자들에 대항하여 싸우고 그들로 하여금 너희가 준엄하다는 것을 알게 하라……."

평화와 항전이 혼재한 대응은 무함마드가 시작하였다. 무슬림이 소수로 완전 열세였던 메카 시절엔 그냥 참아야만 했다. 그러나 메디나로 이주한 이후에는 달랐다. 당장 먹고살아야 하는 절박함으로 메카에 대한 항전이 이어졌다. 이슬람의 힘이 강해지자 위기를 느낀 메카가 평화를 제안해 무함마드가 이를 받아들였다 이때 무함마드가 먼저 평화를 제안한 게 아니었고 단지 항복을 요구했을 뿐이었다. 항복 요구를 평화 제의로 볼 수 있을까? 어쨌든 메디나의 유대인과 위선자들에게도 평화와 항전이 섞인 대응을 하였다. 거짓 신자로 늘 무함마드를 제거할 틈을 노린 압둘라 우바이가 자연사하기까지 무함마드가 베푼 관용은 설령 정치적 목적이 있었다고 해도 감탄할 정도다. 그러나 메디나의 유대인 세 부족에 대한 대응은 냉정했다. 무슬림 여인을 희롱한 자들을 감쌌던 까누이까 부족은 아무것도 없이 추방당했다. 메디나 헌장 조약을 위반해 두 번째로 추방당한 나디르 부족은 그나마 좋은 대접을 받았다. 그렇지만 낙타에 실을 수 있는 것을 제외하곤 다 빼앗겼다. 이것은 배반한 마지막 유대인 부족에 비하면 무함마드에게 큰 관용을 받은 것이었다. 세 번째 꾸라이자 부족의 경우 남자는 참수형으로 몰살당했고 여자와 아이는 노예로 팔렸기 때문이다.

이렇게 꾸란은 한편으론 평화와 관용을 주창하지만 이와 대조적인 말도 제법 한다. 60장 1, 2절을 살펴본다. "1. 믿는 자들이여 나의 적과 너희의 적을 친구로 삼지 말며 그들에게 사랑도 베풀지 말라 그들은 너희에게 도래한 진리를 거역하고 너희의 주님이신 하나님을 믿는다는 이유로 사도와 너희들을 추방한 자들이니라 너희가 나를 위해서 성전하고 나의 기쁨을 추구하려 한다면 그들에게 사랑을 베풀지 말라…… 2. 그들이 너희보다 유리한 입장에 있게 되면 너희의 적이 되어 그들의 손과 그들의 혀로써 너희를 저주할 것이며 너희가 그 진리를 거역하기를 원할 것이니라"

또 60장 8절을 이렇게 말한다. "하나님께서 종교를 이유로 너희에게 적대시하지 아니하고 너희를 너희 주거지로부터 추방하며 너희를 추방함에 협력한 자들과 우정을 맺는 것만을 금지하셨나니 그들과 우정을 맺는 자들은 누구든지 의롭지 못한 자들이니라"

상기의 두 본문은 쫓겨난 자들 입장에서 보면 수긍이 간다. 무함마드와 무슬림들을 쫓아낸 메카 사람들을 사랑하고 우정을 나누기가 얼마나 힘들겠는가! 그런데 상기의 꾸란은 종교적인 면보다는 너무 세속적인 기준으로 보이지 않는가? 그리고 쫓아낸 메카 사람을 모두 원수로 취급하는 것도 쉽지 않다. 왜냐하면 거기에는 부모, 형제, 친척, 친구, 이웃이 있기 때문이다. 신앙이 달라서 핍박했다고 하여 부모, 형제, 친척, 친구, 이웃들을 모두 적으로 취급해 단절할 수 있는가? 나(신 또는 무함마드)를 기쁘게 하기 위해 이들에게 사랑을 베풀지 말라는 것이 과연 참된 종교인가?

그리고 꾸란은 적대 세력에 대해서는 전쟁도 불사하라고 독려한다. 적대 세력은 좁은 의미로는 핍박자와 이슬람에 맞서는 자들을 가리키지만, 넓은 의미로는 모든 불신자가 이에 해당할 수도 있다. 꾸란은 이 전쟁을 거룩한 것으로 여겨 '지하드' 즉, '성전(聖戰)'으로 부르며 강력한 항전을 명하고 있다.

그 예로 66장 9절을 본다. "예언자여 불신자들과 위선자들에 대항하여 성전하라. 그리고 그들에게 엄격하라. 그들이 살 곳은 지옥이니라 ……." 위선자는 거짓 신자를 말한다. 불신자를 지옥에 보내려고 성전 해야 하는가? 성전을 안 해도 불신자가 죽으면 지옥에 갈 것 아닌가? 조금 더 빨리 지옥에 보내려고 성전 해야 하는가?

그리고 꾸란은 68장 11~13절에서 성전하는 자세를 이렇게 요구한다. "11. 중상이나 비방을 하고 다니는 자들과 12. 선행을 방해하고 불의한 짓을 행하는 죄 많은 자들과 13. 행실이 나쁘고 태생이 의심스러운 자들과 타협하지 말라"

상기와 같은 자들을 가까이하고픈 사람은 아무도 없을 것이다. 그러나 현실은 이런 자들과 함께 살기에 어쩔 수 없이 이들과 대화하며 타협할 경우가 발생한다는 것이 문제다. 그런데 꾸란이 명하는 것은 적을 이런 부류로 보는 것 아닌가? 즉 내 편은 좋은 사람이고 상대는 모두 나쁜 놈으로 보는 것 아닌지 궁금하다.

또 꾸란 47장 35절에 "약한 자가 되어 휴전을 촉구하지 말라 너희가 위에 있느니라 하나님께서 너희와 함께하실 것이요 너희가 행하는 선행에 대한 보상을 감소시키지 않을 것이니라"라고 휴전 금지를 명하고 있다. 휴전은 보상받을 선행을 감소시키는 행위로 보고 있다. 여기에서 보상은 천국을 말한다. 휴전하지 말라는 것은 평화를 거부하는 것 아닌가?

휴전과 타협을 금한 꾸란은 48장 16, 17절에서 항복할 때까지 싸울 것을 명한다. "16.

뒤에 남아 있던 사막의 아랍인들에게 일러 가로되 너희는 곧 힘이 강한 백성에 대항해 싸우게 될 것이니 그들이 항복할 때까지 싸우라 너희가 복종한다면 하나님께서는 너희에게 큰 보상을 베풀 것이요 그러나 전에 그랬듯이 너희가 등을 돌린다면 하나님께서는 너희에게 고통스러운 징벌을 내리실 것이니라 17. 장님이나 절름발이나 환자는 출전하지 않아도 죄가 아니라 누구든지 하나님에게 복종하고 사도에게 순종하는 자에게는 하나님께서 밑으로 강물이 흐르는 천국으로 들게 하실 것이라 그러나 등을 돌리는 자에게는 고통스러운 징벌로 그들을 다스릴 것이니라"

힘이 강한 자들이 항복할 때까지 싸우려면 얼마나 큰 희생을 치러야 하겠는가! 그럼에도 강한 자들이 항복할 때까지 싸우라는 것은 죽기를 각오하고 싸우라는 것 아닌가? 그래서 항복할 때까지 싸운 전쟁의 가장 큰 보상은 많은 전리품이 아니다. 가장 큰 보상은 강이 흐르는 천국이라고 17절은 말한다. 천국에는 아랍 베두인 남자들이 가장 좋아하는 여인과 술이 있지 않은가? 그래서 무함마드는 전쟁터에서 "이 전투에서 죽으면 후르 아인이 기다리는 천국으로 갈 것이니 용감히 싸우라"라고 독려한 것으로 전해진다.

반면에 등을 돌리고 도망하는 자에겐 고통스러운 징벌을 가한다고 16절과 17절에서 거듭 강조한다. 이 징벌은 무엇일까?

이 징벌에 대해 8장 15, 16절은 이렇게 말한다. "15. 믿는 자들이여 너희가 싸움터에서 불신자들을 만날 때 그들로부터 등을 돌리지 말지니라 16. 그러한 날에 등을 돌리는 자는 그것이 전쟁을 위한 준비나 어떤 무리에 합류하려는 의도가 아니라면 이것은 분명 하나님의 분노를 살 것이며 그의 거주지는 지옥이며 최후가 비참할 것이니라" 등을 돌리는 자는 신의 분노를 사서 비참한 지옥에 간다고 경고한다.

전투병에게 천국과 지옥을 상기시키는 이유가 뭘까? 신자의 천국행을 바라는 마음이 더 크기 때문인가? 아니면 전투에서 이기기를 바라는 마음이 더 크기 때문인가?

그리고 이어서 8장 17절은 이렇게 전의를 북돋우고 있다. "그들을 살해한 것은 너희가 아니며 하나님께서 그들을 멸망하게 하신 것이라 그들에게 던진 것도 그대가 아니라 하나님께서 던진 것이라……" 상대를 죽이고 공격하는 것에 대해 양심의 가책이나 망설임이 없도록 독려한다. 상대를 죽이는 것은 전쟁터에선 어쩔 수 없는데 왜 이런 말을 했을까? 그 상대가 바로 내 부모, 자식, 형제, 친척, 친구가 될 수 있기에 이런 말을 한 것 아닐까? 실제로 무함마드는 메카의 이런 가족, 친지와 많이 싸웠다. 그래서 무슬림은 신을 대신해 싸우는 것으로 정신 무장을 시킨 것 같지 않은가? 그리고 15절을 보면 죽이는 상대가 전쟁터가 아닌 경우도 포함되는 듯해 혼란스럽다. 또 10배나 많은 불신자와의 싸움도 신이 이기게 해준다고 용감한 싸움을 꾸란 8장에서 독려하고 있다.

또 9장 24절에 이런 말도 있어 놀랍다. "일러 가로되 너희 선조들과 너희 후손들과 너희 형제들과 너희 아내들과 너희 친척과 너희가 획득한 재산과 거래가 없을까 두려워하는 상품과 너희가 바라는 주거지들이 하나님과 사도와 하나님의 길에서 성전하는 것보다 너희에게 더욱 귀중하다고 생각한다면 기다려라 하나님의 명령이 있으리라 하나님께서는 우매한 백성을 인도하지 아니하시니라" 불신자와의 싸움이 가족보다 더 귀하다니 놀랍다. 그래서 꾸란은 재산도 아끼지 말고 성전에 사용할 것을 명한다. 그렇게 하면 천국의 보상이 있을 것이라고 한다. 성경은 불신자와의 싸움을 신에 대한 사랑으로 말하지 않는다. 앞서 말한 대로 신의 아들은 오히려 원수를 사랑하고 핍박자를 위해 기도하라고 말했다. 그리고 불신자는 원수도 아니고 핍박자도 아니며 싸워야 할 대상은 더더욱 아니다.

일단 싸우면 휴전해선 안 되고 항복할 때까지 끝장을 보라는 꾸란이 놀랍다.

언행록 유무의 차이

신의 아들, 예수의 가르침과 활동에 관한 기록은 4복음서에 충분해 다른 기록이 필요치 않다. 그러나 꾸란은 신의 계시를 적은 것이기에 무함마드의 말과 활동에 관한 기록은 미미하다. 그런데 이슬람교의 5대 기둥 중 첫째인 신앙 고백에 "무함마드는 하나님의 사도다"란 고백도 있다. 그래서 꾸란은 무함마드를 어떻게 대해야 하는지 이렇게 말한다.

1. 108장 3절 : "그대 무함마드를 싫어하는 자는 현세와 내세에서 모든 풍요와 은혜로부터 단절될 것이니라"

2. 48장 10절 : "실로 그대에게 충성할 것을 맹세한 자 있다면 그는 하나님께 충성하는 것과 다를 바 없나니"

3. 48장 13절 : "하나님과 사도를 믿지 않는 자가 있나니 나는 그 불신자를 위해 타오르는 불지옥을 준비해 두었느니라"

4. 72장 23절 : "실로 나의 임무는 하나님의 계시와 메시지를 전하는 것뿐이라 그러므로 하나님과 사도를 거역하는 자들은 불지옥으로 던져져서 그 안에서 영원히 살게 되니라"

5. 48장 17절 : "……누구든지 하나님에게 복종하고 사도에게 순종하는 자에게는 하나님께서 밑으로 강물이 흐르는 천국으로 들게 하실 것이라……"

상기의 꾸란 본문들은 신과 무함마드를 동일시하고 있다. 그래서 무함마드를 불신하거나 거역하면 지옥에 던져진다고 경고한 반면 무함마드에게 순종하면 천국에 간다고 말한다.

그러므로 무함마드의 언행을 따르는 것은 절대적이 되었다. 이런 연유로 무함마드의 언행록인 '하디스'가 꾸란 만큼 중요하게 되었다. 이 하디스는 무함마드의 말을 듣고 행동을 본 사람들이 낙타 뼈, 낙타 가죽, 말린 나뭇잎 등의 조각에 기록하기 시작했다. 이 하디스는 많은 사람이 적었기에 누가 적었는지를 알리려고 'ㅇㅇㅇ이 말(전)한다'라고 기록자를 먼저 밝히는 특징이 있다. 이렇게 수많은 조각에 기록된 하디스는 여기저기 흩어져 방치되다시피 하였다. 이에 따라 하디스의 내용이 진실인지 아닌지 불분명한 것들이 시간이 흐를수록 증가할 수밖에 없었다. 꾸란은 무함마드와 생사고락을 함께했던 정통 칼리파 시대에 원본과 필사본까지 만들어졌지만 하디스 편찬은 그렇지 않고 한참 후에 이루어졌다.

하디스의 이런 초기 상황을 엿볼 수 있는 하디스의 내용을 살펴본다.

하디스를 1,000개 이상 수집하여 전한 자는 7명이었다.

아부 후라이라가 5,374개, 압둘라 븐우마르가 2,630개, 아나스 븐 말리크가 2,286개,

무함마드의 아내 아이샤가 2,210개, 압둘라 븐 압바스가 1,969개, 자비르 븐 압둘라가 1,540개, 아부 싸이드 알 쿠두리가 1,170개이었다고 한다.

가장 많은 하디스를 남긴 아부 후라이라에 관한 사하바의 하디스를 소개한다. 사하바는 '선지자의 교우들'을 뜻하는 말로 가난하지만 신앙을 굳게 지켜 존경받았다. 소개하는 글의 제목은 '아부 후라이라의 하디스에 관한 추억'이며 내용은 다음과 같다.

〈아부 후라이라(하나님께서 그분을 받아주시기를) 또한 위대한 사하바들 중 하나였습니다. 그 누구도, 그보다 많은 하디스를 전하고 있는 사람은 없습니다. 그는 이슬람력 7년에 이슬람을 받아들였는데, 선지자(그분께 평화가 깃드시기를)께서는 이슬람력 11년에 돌아가셨으니, 그가 그분과 함께한 것은 4년밖에 되지 않습니다. 사람들은 어떻게 해서 그가 그 짧은 시간에 그토록 많은 하디스를 머리에 담을 수 있었을지 신기해하곤 했습니다.

그는 이렇게 설명했습니다. "사람들은 내가 어떻게 그렇게 많은 하디스를 알고 있는지 궁금해하곤 합니다. 사실, 나의 무하지룬(이주자) 형제들은 모두 장사로 바빴고, 안사르(후원자) 형제들은 농사일로 바빴지만, 저는 항상 선지자(그분께 평화가 깃드시기를)와 함께였습니다. 나는 수파 사람 중 하나로, 생계에 대해 걱정을 해본 적이 없습니다. 선지자(그분께 평화가 깃드시기를)께서 내게 주시는 약간의 음식이면 만족했고, 아무도 선지자(그분께 평화가 깃드시기를)와 함께하지 않을 때 그분 곁을 지키곤 했습니다."

하루는 선지자(그분께 평화가 깃드시기를)께 나의 나쁜 기억력에 대해 불평한 적이 있습니다. 그러자, 그분께서는 이렇게 말씀하셨습니다. "너의 숄을 펼쳐보아라." 제가 그렇게 하자 그분께서는 숄 위에 손으로 어떤 기호를 그리시더니 이렇게 말씀하셨습니다. "이제 이 숄을 네 몸에 걸쳐보아라." 나는 그 숄로 내 가슴을 감쌌습니다. 그 이후로, 나는 내가 기억하고자 하는 것은 절대로 잊지 않게 되었습니다."〉

이 하디스에 대한 중앙회의 해설에 의하면 아부 후라이라는 하루에 1만 2천 번 신에게 용서를 빌고, 그가 가진 1,000개의 매듭이 있는 줄을 가지고 각각의 매듭에 대해 수부하-날라-(하나님께 모든 영광을)를 말하는 것을 마치기 전까지는 잠자리에 들지 않았다고 한다. 1만 2천 번을 헷갈리지 않고 매일 했다니 얼마나 놀라운가! 그런데 하루가 86,400초인데 1만 2천 번의 용서를 빌었다니 한번 비는 용서에 7초가 소요된다고 해도 잠잘 시간이 전혀 없지 않은가?

이와 반대로 하디스 기록에 매우 신중했던 신자에 관한 하디스를 살펴본다. 제목은 '이븐 마수드의 하디스에 대한 신중함'이며 내용은 다음과 같다.

〈압둘라 이븐 마수드(하나님께서 그분을 받아주시기를)는 선지자(그분께 평화가 깃드시기를)께서 살아 계시던 시절, 이슬람법에 대한 질의에 답변하는 일을 담당했던 훌륭한 사하바들 중 하나였습니다. 그는 이슬람이 처음 출현할 시기부터 이슬람교도였으며, 아비시니아(현재의 에티오피아) 이주민 중 하나였습니다. 그는 모든 전투에서 선지자(그분께 평화가 깃드시기를)와 함께 싸웠으며, 그분의 시중을 드는 일을 했었습니다. 그는 선지자(그분께 평화가 깃드시기를)의 신발을 들고 다녔으며, 그분께서 주무실 때 베개를 가져다드렸고, 우두를 하실 때는 물을 가져다드리곤 하였습니다. 그 때문에 사람들은 그를 '신발 나르는 사람', '베개 지키는 자' 또는 '우두 시중드는 사람' 등으로 부르곤 했었습니다.

선지자(그분께 평화가 깃드시기를)께서 이렇게 말씀하신 적이 있습니다. "압둘라 이븐 마수드(하나님께서 그분을 받아주시기를)는 누구와도 상의할 필요 없이 내가 무슬림들의 지도자로 임명할 수 있는 유일한 사람이다."

그는 또한, 언제든지 선지자(그분께 평화가 깃드시기를)를 찾아 뵐 수 있는 허가를 받은 유일한 사람이었습니다. "내가 계시받은 그대로 꾸란을 암송하고 싶거든, 압둘라 이븐 마수드의 암송을 따라하면 될 것이다." 그분께서는 또, 이렇게도 말씀하셨다고 합니다. "압둘라 이븐 마수드가 나에 대해 하는 말은 모두 믿어도 좋다."

아부 무사 알-아샤리(하나님께서 그분을 받아주시기를)는 이렇게 말했습니다. "압둘라 이븐 마수드(하나님께서 그분을 받아주시기를)와 그의 모친은 선지자(그분께 평화가 깃드시기를)의 집을 자주 방문하였는데, 어느 정도였냐 하면, 예멘 사람들이 선지자(그분께 평화가 깃드시기를)를 보러 그분의 집을 방문했을 때, 그들이 마수드(하나님께서 그분을 받아주시기를)를 선지자(그분께 평화가 깃드시기를)의 가족으로 착각할 정도였다."

그렇게 선지자(그분께 평화가 깃드시기를)와 가깝게 지냈던 그였지만, 선지자(그분께 평화가 깃드시기를)께서 하셨던 말씀을 전할 때는 무척이나 조심스러워했습니다. 아부 암르 알-샤이비니(하나님께서 그분을 받아주시기를)는 이렇게 얘기합니다. "나는 일 년 동안 압둘라 이븐 마수드(하나님께서 그분을 받아주시기를)와 함께 기거했던 적이 있었는데, 결코 그가 어떠한 말도 직접적으로 선지자(그분께 평화가 깃드시기를)께서 하신 것이라고 말하는 것을 들어본 적이 없다. 그러려고 할 때마다 그는 두려움으로 몸을 떨곤 하였다."

암르 이븐 마이문은 이렇게 말했습니다. "나는 일 년 동안 매주 목요일마다 압둘라 이븐 마수드(하나님께서 그분을 받아주시기를)를 방문한 적이 있었습니다. 그런데, 나는 한 번도 그가 어떠한 말이건 직접적으로 선지자(그분께 평화가 깃드시기를)께서 하신 것이라고 말하는 것을 들어본 적이 없습니다. 언젠가 그가 하디스를 이야기할 때였습니다. 그는 '선지자(그분께 평화가 깃드시기를)께서 말씀하시기를'이라고 말할 때면 몸을 떨고, 눈은 두려움으로 커졌으며, 이마에서는 땀방울이 흐르고 핏줄이 튀어나오곤 하였습니다. 그럴 때마다 그는, '아마도 선지자(그분께 평화가 깃드시기를)께서 그렇게 말씀하셨거나, 혹은 그와 비슷한 말을 하셨거나, 그보다 조금 강하게, 또는 약하게 말씀하셨던 것이다.'라고 말을 고치곤 하였습니다."〉

이 글에 대한 중앙회의 해설에 무함마드가 이런 말을 했다고 한다. "어떤 말이든 내 입에서 나오지 않은 말을 나의 말이라고 하는 사람은 지옥에서 자신의 자리를 찾게 될 것이다."

무함마드는 왜 이런 경고를 했을까? 이런 경고를 해야 할 정도로 가짜 하디스가 양산될 가능성이 많고 또 실제로 가짜가 만들어진 것을 보았기 때문 아닐까? 이런 경고를 분명히 들었을 압둘라 이븐 마수드는 실수를 안 하려고 하디스 기록에 극도로 신중했다. 그러나 하디스 기록자 모두가 이처럼 조심했을까?

하디스의 신뢰성에 관해 하디스 스스로가 밝히는 내용을 소개한다. 역시 사하바가 전하는 하디스인데 제목은 '아부 바크르, 자신이 모은 하디스를 불살라버리다.'이다. 제목부터가 심상치 않은데 내용은 이렇다.

〈아이샤(하나님께서 그분을 받아주시기를)는 이렇게 말합니다. "나의 아버지 아부 바크르(하나님께서 그분을 받아주시기를)는 오백 권이 넘는 하디스 책을 수집하셨었습니다. 어느 날 밤, 아버지께서는 매우 불안정해 보이셨는데 침상 위에서 뒤척이시며 도통 잠을 이루지 못하는 것이었습니다. 저는 매우 걱정이 되어 아버지께 여쭈어보았습니다. "어떤 걱정거리나 문제가 있으신지요?" 아버지께서는 아무 말씀도 않으셨지만, 그날 밤 내내 불안함에 잠자리를 뒤척이셨습니다.

다음 날 아침, 그분께서는 저를 부르시더니 이렇게 말씀하셨습니다. "내가 너에게 보관하라고 주었던 하디스 책들을 모두 가져오너라." 저는 아버지의 말씀대로 책들을 가져왔는데, 아버지께서는 그 책들을 모두 불에 태워버렸습니다. 그분께서는 말씀하셨습니다. "이 책들에는 그동안 내가 보고 들은 수많은 하디스들이 기록되어 있다. 그런데 만일 내가 죽고 나면, 사람들은 이 하디스들을 모두 근거 있는 것으로 받아들일 것이다. 하지만, 그렇지 않은 것도 있을 테고, 그런 근거 없는 이야기들이 정통한 것으로 전해지게 된다면 내가 모든 책임을 져야 하게 될 것이 아니냐."〉

아부 바크르는 무함마드가 그를 친구와 신앙의 동지로 함께한 것에 대해 진정 고맙게 생각한 사람 아닌가? 오마르가 아부 바크르의 신실함은 이길 수 없다고 했지 않은가? 그래서 무함마드가 죽은 후 만장일치의 지지로 초대 칼리파가 된 사람 아닌가? 그래서 무함마드에 대해선 아부 바크르가 누구보다 더 잘 알고 있었을 것 아닌가? 그럼에도 그가 남긴 하디스는 아부 후라이라와 아이샤에 훨씬 못 미쳐 비교도 안 되니 놀랍지 않은가? 이런 아부 바크르는 무함마드가 죽은 2년 후에 죽었다. 그런데 이 짧은 기간에 불태워 버려야 할 정도로 근거 없이 과장되고 미화되어 날조된 하디스가 많았다니 어찌 된 일인가? 당시 신의 사도라는 무함마드를 무슬림들이 맹목적으로 신격화했기에 불태워야 할 하디스가 양산된 것은 아닐까?

하디스의 상황은 무함마드 사후 100년이 지나며 정통 칼리파 시대의 전기 작가들이 상상도 못 할 무함마드 전기가 나왔다고 《이슬람 제국의 탄생》을 저술한 역사가, 톰 홀랜드는 말한다. 즉, 무함마드를 초능력의 소유자로 만든 것이다. 전기 작가는 무함마드가 미래를 예측하고 낙타, 야자수, 고깃덩어리가 전하는 말을 들을 수 있으며 땅에 떨어진 병사의 눈알을 주워 다시 끼워 넣으니 병사의 시력이 더 좋아졌다고 과장했다고 한다.

이런 가운데 무함마드 사후 약 90년인 720년에 우마이아 왕조의 칼리파 오마르 2세에 의해 하디스 모음과 정리가 시작되었으나 책으로 만들지는 못했다. 그러다 무함마드 사후 230년이 될 즈음에 압바스 왕조의 학자들이 하디스를 정리해 책으로 편찬하려는 움직임이 다시 활발해졌다. 하디스 중에 옥석을 가리기 위해 학자들이 각 지역의 움마들을 돌아다니며 하디스를 모아 철저한 검증을 하였다.

하디스 편찬자들 중 가장 유명한 알부하리는 810년에 태어나 870년에 죽었다. 그는 무함마드의 말로 추정되는 하디스 60만 개를 수집했으나 엄격한 선별 작업으로 7,225개만 건지고 나머지는 버렸다. 버린 것이 98.8%이니 못 믿을 자료가 대부분이었음을 나타내는 것 아닌가? 어쨌든 그 위에 다섯 명의 뛰어난 학자들이 모은 하디스들을 보태 엮은 것이 바로 '순나'였다. 그런데 이 순나를 완성한 시기는 무함마드가 사망한 지 근 300년이 지난 시기였다. 그러니 아무리 엄격히 선별했다고 해도 진실성에 의문이 많을 수밖에 없지 않은가? 게다가 이 시기는 압바스 왕조 시대로 칼리파가 정치적 목적에 크게 휘둘린 시대 아닌가? 그리고 무함마드 당시에 작성된 하디스 자료는 현재는 거의 없다. 현존하는 대부분 하디스 자료는 수 세기 후에 작성된 것들뿐이라고 톰 홀랜드는 말한다. 하디스의 실정이 이럼에도 불구하고 하디스에 이의를 단다는 것은 생각할 수도 없었다. 혹 이의를 제기하는 자는 이슬람교에서 이단으로 몰렸다. 특히 중동에서 '하디스 날조론' 같은 연구는 목숨을 내놓아야 할 정도로 위험하다.

어쨌든 순나로 편찬된 하디스는 주제별로 정리되었다.

하디스에는 무함마드의 아내들과 자식들에 관한 내용도 많다. 그리고 "굶주리는 이웃을 곁에 두고 자기 배만 채우는 자는 신자가 될 자격이 없다.", "가난한 사람은 남이 선을 행하도록 격려하는 것도 자선이고 악행을 하지 않는 것도 자선이다." 등등의 정의로운 교훈이 풍부하다. 이외에도 흥미로운 질문, 가령 '여성 할례를 어떻게 해야 하는지, 부인이 5명 이상인 사람이 무슬림이 되면 어떻게 해야 하는지, 생식할 때 느끼는 오르가즘이 태어날 아기의 외모에 어떤 영향을 미치는지' 등등의 궁금증과 이에 대한 답도 있다. 그리고 무함마드가 일주일에 한 번씩 음모와 겨드랑이 털과 콧수염을 깎았다는 것도 있다. 또 "재채기하는 것은 하나님으로부터, 하품하는 것은 사탄으로부터 오는 것이니라."라고 무함마드가 말한 것과 재채기와 하품에 대한 인사말과 행동도 나올 정도로 하디스의 내용은 다양하다.

순나로 편찬된 하디스는 'sunnah.com'에서 검색이 가능하다. 일반인이 이 사이트를 검색하려면 번역기를 사용해야 한다. 그런데 번역기에 의한 번역이 이슬람 사회에서 사용하는 언어와 약간 다를 수도 있다. 특히 고유 명사가 그렇다. 그래서 초보자는 중앙회 홈페이지의 하디스를 검색하는 게 좋다. 고유 명사는 중앙회 홈피도 혼선을 빚어 헷갈리지만 그래도 중앙회 홈피로 개념을 잡고 순나 웹 사이트를 보는 게 더 좋다.

그런데 하디스를 적은 사람이 워낙 많고 또 하디스를 모아 정리한 편집자도 여럿이라 사건 발생년도와 과정이 다른 부분이 적지 않다. 예를 들어 중앙회 홈피 하디스 중에 '예언자의 가족들'과 '선지자 부인들의 삶에 대한 조명'에 이설이 적지 않아 곤혹스럽다. 그래서 이 책에서는 이런 부분을 다룰 때는 두 이설을 함께 다 소개하였다.

그리고 아무리 1,400년 전의 신앙이라 해도 너무 특이한 하디스가 제법 눈에 띈다. '선지자에 대한 애정'이란 주제의 하디스가 특히 그렇다. 하나를 간단히 소개한다. 무함마드는 "누구든지 자기 가족이나 무엇이든 나보다 더 사랑하면 신앙인이 아니다."라고 말했다. 그래서 우흐드 전투에 패했다는 소문을 들은 메디나에서 이해가 잘 안 되는 언행을 보인 한 여인이 생겼다. 그녀는 자기 가족과 이웃의 전사 소식에도 개의치 않고 오직 무함마드의 안전만 소망하며 이런 말을 했다. "오 하나님의 선지자시여!

당신은 제 부모보다 저에게 더 소중하신 분이십니다. 당신이 이렇게 살아계심을 보고 있노라니 제 일가 남자들의 사망 소식이 제게는 아무런 고통도 되지 아니하나이다."

또 '선지자에 대한 예절'의 하디스엔 무함마드의 피를 삼킨 자에게 이런 말을 했다고 전한다. "몸속에 내 피가 섞인 자는 지옥의 불이 닿지 않는다." 이 부분은 14장에서 소상히 다룬다.

그런데 처벌 규정이 꾸란과 다른 하디스가 있어 헷갈린다. 간통한 자에 대한 처벌이 그렇다. 꾸란은 백 대의 매질을 가하도록 하고 있다. 그런데 하디스는 모세의 토라와 같이 사람들이 돌을 던져 쳐 죽이라고 말한다. 이 하디스는 13장에 소개한다.

기록 방법의 차이

성경과 꾸란의 기록에는 집필 방법, 저자 수, 대필, 언어, 번역에 큰 차이가 있다. 이 차이를 고찰한다.

첫째, 순서에 따른 기록과 편찬 방법의 차이

성경은 약 4, 50명의 저자가 66권의 책을 약 1,500년에 걸쳐 시대순으로 집필했다. 후대에 구약 39권을 한 권으로 묶을 때도 시대순으로 정렬해 편찬했다 그런데 신약 27권은 거의 동시대에 기록되어 실화 위주의 복음서와 사도행전이 먼저 배치되었다. 그 뒤를 이어 바울의 편지와 다른 사도들의 편지에 이어 종말에 대한 계시록이 끝에 배치되었다. 구약의 시편은 작자 미상도 많다. 어쨌든 성경은 알려진 저자만 해도 약 40명이다. 이들이 약 1,500년에 걸쳐 기록했음에도 주제가 일맥상통함을 유지한다.

반면 꾸란은 무함마드 혼자서 계시받았으므로 저자가 한 명이라 주제가 같을 수밖에 없다. 그럼에도 꾸란은 계시받은 순서로 기록되고 편찬된 게 아니다. 또 사건의 발생순으로 기록되거나 편찬되지도 않았다. 그래서 독자가 사건의 흐름을 이해하기가 쉽지 않다. 게다가 꾸란은 한 인물에 관한 이야기를 이어서 한군데 모아 적은 게 아니고 여기저기에 부분적으로 흩어놓았다. 그리고 같은 내용이 짜증이 날 정도로 반복되고 있다. 흩어진 기록들을 다 모아 짜깁기해도 그 내용은 성경의 기록보다 많이 부족하다. 그래서 독자가 꾸란의 인물을 한눈에 파악하기가 쉽지 않다. 그러므로 꾸란의 인물을 제대로 이해하려면 그 인물에 대해 집중적으로 묘사된 성경의 기록을 참조하는 것이 좋다.

그리고 성경은 주로 양피지로 된 두루마리에 기록되었다. 후에는 파피루스에도 기록되었다. 그래서 구약 성경만 해도 두루마리 책의 권수가 엄청 많아 웬만한 부자도 성경을 소유하지 못했다. 그래서 마을의 공동 재산으로 구비해 회당에 비치했고 성경을 관리하는 자도 있었다.

그런데 꾸란은 수많은 낙타 뼈, 낙타 가죽, 말린 나뭇잎 등의 조각에 조금씩 기록되었다. 이 수많은 조각이 한 권의 책으로 엮어진 것은 무함마드가 죽은 후였다. 그러나 꾸란의 장과 절의 순서는 무함마드가 미리 계시받은 대로 정했다고 한다. 어쨌든 수많은 조각에 조금씩 기록된 것을 한 권으로 정리하다 보니 일반적인 순서와 큰 차이를 나타낸 것 같아 너무 안타깝다.

둘째, 언어와 번역에 대한 차이

성경은 히브리어로 기록된 구약 성경이 BC 250년경에 당시 지중해 세계의 공용어인 고대 그리스어, 즉 헬라어로 번역되었고, 신약은 처음부터 아예 헬라어로 기록되었다. 그래서 성경은 지중해 세계의 누구나 볼 수 있게 되었다.

그러나 꾸란은 아랍어로 기록되었고, 다른 언어로의 번역을 외면하고 아랍어만 고집하여 타민족이 이해하기 힘들었다. 꾸란이 아랍어로 계시된 이유를 꾸란 41장 2, 3절에 다음과 같이 말하고 있다. "이 꾸란은 자비로우시고 자애로우신 하나님께서 계시한 것으로 말씀이 상세하게 설명되고 아랍어로 계시한 성서이거늘 이는 지혜로운 백성들을 위한 것이라." 또 43장 2, 3절에는 "사실을 밝혀주는 이 성서를 두고 맹세하사 나는 그것을 아랍어로 계시하나니 이로 하여 너희가 이해하고 배우도록 함이라"라고 밝히고 있다. 아랍 민족을 지혜롭다고 칭찬하면서 그 지혜로운 민족이 이해하도록 아랍어로 꾸란을 계시한 것이라는 것이다. 그러나 아랍어를 모르는 이방인은 꾸란을 읽을 수도 없다.

그럼에도 이슬람교는 꾸란의 내용을 올바르고 정확하게 이해하기 위해서는 아랍어로 된 원본을 알아야 한다고 주장하며 아랍어 공부를 강하게 권한다. 꾸란은 신이 계시한 내용을 아랍어로 기록했기 때문에 인간이 이를 다른 언어로 완벽하게 번역할 수 없다는 것이다.

그래서 성경이 전 세계 언어로 번역된 것과 달리 꾸란은 아랍어를 고집한다. 그 아랍어도 현대어가 아니고 1,400년 전의 고어를 고집해 아랍어를 전공한 사람도 꾸란을 정확히 이해하기는 쉽지 않다고 한다.

그럼에도 약 110개국 언어로 번역된 것은 꾸란으로 보지 않고 꾸란에 대한 해설서로 본다. 꾸란의 출판권은 사우디아라비아의 종교성이 소유하고 있는데, 이 종교성이 공인한 한국어 꾸란 해설서는 최영길 교수가 번역한 역본이다.

상황이 이럼에도 불구하고 아랍어 꾸란이 아랍어가 모국어가 아닌 세계 곳곳에서 읽히고 있는 이유는 무엇일까? 그것은 이슬람의 정복 전쟁 때문이었다. 정복당하지 않고 이슬람과의 무역으로 이슬람 국가가 된 곳에서는 여전히 모국어가 강하다.

셋째, 저자 수와 대필에 따른 차이

꾸란은 무함마드에게 아랍어로 계시되었기에 그가 이해했음에도 불구하고 그가 꾸란을 직접 기록하지는 못했다. 무함마드가 아랍어 글자를 읽을 줄도 쓸 줄도 모르는 문맹인이었기 때문이다. 그래서 꾸란은 무함마드가 불러주는 대로 다른 사람이 기록해야만 했다. 꾸란은 이 기록자에 대해 80장 12~16절에 다음과 같이 말한다.

"12. 그러므로 원하는 자는 하나님의 말씀에 귀를 기울이도록 하라 13. 그것은 거룩한 서판에 기록되어 있는 것이라 14. 고귀하고 순결한 15. 기록자들의 손에 의해 기록된 16. 영광스럽고 고귀한 것이니라."

신의 계시를 기록하는 자는 고귀하고 순결한 사람일 수밖에 없다. 그러나 신의 계시를 직접 받은 게 아니고 무함마드가 부르는 대로 기록한 것에 불과하므로 기록자가 꾸란의 저자가 될 수는 없다. 신약 성경과 비슷한 양의 꾸란 저자가 무함마드 이외는 전혀 없다는 것이 성경과 완전히 다르다. 신약 성경의 저자는 9명이다.

또 꾸란은 100% 대필이지만 신약 성경은 일부가 대필되었을 뿐이다. 바울과 베드로의 저서가 그렇다. 베드로는 외국어인 고대 그리스어를 몰라 대필했기에 그 분량도 8

장 166절밖에 안 되는 미미한 수준이다. 그런데 로마 시민권자인 바울은 고대 그리스어에 능통했지만 눈이 나빠서 그의 저서 일부를 대필시켰다. 이렇게 대필한 대표작이 기독교 교리를 담은 로마서이다. 그러나 꾸란의 배 이상 되는 구약 성경엔 대필이 전혀 없다.

100% 대필했기 때문인지 그 많은 꾸란을 혼자 만들었기 때문인지 꾸란은 신에게서 계시받은 것이 아니라 무함마드가 날조한 것이라는 설이 당시에도 나돌았다. 이에 대해 꾸란은 32장 3절에 다음과 같이 말한다. "무함마드가 그것을 날조하였다고 저들이 말할지 모르나 그것은 주님으로부터의 계시된 진리이니라." 또 21장 5절에 "보라 그들은 말하길 '꾸란은 꿈의 착란에서 온 것으로 무함마드가 그것을 날조한 것이며 그는 시인이라 그렇다면 예언자들이 선조들에게 보여주었던 것처럼 우리에게 증표들을 보이라' 하노라"라고 당시의 날조설 발생을 밝히고 있다. 그래서 꾸란은 48장 13절에 "하나님과 사도를 믿지 않는 자가 있나니 나는 그 불신자를 위해 타오르는 불지옥을 준비해 두었느니라"라고 경고까지 하고 있다.

날조설을 주장한 사람들이 왜 무함마드를 시인으로 불렀을까? 이는 글은 몰라도 시적 언어가 사람에게 감동을 주며 오래도록 기억되게 하는 것을 어린 10대의 나이에 무함마드가 깨달았기 때문이다. 그래서 무함마드는 꾸란을 시적 언어로 낭송할 것을 강조했다. 즉 무함마드 자신이 암송한 꾸란을 리듬을 탄 시적 언어로 낭송하며 다른 암송자를 양성하면서 음악적 리듬을 탄 꾸란 낭송을 가르쳤던 것이다. 이런 독특한 꾸란의 시적 낭송으로 많은 암송자를 배출해 현재 지구상에 꾸란을 전부 암송하는 무슬림이 약 천만 명이라니 놀랍지 않은가?

그런데 왜 날조설이 생겼을까 이는 계시받은 자가 무함마드 혼자뿐이었고 또 계시받는 광경을 본 사람이 없기 때문이다. 또 일부에서 밝힌 대로 사흐르가 이 계시 장면을 보고서 오히려 날조설을 주장한 것이 큰 영향을 끼쳤을 것이다. 계시받는 상황에 대해선 다음 파트에서 더 소상히 다룬다.

그런데 1,400년이 지난 오늘날엔 날조설이 수그러들었을까? 여전한 의문을 잠재우지 못한 한 사건을 소개한다.

1970년대에 예멘 공화국의 수도인 사나에서 발견된 꾸란 꾸러미의 처리에 역사가 톰 홀랜드는 그의 저서《이슬람제국》에서 의문을 제시하였다. 사나 최고의 이슬람 사원을 복구하던 중 일꾼들이 천장 다락에서 많은 물건을 발견했다. 그러나 그 물건들의 중요성을 몰라 방치한 것을 예멘 박물관장이 보았다. 그가 찾아낸 17개의 삼베 자루 속에는 양피지 꾸러미가 있었다. 이 꾸러미에는 현존하는 것으로는 가장 오래되었을 것이 거의 확실한 꾸란 조각문들이 포함되어 있었다. 그런데 지금까지 이에 대한 연구가 베일에 가려있다고 톰 홀랜드가 말한다. 예멘 당국이 독일의 고문헌 학자에게 연구를 의뢰한 결과가 예멘 당국을 분개시켰다고 한다. 시간이 흐름에 따라 꾸란이 진화한 것 같다는 결과를 듣고, 예멘이 더 이상의 연구와 공개를 금하고 있다는 것이다.

사실 이런 꾸란 변질 연구는 중동의 이슬람 세계에선 목숨을 내놓아야 할 정도로 위험하다.

계시 받는 상황의 차이

무함마드가 처음으로 신의 계시를 받을 때의 상황은 어떠했을까? 무함마드의 사랑을 듬뿍 받은 아내로서 '신앙인의 어머니'로 불린 아이샤는 첫 계시의 상황을 이렇게 전한다.

〈히라 동굴에 있을 때 갑작스럽게 진리가 그에게 내려졌습니다. 천사가 그에게 내려와 "읽으라"고 했습니다. 그러자 예언자께서 대답하셨습니다. "저는 읽을 줄을 모릅니다." 예언자께서 덧붙여 말씀하셨습니다. 그런 후 천사는 나를 힘껏 붙잡더니 내가 도저히 감당할 수 없을 정도로 짓눌렀습니다. 잠시 후 나를 편하게 해주면서 다시 나에게 읽으라고 했어요. 그러나 나는 말했지요. "나는 읽을 줄을 모르는데 어떻게 읽으란 말입니까?" 세 번째까지 나를 붙잡고 조이다가 다시 편안하게 해주면서 말했습니다. "나를 따라서 만물을 창조하신 주님의 이름으로 읽으라. 그분께서는 한 방울의 정액으로 인간을 창조하셨느니라. 가장 자비로우신 그대 주님의 이름으로 읽으라."〉

이 첫 번째 계시 상황을 카디자의 친척인 와라카는 모세가 신에게 계시받은 상황과 동일한 것이라고 말했다고 아이샤는 전하며, 와라카에 대해 아이샤는 이렇게 말했다. "당시 무지 시대에 살고 있던 와라카는 기독교인이 되어 히브리어로 저술 활동을 하면서 히브리어로 쓰인 성경에서 알라가 원하는 것들을 쓰기도 했던 분이며, 나이가 많아 시력을 잃은 장님이었습니다."

와라카가 말한 대로 모세와 무함마드가 신에게서 계시받은 상황이 동일한가? 과연 그런지 모세가 하나님을 처음 만난 상황을 성경 출애굽기 3장과 4장에서 간략히 살펴본다.

〈80세의 목자 모세가 시내산에서 양을 치다가 떨기나무에 불이 붙었으나 나무가 타지 않는 이상한 장면을 보았다. 이를 이상히 여긴 모세가 접근하자 불 속에서 "모세야! 모세야!"라는 소리가 들렸다. "내가 여기 있나이다."라고 모세가 말하자 하나님이 말씀하셨다. "이리로 가까이 오지 마라. 네가 선 곳은 거룩한 곳이니 신을 벗으라. 나는 너희 조상의 하나님으로 아브라함의 하나님, 이삭의 하나님, 야곱의 하나님이다." 이 소리에 놀란 모세는 두려워 하나님을 보지 않으려고 손으로 자기 얼굴을 가리며 신을 벗었다.

하나님이 계속 말씀하셨다. 이집트에서 종살이하며 고통받는 이스라엘 민족을 구출해 가나안으로 인도하는 사명을 모세에게 맡긴다고 하셨다. 너무 뜻밖의 콜링을 받은 모세는 "내가 누구이기에 이집트의 파라오 앞에서 그런 큰일을 하겠습니까?"라고 사양하였다. 이에 하나님은 자신이 모세와 함께 할 것을 약속하며 이집트로 갈 것을 다시 명령했다. 그러나 모세는 이스라엘 민족에게 자기를 보낸 하나님의 이름을 무엇이라고 말해야 하는지 물으며 거듭 사양의 뜻을 비치었다. 하나님은 "나는 스스로 있는 자"라고 말하며, 스스로 있는 자가 모세를 보냈다고 말하라고 하였다. 그리고 이집트의 여러 가지 재앙이 내린 후 파라오가 이스라엘 민족이 이집트를 떠나도록 허락할 것과 이때 이스라엘 민족이 그동안 종살이한 대가를 받아 나올 것이라는 약속도 하셨다.

그러나 모세는 사람들이 하나님께서 자기를 보낸 것을 믿지 않을 것이라고 말하며 사양하였다. 그때 하나님은 모세의 지팡이를 뱀으로 변하게 한 후 모세가 뱀 꼬리를 잡으니 다시 지팡이가 되게 하였다. 또 모세의 품에서 꺼낸 그의 손이 나병이 심하게 들게 한 후 품속에 넣었다가 빼니 다시 정상이 되는 기적도 보여주셨다. 그리고 이집 트에서는 모세가 나일강물을 떠서 땅에 던지면 피로 변할 것이라는 기적도 약속하며 모세에게 가라고 명령했다.

그러나 모세는 자기는 말더듬이로 말을 잘 못한다고 핑계 대며 또 거절하였다. 이에 하나님은 입을 만드신 자신이 모세와 함께 할 것을 또 약속했지만, 모세는 다른 사람 을 보내라고 고집부렸다. 드디어 화가 난 하나님은 말 잘하는 형, 아론을 모세의 대변 인으로 붙여주려고 아론이 모세에게 오고 있음을 알려주셨다.〉

과연 모세가 처음 하나님을 만난 것과 무함마드가 처음 계시를 받은 상황이 같은가? 모세는 거듭해서 다섯 번이나 못한다고 핑계 대며 고집부렸다. 하지만 하나님은 끝에 한 번 화를 내었을 뿐 끝까지 인내하며 설득하였다. 안 읽는다고 몸을 세 번이나 짓눌 러 무함마드를 공포에 떨게 한 것과 너무 대조적이지 않은가? 그리고 무함마드가 받 은 첫 계시의 내용과 모세가 받은 사명이 어떤 점에서 같은가? 읽을 줄 몰라 못 읽는다 고 한 것과 그렇게 엄청나고 큰일을 못한다고 고집부린 것이 같은 것인가?

첫 계시를 공포 속에 받은 무함마드가 그 이후에 계시받는 상황은 어떠했을까? 하디 스 계시의 장 2를 소개한다.

〈아이샤가 전하고 있다 : 알 하리스가 사도님에게 질문하였습니다. "사도님! 계시가 어떻게 내려졌습니까?" 사도님께서 대답하셨습니다. "때로는 어떤 종이 울리는 것처 럼 계시가 되었는데 이 형태의 계시가 가장 힘들었어요. 그렇지만 내가 계시의 내용 을 완전히 습득하고 나면 이러한 상황은 사라졌어요. 때로는 사람의 형상을 한 천사 가 나타나 나에게 말을 하곤 했는데 나는 그가 말한 것을 완전히 습득했지요."

아이샤가 덧붙여 말했다. "나는 아주 추운 날 사도께서 계시를 받기 시작하여 종료 될 때까지 그분의 이마에서 땀방울이 떨어지는 것을 보았어요."〉

계시를 받는 상황이 무함마드에게 여전히 힘들었음을 나타내는 하디스의 증언은 또 있다.

〈이븐 압바스가 알라의 말씀에 관하여 전하고 있다.: "무함마드여 꾸란을 계시받음에 조급하게 혀를 놀리지 말라." 그가 말했습니다. "사도께서는 무척 힘들고 어렵게 계시를 받으면서 두 입술을 빨리 움직였습니다." 이븐 압바스가 말했습니다. "나는 사도께서 두 입술을 빨리 움직였던 것처럼 나도 나의 두 입술을 빨리 움직이고 있습니다." 그러자 알라께서 계시를 내리셨습니다.: "꾸란을 계시받음에 조급하게 혀를 놀리지 말라. 내가 그것을 모으고 그것을 읽을 능력을 그대에게 줄 것이니라." 그가 말했습니다. "이 꾸란의 의미는 알라께서 그때 계시된 꾸란을 마음으로 기억하여 암기하도록 하여준다는 것을 말합니다." 알라께서 말씀하셨습니다.: "그러므로 내가 읽으면 그것을 따라 읽으라." 그가 말했습니다. "이 꾸란의 의미는 조용히 듣고만 있으라는 뜻이다. 내가 그것을 설명하여 줄 것이라. 이 꾸란의 의미는 알라께서 그대 무함마드로 하여금 꾸란을 암송할 수 있도록 하여 준다는 것을 말한다. 즉 무함마드의 혀를 통해 스스로 분명해질 것이라는 뜻이다. 그 후에 사도는 가브리엘 천사가 나타나 꾸란을 전달하면 듣고만 있다가 가브리엘이 떠나고 나면 예언자는 가브리엘이 암송했던 것처럼 꾸란을 암송하셨습니다."〉

무함마드가 계시받을 때의 고통을 《25시》의 저자 게오르규는 저서 《마호메트》에서 이렇게 말했다.

"마호메트(무함마드의 영어식 명칭)가 계시받을 때는 늘 두통과 고열이 발생하여 침상에 누웠고 마호메트에 대한 접근이 금지되었다."

신의 계시를 받는 현장에 접근 금지는 당연하지만 계시가 내리지도 않았는데 계시를 받으려고 힘들게 혀를 놀려 날조설까지 생겨 안타깝다.

꾸란은 고통 속에 무함마드 홀로 계시를 받았지만 성경은 많은 선지자뿐 아니라 민족 전체가 동시에 한 곳에서 계시받은 경우도 있다. 이집트를 떠난 이스라엘 민족이 시내산에 진치고 있을 때 그 유명한 십계명이 하늘에서 선포되어 약 200만 명이 넘는 민족이 함께 계시받은 광경을 출애굽기 20장 18~19절을 통해 소개한다.

〈온 백성은 천둥과 번개와 나팔 소리와 산에 자욱한 연기를 멀리서 바라보고 두려워 떨며 모세에게 말하였다. "당신이 우리에게 말해 주시오. 잘 듣겠습니다. 하나님께서 직접 우리에게 말씀하신다면 우리는 죽을 것입니다."〉

민족 공동체가 지켜야 할 첫 명령인 십계명이 하늘에서 쩌렁쩌렁 울려 퍼졌다. 이때 천둥, 번개가 치고 천사의 나팔 소리가 우렁차고 산에는 연기가 가득하니 사람들이 얼마나 놀라고 무서웠겠는가! 십계명이 선포되는 시간은 길어도 5분이 넘지 않았을 것이다. 그런데도 사람들은 겁을 먹어 더는 신이 직접 법률 선포하는 소리를 듣다간 죽을 것 같은 생각이 들었다. 그래서 모세가 대표로 혼자 듣고 와서 가르쳐주기를 부탁한 것 아닌가?

그럼, 모세가 신과 독대할 때도 이런 분위기였을까? 첫 대면보다 오히려 더 좋아져 신과 모세는 친구처럼 대화를 나누었다고 성경은 말한다. 모세가 아닌 다른 선지자들도 신을 대할 때 모세처럼 두려운 마음은 있었지만 편안한 대화 분위기였던 것을 성경은 전한다. 그래서 모세처럼 "못 한다"라고 버티기도 하고 불평하며 투정 부리기도 할 정도였다. 그렇다고 신은 그들을 공포 분위기로 몰지 않았고 오히려 인내로 설득하며 가르쳤다. 무함마드가 홀로 힘든 가운데 거의 일방적으로 듣기만 한 것과는 분위기가 완전히 달랐다.

이슬람의 다섯 기둥과 기독교

무함마드가 이슬람교에는 지켜야 하는 다섯 기둥이 있다고 했다. 이는 신앙 고백, 예배, 희사, 라마단 단식, 순례인데, 이 말은 하디스에 나타난다. 이 다섯 기둥을 간략하게 살펴본다.

첫째, 신앙 고백

이 신앙 고백은 반드시 아랍어로 할 것을 권한다. "라 일라하 일랄라, 무함마드르 라 쑬 룰라"인데, 뜻은 "하나님 외 다른 신은 없다. 무함마드는 하나님의 사도다."이다.

무함마드에 대한 고백을 하는 이슬람교는 그를 언급할 때마다 그에 대한 축복 기도를 덧붙인다. 그렇게 하라고 가르치는 중앙회의 '가족과 함께 배우는 하디스'를 소개한다. '선지자 무함마드(그분에게 하나님의 평화가 깃들기를)에게 드리는 선물'에 나오는 부분이다.

〈……무슬림이 인간으로서 가장 사랑해야 할 분은 선지자 무함마드(그분에게 하나님의 평화가 깃들기를)입니다. 따라서 그분의 이름을 언급할 때는 이름에 이어서 바로 (오, 하나님이시여! 무함마드에게 자비를 베풀어 주시옵소서 그리고 무함마드의 가족에게도 자비를 베풀어주시옵소서) 또는 (그분에게 하나님의 평화가 깃들기를)이라고 말하며 하나님의 선지자에 대한 존경과 사랑을 표현합니다. ……선지자(그분에게 하나님의 평화가 깃들기를)께서 이러한 사람을 다음과 같이 인색한 자라고 표현하기도 하셨습니다. "인색한 자란 나의 이름이 언급되었을 때 나를 위해 기도하지 않는 자이니라"〉

그러나 이 책에 소개되는 하디스에는 지면 관계상 무함마드가 언급될 때마다 붙어다니는 수식어를 생략하기도 했음을 밝힌다.

기독교의 신앙 고백은 사도신경으로 나타난다. 사도신경은 예수의 제자들인 사도들이 신앙 고백한 것이 기원이다. 이를 기초로 325년의 니케아 공의회와 그 이후의 매 차례 공의회에서 정리한 것이 현재까지 이어진다.

이 고백에는 전능하신 하나님 아버지가 천지를 창조한 것을 믿는다고 먼저 고백한다. 이어 신의 아들 예수에 대한 고백이 이어진다. 처녀 마리아가 성령으로 임신해 예수를 낳았고 그 예수가 인류의 죄 때문에 십자가에서 죽고 무덤에 묻힌 후 3일 만에 부활해 승천한 것과 이 세상을 심판하려고 다시 올 것을 고백한다. 그리고 성령을 믿는 고백이 있다. 끝으로 이런 믿음을 가진 성도는 죄 용서를 받아 심판의 날에 부활하여 천국에서 영원히 살 것에 대한 믿음을 고백한다.

그러나 신과 신의 아들이 언급될 때마다 무함마드에게 붙는 그런 수식어는 없다. 왜냐하면 신이나 신의 아들은 마음과 행함을 원했지 그런 말을 요구하지 않았기 때문이다.

둘째, 예배

무슬림은 하루에 다섯 번(새벽, 정오, 3시경 한낮, 일몰, 밤) 메카를 향해 예배를 해야 하는데, 1회의 소요 시간은 10분 정도다. 무함마드가 밤에 날개 달린 말을 타고 예루살렘을 거쳐 천국에 갔을 때 신은 하루에 50번이나 예배하라고 했다고 한다. 그런데 무함마드의 요청으로 5회로 감해졌다고 한다. 사원에서 모두가 모이는 예배는 금요일에 한다.

기독교와 유대교는 주 1회 예배를 의무로 한다. 유대교는 안식일인 토요일에 예배한다. 기독교는 예수가 부활한 일요일을 주의 날, 즉 주일로 부르며 예배한다. 매일 하는 새벽 기도회는 예수의 본을 따라 하는 것으로 한국에서 시작되었다.

셋째, 희사, 즉 '자카트'

이는 이슬람세인데 구빈세라고도 한다. 소득의 2.5%를 매년 내야 한다. 자카트는 이슬람 국가에서 모두에게 부과되는 것으로 무슬림이 자발적으로 내는 '사다카'와는 구별된다. 이 돈은 과부와 고아 등 가난한 자에 대한 구제비로 사용된다.

성경은 구약 시대 때 십일조 즉 소득의 10%를 요구했다. 이것은 사제의 생활비로 사용되었고, 이와 별도로 3년에 한 번 내는 십일조는 고아, 과부, 이방인 등 약자의 구제비로 사용되었다. 그러나 꾸란에는 대표적 약자 계층으로 이방인이 빠져 흥미롭다.

그리고 신약 시대의 초대 교회는 구제 활동을 위해 헌금을 모았다. 이 헌금은 의무가 아니고 신앙심과 형편에 따라 자발적으로 하였다. 그럼에도 많은 금액이 모였다.

넷째, 단식

이슬람력으로 9월인 라마단 달에 일출 때부터 일몰 때까지 단식을 한다. 하지만 밤에는 식사와 부부 성생활도 허용된다. 라마단 단식의 미덕은 지옥으로부터의 구원과 기도의 응답이라고 한다.

라마단 단식에 대해 무함마드가 한 말을 살핀다.

〈아부 사이드 쿠드리가 전하는 하디스에 실린 무함마드의 말은 이렇다. "라마단의 모든 낮과 밤 동안에, 하나님께서는 엄청난 숫자의 영혼들을 지옥에서 풀어주신다. 그리고 라마단의 모든 낮과 밤 동안 모든 무슬림들에 대해 한 가지씩의 기도를 들어 주실 것이니라.", "라마단 달에 하는 단 하루의 단식이 라마단 달을 제외한 기간에 평생 단식하는 것보다 낫다."

또 아부 후라이라는 하디스에 무함마드의 이런 말을 전한다. "누구든 (이슬람 율법에서 인정하는) 타당한 이유 없이 라마단 달의 낮에 음식을 먹는 사람은 이후 평생을 단식한다 해도 그날의 손해를 돌이킬 수 없을 것이니라."〉

성경은 이런 금식을 요구하지 않는다. 구약 시대 이스라엘의 3대 명절 중 하나인 초막절을 앞둔 속죄일에 하루 금식을 할 뿐이다. 금식하는 이유는 잘못을 용서비는 회개의 의미다. 자기 소망을 이루려고 금식하지 않는다. 이때는 이스라엘력으로 7월 10일인데, 현재도 이스라엘은 금식하는 명절로 지내고 있다.

그런데 이때가 추수기이고 며칠 후 추수절인 수장절(초막절)이 시작된다. 이런 들뜬 분위기에 금식이 형식적으로 되는 경우가 많았다. 또 이와 관계없이 하는 개인적인 금식도 외식적으로 많이 변질되었다. 그래서 이사야 58장에서는 행함이 없고 오히려 오락을 즐기는 형식적인 금식을 질타했다. 그리고 억압받는 자와 가난하고 힘없는 약자를 돌아보는 것이 신이 기뻐하는 금식이라고 했다. 또 예수는 금식하는 티를 내지 말라고 강조했다. 금식할 때 오로지 신에게만 보이며 신의 뜻을 살피며 신과 더 가까워지는 계기로 삼아야 한다는 것이다. 금식 기도를 통해 인간적 욕심을 이루려고 신의 도움을 기대하지 말라는 것이다.

다섯째, 순례

평생에 한 번 이상 메카 순례를 해야 한다. 도저히 형편이 안 되는 경우만 예외다. 그러나 평생 형편이 안 되는 경우는 거의 없다. 이 순례는 12월인 하지 달에 한다. 그런데 이슬람력이 태양력보다 1년에 11일이 짧다. 그래서 약 8년이 지나면 순례의 계절이 당겨진다. 즉 봄에 순례했던 자가 8년 후에 다시 순례할 때는 계절이 겨울이 된다.

구약 성경은 이스라엘 민족이 3대 명절인 유월절, 맥추절, 초막절에 예루살렘에 가야 한다고 말한다. 그러나 예수 이후엔 그 의무가 사라졌다. AD 70년에 예루살렘이 완전히 망하고 유대인은 세 번째 디아스포라를 당했기 때문이다. 그리고 기독교인들에겐 순례의 의무가 전혀 없다. 다만 절기를 통해 신과 신의 아들을 더욱 누린다. 그리고 성지 순례는 원하는 자, 형편이 되는 자들이 아무 때나 한다. 장소는 예루살렘과 갈릴리, 로마, 바울의 선교지 등이다. 의무는 없지만 성지 순례의 의미는 크다고 한다.

12. 등장인물의 차이

등장인물이 거의 같다. 그런데 꾸란은 그 인물에 관한 내용을 성경보다 훨씬 압축해 설명하였다. 또 그 인물에 대한 비슷한 설명이 부분적으로 짧지만 계속 반복된다. 그럼에도 독자가 등장인물의 삶을 제대로 이해하기는 쉽지 않다. 그래서 짜증을 느끼게 할 수 있다. 짜증 날 정도로 반복하지 말고 한 번을 적어도 이해가 잘 되도록 좀 더 완벽하게 적었으면 좋았을 것이란 아쉬움이 크다. 왜 이렇게 기록되었을까? 그래서 꾸란은 독자가 성경이나 다른 경로를 통해 등장인물에 대해 이미 많은 것을 알고 있다는 전제하에 기록된 느낌이 들 정도다. 가장 많이 반복되는 모세와 파라오 이야기를 비롯해 아담과 사탄 이블리스 이야기, 노아 이야기, 아브라함과 조카 롯 이야기, 마리아와 예수 이야기 등은 6, 7회 이상 반복된다.

이렇게 반복되는 것들을 모두 잘 짜깁기해도 워낙 압축이 심해 성경을 보아야 그 인물에 대해 잘 알 수 있다. 특히 고라, 욥, 사무엘, 사울, 다윗, 엘리야, 요나, 세례자 요한 등에 관한 묘사는 성경을 읽지 않으면 이해하기가 힘들다. 다윗과 솔로몬은 성경과 달리 초능력 인간으로 나타난다. 이삭과 야곱의 이름은 자주 언급되지만 이삭에 관한 기록은 없고 야곱에 관한 기록도 빈약하다. 이외에 엘리사, 이사야, 베드로 등도 이름만 언급되고 설명이 전혀 없다. 그럼에도 등장인물에 대한 내용은 성경과 많이 다르다. 이에 등장인물의 내용과 차이점을 소상히 다룬다.

창조, 아담, 사탄

1. 세상 창조에 관한 7장 54절을 살핀다.
"실로 주님께서는 엿새 동안에 천지를 창조하신 후 권좌에 오르신 하나님이시며 밤을 두어 낮을 가리고 또 서둘러 밤을 쫓으며 태양과 달과 별들을 창조하신 후 그것들의 운행을 자신의 권능아래 두신 분이시니라 진실로 창조와 말씀이 주님의 것이니 만유의 주님이신 하나님이여 홀로 축복 받으소서"

2. 또 41장 9~12절을 더 살핀다.

"9. 일러 가로되 이틀 동안에 땅을 창조하신 하나님을 너희가 부정하며 하나님을 제쳐두고 다른 것을 숭배한단 말이뇨…… 10. 하나님께서는 땅 위에 부동의 산들을 두시고 땅에 많은 축복을 두시어 간구하는 자들에게 나흘 동안 고르게 양식을 주시었노라 11. 그런 후 하나님께서는 스스로 수증기로 가득한 하늘을 향해 오르시며 하늘과 땅에 말씀하시길 좋든 싫든 간에 너희는 함께 오라 그러자 하늘과 땅이 대답하기를 기꺼이 복종하겠습니다 12. 하나님께서는 이틀 동안에 일곱 개의 하늘을 완성시킨 후 각 하늘에 임무를 부여하셨노라 그리고 지상에서 가까운 하늘을 빛으로 장식하고 그리고 보호되도록 하였노라……"

3. 또 창조에 관한 2장 29절을 살핀다.

"그분은 너희들을 위해 이 세상의 모든 것을 창조하시고 다시 하늘로 승천하시어 일곱 천을 두신 분이시니……"

4. 꾸란은 천지와 만물의 창조를 성경처럼 순서적으로 소상히 밝히지 않는다. 그런데 사히 무슬림이 편찬한 순나에 '심판의 날과 낙원과 지옥'에 관한 책 1장에 이런 하디스가 있다. "고귀하고 영광스러운 알라 하나님은 토요일에 진흙을 창조하셨고 일요일에 산을 창조하셨고 월요일에 나무를 창조하셨으며 화요일에 노동을 수반하는 것들을 창조하시고 수요일에 빛을 창조하셨으며 목요일에 동물들을 퍼뜨리게 하셨고 금요일에 'Asr' 이후에 아담(그에게 평화가 있기를)을 창조했습니다."

사히 무슬림이 편찬한 순나에 '낙원에 관한 책' 11장에는 낙원의 아담의 키는 60규빗으로 창조되었다고 한다. 그래서 현세에서 죽어 낙원에 가는 사람은 60규빗의 키로 된다고 한다. 60규빗은 27~30m이다.

○ 상기의 꾸란에서 이틀 동안 땅을 만들고 또 이틀 동안 일곱 하늘을 만들고 나흘 동안 양식을 주었다는 것과 하디스 내용은 성경과 다르다. 창조에 대해 성경은 이렇게 말한다.

첫째 날인 일요일에 하늘들(heavens), 땅, 물, 빛을 만들고 밤과 낮을 구분했다. 이때 만든 하늘은 세 가지로 보며 물이 땅을 덮었고 공중에도 수증기가 많았다. 둘째 날인 월요일에 하늘(sky)이라 불리는 궁창을 만들어 궁창 위의 물과 궁창 아래의 물로 나누었다. 궁창 위인 하늘의 물이 노아 홍수 때 다 쏟아졌다. 셋째 날인 화요일에 땅이 물 위로 드러나게 한 후 땅에 각종 식물을 만들었다. 넷째 날인 수요일에 해, 달, 별을 만들었다. 다섯째 날인 목요일에 새와 물속의 생물을 만들고, 여섯째 날인 금요일에 땅의 동물을 만들고, 마지막으로 삼위일체 하나님이 의논하여 사람을 만들었다고 성경은 말한다. 성경은 아담의 키가 얼마인지 말하지 않지만 60규빗의 초거인은 아니고 현재 인류와 같다고 본다.

5. 그런데 인간 창조에 대해 꾸란은 55장 14, 15절에 이렇게 말한다. "14. 하나님께서는 도자기를 만들 듯 인간을 흙으로 빚으셨으며 15. 진은 화염으로부터 만드셨느니라." 이에 대한 중앙회의 해설은 이렇다. "천사들은 빛으로부터 창조되었고, 진은 화염으로부터 창조되었으며, 아담은 너희에게 묘사한 대로 창조되었느니라."

○ 사람을 도자기 만들 듯 했다면 흙으로 빚은 후 불에 구웠단 말인가? 성경은 흙으로 사람을 만들어 코에 생기를 불어넣었다고 밝힌다.

그리고 '진'은 꾸란에만 나오는 존재이다. 진은 사람의 눈에 보이지 않는 요정, 귀신 같은 존재이다. 중동의 무슬림들은 인간에게 유익한 진도 있지만 대부분의 진은 인간을 괴롭힌다고 생각한다. 특히 진은 사람에게 질병을 주는 존재로 생각한다. 이 진들은 어두움, 불, 물을 좋아한다고 생각해 사람들은 불이나 물가나 어두운 곳을 조심했다. 특히 밤 3시경에 진이 가장 활발하게 움직이는 것으로 생각했다. 그래서 무슬림들은 진의 저주를 막기 위해 꾸란 구절을 적은 이슬람 부적을 만들어 몸에 휴대하거나 집에 붙이기도 한다.

그런데 이런 진에 대해 꾸란 34장 12절은 이렇게 말한다. "……진의 무리 중에는 하나님의 허락으로 일하는 자 있었노라 또 그들 중에는 하나님의 명령을 거역하는 자가 있었나니 나는 저들로 하여금 화염의 징벌을 맛보도록 할 것이니." 진을 화염으로 만들었다고 하면서 화염의 징벌을 내린다니 재미있지 않은가? 이들 진도 인간처럼 태어나고 결혼하고 죽는 것으로 생각했기에 꾸란 55장 33절은 이렇게 말한다. "진과 인간의 무리여 만일 너희가 하늘과 땅의 영역을 벗어날 수 있다면 벗어나 보라."

신이 왜 이런 존재를 만들었을까? 성경에는 신이 이런 존재를 만들었다는 기록이 전혀 없다.

6. 이어서 아담과 천사에 관한 2장 30~39절을 살핀다.

"30. 주님께서 천사들에게 지상에 대리인을 두리라 하시니 천사들이 가로되 이 세상을 해치고 살상을 할 자들을 두시려고 하십니까 저희들은 당신을 성스러운 분으로 찬미하고 당신을 경배하나이다 이에 하나님께서 말씀하시길 실로 나는 너희들이 알고 있는 모든 것을 다 알고 있느니라 31. 그리고 주님께서는 아담에게 모든 사물의 이름을 가르쳐 주신 후 천사들 앞에 제시하며 말씀하시길 만일 너희가 옳다면 너희가 이것들의 이름을 말해보라 하니 32. 천사들이 말하기를 하나님이여 홀로 영광 받으소서 저희는 당신이 가르쳐준 것 외에는 아무것도 모릅니다 실로 당신께서는 전지하시며 지혜로우십니다 33. 하나님께서 아담아 천사들에게 이름들을 일러주라 말씀하시니 그가 그들에게 그 이름들을 가르쳐 주매 그분께서 천사들에게 이르시길 내가 천지에 있는 보이지 않는 것과 너희가 드러내거나 감추고 있는 모든 것을 알고 있다고 너희에게 말하지 아니 했더뇨 34. 하나님께서 천사들에게 명령하여 아담에게 엎드려 절하라 하니 모두가 엎드려 절을 하나 이블리스만 거절하며 거만을 부렸으니 그는 불신자들 중에 있었노라 35. 하나님께서 말씀하사 아담아 너의 배우자와 함께 천국에 거주하라 그리고 너희가 원하는 양식을 먹되 이 나무에 접근하지 말라 그렇지 않으면 너희 둘이 죄지은 자 가운데 있게 될 것이라 36. 그런데 사탄이 그들을 유혹하여 그곳으로부터 나가게 하매 하나님이 말씀하사 서로가 서로의 적이 되어 지상으로 내려가 그곳에서 얼마동안 안주하여 살라 하셨느니라 37. 그리고 아담은 주님으로부터 그를 용서하라는 말씀을 들었으니 진실로 그분께서는 너그럽게 용서하시고 자비로우신 분이시니라 38. 하나님께서 그들에게 말씀하사 모두 세상으로 내려가 살라 내가 너희에게 복음을 보낼 것이니 이를 따르는 사람은 두려움도 슬픔도 없을 것이니라 39. 그러나 나의 증거들을 불신하고 거역하는 자는 불지옥의 주인이 되어 그 속에서 영원히 기거할 것이니라"

7. 또 7장 11~25절의 기록은 이렇다.

"11. 내가 너희를 창조하고 고귀한 인간의 모습을 주었노라 그리고 천사들로 하여금 아담에게 절하라고 하였느니라 천사들 모두가 절하였으나 이블리스는 그렇지 아니하고 절하는 자중에 있기를 거절하였노라 12. 하나님께서 말씀하시길 내가 너에게 명령하였거늘 너는 왜 절하지 않느뇨 그가 대답하길 내가 그보다 더 훌륭합니다 당신께서는 저를 창조하시매 불로 만드셨고 그는 흙으로 만드셨기 때문입니다 13. 하나님께서 말씀하시길 너 이블리스는 천국에서 나가라 네가 이곳에서 거만을 피우지 않도록 함이라 나가라 너는 분명 가장 비천한 존재이니라 14. 그러자 이블리스가 말하길 부활의 날까지 저를 유예하여 주소서라고 애걸하였노라 15. 이때 하나님께서 말씀하시길 너는 유예를 받은 자 중에 하나가 되리라 하시니 16. 이블리스가 말하길 당신께서 나를 내쫓았으니 나는 그들이 당신의 바른 길을 걷지 못하도록 방해할 것이라 17. 내가 그들 앞에서 그리고 뒤에서 또한 그들 오른편과 왼편에서 그들을 방해할 것이니 당신은 그들 대부분이 당신께 감사하지 아니함을 알게 될 것이요 18. 하나님께서 말씀하시길 천국으로부터 나가라 저주스러워 추방함이라 그들 중에 너를 따르는 자가 있다면 그들 모두를 지옥에 보내리라 19. 아담아 너와 너의 배우자가 천국에서 기거하며 너희가 원하는 대로 먹되 허락된 것만을 섭취할지니라 그러나 이 나무에 가까이 하지 말라 그렇지 아니하면 네가 죄 지은 자 가운데 있게 되니라 20. 이때 사탄이 그들에게 유혹하여 숨겨진 그들의 부끄러운 곳을 알게 하였더라 사탄이 그들에게 말하길 너희 주님께서 이 나무를 금기함은 너희가 천사나 영원히 사는 존재가 되지 못하도록 하기 위해서라 21. 사탄이 또 맹세하며 말하길 실로 나는 너희들을 위한 조언자라 22. 이렇게 하여 아담과 하와를 유혹하니 그들은 그 나무의 열매를 맛보았느니라 이때 그들의 수치가 드러나매 그들은 낙원의 나뭇잎으로 몸을 가렸느니라 주님께서 그들을 불러 말씀하시길 내가 너희에게 이 나무의 열매를 금지하였고 사탄은 너희의 분명한 적이라 말하지 아니 했더뇨 23. 이때 그들이 말하길 주여 저희 스스로를 욕되게 하였나이다 당신께서 저희를 용서하여 주지 않고 저희에게 은혜를 베풀어 주지 않으시면 저희는 잃은 자 가운데 있게 되나이다 24. 이때 하나님께서 말씀하시길 적들과 함께 지상으로 내려가라 그곳이 너희의 거주지가 될 것이며 너희가 얼마 동안 사는 곳이 될 것이니라 25. 하나님께서 말씀하시길 그곳에서 너희가 살고 그곳에서 너희가 임종할 것이며 그곳으로부터 너희가 부활될 것이니라"

○ 재미있는 상기 두 본문의 내용은 사탄이 금지된 과일을 아담이 먹도록 유혹한 것 외에는 성경에 없다. 또 유혹하는 말의 내용도 다르다. 이 과일을 먹으면 영원히 살게 된다고 말한 것이 아니고 하나님처럼 눈이 밝아진다고 말했다. 그리고 성경에는 뱀이 하와를 유혹했다고 한다. 뱀은 곧 사탄이다. 사탄이 유예를 간청한 '부활의 날'은 신이 세상을 심판하는 종말을 말한다. 그리고 신이 모든 동물들이 차례대로 아담에게 가게 했고 아담이 이 동물들의 명칭을 다 지었다고 성경은 말한다. 그래서 식물과 사물의 경우에도 아담이 부르는 것이 명칭이 된 것으로 본다. 또 천사들이 아담에게 절한 것과 절하지 않은 이블리스가 사탄이 되었다는 것은 성경에 없다. 또 신이 천사를 빛이나 불로 만들었다는 것도 성경에는 없는 말이다. 다만 신이 만든 천사장 루시퍼가 교만해져서 신과 같은 존재가 되려고 신에게 맞서다가 사탄이 되었다고 성경은 말한다. 또 루시퍼의 수많은 부하 천사들이 루시퍼를 따르다가 사탄의 졸개인 귀신이 되었다고 성경은 말한다.

그리고 성경은 아담과 하와가 천국이 아닌 에덴동산에서 쫓겨난 것으로 말한다. 에덴동산은 지금의 터키 내 티그리스강 인근에 있었다. 또 신이 금지한 나무는 선악과와 생명나무인데 아담과 하와는 선악과를 먹어 에덴동산에서 쫓겨난 것으로 성경은 말한다.

그리고 신은 아담에게 이 열매를 먹으면 반드시 죽을 것이라고 말했다. 그래서 인간은 죽게 되었는데 그렇다고 신은 죄지은 인간을 바로 죽이지 않았다. 아담은 죄를 짓고도 930년을 살았으니 신의 용서와 사랑이 크지 않은가! 아담이 에덴동산에서 쫓겨난 이유는 죄를 지어 죽어야 하는 사람이 죽지 않고 영원히 살려고 생명나무까지 먹는 것을 막기 위해서였다.

가인과 아벨

이제 아담의 두 아들에 대한 꾸란 5장 27~31절을 살핀다.

"27. 그들에게 아담의 두 아들에 관한 얘기를 사실대로 말해주라 하셨으니 두 아들이 제물을 바치매 그들 가운데 한 아들의 것은 수락되고 다른 아들의 것은 수락되지 않자 한 아들이 말하길 내가 너를 반드시 죽이고 말 것이라 그러자 다른 아들이 말하길 하나님께서는 의로운 자의 것을 수락함이라 28. 네가 나에 대항하여 나를 살해하려 손을 뻗친다 해도 나는 너에 대항하여 너를 살해하기 위해 나의 손을 내밀지 아니하리라 이는 내가 만유의 주님이신 하나님을 두려워하기 때문이라 29. 나에 대한 죄와 너의 죄악으로 네가 벌을 받게 되리니 너는 지옥의 주인이 되리라 이것은 죄인들에 대한 보상이라 30. 오만함이 그로 하여금 그의 형제를 살해했으니 그는 손실자 중의 일원이 되었느니라 31. 이때 하나님께서 한 마리의 까마귀를 보내니 이 까마귀는 땅을 파고 형제의 시체를 묻는 방법을 그에게 보여 주었더라 이때 그가 오 슬프도다 내가 이 까마귀처럼 내 형제 시체를 매장한단 말이뇨라고 말하며 후회하였느니라"

○ 아담의 두 아들이 신에게 제사를 했는데 신이 한 사람의 제사만 받아들인 것과 거절당한 자가 형제를 죽인 것은 성경과 같다. 그러나 진행 상황은 완전히 다르다. 동생 아벨과 제사를 거부당한 형 가인이 나눈 대화와 까마귀가 매장법을 가르치고 가인이 탄식하며 후회했다는 것은 성경에 전혀 없는 내용이다. 더군다나 동생이 형의 화를 부채질한 말을 했다는 것은 상상조차 힘들다. 그런데 인류 최초의 장례를 어떻게 치러야 하는지 모르는 가인에게 까마귀가 매장법을 가르쳐주었다는 것은 상당히 재미있지 않은가?

가인은 다른 사람들의 보복이 두려워 신의 보호를 요청했다. 신은 더는 살인을 원치 않아 다른 사람들에게 가인에 대한 보복을 금지시켰다. 그리고 가인은 신이 직접 심판한다고 성경은 말한다.

가인이 보복당할 것을 염려한 것은 벌써 인구가 많이 증가한 사실을 나타낸다. 그렇지만 성경은 이런 인구 증가를 자세히 기록하지 않았다. 왜냐하면 성경은 모든 사람의 이름을 기록하는 족보가 아니기 때문이다. 성경은 필요한 주요 인물만 기록하고 있다.

노아

1. 노아에 대한 기사인 11장 25~49절을 살핀다.

"25. 내가 노아를 그의 백성에게 보냈을 때 실로 나는 너희를 위한 경고자로서 왔노라고 하더라 26. 그러므로 하나님 외에는 그 어느 것도 숭배하지 말라 고통스러운 날 너희에게 징벌이 있을까 두려우니라 27. 그의 백성 가운데 불신자들의 우두머리가 말하길 우리는 그대를 우리와 같은 인간으로 밖엔 보지 않노라 우리 중에 가장 비천한 자 외에는 그대를 따르는 자를 아무도 보지 못했으니 우리는 그대를 거짓말쟁이로 볼 수밖에 없노라 28. 노아가 말하길 백성들이여 내가 주님으로부터 계시를 받고 나에게 은혜가 내려졌는데도 너희는 눈이 어두워 그것을 거역하노라 이처럼 너희가 싫어하는데 강요할 수 있겠느뇨 29. 백성들이여 내가 너희에게 재물을 요구하지 않노라 나의 보상은 오로지 하나님으로부터 오나니 나는 믿는 자들을 져버리지 아니할 것이요 그들은 주님을 상봉하리라 그런데 너희는 무지한 백성으로 보이노라 30. 백성들이여 내가 그들을 져버린다면 하나님의 징벌로부터 누가 나를 보호하리요 그래도 너희는 생각하지 않느뇨 31. 내가 하나님의 보물을 갖고 있다고 말하지 아니하며 보이지 아니한 것을 내가 알고 있다고 말하지 아니하며 내가 천사라고 말하지 아니하며 연약하여 경멸을 받고 있는 자들에게 하나님의 축복이 결코 없다고 말하지 아니하노라 하나님께서는 그들의 마음속에 있는 모든 것을 잘 알고 계시나니 내가 그렇게 말한다면 실로 나는 죄인 가운데 있게 되리 라 32. 그때 그들이 말하길 노아여 그대는 우리와 논쟁에 논쟁을 더하노라 그대가 진실한 자라면 그대가 우리를 위협하고 있는 것을 보이라 33. 노아가 말하길 하나님께서는 당신이 원하실 때 그것이 너희에게 이르게 하시니라 그때 너희는 그것을 결코 피할 수 없으리라 34. 내가 너희에게 유익한 충고를 해도 하나님께서 너희를 방황케 하시려 할 때는 나의 충고가 너희에게 유익하지 않노라 이분이 바로 너희 주님이시니 너희는 주님께로 돌아가게 되어 있노라 35. 그들이 말하길 그가 그것을 꾸민 것이라 하노라 일러 가로되 내가 그것을 위조한 것이라면 내가 죄인이나 너희가 지은 죄는 나의 책임이 아니라 36. 노아에게 계시가 있었지만 믿음을 가진 자들을 제외하고는 백성 중에 아무도 믿으려 하지 아니 했노라 그러므로 그들이 행하는 것으로 슬퍼하지 말며 37. 하나님이 보는 앞에서 하나님의 계시에 따라 방주를 만들라 그리고 죄지은 자들을 위해 나에게 간구하지 말라 그들은 곧 익사할 것이니라 38. 그가 방주를 만들기 시작하자 백성의 우두머리들이 옆을 지날 때마다 그를 조롱하였노라 그러자 그가 말하길 너희가 우리를 조롱하는 만큼 우리가 너희를 조롱할 날이 올 것이라 39. 그때 너희는 굴욕의 징벌을 받는 자가 누구이고 수치스러운 영원한 징벌을 받을 자가 누구인지를 알게 될 것이라 40. 보라 내가 명령하니 지표에서 물이 분수처럼 분출되었노라 그리고 나는 지시하였노라 각자 의 자웅 한 쌍과 그대의 가족과 멸망될 자들을 제외한 믿는 자들을 그 방주에 태우라 그러나 소수를 제외하고는 그의 말을 믿지 아니하였노라 41. 그리고 노아가 말하길 그 안에 오르라 하나님의 이름으로 출항하고 정박할 것이라 실로 주님께서는 가장 관대하시고 가장 자비로우신 분이시라 42. 방주는 그들과 함께 산처럼 높은 파도를 따라 표류하였고 노아는 멀어져가는 그의 아들을 불렀노라 아들아 불신자들과 함께 하지 말고 우리를 따라 방주에 오르라 43. 아들이 대답하길 높은 산으로 올라가 그곳에서 물을 피하겠습니다 노아가 말하길 하나님께서 은혜를 베푸는 자 외에는 오늘 어느 누구도 너를 구해줄 수 없노라 그때 파도가 그들 사이에 몰려와 노아의 아들은 익사한 자들 중 한 사람이 되었노라 44. 이때 말씀이 있었노라 대지여 물을 삼킬 것이며 하늘이여 비를 그치라 하니 물이 줄어 일이 끝남이라 그리고 방주가 주디산에 정박하자 죄지은 백성들을 멀리하라는 말씀이 있었노라 45. 노아가 주님을 불러 구원의 기도를 하였노라 주여 저의 아들은 저의 가족입니다 46. 이때 주님께서 말씀하길 노아야 실로 그는 너의 가족이 아니며 불의한 행동을 한 자이므로 네가 알지 못하는 것으로 나에게 요구하지 말라 네가 무지한 자 가운데 하나가 될까 염려되어 내가 너에게 충고하느니라 47. 노아가 말하길 주여 당신께 구원하나니 제가 알지 못하는 것을 당신께 요구하지 않겠습니다 당신이 나를 용서하지 아니하시고 은혜를 베푸시지 않으신다면 저는 잃은 자 가운데 하나가 될 것입니다 48. 이때 말씀이 있었노라 노아야 방주에서 안전하게 내리라 너의 그리고 너와 함께 한 백성들에게 축복이 있을 것이니라 그러나 내가 내린 기쁨을 잠시 누리다가 고통스러운 징벌을 받을 다른 백성이 있을 것이니라 49. 내가 그대에게 계시한 것은 보이지 않은 세계에 대한 소식이니라 그대와 그대의 백성들이 이것 이전의 것도 알지 못했노라 그러므로 인내하라 분명히 의롭게 사는 자들에게는 좋은 결과가 있을 것이니라"

○ 노아에 관한 상기 꾸란의 기록은 노아가 방주를 만든 것과 대홍수로 수많은 사람이 죽었다는 줄거리만 성경과 같다. 그러나 각론은 큰 차이가 있다. 노아와 불신자 사이의 긴 논쟁은 성경에 아예 없지만 상상 가능한 논쟁이다. 그런데 죄지은 자와 아들을 위해 더 이상 기도하지 말라고 신이 노아에게 명했다는 것은 성경에는 전혀 없다. 또 노아의 아들이 불의한 자이므로 가족이 아니라고 신이 말했다는 것도 이상하다. 그리고 노아의 방주에 들어간 존재는 성경과 꾸란이 완전히 다르다. 성경은 방주에 들어간 사람은 노아와 아내, 세 아들과 세 며느리이며 이 8명을 제외한 전 인류가 죽었다고 말한다. 그래서 이 8명이 새 인류 역사의 조상이 되었다고 한다. 노아의 아내와 아들 한 명이 구원받지 못하고 소수의 다른 신자가 구원받았다는 꾸란의 내용은 성경과 완전히 다르다. 그리고 동물의 탑승에 대해 꾸란은 '각자의 자웅 한 쌍'으로 기록하여 '각자'가 동물인지 무엇인지 명확하지 않다. 다만 '자웅'이란 말로 보아 동물임을 추측할 뿐이다. 그러나 성경은 동물의 보존을 위해 정결한 동물은 일곱 쌍, 부정한 동물은 한 쌍씩 함께 탄 것으로 분명히 밝힌다. 그리고 꾸란은 방주의 크기, 홍수 기간과 방주 생활 기간과 하선 시기에 대해 침묵하지만 성경은 이 모두에 대해 상세히 밝

히고 있다. 그래서 꾸란이 말하는 노아의 홍수와 성경이 말하는 노아의 홍수에 대한 피해 규모의 느낌에는 큰 차이가 생길 수밖에 없다. 홍수 피해 지역이 성경은 전 세계라고 말하는데 꾸란에서는 노아가 살고 있었던 지역으로 느껴지는 듯 하다.

그리고 성경은 노아가 지은 것은 앞이 뾰족한 유선형의 배가 아니고 직육면체의 방주 즉 건물이라고 한다. 이 방주에 모든 동물이 한 쌍 이상 들어가야 했다. 그래서 방주의 길이는 약 135m, 폭은 약 22.5m, 높이는 3층으로 약 13.5m이었다. 이 방주는 물살을 헤치고 전진할 필요가 없었기에 끝이 뾰족한 유선형이 아니었다. 오로지 물에 뜨기만 하면 되었다. 물에 뜨는 배가 전복되지 않기 위해서는 신이 설계한 노아의 이 방주 비율이 가장 안전하다고 현대중공업의 선박 구조 설계팀은 말한다. 거센 풍랑이 이는 대홍수 속에도 방주의 노아 가족과 동물들을 확실하게 보호하겠다는 신의 의지가 직육면체 방주 제작에 담겨 있다. 유선형의 배를 만들어 노아에게 맡겼다면 격랑 속에서 노아가 어떻게 조종할 수 있었겠는가? 방주가 어디로 가든지 믿는 신에게 모든 것을 맡기는 것이 최상책 아닌가? 노아와 동물들은 1년 10일간 방주 속에 있었다. 지하수가 터지고 비 내린 날이 40일이기에 땅이 마르는 데 11개월이 걸린 것이다. 그러나 상기 44절의 표현은 비가 그친 후 곧 물이 빠져 이내 사람들이 방주에서 내린 것처럼 느껴진다. 이는 비가 그친 후에도 물이 빠지길 기다리며 노아 가족은 11개월이나 방주에 머물렀다고 성경이 밝힌 것과 대조를 이룬다.

그리고 꾸란은 홍수 후 노아의 방주가 주디산에 정박했다고 한다. 주디산은 이라크에 있는 산으로 해발 2,114m이다. 그러나 성경은 노아의 방주가 아라랏산에 정박해 거기에서 노아 가족과 동물들이 내렸다고 한다. 아라랏산은 터키, 아르메니아, 이란의 접경지인 아르메니아고원에 있으며 해발 5,137m의 고산이다.

노아의 방주는 어느 산에 내렸을까? 꾸란이 맞을까, 성경이 맞을까? 너무 흥미로운 이 질문에 답을 얻기 위해 지금까지 사람들이 이 두 산을 찾지 않았을까?

분명히 사람들이 나섰는데 주디산은 아닌 것 같다. 왜냐하면 주디산은 건강한 사람은 누구나 등반 가능한 높이의 산이기 때문이다. 그런데 여태껏 거기에서 노아 방주를 발견했다는 소문이 한 번도 없었다. 주디산이 엄청난 두께의 만년설로 덮인 산이 아니기에 아직까지 발견하지 못한 것은 주디산에 노아의 방주가 없기 때문 아닐까?

반면에 아라랏산에서는 노아 방주 발견 소식이 드물게라도 들린다. 1800년 이후 이 산에서 노아 방주를 봤다는 사람이 200명이 넘는다고 창조과학회는 밝힌다. 그런데 이를 확인하기가 쉽지 않다. 이를 확인하려고 비행기가 출동해도 눈사태로 저공비행이 힘들어 확인이 어려운 게 현실이다. 아라랏산은 건강하면 등반 가능한 주디산보다 3,000m나 더 높아 탐험이 쉽지 않다. 엄청난 두께의 만년설로 덮인 이 산의 탐험에는 전문 산악인과 많은 경비 지원이 필요하다. 모든 조건이 갖추어져도 이런 탐험의 성공 여부는 기상 상태에 달렸다고 고인이 된 산악인이며 필자의 친구인 장병호씨는 말했다. 왜냐하면 이 탐험은 단순한 정상 정복이 목표가 아니고 계곡의 눈 속을 탐험해야 하기 때문이다. 그런데 이 산은 3국의 국경이 닿는 곳이라 접근 허가도 쉽지 않다고 한다.

이런 아라랏산에 대한 대규모 탐험이 이루어져 노아 방주를 찾았다고 한다. 그런데 이 역사적 자료가 1917년의 볼셰비키 혁명으로 사라진 것이 너무 안타깝다. 이 탐험은 제정 러시아의 마지막 황제인 니콜라이 2세가 명령하고 지원해 이루어졌다. 군인들로 구성된 탐험대는 계곡의 눈 속에 묻힌 파손된 목조 건물을 발견했다. 탐험대는 이 건물을 측량하고 조사한 결과 성경의 노아 방주와 일치함을 확인했다. 그런데 이들이 탐사 활동에 열중하던 시기에 러시아는 레닌이 주동한 공산주의 혁명에 휩싸였다. 결국 니콜라이 2세는 공산주의 정권에 의해 쫓겨났고 다음 해인 1918년에 학살당하였다. 이로써 탐험대는 보고 대상을 잃었고 뿔뿔이 흩어져 자신들의 목격담을 주변에 알리는 것으로 그쳤으니 얼마나 안타까운가! 새로 탄생한 소련 공산국가는 무신론을 표방하며 이런 탐사를 오히려 박해했기에 이 탐험대의 활동이 역사적 보고 자료로 남아 있을 수가 없었다.

어쨌든 주디산과는 달리 아라랏산에서 노아 방주를 발견했다는 사람들은 이외에도 많다. 그래서 아르메니아 사람들은 '노아의 산'으로 불리는 이 산을 민족의 영산(靈山)으로 생각한다.

과연 노아 방주는 어느 산에 내렸을까? 꾸란이 맞을까, 성경이 맞을까?

2. 이제 노아의 경고와 기도를 기록한 꾸란 71장 1~28절을 살핀다.

"은혜로우시고 자비로우신 하나님의 이름으로 1. 내가 노아를 그의 백성에게 보냄은 그들 위에 고통스러운 징벌이 임하기 전에 백성들에게 경고하기 위해서라 2. 그가 말하길 백성들이여 실로 나는 분명한 경고자로서 너희에게 왔노라 3. 그러므로 하나님만을 경배하고 두려워하며 나를 따르라 4. 그리하면 하나님께서 너희의 잘못을 용서하여 주시고 일정 기간까지 너희를 유예하여 주실 것이니라 실로 하나님의 유예 기간이 끝나고 나면 더 이상 유예되지 않노라 다만 너희가 이를 알지 못하고 있을 뿐이라 5. 그가 말하길 주여 저는 밤낮으로 저희 백성들을 인도하려 하였습니다. 6. 그러나 믿는 자들은 증가하지 아니하고 바른 길에서 벗어나는 자들이 늘어났습니다 7. 당신께서 그들을 용서하실 것이라 제가 말할 때마다 저들은 자신들의 손가락으로 귀를 막고 옷을 여미며 거역하고 오만할 뿐입니다 8. 그리하여 저는 그들에게 소리 높여 호소하였으며 9. 대중 앞에서 설교도 하였고 개별적으로 호소도 하였습니다. 10. 저는 말했습니다. 주님께 용서를 간구하라 주님께서는 가장 관대하신 분이시니라 11. 주님께서 너희에게 비를 풍부하게 내려주실 것이며 12. 재산과 자손을 더하여 주시고 과수원과 물이 흐르는 강을 주실 것이니라 13. 그럼에도 너희가 하나님의 위대함을 두려워하지 않는 것은 어떤 일이뇨 14 하나님께서는 여러 가지 서로 다른 단계를 거쳐 너희를 창조하시고 15. 층을 두어 일곱 개의 하늘을 만드신 것을 너희는 알지 못하느뇨 16. 달을 두시매 빛을 반사케 하고 태양을 두어 등불로 삼으셨느니라 17. 하나님께서는 너희를 땅의 흙으로 빚으셨으며 18. 그리고 너희가 땅으로 돌아가도록 한 후 너희를 다시 부활하게 하시니라 19. 하나님께서는 너희를 위하여 대지를 융단처럼 펼쳐 주셨으니 20. 이는 너희로 하여금 대지를 활보하도록 함이니라. 21. 노아는 계속하여 말하였노라 주여 실로 저들은 저를 배척하면서 재물과 자손들로 말미암아 멸망의 길로 빠져들게 하는 자들만을 따를 뿐입니다. 22. 그들은 크나큰 음모를 꾸미며 23. 서로들 말하길 어떤 일이 있어도 너희의 신들을 버리지 말라 앗드도 쑤와도 그리고 야구쓰와 야우끄와 나스르 신들을 저버리지 말라고 합니다. 24. 저들은 이미 많은 무리를 유혹 하였나이다 주여 당신께서 더 이상 방황하는 자들을 제외하고는 저들의 죄악이 증가하지 않도록 하여 주소서 25. 저들의 죄악으로 말미암아 저들은 물에 익사하였고 불지옥에 들어가게 되었으니 하나님에는 저들을 도울 자 아무도 없나이다 26. 노아가 말하길 주여 대지 위에 한 사람이라도 불신자로 버려두지 마소서 27. 당신께서 그들 중에 한 사람이라도 불신자로 남겨 두신다면 저들은 당신의 종들을 유혹하여 사악한 자들로 만들 것입니다 28. 주여 저와 저의 부모와 믿음으로 저의 집에 들어온 자들과 믿는 자들과 믿는 여성들을 용서하여 주시고 죄인들에게만 벌을 더하여 주소서"

○ 노아가 이렇게 기도했다는 것은 성경에 없다. 그러나 노아가 사람들에게 회개를 촉구했다는 것은 상상이 가능하다.

신이 일곱 하늘을 창조했다고 하는 것은 꾸란의 주장일 뿐이다. 노아가 그렇게 말했다는 것은 성경에 없다. 또 노아 당시의 사람들이 섬긴 우상의 이름은 성경에 나타나지 않는다. 노아의 부모들은 홍수 전에 죽은 것으로 성경에 나타나는데 부모를 위해 기도한 것은 이상하다. 또 지하수도 터지며 물이 산꼭대기까지 덮는 대홍수를 노아가 겪었는데 지상에 한 명도 남기지 말고 다 죽여 달라는 기도를 노아가 했다는 것도 이상하다. 당시 노아와 아내, 세 아들과 세 자부 외에는 신을 믿는 자가 없었는데 믿는 자들을 위해 기도했다는 것도 이상하다. 오히려 자기를 비웃는 자들의 회개를 신에게 부탁하는 기도는 할 수 있었을 것이다.

3. 이에 대한 또 다른 내용이 담긴 66장 10절을 보자.

"하나님께서 불신자들에게 하나의 예를 드셨나니 노아의 아내와 롯의 아내를 비유하셨노라 이 두 여인은 나의 의로운 종들의 보호를 받고 있으면서도 남편들을 따르지 않았느니라 그리하여 노아와 롯은 이 두 여인의 행위로 말미암아 하나님으로부터 이 두 여인을 보호하기 위해 아무 것도 할 수가 없었느니라 그리하여 이 두 여인에게는 다른 사람들이 들어가는 지옥으로 함께 들어가라는 명령이 내려졌느니라"

ㅇ 롯의 아내는 뒤를 보지 말라는 명을 어겨서 소금 기둥이 되어 멸망당했다. 하지만 노아의 아내는 분명히 방주에 들어가 구원받은 것으로 성경은 말한다. 노아의 아내가 남편을 따르지 않고 지옥에 갔다는 것은 꾸란에만 나온다.

4. 그런데 37장 75~79절에 이런 기록이 있다.

"75. 노아가 나에게 구원을 요청했을 때 나는 그의 기도에 응답하였노라 76. 그리하여 나는 큰 재앙으로부터 그와 그의 가족을 구하고 77. 그의 자손들은 살아남도록 하였노라 나는 그를 위해 후세의 세대들 중에서 훌륭한 이름을 남기도록 하여 79. 모든 사람들 중에서 노아에게 평안이 있도록 하였노라"

ㅇ 이 본문을 보면 노아의 기도로 가족이 구원받았다고 하지 않는가? 노아의 가족이 구원을 받은 것은 성경과는 일치하지만 꾸란 자체적으론 모순이다. 이는 상기 1과 3의 본문에서 멸망당한 아들과 아내가 있었다는 것과 상반되지 않는가? 또 1의 본문에 노아는 물에 떠내려가는 아들을 보고 기도했는데 신은 그 아들은 가족이 아니고 불의한 자라고 냉담했던 것과 상반되는 것 아닌가? 꾸란은 왜 이런 모순을 담고 있는지 의아하다.

그리고 꾸란은 노아 이후에 활동했다는 생소한 예언자로 후드, 살레, 슈아이브를 소개하고 있다. 후드의 경고를 무시해 폭풍으로 망한 아드 사람 이야기, 살레의 경고를 무시해 벼락 맞아 망한 사무드 사람 이야기, 슈아이브의 경고를 무시해 망한 사람들의 이야기를 7장, 11장, 26장에 계속 반복해 밝히고 있다. 후드와 살레의 이름은 꾸란의 다른 부분들에도 자주 언급되고 있다. 그러나 안타깝게도 이들의 이름과 이들이 활동했다는 지명은 성경에 전혀 나타나지 않는다.

아브라함, 롯, 이스마엘, 이삭

1. 아브라함의 젊은 시절을 다룬 꾸란 19장 41~49절을 살핀다.

"41. 성서에 언급된 아브라함의 이야기를 상기시키라 그는 진실한 인간이며 예언자였노라 42. 아브라함이 그의 아버지께 말하길 왜 듣지도 못하고 보지도 못하며 아무런 쓸모도 없는 것을 숭배하고 있습니까 43. 아버지께 이르지 못한 지식이 저에게 이르렀나니 저를 따르십시오 제가 아버지를 바른 길로 안내하겠습니다 44. 아버지 그러므로 사탄을 섬기면 안 됩니다 실로 사탄은 자비로우신 하나님을 배반하였습니다 45. 아버지가 하나님으로부터 벌을 받아 사탄의 친구가 될까 두렵습니다 이때 아버지께서 말하길 아브라함아 너는 나의 신들을 거역하느뇨 네가 단념하지 않는다면 내가 너를 돌로 칠 것이라 47. 아브라함이 말하길 아버지 평안하소서 아버지를 위해 주님께 용서를 빌겠습니다 주님은 저에게 자비를 베푸셨습니다 48. 저는 하나님 외에 여러분들이 숭배하는 사신들을 버리고 저의 주님께 기도하겠습니다 주님께의 저의 기도는 축복을 받을 것입니다. 49. 그가 하나님 아닌 사신들을 숭배하는 저들을 버리고 떠났을 때 나는 그에게 이삭과 야곱을 주고 그들을 예언자로 삼았노라"

○ 위 글은 아쉽지만 성경에 없다. 그런데도 "성서에 언급된 아브라함의 이야기를 상기시키라"라고 본문이 시작되는 것이 이상하다. 성경에 없는 이야기를 소개하면서 마치 성경에 있는 이야기를 말하는 것처럼 "성서에 언급된 아브라함의 이야기를 상기시키라"라고 시작하는 것이 이상하지 않은가?

그리고 아브라함의 청년 시절에 관한 이야기는 성경에 전혀 없다. 아브라함의 아버지는 우상 제작 업자였다. 그래서 만약 청년 아브라함이 하나님을 잘 섬겼다면 상기의 대화가 상상 가능할 뿐이다. 그런데 이 본문이 꾸란임에도 아브라함의 믿음에 대한 축복으로 거론되는 자손의 이름이 흥미롭다. 즉 아랍의 조상 이스마엘이 축복의 대상에서 누락되고 이스라엘의 조상 이삭과 이삭의 아들 야곱만 기록된 게 이상하지 않은가?

2. 또 아브라함의 젊은 시절을 다룬 21장 51~73절을 살핀다.

"51. 나는 이전에 아브라함에게 지침서를 내려주었으며 내가 그를 잘 알고 있느니라

52. 그때 아브라함은 그의 아버지에게 백성에게 말하길 여러분들이 숭배하는 이 우상들이 무엇이뇨라고 하였노라 53. 이때 그들이 말하길 우리 선조들이 그것을 숭배했노라 54. 그가 말하길 여러분과 여러분의 선조들이 분명한 잘못을 저질렀습니다 55. 그들이 말하길 네가 우리에게 진실을 말하느뇨 아니면 우리를 조롱하느뇨 56. 이때 그가 말하길 여러분의 주님은 하늘과 땅을 창조하신 분이십니다 제가 그것을 증명하는 한 증인입니다 57. 하나님께 맹세하지만 나는 여러분이 등을 돌리고 떠나면 우상들에 대항하는 계획을 세울 것입니다 58. 그리하여 아브라함은 가장 큰 우상만 남기고 모든 우상들을 깨뜨렸노라 아마도 저들이 큰 우상에게 가서 물을 것이라 59. 그들이 돌아와 말하길 누가 우리의 신들에게 이런 짓을 했느뇨 실로 사악한 자들이라 60. 그들이 말하기를 아브라함이라는 청년이 우상에 관하여 말하는 것을 들었습니다 61. 그들이 말하기를 아브라함을 사람들 앞으로 데려오라 아마 그들이 증언을 하리라 62. 그들이 말하길 이 신들을 파괴한 자가 바로 아브라함 너이뇨 63. 그가 말하길 아마도 그것들 가운데 두목이 그랬을 것입니다 그 우상이 말을 할 수 있다면 그것에 물어 보십시오 64. 그러자 그들은 서로 돌아보면서 말하길 실로 우리가 잘못하고 있노라 65. 그런 후 그들은 수치스러움으로 당황하며 말하길 아브라함아 너는 이것들이 말하지 못함을 잘 알고 있노라 66. 그가 말하길 하나님을 제쳐놓고 여러분에게 아무런 도움도 주지 못하고 손해도 끼치지 못하는 것을 숭배하고 있습니까 67. 하나님을 제쳐두고 다른 것을 믿는 여러분들이 가련하다는 것을 여러분은 이해하지 못하고 있습니까 68. 그러자 저들이 말하길 승리하려면 아브라함을 불태워 버리고 신들을 보호하라고 하노라 69. 그러자 하나님께서 말씀하시길 불아 식어라 그리고 아브라함을 안전하게 하라 70. 이렇듯 저들이 그에게 음모를 꾸몄으나 나는 저들을 패배자로 만들었노라 71. 나는 그와 롯을 구하고 내가 축복을 내린 땅으로 그들을 안내하였노라 72. 나는 아브라함에 게 이삭을 주고 손자로 야곱을 주었으며 그들 모두를 의로운 자로 만들었느니라 73. 그리고 나는 그들을 나의 명령에 따라 백성을 인도하는 지도자들로 만들었고 선을 실천하고 예배를 드리며 이슬람세를 바치라는 계시를 내리니 그들은 나에게 복종하였노라"

○ 19장보다 훨씬 더 재미있는 이 이야기도 성경에는 없다. 그런데 71절에 신이 아브라함뿐 아니라 롯도 불 속에서 구하고 지도자로 만든 것으로 말해 흥미롭다. 롯이 왜 불 속에 던져졌을까? 이는 롯도 우상 격파에 동참했다는 뜻 아닌가? 그래서 신은 아브라함과 롯을 함께 불 속에서 구하고 축복의 땅으로 안내했다고 말한다. 이와 같이 꾸란은 롯의 이름을 매우 신실한 선지자로 계속 나타내고 있다. 그러나 롯에 대한 성경의 기록은 그렇지 않다. 롯은 아브라함의 조카였는데 일찍 아버지를 잃었다. 그래서 자식이 없었던 아브라함은 롯을 자기 아들처럼 가까이했다. 신이 아브라함을 우상 숭배의 고향에서 불러낼 때 아브라함은 롯을 데리고 함께 고향을 떠났다. 즉 신이 롯도 부른게 아니었는데 롯은 삼촌인 아브라함을 따라갔을 뿐이라고 성경은 말한다. 그런데 롯은 자기 욕심대로 부요한 쾌락의 도시 소돔에 살다가 삼촌 아브라함 덕분에 신의 심판에서 가까스로 구원받았다. 성경에 없는 이야기로 롯까지 과대 포장해 의아하다.

그리고 상기의 이 본문에도 이스마엘이 아브라함의 아들 명단에서 빠졌다. 비단 상기 1, 2의 두 군데뿐 아니라 꾸란에는 아랍인의 조상인 이스마엘의 이름이 누락된 경우가 더 많아 이삭, 야곱뿐 아니라 롯까지 지도자로 만들었다는데 이스마엘은 왜 누락되었는지 의아하다. 꾸란의 신도 이스라엘의 조상인 이삭과 야곱을 아브라함의 정통적 계승자로 보고 이들을 더 축복한 듯해 흥미롭다.

그런데 당시 존재하지도 않았던 이슬람세를 바쳤다니 이상하다.

3. 나아가 꾸란은 이슬람교의 기원을 아브라함에게 두는 말을 꾸란 3장 67절에 이렇게 말하고 있다.

"아브라함은 유대교인도 기독교인도 아닌 하나님만을 경배한 성실한 무슬림이었으며……."

○ 꾸란은 아브라함을 무슬림으로 만들어 이슬람교의 뿌리를 아브라함에게서 찾고 있다. 이것이 어떻게 가능할까? 아브라함이 자신의 신앙에 대해 유대교나 기독교나 이슬람교나 그 어떤 종교도 이름 짓지 않았기에 발생 가능하다. 단지 아브라함은 눈

에 안 보이는 절대자 유일신을 알고 믿고 섬겼을 뿐이다. 신이 그를 우상 숭배의 땅에서 불러낼 때 그를 통해 모든 사람이 복을 받을 것과 그의 후손을 하늘의 별처럼 또 해변의 모래알처럼 많게 해주겠다는 약속을 했다. 그는 이 약속을 믿었다. 그래서 아브라함이 섬긴 신을 따른다는 유대교나 기독교나 이슬람교가 그 뿌리를 아브라함에게서 찾으려면 그가 믿은 신의 약속을 이어받아야 한다. 이런 이치로 보면 아브라함의 신을 섬기고 신의 약속을 이어받는다면 누군가가 또 다른 이름의 종교를 만드는 것도 가능하다.

그러나 우리는 아브라함의 신을 믿는다는 종교가 신의 약속과 아브라함의 믿음의 계보를 이어가는지 반드시 살펴야 한다. 아브라함이 믿은 약속의 계보가 이어지지 않는다면 이는 아브라함을 이용한 것에 불과하기 때문이다.

계보를 잇는 것은 단순한 핏줄만을 말하는 게 아니다. 가장 중요한 것은 신과 아브라함 사이의 약속의 관계가 이 계보를 통해 충실히 이어져야 한다. 이런 끈끈한 믿음의 계보가 없이 아브라함을 자기 종교의 출발점으로 삼는 것을 믿을 수 있는가?

모세에 의해 종교의 틀을 완전히 갖춘 유대교는 아브라함이 믿은 약속의 계보를 이어받은 게 성경에 확실히 나타난다. 또 예수에 의해 세워진 그리스도교 즉 기독교도 이런 약속과 믿음의 계보가 예수까지 이어진 것이 성경에 확실히 나타난다. 그런데 이슬람교를 세운 무함마드에겐 이런 약속과 믿음의 계보가 꾸란에 전혀 나타나지 않는다. 하디스에도 이런 계보는 없다. 그저 아브라함의 아들 이스마엘의 후손이라고 주장할 따름이다. 이스마엘부터 무함마드까지 약 2,500년간 신의 약속에 대한 믿음이 어떻게 전승되었는지 꾸란과 하디스는 모두 침묵하고 있다. 오히려 꾸란과 무함마드는 이 긴 시대를 신을 몰랐던 무지와 혼란의 시대라고 매도하였다. 그럼에도 아브라함과 이스마엘을 이슬람교의 출발로 삼는 것은 이상하지 않는가? 그리고 상기 1, 2의 본문처럼 꾸란도 이 믿음의 계보가 아브라함에서 이삭과 야곱으로 이어졌음을 인정하고 있으니 놀랍다.

4. 아브라함이 이스마엘과 함께 신전을 건축한 무슬림이었다는 꾸란의 2장 125~129

절을 살핀다.

"125. 상기하라 내가 그 집을 인류의 안식처와 성소로 만들었으니 예배드리기 위해 아브라함이 서 있던 그곳을 경배의 장소로 하라 또한 신전을 도는 사람과 엎드려 경배하는 자들을 위해 나의 집을 정화하라고 아브라함과 이스마엘에게 명령하였느니라 126. 아브라함이 기도하였노라 주여 이곳을 평화로운 나라로 만들어 주소서 하나님을 믿고 내세를 믿는 백성들에게 풍성한 과실들을 주소서 주님께서 말씀하사 불신자들에게도 당분간 은혜를 베풀다가 그들을 불지옥으로 안내하여 비참한 종말이 되게 하리라 127. 아브라함과 이스마엘이 그 집의 주춧돌을 세우며 기도 하였으니라 주여 저희의 기도를 받아주소서 주여 실로 당신은 모든 것을 들으시고 아시는 분이십니다. 128. 주여 저희가 무슬림으로서 당신에게 복종하도록 하여 주시고 저희 자손들도 무슬림의 공동체를 형성하여 당신에게 복종하도록 하여 주소서 순례하는 방법을 알려 주소서 저희들에게 관용을 베풀어 주소서 실로 당신은 너그러우시고 자비로우신 분이십니다. 129. 주여 그들 중에서 사도를 택하여 당신의 말씀을 전하고 성서와 지혜를 가르쳐 그들을 당신에게로 인도할 사도를 보내주소서 그리고 그들을 청결케 하여 주소서 실로 권능과 지혜 주님께 있나이다"

○ 상기의 본문은 '상기하라'는 말로 시작하는데 무엇을 근거로 상기했는지 궁금하다. 왜냐하면 상기 본문은 성경에 그 근거가 전혀 없기 때문이다.

여기의 신전은 이슬람교의 성지인 메카의 카으바를 말한다. 아브라함과 이스마엘이 신전(카으바)을 건축하고 기도했다는 이 내용은 성경에 없다. 하지만 꾸란은 이렇게 적어 아브라함을 무슬림으로 부른다.

그런데 아브라함이 무슬림 자손들의 공동체 형성을 원하는 기도까지 했다는데 신의 약속에 대한 믿음의 계보인 공동체가 왜 2,500년간이나 없었을까? 더 궁금한 것은 신에 대한 믿음이 이스마엘의 아들에게조차 이어가지 못한 이유는 뭘까? 왜 꾸란은 아랍의 이슬람 계보는 언급하지 않을까? 오히려 성경에 나타난 이스마엘의 이복동생인 이삭의 이스라엘 계보만 언급하는 이유가 무엇일까? 또 꾸란에는 신이 아브라함을 부를 때 약속한 말씀이 왜 전혀 없을까? 이는 신의 약속을 가볍게 생각했든지 아니면 이스마엘이 약속의 아들이 아니기에 신의 약속이 꾸란에 없는 것 아닐까?

그런데도 이슬람교는 이스마엘이 아브라함의 장남임을 내세워 아브라함의 적법한 후계자임을 주장한다. 신도 인간 사회의 장자권 존중 전통을 인정하였다. 또 무엇이든 처음 난 것은 다 신의 것이라고도 했다. 그러나 신의 부르심과 특별한 은혜는 장남에게만 나타나지 않았다. 오히려 야곱, 모세, 다윗 같은 막내를 비롯해 모든 자녀에게 골고루 나타난 것이 성경에 수두룩하게 기록되어 있다.

그러므로 이스마엘이 아브라함의 장남이라고 하여 그가 아브라함의 후계자라는 주장은 신의 생각과 다르다. 아브라함의 후계자로 신에게 인정받으려면 아브라함이 신에게 받은 언약도 물려받아야 한다. 이런 점에서 성경은 신이 이스마엘이 아닌 이삭을 택했고 이삭이 신의 언약도 이어 받았음을 분명히 밝힌다.

그래서 이 연관성을 중요시하여 신을 '아브라함과 이삭과 야곱의 하나님'으로 불렀다. 그런데 이런 연관성을 표현한 것이 꾸란 12장 38절에도 나타나 흥미롭다. 그러나 꾸란과 성경 어디에도 이스마엘이 아브라함처럼 신의 언약을 받았다는 기록은 없다. 또 꾸란에는 "땅의 모든 족속이 너로 말미암아 복을 받을 것이다"란 신의 언약에 대한 기록 자체가 전혀 없다. 그러므로 이스마엘이 장남이라는 이유로 아브라함의 후계자라는 이슬람교의 주장은 납득이 안 된다.

5. 신전을 건축했다는 이스마엘이 태어나게 된 배경과 신의 테스트에 대한 내용이 담긴 37장 83~113절을 살핀다.

"83. 실로 노아를 따르는 무리 중에 아브라함이 있었노라 84. 아브라함이 경건한 마음으로 주님께 왔을 때 85. 그의 아버지와 그의 백성에게 말하길 여러분이 섬기고 있는 것이 무엇입니까 86. 여러분이 숭배하고 있는 것은 하나님이 아닌 허위의 우상이 아닙니까 87. 온 누리의 주님에 관하여 여러분은 어떻게 생각합니까 88. 그런 후 그는 별들을 쳐다보고서 89. 말하길 실로 내 마음이 아플 뿐입니다 90. 그러자 사람들은 등을 돌리고 그에게서 떠나갔느니라 91. 그 후 그가 저들의 신들에게 다가가 말하길 너희는 너희 앞에 차려진 음식을 먹지 못하느뇨 92. 어째서 말이 없느뇨 93. 그리고 그는 그의 오른손으로 그것들을 치기 시작하였노라 94. 그 때 우상숭배자들이 급히 서둘러 그에게로 왔노라 95. 그러자 그가 말하길 여러분은 여러분 자신들이 만든 우상을 숭배한단 말입니까 96. 하나님께서는 여러분과 여러분이 만든 것을 창조하셨습니다. 97. 저들이 말하길 화로를 만들어 그를 타오르는 불속으로 던지라 98. 이것이 실패하자 저들은 다른 음모를 꾸몄으나 나는 저들을 가장 비천한 자로 만들었노라 99. 그가 말하길 나의 주님께로 가리니 주님께서는 나를 인도하여 주실 것이라 100. 주여 저에게 의로운 자식을 주소서 101. 그리하여 나는 인내하며 순종할 아이에 관한 소식을 그에게 전했노라 102. 아들이 성장하여 아브라함과 함께 일할 나이에 이르렀을 때 그가 말하기를 내 아들아 내가 너를 제단에 올리라는 명령을 꿈에서 받았는데 너의 생각은 어떤지 알고 싶구나 아들이 말하길 아버지 하나님의 뜻이라면 당신께서 명령 받은 대로 하옵소서 당신께서는 제가 인내하는 종이라는 것을 알게 될 것입니다 103. 아버지와 아들은 하나님께 복종하고 아브라함은 이스마엘로 하여금 그의 이마를 숙이도록 하였노라 104. 그때 나는 그를 불렀노라 아브라함아 105. 너는 이미 그 꿈을 이행하였노라 이와 같이 나는 선을 행하는 자에게 보상을 내리니라 106. 실로 이것은 분명한 하나의 시험이었나니 107. 나는 훌륭한 제물로 이스마엘을 대체하였노라 108. 나는 그에게 축복을 내려 후에 올 세대들의 기억 속에 남게 하였노라 109. 아브라함에게 평안이 있을 것이라 110. 이렇듯 나는 선을 행하는 자에게 보상을 내리니라 111. 참으로 그는 믿음이 강한 하나님의 종이었노라 112. 나는 그에게 의로운 자 중에 있을 한 예언자 이삭의 소식을 주고 113. 그와 그리고 이삭에게 축복을 내렸노라 그들 후손 중에는 선을 행하는 자들도 있었고 불의를 행하는 자들도 있었노라"

○ 상기 본문은 성경에 없으며 이스마엘이 태어난 배경도 상기와 다르다. 청년 아브라함이 우상을 파괴하면서까지 신을 잘 섬긴 것에 대한 축복으로 이스마엘이 태어난 게 아니다. 아브라함과 사라는 많은 후손을 주겠다는 신의 약속을 믿었지만, 10년이 지나도 아이를 못 낳았다. 그래서 사라가 75세가 되어 여종을 통해 아이를 얻으려고

하갈을 아브라함의 첩으로 주어 이스마엘을 낳았다고 성경은 말한다. 이스마엘은 신에 대한 불신으로 아브라함이 인간적인 방법으로 86세에 얻은 아들이었다. 즉 이스마엘은 신이 약속한 아들이 아니었다. 그 결과 신은 아브라함에게 13년간 침묵했다.

또 신의 명령에 따라 아브라함이 바치려고 한 아들은 이삭이라고 성경은 말한다. 상기 본문은 신이 꿈속에서 아브라함에게 아들을 바치라고 말했다는데 성경은 그렇게 말하지 않는다. 신이 아브라함을 테스트하려고 아브라함에게 직접 말했다고 한다. 상기처럼 꿈으로 명령을 받는데 아들을 바치겠다고 할 사람이 얼마나 있을까? 이때 아브라함은 아들을 신에게 바치는 것에 대하여 아들의 생각을 물어보지 않았다. 아들 이삭을 제물로 바치려는 아브라함의 마음이 무거워서 아내 사라에게조차 신의 요구에 대해 말하지 않았다. 그런데 불, 땔감 나무, 칼은 있는데 제물이 없는 것을 이상하게 생각한 이삭이 양이 없음을 말하였다. 이때 아브라함은 양은 신이 준비하실 것이라고 말했을 뿐이다. 결코 아들을 바치려고 한다는 말을 한 적이 없었다. 설사 아들을 잡는 한이 있을지라도 누가 아들에게 그 생각을 말하며 아들의 생각을 물어볼 수 있겠는가? 그런데 아브라함은 설사 자신이 신의 명령대로 아들을 죽인다고 해도 신이 아들을 다시 살려줄 것을 확신했다. 그리고 죽음의 순간까지 반항하지 않고 아브라함에게 순종한 아들은 이스마엘이 아니고 이삭이라고 성경은 말한다.

상기 본문에서 죽음의 순종은 이스마엘이 했다는데 사라가 90세에 낳은 이삭을 축복하는 본문이 뭔가 이상하고 헷갈린다. 죽음을 각오한 순종의 자세를 보였다는 이스마엘은 이슬람교가 태동한 아랍의 조상 아닌가? 그는 상기 4의 본문에 의하면 신전을 지어 메카를 이슬람교의 최고 성지로 만들었다지 않는가? 이런 이스마엘을 제치고 이삭을 축복하는 꾸란이 이상하지 않은가?

6. 이스마엘의 어머니 하갈이 사라의 여종이 된 배경에 대한 하디스를 살핀다.

〈아부 후라이라가 전하고 있다.: 예언자께서 말씀하셨습니다. "예언자 아브라함은 사라를 데리고 고향을 떠나 폭군 중에 폭군 왕이 살고 있는 어떤 나라로 이주를 하였습니다. 아브라함이 세상에서 가장 매력적인 여인과 함께 이주해 왔다는 소식을 접한 그 왕은 아브라함에게 사신을 보내 물어보도록 하였습니다. 그 사신이 물었습니다. '아브라함 예언자여! 당신과 함께 온 그 여인은 누구입니까?' 아브라함이 대답하였습니다. '그녀는 나의 여동생입니다.' 그리고 아브라함은 그녀에게로 돌아가 이렇게 말했습니다. '내가 말한 진술을 거짓말이라고 말하지 마시오. 내가 당신을 나의 여동생이라고 말했소. 알라께 맹세하지만 지구상에 당신과 나를 제외하고는 진실한 신앙인들은 없소.' 그리고 아브라함은 그녀를 왕에게로 보냈습니다. 그 왕이 그녀를 범하려 하자 그녀는 자리에서 일어나 몸을 씻고 예배를 한 후 이렇게 말했습니다. '알라여! 제가 만일 당신과 당신의 사도를 믿는 자라면 저의 남편 이외의 모든 사람들로부터 저의 몸을 보호하여 주소서.' 그의 기도가 끝나자마자 그 왕은 정신을 잃고 쓰러졌다가 두 발을 움직이기 시작했습니다. 왕의 이 상황을 본 사라가 말했습니다. '알라여! 만일 그가 죽는다면 제가 그를 살해하였다고 사람들이 말할 것입니다.' 그러자 그 왕은 힘을 회복하고 다시 그녀에게로 다가왔습니다. 그녀는 자리에서 일어나 몸을 씻고 예배를 한 후 이렇게 말했습니다. '알라여! 제가 만일 당신과 당신의 사도를 믿는 자라면 저의 남편 이외의 모든 사람들로부터 저의 몸을 보호해 주소서. 그리고 이 불신자가 저를 지배하지 못하도록 하여 주소서.' 그의 기도가 끝나자마자 그 왕은 정신을 잃고 쓰러졌다가 두 발을 움직이기 시작했습니다. 왕의 이 상황을 본 사라가 말했습니다. '알라여! 만일 그가 죽는다면 제가 그를 살해하였다고 사람들이 말할 것입니다.' 그러자 그 왕은 힘을 회복하고 또 다시 그녀를 범하려고 하였습니다. 세 번째까지 그녀를 범하려다 실패한 그 왕은 힘을 회복하고 나서 이렇게 말했습니다. '알라여! 당신은 나에게 사탄을 보냈습니다. 이 여자를 아브라함에게로 데려가 주소서.' 그리고 그 왕은 그녀에게 하갈이란 여인을 선물했습니다. 이렇게 하여 사라는 남편 아브라함에게 돌아가 이렇게 말했습니다. 알라께서는 불신자를 굴복시키고 저희를 위해 봉사할 노예 여성을 주셨습니다.〉

○ 사라가 알라에게 기도해 파라오를 물리쳤다는 재미있는 이 이야기는 성경뿐 아니라 꾸란에도 없고 하디스에만 나온다. 아브라함이 고향을 떠나 가나안에 살 때 가

묾이 들어 아브라함은 이집트로 갔다고 성경은 말한다. 이때 사라의 나이가 65세가 넘었는데도 이집트의 왕 파라오가 탐낼 정도로 미녀였다고 한다. 그래서 아브라함은 파라오가 사라를 빼앗기 위해 자기를 죽일까 봐 겁나서 사라를 동생이라고 말했다. 사실 사라는 아브라함의 이복동생이었다. 성경은 사라를 아내로 맞아들인 것 때문에 하나님이 파라오와 그의 집안사람들이 중병에 시달리게 했다고 말한다. 그래서 파라오는 사라가 아브라함의 아내인 것을 알게 되어 돌려준 것으로 말한다. 사라를 통해 아들을 아브라함에게 주겠다는 하나님의 약속을 지키기 위해 하나님이 스스로 알아서 사라를 보호하신 것으로 성경은 말한다. 목욕재계하고 예배한 사라의 기도는 성경에 없다. 물론 파라오를 살렸다는 사라의 기도도 성경에는 없다. 파라오가 사라를 범하려고 하는데 파라오를 물리치고 사라가 언제 목욕할 시간적 여유가 있었을까? 사라가 선물로 받은 노예 하갈이 아브라함의 첩이 되어 낳은 아들이 이스마엘이었다.

7. 이제 이스마엘의 이복동생, 이삭의 출생 예언과 아브라함의 조카 롯이 살았던 소돔의 멸망에 관한 꾸란 11장 69~83절을 살핀다.

"69. 천사들이 아브라함에게 기쁜 소식을 가져와 평안하소서라고 말하니 그도 서둘러 평안하소서라고 대답하고 서둘러 구운 송아지 고기로 그들을 환대하였노라 70. 그들의 손들이 음식에 다가가지 않음을 보고 그는 그들을 의심하고 두려워하니 그들이 말하길 두려워 마시요 우리는 롯의 백성에게 파견된 자들이요 71. 그곳에서 있던 그의 아내가 이삭 탄생하고 그 이후에 야곱이 탄생할 것이라는 소식을 듣고 웃었노라 72. 이때 그녀가 혼자 말하길 오 세상에 내가 아이를 가진다니 나는 이미 늙은 여자이며 나의 남편은 노인이 아니뇨 이것은 실로 이상한 일이라 73. 천사들이 말하길 하나님의 섭리에 놀라시오 여러분에게 하나님의 자비와 축복이 있을 것이요 가족들이여 실로 하나님께서는 찬양과 영광의 주인이십니다. 74. 두려움이 아브라함에게서 사라지고 기쁜 소식이 그에게 이르니 롯의 백성을 위해 하나님께 간구하였노라 75. 실로 아브라함은 온화하고 겸허하며 회개하는 자라 76. 아브라함이여 이것은 포기하라 이것은 너의 주님의 명령이니라 실로 그들에게 벌이 있을지니 이것은 되돌릴 수 없는 것이니라 77. 천사들이 롯에게 이르렀을 때 아브라함은 그들을 보호할 힘이 없어 슬퍼하며 오늘은 괴로운 날이라고 하더라 78. 그의 백성들이 서둘러 그에게 왔으나 그들은 이미 사악한 행위를 일삼고 있었노라 이때 롯이 말하길 백성들이여 여기 순결한 내 딸들이 있노라 하나님을 경외하라 그리고 나의 손님 앞에서 나를 저주하지 말라 너희 중에 정직한 자가 한 사람도 없느뇨 79. 이때 그들이 말하길 우리는 당신의 딸들을 원하지 않는다는 것을 당신이 알고 있으며 또한 당신은 우리가 원하는 것이 무엇인지 알 것이요 80. 이에 롯이 말하길 나에게 너희를 제지할 수 있는 힘이 있거나 강력한 후원을 얻을 수 있다면 좋으련만 라고 말하니 81. 천사들이 말하길 롯이여 우리는 주님으로부터 온 사도들이라 그들이 결코 당신을 해치지 못하리라 그러므로 당신의 가족과 함께 어둠을 타고 떠나라 그리고 너희 가운데 누구도 뒤돌아보지 말라고 하라 그들에게 있었던 재앙이 당신의 아내에게도 있을 것이며 아침이 그들에게 징벌이 내려질 시간이라 그 시간의 아침이 다가오고 있지 않느뇨 82. 나의 명령이 떨어졌노라 나는 그 도시를 뒤엎고 그곳에 비를 내리게 하고 진흙의 돌덩어리가 끊임없이 떨어지게 하였노라 83. 그것은 주님으로부터 징벌의 상징이며 그것은 죄인들로부터 멀리 있지 않노라"

○ 위 본문은 성경 창세기 17~19장을 압축한 것이다. 아브라함이 인간적인 방법으로 이스마엘을 낳은 후 신은 13년간이나 침묵했다. 그래서 신의 약속을 완전히 잊은 아브라함에게 신이 침묵을 깨고 다시 나타난 때는 그의 나이 99세, 사라의 나이 89세였다. 신은 그의 이름을 아브람에서 아브라함(만국의 아버지란 뜻)으로 바꾸어 주며 다시 약속을 상기시켰다. 그리고 다시는 신의 약속을 잊지 말고 믿으라고 할례를 명령했다. 또 아내의 이름도 사래에서 사라(만국의 어머니란 뜻)로 바꾸어 주며 이삭을 낳을 것이며 신의 약속은 그 후손에게 이어진다고 말했다. 그는 13세의 이스마엘과 함께 바로 그날에 할례를 받았고 이후 소변볼 때마다 신의 약속을 떠올리게 되었다. 상기 본문의 사건은 할례받은 지 얼마 안 되어 발생한 것이다.

그런데 상기 본문은 성경과 전체 줄거리는 같은데 각론은 좀 다르다. 성경은 신을 포함한 세 명이 아브라함의 집에서 송아지 요리를 먹었다고 한다. 이들이 식사를 주저하지 않았고 아브라함이 두려워하지도 않았다. 이들이 식사 후 사라가 1년 후에 아들을 낳을 것이라고 말했다. 그러나 손자인 야곱의 출생에 대해선 언급한 바가 없다. 그럼에도 꾸란이 90세의 사라가 이삭을 낳고 또 손자 야곱의 출생 예언까지 기록한 이유가 뭘까? 그리고 꾸란 어디에도 이스마엘의 아들이나 후손의 이름이 나타나지 않는 이유는 뭘까? 이는 꾸란 스스로가 이스마엘의 계보보다 이삭과 야곱으로 이어지는 약속과 믿음의 계보를 더 중요시한다는 것 아닌가?

그리고 상기를 보면 아브라함이 롯의 백성을 위해 무엇을, 어떻게 기도했는지 알 수가 없다. 성경은 이 부분을 자세히 말한다. 즉 소돔을 멸망시킬 것이라는 신의 예고를 들은 아브라함은 롯을 구하려고 신께 간청했다. 소돔에 의인 50명이 있으면 소돔을 살려달라고 신께 간구해 허락받았다. 그러나 의인이 그만큼 안 될 것 같아 이후 다섯 번이나 그 수를 줄이는 간구를 했다. 신은 아브라함이 45, 40, 30, 20, 10명으로 줄이는 다섯 번의 정정 기도에 짜증을 한 번도 내지 않고 허락하셨다. 그럼에도 소돔엔 의인 10명이 없어 심판을 피할 수 없었다.

이런 소돔을 멸망시키려고 두 천사가 갔다. 롯이 천사를 자기 집으로 안내하는 것을 본 소돔의 많은 동성애자들이 밤에 롯의 집 앞에 모였다. 이들은 손님들과 성관계를 하고 싶으니 손님들을 밖으로 내보내라고 떠들었다. 소돔에 물든 롯은 이들을 달래려고 자기 딸 둘을 내보내겠다고 했으나 소용없었다. 문이 부서지려는 찰나에 천사가 이들을 장님으로 만들어 큰 소동이 가라앉았다. 새벽에 롯의 가족이 멀리 피신하자 하늘에서 유황불이 내려 소돔과 고모라 두 성은 멸망했다고 성경은 말한다. 상기 본문처럼 비, 진흙, 돌덩어리가 내려서 망했다고 성경은 말하지 않는다.

또 롯의 아내가 망할 것이라고 천사가 미리 예언한 것도 성경에 없다. 다만 롯의 아내는 뒤를 보지 말라는 명령을 어겨 소금 기둥이 되었다.

모르는 사람과도 동성애를 즐기겠다는 소돔! 아브라함의 끈질긴 기도에도 불구하고 의인 10명이 없어 망한 소돔과 고모라! 불쌍한가, 당연한가? 오늘날 미국이 이처럼 타락했어도 미국이 망하지 않고 세계를 주도하는 이유가 신이 인정하는 소수의 의인 덕분이라니 놀랍지 않은가!

8. 상기 7의 내용을 담은 꾸란 15장 71~79절에서 천사가 롯을 만난 이후의 기사를 참고로 살핀다.

"71. 롯이 말하길 여러분이 합법적으로 결혼할 나의 딸들이 있습니다 72. 맹세하건대 실로 그들은 자신들의 불신에 도취되어 방황하고 있노라 73. 그러나 폭풍은 동이 트기 직전에 그들을 멸망시켰노라 74. 그렇게 하여 나는 그 도시를 뒤엎고 열에 달구어진 돌비를 그들에게 내렸노라 75. 실로 그 안에는 이해하는 자들을 위한 증표가 있으며 76. 그 도시들은 아직 지워지지 않는 길 오른편에 있노라 77. 실로 그 안에는 믿는 자들을 위한 증표가 있노라 78. 실로 숲속의 백성들은 죄인들이었노라 79. 그리하여 나는 이들에게도 징벌을 내렸노라 이 두 고을의 멸망한 흔적들이 아직도 길 위에 분명히 남아있노라"

○ 꾸란은 성경과 달리 롯을 예언자 즉 사도로 부르며 롯의 경고를 매우 많이 언급하고 있다. 그러나 심판에서 겨우 구원받은 롯과 두 딸은 삼촌 아브라함에게 가지 않고 산속 동굴에서 살았다. 그런데 두 딸이 롯을 포도주에 취하게 한 후 차례로 롯과 동침하였다. 어떻게 이런 일이 생겼을까? 큰딸이 말하길 자기들에게 남편이 없기에 아버지를 통해서라도 자손을 낳자고 동생에게 말했다. 이런 행동의 이면에는 두 딸이 소돔에 물들었기 때문이다. 그리고 롯이 두 딸을 동성애자들에게 내주려고 했기에 두 딸의 화가 풀리지 않았기 때문일 수도 있다. 수많은 동성애자들이 두 딸을 성폭행하면 두 딸이 살아남았겠는가?

어쨌든 이렇게 하여 큰딸이 낳은 아들은 모압 민족의 조상이 되었고, 작은딸이 낳은 아들은 암몬 민족의 조상이 되었다. 이방인으로서 예수의 조상이 된 롯은 모압 민족 출신이었다. 신은 이들 민족을 이스라엘의 형제로 대우했지만 이들은 이스라엘을 괴롭혔다. 이들은 현재의 요르단에 살았다. 요르단의 수도 이름이 암만인 것이 흥미롭다.

야곱과 요셉

1. 이삭과 야곱의 이름은 꾸란에 자주 언급되지만 이 두 사람의 행적은 꾸란에 거의 나타나지 않는데, 꾸란 2장 133절에 죽음을 앞둔 야곱과 아들들의 대화가 이렇게 나타난다.

"야곱이 죽음에 이르렀을 때 너희가 지켜보고 있었나니 야곱이 그의 자손들에게 내 다음에 너희는 무엇을 경배할 것인가라고 물으니 당신의 신이며 당신의 조상 아브라함과 이스마일과 이삭의 하나님이시며 아버지의 하나님이신 유일신만을 경배하며 그분에게만 복종할 것이라고 대답하였느니라"

○ 상기에 나타난 야곱의 아들들과 자손들의 이런 대답은 성경에 없다. 야곱은 자손들에게 하나님을 잘 섬기도록 유언했을 뿐이다. 그리고 야곱의 자손들은 이스마엘을 자기들 계보에 넣어 부른 적이 없었다. 그들은 신을 '아브라함의 하나님, 이삭의 하나님, 야곱의 하나님'으로 불렀다. 왜냐하면 이스마엘은 신의 약속을 불신하여 인간적인 방법으로 태어난 자로 생각했기 때문이다. 그런데 꾸란에는 이스마엘의 아들과 자손에 대한 이야기나 언급이 전혀 없어 너무 이상하다. 오로지 이삭과 야곱의 자손만 등장한다.

2. 요셉에 대한 12장 4~101절을 살핀다.

"4. 요셉이 그의 아버지에게 말하길 제가 꿈에서 열한 개의 별과 태양과 달을 보았는데 그것들이 저에게 엎드려 절을 하였습니다 5. 아버지가 말하길 애야 너의 꿈을 형제들에게 이야기하지 말라 그들이 너를 음모하려 할 것이라 실로 사탄은 인간에게 적이니라 6. 그와 같이 주님께서는 너를 선택하시고 너에게 꿈을 해몽하는 지혜를 가르쳐 주시노라 그리고 너의 두 선조 아브라함과 이삭에게 은혜를 충만케 하셨던 것처럼 너와 야곱의 자손에게도 은혜를 충만하게 하심이라 실로 주님께서는 모든 것을 아시고 가장 현명한 분이시니라 7. 실로 요셉과 그의 형제들에 관한 소식은 간구하는 자들을 위한 교훈이라 8. 그들 형제들이 말하길 요셉과 그의 아우는 힘이 센 우리보다 아버지의 사랑을 더 많이 받고 있노라 실로 우리 아버지는 방황하고 있노라 9. 요셉을 살해하던지 아니면 먼 곳으로 보내라 그리하면 아버지의 사랑이 너희의 것이 될 것이며 그 후에는 너희가 정의로운 백성이 되리라 하니 10. 그중에 한 형제가 말하길 요셉을 죽이지 말고 그를 우물 속으로 던져버리자 그리하면 지나가던 대상이 그를 주워가리라 11. 그들이 말하길 아버지 요셉에 대하여 왜 저희를 믿지 않으십니까 저희는 그가 잘 되기를 바라는 형제들입니다 12. 저희와 함께 보내어 그가 즐겁게 뛰어놀도록 하여 주소서 저희가 그를 보살피겠습니다 13. 아버지가 말하기를 너희가 그를 멀리 데리고 나가는 것은 나를 슬프게 하노라 또한 너희가 그를 돌보지 아니할 때 늑대가 그를 잡아먹어버릴까 걱정이 되노라 14. 이때 그들이 말하길 저희는 힘이 센 한 집단인데 늑대가 그를 잡아먹는다면 저희는 참으로 큰 패배자들이 될 것입니다. 15. 이렇게 하여 그들이 그를 데리고 나가 합의하여 그를 우물 속으로 던지기로 음모를 꾸몄노라 그리하여 내가 그에게 계시하여 그들의 계획에 조심하라 일렀으나 그들은 알지 못하였노라 16. 그리하여 그들은 저녁에 아버지께 돌아와 울면서 17. 말하기를 아버지 저희가 밖으로 나가 경주를 하면서 요셉을 저희 짐 꾸러미 옆에 두었는데 늑대가 그를 채어가 버렸습니다 아버지는 저희를 믿지 않으실 것이지만 저희는 실로 진실로 말씀드립니다 18. 그 증거로 그들은 거짓 피가 묻은 요셉의 옷을 가져왔노라 이때 아버지가 말씀하시기를 너희 스스로가 어떤 것을 속이고 있으나 나는 너희의 거짓말에 인내하고 있노라 너희가 거짓으로 말하고 있는 것에 대해 내가 의지할 분은 하나님뿐이라 19. 대상들이 그곳에 이르러 물을 구하려 사람을 보냈노라 그가 두레박을 우물 속으로 넣고 나서 소리쳐 말하기를 좋은 소식이요 여기 어린 소년이 있습니다 그들은 그를 상품으로 감추었으나 하나님께서는 그들이 한 일을 모두 아시노라 20. 그들은 그를 하찮게 생각하고 소액의 은전 몇 푼을 받고 팔아버렸노라

21. 그를 사 간 애굽인이 그의 아내에게 말하기를 잘 보살피시오 이 아이가 아마 우리에게 도움이 될 것이요 그를 양자로 삼을 수도 있소 그렇게 하여 나는 요셉을 그 땅에 거주케 하고 그에게 꿈의 해몽을 가르쳤노라 하나님께서는 온전한 권세를 갖고 모든 것을 관장하시나 대부분의 사람들이 알지 못하노라 22. 요셉이 성년이 되었을 때

나는 그에게 힘과 지혜를 주었노라 이렇듯 나는 선을 실천하는 자 들에게 보상하노라 23. 그런데 그가 머무르고 있는 집의 여주인이 그를 유혹하며 문들을 잠그고 그녀에게로 오라 하니 그가 말하길 하나님이여 거두어 주소서 그분은 저의 주인으로 저를 보호하여 주신 분입니다. 실로 죄인들은 번창하지 못합니다. 24. 그녀가 그 에게 욕정을 품었노라 만일 그가 주님의 증거를 보지 않았다면 그도 그녀에게 관심을 두었으리라 그러나 나는 그로 하여 간음으로부터 피하게 하였으니 실로 그는 충실한 나의 종이었노라 25. 둘이 쫓기고 뒤따르며 문으로 나올 때 그녀는 그의 등 쪽 옷을 찢었노라 문전에서 그들이 남편과 마주치자 그녀가 말하길 당신의 가문을 더럽힌 자에게 투옥 아니면 가혹한 처벌을 내려야 합니다 이밖에 그에 대한 어떤 벌이 있겠습니까 26. 이때 요셉이 말하기를 저를 유혹한 것은 이 여인입니다 그리고 그녀의 가족 중에 한 증인이 중언하길 그의 옷 앞부분이 찢어졌다면 부인의 말이 사실이고 요셉이 거짓말입니다 27. 그러나 그의 옷 뒷부분이 찢어졌다면 부인의 말이 거짓이고 요셉의 말이 진실입니다 28. 그리하여 그의 옷 뒷부분이 찢어졌음을 보고 남편이 말하길 이것은 당신 여자의 술책이며 당신 여자의 술책은 훌륭하오 29. 요셉아 이 사건을 비밀로 하여라 그리고 당신은 당신의 죄에 대하여 용서를 간구하시오 분명히 당신이 나쁜 사람이요 30. 그 도시의 여성들이 말하기를 아지즈의 아내가 그녀의 종을 유혹하고 또 그도 그 여인을 열렬히 사랑하니 그녀는 분명히 방황하게 될 것이라 31. 그 여인은 여자들이 자신을 흉보고 있다는 얘기를 듣고 그 여자들을 초청하여 잔치를 베풀고 칼을 준 다음 요셉에게 여인들 앞으로 나오라 하였노라 여인들이 그를 보자 그의 남성미에 놀라 자신들의 손가락을 자르며 말하길 하나님은 얼마나 완벽하시뇨 이는 사람이 아니라 고귀한 천사라 32. 이때 부인이 말하기를 이 남자로 인하여 너희가 나를 비난했음이라 실로 내가 그를 유혹했노라 만일 나의 요구에 따르지 않는다면 그는 투옥되어 보잘 것 없는 동반자가 될 것이라고 하였으나 그는 완고히 거절하였노라

33. 요셉이 말하기를 주여 저는 그녀들이 저를 유혹하는 그것보다 감옥을 선택하겠습니다 당신께서 그녀들의 간교함으로부터 저를 구하지 않으신다면 저는 그녀들에게 유혹되어 어리석은 자 중에 있게 될 것입니다. 34. 이에 주님께서 그의 기도를 들어주

자 그는 그녀들의 간교함으로부터 피할 수 있었노라 실로 하나님께서는 모든 것을 들으시고 아시는 분이시니라 35. 요셉의 무죄가 밝혀졌지만 그들은 최선의 방책으로 그를 잠시 투옥하기로 하였노라 36. 그리하여 그와 함께 두 젊은이가 감옥에 들어갔으니 두 청년이 꿈을 꾸고 나서 말하길 제가 술을 짜는 꿈을 꾸었습니다. 다른 청년이 말하길 저는 제 머리위에 빵을 이고 가는데 새가 그것을 쪼아 먹는 꿈을 꾸었습니다 이 꿈을 해몽하여 주시오 저희는 당신이 선을 행하는 사람으로 생각합니다 37. 이때 요셉이 말하길 너희에게 음식이 오기 전 그 꿈을 해몽하여 주리니 그것은 주님이 가르쳐주신 것이라 실로 나는 하나님과 내세를 믿지 않는 자들의 종교를 버렸노라 38. 그리고 나는 나의 조상인 아브라함과 이삭과 야곱의 길을 따르며 하나님에게 어떤 사신도 견주지 아니했노라 그것은 우리와 모든 백성에게 내린 하나님의 은혜라 그러나 많은 백성이 감사할 줄 모르노라 39. 감옥의 두 동료여 서로 달리하는 많은 사신들이 더 나으뇨 아니면 일위일체의 절대자인 하나님이 나으뇨 40. ……(요셉의 설교를 중략)……. 41. 감옥의 두 동료여 너희 중 한 사람은 술로 주인의 갈증을 식혀줄 것이요 다른 사람은 십자가를 지게 되며 이때 새들이 그의 머리를 쪼아 먹을 것이라 이렇게 너희 둘이서 질문했던 문제가 종결될 것이라 42. 그는 그들 중 곧 석방될 사람에게 말하길 너의 주인에게 나에 대해 이야기하라 그런데 사탄이 그로 하여금 그의 주인에게 이야기하는 것을 잊게 하였으니 요셉은 감옥에서 몇 년 동안 더 남아 있게 되었노라

43. 애굽 왕이 말하길 꿈에 야윈 일곱 소가 살찐 일곱 소를 먹는 것과 푸른 이삭과 메마른 일곱 이삭을 보았노라 수장들이여 너희가 꿈을 풀이할 수 있다면 나의 꿈을 해몽하라. 44. 신하들이 대답하기를 이것은 혼란한 꿈이라 저희는 이처럼 혼란한 꿈은 풀이할 줄 모르나이다 45. 석방된 둘 중의 한 사람이 한참 동안 기억을 더듬더니 말하기를 제가 여러분에게 해몽하여 오겠으니 저를 보내주소서 46. 진실한 요셉이여 여윈 일곱 소가 살찐 일곱 소를 탐식하는 꿈과 푸른 일곱 이삭과 메마른 일곱 이삭에 대한 꿈을 해몽하여 주소서 제가 백성에게 돌아가 그들로 하여금 알도록 하려 하옵니다 하니 47. 요셉이 대답하기를 너희가 평상시대로 칠 년을 경작하되 수확기가 오면 너희가 먹을 소량의 양식을 제외하고는 이삭 그대로 보관할 것이라 48. 그런 후 혹독한 칠

년이 오면 너희가 준비했던 것을 양식으로 소비하게 되고 소량만이 남게 될 것이라 49. 그 후 백성들은 풍부한 비가 오는 한 해를 맞이하여 그 해에 술과 기름을 빚게 될 것이라 50. 왕이 그를 내게 데려오라 하니 사신이 그에게 왔노라 이때 요셉이 말하길 너의 주인에게 돌아가 손가락을 자른 여인들이 어떻게 지내고 있는지 물어보라 실로 주님께서는 여인들의 간교함을 잘 알고 계시니라 51. 이때 왕이 여인들에게 말하길 너희가 요셉을 유혹했을 때 어떤 일이 있었느뇨 여인들이 대답하길 하나님이여 저희를 보호하여 주소서 저희는 그를 해치는 어떤 것도 알지 못했습니다 이때 고관의 아내가 말하기를 진실을 밝히겠습니다 그를 유혹한 것은 저입니다 그리고 그는 정말로 정직한 자입니다 52. 요셉이 말하길 제가 그런 요구를 한 이유는 주인이 없는 동안 제가 주인을 배반하지 아니했음을 알게 하려 한 것입니다 실로 하나님께서는 배반자들의 음모가 성공하도록 버려두지 아니 하시기 때문입니다 53. 저도 모든 비난을 피할 수는 없습니다 하나님의 자비가 없을 때 인간은 죄악에 물들기 쉽기 때문입니다 실로 하나님께서는 가장 관대하시고 자비로운 분이십니다 54. 왕이 말하길 그를 내게 데려오라 그로 하여금 나를 위해 봉사하게 할 것이라 요셉이 와서 인사하자 왕이 말하기를 너는 오늘부터 우리와 함께 있으며 너에게 관직과 신임이 주어질 것이라 55. 요셉이 말하기를 이 땅의 창고들을 저에게 맡겨주소서 저의 충분한 지식으로 그것을 관리 하겠습니다 56. 그리하여 내가 요셉에게 충분한 권한을 주어 이 땅에서 기거하게 하자 그는 아무 때나 그가 원하는 애굽에서 살았노라 나는 내가 원하는 자에게 은혜를 베푸느니라 그리고 선을 실천하는 자들의 보상을 저버리지 아니 하니라 57 ······(중략)······

58. 요셉의 형제들이 그를 찾아왔을 때 요셉은 그들을 알아차렸으나 그들은 그를 알아보지 못했노라 59. 요셉이 그들이 필요로 한 것을 주며 말하길 너의 아버지와 함께 있는 한 형제를 내게 데려오라 내가 저울을 가득 채웠으니 이는 내가 훌륭히 대접한 것이라 60. 만일 너희가 벤자민을 데려오지 않는다면 너희는 나로부터 양식을 가져가지 못할 것이요 또한 가까이 할 수도 없을 것이라 61. 이때 그들이 말하기를 저희가 그의 아버지로 하여 그를 보내도록 하겠습니다 저희는 실로 실천하는 자들입니다 하

더라 62. 그러자 요셉이 그의 하인들에게 말하길 그들이 가져온 상품을 그들 안낭 속에 넣어 그들이 돌아갔을 때 그것을 알게 하라 아마도 그들이 다시 오게 되리라 63. 그들이 아버지에게 돌아와서 말하길 아버지 그 이상의 양곡을 가져오지 못했습니다 양식을 더 얻어올 수 있도록 저희와 함께 저희의 형제를 보내주십시오 저희가 그를 보살피겠습니다 64. 아버지가 말하기를 이전에 그의 형제를 너희에게 맡겼던 것과 같지 아니하게 그를 맡길 수 있느뇨 그러나 하나님께서 가장 훌륭한 보호자이시니 하나님께서는 자비를 베푸는 분 중의 가장 으뜸이시니라 65. 그들이 자신들의 안낭을 열었을 때 그들의 상품이 되돌아온 것을 보고 말하길 아버지 저희가 무엇을 바랄 수 있겠습니까 여기 저의 상품이 되돌아 왔습니다 저희는 가족을 위해 곡식을 가져올 것이며 저희의 형제를 보호할 것이며 낙타 한 짐의 식량을 덧붙여 가져 오겠습니다 이 정도는 쉬운 일입니다 66. 야곱이 말하기를 완전한 포위를 당하지 않는 한 그를 데려온다는 것을 하나님의 이름으로 맹세하지 않는다면 너희와 함께 그를 보내지 않을 것이라 하니 그들은 맹세하였노라 야곱이 말하길 하나님은 우리가 말하고 있는 것을 감시하고 계시니라 67. 또 야곱이 말하기를 아들들아 애굽에 들어갈 때 한 문으로만 들어가지 말고 서로 다른 문으로 들어가라 하나님의 뜻하는 것에 대하여는 내가 너희에게 아무 도움을 줄 수 없노라 실로 모든 결정은 하나님께서 하시니라 나는 하나님외에는 누구에게도 의지하지 않노라 그러므로 모두가 하나님께 위탁하도록 하라 68. 그들은 아버지가 충고한 대로 들어갔을 때 하나님 외에는 아무것도 그들에게 도움이 되지 아니 했으며 다만 야곱이 바라던 것이 충족되었을 따름이라 실로 그는 하나님께서 부여한 지혜를 갖고 있었으나 많은 사람들이 이를 알지 못했노라

69. 그들이 요셉에게 들어갔을 때 요셉은 그의 동생 벤자민을 껴안으며 말하길 내가 바로 너의 형 요셉이니 그들이 행하였던 것들에 대하여 슬퍼하지 말라 70. 요셉이 그들에게 필요한 곡식을 채워주며 그의 형제 벤자민의 안장에 금주전자를 넣었노라 그 후 너희는 도둑이라고 소리치는 사람이 있었노라 71. 소리치며 다가오는 그들을 향하여 잃어버린 것이 무엇입니까 라고 형제들이 묻자 72. 그들의 말하기를 우리가 왕의 금잔을 잃었으니 그것을 가져온 자는 낙타에게 넘치는 양곡이 주어질 것이며 내가

그에 대하여 책임을 질 것이라 73. 이에 형제들이 말하길 하나님께 맹세하건대 저희는 이 나라에 해악을 끼치러 온 것이 아님을 당신들이 잘 아실 것입니다 진실로 저희는 도적이 아닙니다 74. 이때 요셉이 신하들에게 말하기를 너희가 거짓말을 했을 경우 그에 대한 벌이 무엇이뇨 라고 물으니 75. 그들이 답하여 말하기를 벌이 있어야 하되 그의 안낭 속에서 발견된 자가 벌을 받아야 합니다 그리고 나는 죄를 범한 자에게 벌을 내리노라 76. 그리하여 요셉은 동생의 안낭을 조사하기 전에 형제들의 안낭을 조사하여 마침내 그의 형제 안낭에서 그것을 꺼내었노라 이는 내가 요셉을 위하여 그렇게 계획을 세우도록 했노라 요셉은 그의 형제에게 왕의 법을 적용하지 아니하고 하나님의 뜻에 맡겼노라 나는 내가 원하는 자에게 높은 지위를 내리며 이 모든 지식 위에서 모든 것을 알고 있노라 77. 이때 그들이 말하길 만일 그가 훔쳤다면 이전에 그의 형제 요셉도 훔쳤을 것이라 하였노라 그러나 요셉은 그의 마음속에 그것을 비밀로 간직하고 그들에게 밝히지 아니 하였노라 그리고 혼자 말하길 너희가 보다 나쁜 자들이며 하나님께서는 너희가 말하고 있는 것을 알고 계시노라 하였노라 78. 그들이 말하길 통치자여 그에게 아버지가 있는데 나이가 많은 노인입니다 그러니 대신에 우리 중에 한 사람을 구류하소서 실로 우리는 당신이 훌륭한 분이라 생각합니다 79. 요셉이 말하기를 하나님께서는 물건을 훔친 자 외에는 다른 자를 벌하는 것을 금지하셨소 그렇게 한다면 우리도 죄인입니다 80. 지금 그들은 요셉으로부터 아무런 기대를 할 수 없으니 몰래 가진 모임에서 장남이 말하기를 아버지께서 하나님의 이름으로 우리로부터 맹세 받은 사실과 이전에 우리가 요셉에 대하여 할 일을 다 못한 것을 알지 못하느냐 아버지께서 허락하시거나 가장 훌륭한 통치자이신 하나님께서 명령하실 때까지 나는 이 애굽을 떠나지 않을 것이라 81. 아버지께 돌아가 이렇게 말하라 아버지 당신의 아들 벤자민이 물건을 훔쳤습니다 저희는 아는 대로 사실을 증거하고 있습니다 그리고 저희는 보이지 않는 것에 대한 보호자가 될 수 없습니다 82. 저희가 있었던 도읍의 사람들과 또 저희와 함께 있었던 대상들에게 물어보소서 실로 저희가 말한 것이 사실입니다 라고 하더라

83. 그들이 돌아와 얘기하자 야곱이 말하기를 너희는 무엇을 속이고 있으나 나는 인

내하고 있노라 아마 하나님께서 그들 모두가 내게로 오도록 하실 것이니라 실로 하나님께서는 모든 것을 아시고 가장 현명하신 분이시니라 84. 야곱은 그들로부터 얼굴을 돌리며 말하길 요셉이 가엾다고 하시며 슬퍼하시니 그의 두 눈은 슬픔으로 인하여 눈물이 가득하였노라 85. 이때 아들들이 말하기를 하나님께 맹세하건대 요셉의 생각에서 벗어나십시오 그렇지 아니하며 최악의 병이 들거나 세상을 떠나게 됩니다 86. 이에 야곱이 대답하기를 나의 근심과 슬픔을 하나님께 호소할 뿐이라 그리고 나는 너희가 모르는 것을 하나님으로부터 알고 있노라 87. 아들들아 가서 요셉과 그의 동생 벤자민에 관해 알아보라 그리고 하나님의 자비에 대한 소망을 버리지 말라 믿지 아니하는 자 외에는 아무도 하나님에 대한 소망을 단념하지 아니하노라 88. 그들이 다시 요셉을 찾아가 말하길 통치자여 저희와 그리고 저희 가정에 불행이 들어 초라한 상품을 가져왔습니다 이것으로 저희에게 양곡을 넉넉하게 주시고 자선을 은혜로 베풀어 주소서 실로 하나님께서는 자선을 베푸는 자에게 보상을 내리십니다 89. 요셉이 말하길 여러분은 요셉과 그의 형제 벤자민에게 어떻게 했는가를 알고 있습니까 실로 그때 여러분은 무지했습니다 90. 그들이 말하기를 당신이 바로 요셉입니까 그러자 그가 대답하길 내가 바로 요셉이요 그리고 이 아이는 나의 동생 벤자민이요 하나님께서 우리에게 은혜를 베푸셨습니다 하나님께서는 의롭게 선을 실천하는 자들에 대한 보상을 절대 저버리지 아니 하십니다 91. 그들이 말하기를 오, 하나님이시여 실로 하나님께서는 우리보다 당신 요셉을 사랑하셨습니다 실로 우리가 죄인들입니다 하매 92. 요셉이 말하길 오늘에 이르러 여러분을 꾸짖지 않겠습니다 하나님께서 여러분을 용서하실 것입니다 하나님께서는 자비를 베푸는 분 중에 가장 으뜸가는 분이십니다 93. 내 옷을 가지고 가 그것을 아버지 얼굴에 대어드리시오 그리하면 다시 앞을 보게 될 것입니다 그리고 가족 모두를 이곳으로 모시고 오시오 94. 대상이 애굽을 출발할 때 아버지가 말하길 실로 내게 요셉의 냄새를 맡음이라 내가 노망해서가 아니요 라고 하니 95. 이때 함께 있던 사람들이 말하길 하나님께 맹세하건대 당신은 옛날 일로 방황하고 있습니다라고 하더라 96. 기쁜 소식을 갖고 도착하여 그것을 야곱의 얼굴에 대니 아버지는 앞을 보며 말하길 너희가 알지 못하는 것을 나는 하나님으로부터 알고 있다고 너희에게 말하지 아니 했더뇨 97. 이때 그들이 말하길 아버지 저희의 죄를 용서하여 주소서 저희들이 죄인입니다 98. 너희를 위해 주님께 용서를 구하겠노라 하나님께서는 가장 관대하시고 가장 자비로운 분이시니라 99. 그들이 요셉에게 갔을 때 요셉은 부모와 함께 기거하면서 말하길 애굽에 잘 오셨습니다 하나님께서 원하시면 안전할 것입니다 100. 요셉이 그의 부모를 권좌에 모시니 모두가 엎드려 그에게 절을 하였노라 이때 요셉이 말하길 아버지 이것은 이전의 제 꿈이 실현된 것입니다 주님께서 그 꿈을 실현시켜 주셨습니다 하나님께서 저에게 은혜를 베풀어 감옥으로부터 구출해주셨고 사막으로부터 여러분을 오게 하셨습니다 단지 사탄이 저와 제 형제들 사이를 이간질 시킨 것뿐이었습니다 실로 주님께서는 원하는 자에게는 은혜를 베푸십니다 실로 하나님께서는 모든 것을 아시고 가장 현명한 분이십니다 101. 주여 당신께서 저에게 힘을 주셨고 사건의 해명을 가르쳐 주셨으며 하늘과 땅을 창조하셨으니 당신이야말로 현세와 내세에서 저를 지켜줄 보호자이십니다 저희가 무슬림으로서 생을 마치게 하여 주시고 의로운 자들과 함께 하도록 하여 주소서"

○ 요셉에 관한 기사는 성경의 창세기 37장부터 50장까지 무려 열네 장에 걸쳐 흥미진진하게 기록되었다. 그런데 꾸란은 한 장으로 압축해 꾸란만 보면 줄거리 이해가 쉽지 않다. 상기 본문 이외에 요셉에 관한 이야기는 꾸란에 거의 없다. 다른 사람들의 이야기가 부분적으로 반복되는 것과 대조를 이룬다. 그런데 상기 본문은 요셉이 형들의 시기로 노예로 팔렸고 여주인의 유혹을 이기고 감옥 생활을 하고 해몽을 잘해 파라오의 총애를 받고 곡식을 사려고 온 형들을 만나 아버지 야곱과 가족 모두를 이집트로 오게 한 전체 줄거리는 성경과 같다. 이집트를 애굽으로 번역한 것도 성경과 같다.

그러나 사건의 전개 과정은 모든 것이 성경과 크게 달라 놀랍다. 이에 그 차이와 상기 본문의 부족한 부분을 살핀다.

야곱은 네 명의 아내를 통해 12명의 아들을 낳았다. 요셉은 열한 번째고 나이 차가 제법 있는 막내 벤자민(성경에는 베냐민)은 그의 친동생이었다. 요셉은 야곱이 가장 사랑한 아내가 결혼 후 약 12년 만에 낳은 아들이고 그 동생은 그 아내가 죽으면서 낳은 아들이라 야곱이 편애했다. 이 편애가 상기 본문 사건의 출발점이 되었다. 17세의 요셉은 자기가 묶은 이삭 단에게 형제들이 묶은 이삭 단들이 절하고 그리고 해, 달, 열한 별이 자기에게 절하는 꿈을 꾸었다.

그는 가장 비싼 좋은 옷을 입으며 아버지의 사랑을 독차지했는데 이 꿈으로 형들의 미움을 더 크게 받았다. 그래서 목동 일을 하는 형들이 아버지 심부름을 온 요셉을 대상들에게 파는 우발적인 사건이 발생했다. 상기 본문처럼 형들이 아버지의 허락을 받아 요셉을 방목장으로 데리고 간 게 아니다. 게다가 형들의 계획을 신이 요셉에게 미리 알려 조심시켰다는 것도 성경에 없는 내용이다. 야곱이 형들 현황을 알려고 요셉을 보냈다. 그런데 요셉을 본 형들의 마음에 미운 감정이 폭발했다. 갑론을박 끝에 형들은 요셉을 지나가던 대상에게 팔았다. 상기처럼 대상이 우물에서 건진 게 아니다.

또 요셉을 산 고관이 요셉을 양자로 삼을 수도 있다고 말하지 않았다. 다만 신이 요셉을 돕는다고 판단한 고관은 모든 것을 요셉에게 맡겼을 뿐이다. 그리고 여주인이 요셉의 옷 뒷부분을 쨴 것이 아니다. 요셉의 옷을 붙잡고 늘어지는 여주인을 뿌리치려고 요셉이 겉옷을 황급히 벗고 도망친 것이다. 이 벗은 옷 때문에 요셉은 여주인을 강간하려 했다는 누명을 썼고 감옥에 갔다. 요셉의 무죄를 알고 고관이 이 일을 비밀로 해달라고 요셉에게 부탁했다는 것은 성경과 다르다. 그럼에도 소문이 나 쑥덕거리는 여인들을 초대했다는 이야기는 성경에 전혀 없다. 여인들이 자기 손가락을 잘랐다는 것은 너무 황당하다. 그래서 요셉이 감옥을 자원했고 무죄인 줄 알고도 감옥에 보냈다는 것은 성경과 완전히 다르다.

신은 감옥에서도 요셉과 함께 했다. 그래서 감옥의 간수가 감옥에 관한 모든 일을 요셉에게 맡겼으니 놀랍지 않은가! 이 감옥에서 요셉이 다른 죄수들을 도우며 해몽도 해주었다. 이 과정에서 꿈과 해몽은 하나님께 속한 일이라고 요셉이 말했다. 상기 본문처럼 요셉이 장황한 설교를 한 것은 성경에 없다. 다만 상상이 가능할 뿐이다. 그런데 요셉이 두 죄수에게 설교 도중에 '아브라함의 하나님, 이삭의 하나님, 야곱의 하나님'으로 부른 것을 꾸란이 또 소개해 흥미롭다. 이스마엘을 뺀 이러한 호칭을 꾸란이 계속 소개하는 이유는 뭘까? 알 수 없는 이스마엘의 계보보다 성경이 말하는 이삭의 계보를 더 중요시한 것 아닌가!

　그리고 왕의 음식을 담당한 죄수가 십자가에 매달려 죽었다니 흥미롭다. 성경은 나무에 매달렸다고만 할 뿐이다. 또 왕의 꿈을 해몽하려고 석방된 자가 감옥의 요셉을 찾았다고 하는 것도 성경과 다르다. 석방되어 복직된 자가 왕에게 요셉을 소개하여 왕이 요셉을 불렀다고 성경은 말한다. 왕의 꿈을 해몽하고 흉년을 대비하는 방법까지 알려준 요셉을 왕은 총리로 임명했다. 상기처럼 요셉이 창고를 자기에게 맡겨 달라고 먼저 왕에게 요청한 것이 아니다. 왕이 스스로 모든 권한을 요셉에게 준 것이다.

　그리고 곡식을 사려고 이집트에 온 형제들에 대한 이야기도 꾸란과 성경이 다르다. 성경은 형제들이 두 번 온 것으로 말한다. 첫 번째 왔을 때 요셉은 형들을 스파이로 몰아세우며 둘째 형을 인질로 잡고 막내를 데려오라고 말했다. 상기처럼 요셉이 동생 벤자민의 이름을 부르며 동생을 데리고 오라고 한 것이 아니다. 또 야곱이 형들에게 두 번째 이집트로 들어갈 때는 각각 다른 문으로 들어가라고 말했다는 것은 성경에 없다. 그리고 야곱이 형들에게 맹세를 요구했다는 것도 성경에 없다. 다만 요셉을 살리려고 노예로 파는 일에 앞장섰던 넷째 아들 유다가 막내에게 불상사가 생기면 자기 아들들에게 어떤 짓을 해도 좋다고 말했을 뿐이다. 형들이 두 번째 왔을 때 요셉이 동생에게만 자기 정체를 밝힌 것이 아니다. 요셉이 모든 형제들을 집으로 초대해 점심을 대접하였다. '그 사이에 요셉의 부하들이 동생의 곡식 자루에 요셉의 은잔을 몰래 넣었다. 상기 꾸란처럼 금주전자나 금잔을 베냐민의 자루에 넣은 것이 아니다. 어쨌든 고향으로 돌아가던 형제들을 요셉의 부하들이 붙잡고 자루를 검사하여 동생이 은잔을 훔친 도둑으로 잡혔다. 왜 요셉은 형제들에게 이런 행동들을 했을까? 이는 자신을 노예로 판, 형들과 진정한 관계 회복을 위해 형들이 잘못을 깨닫고 회개하도록 하기 위해서다.'

　이에 넷째 형인 유다가 막내 대신에 자기를 감옥에 가두라고 간청하며 아버지가 목숨처럼 사랑하는 막내의 석방을 간절히 호소하였다. 이때 유다의 호소에 요셉은 자기 감정을 못 이겨 울면서 자기가 형들이 팔아버린 요셉이라고 정체를 밝혔다. 그러면서 요셉은 신이 이때를 위하여 미리 자기를 보낸 것이니 겁내지 말라고 형들을 안심시켰다. 요셉의 형제들이 왔다는 소식을 들은 왕이 마차를 주면서 아버지와 모든 가족들을 이집트로 데려오라고 말하였다. 상기처럼 막내가 도둑으로 잡혔기에 막내도 구하고 곡식도 사기 위해 형들이 세 번째 온 것이 아니다.

또 요셉이 자기 옷을 아버지에게 갖다 대면 아버지가 앞을 볼 것이라고 말하지 않았다. 이때 야곱의 나이가 130세였지만 장님은 아니었다. 또 상기처럼 야곱이 아들들의 잘못을 다 알고 있었던 것이 아니고 야곱은 아들들에게 철저히 속았다고 성경은 말한다. 아버지와 모든 가족들이 이집트에 온 후에 요셉이 무슬림으로 생을 마치게 하여 달라고 기도했다는 것은 성경에 없다. 당시 이슬람교가 존재하지도 않았는데 요셉이 어떻게 이런 기도를 할 수 있겠는가!

그리고 꾸란 12장은 요셉의 직책을 밝히지 않고 통치자로 불렀는데 요셉은 30세에 이집트의 2인자인 총리가 되었다고 성경은 말한다. 줄거리는 비슷한데 각론이 어떻게 이처럼 다를까?

그런데 신은 왜 요셉을 통해 야곱의 가족들을 이집트로 와서 살게 했을까? 가뭄 때문에 이집트에 왔으면 가뭄이 끝나면 돌아가야 하는 것 아닌가? 그런데 모세가 나타나기까지 왜 이집트에 430년이나 살게 했을까? 이는 신이 아브라함을 처음 부를 때 하신 약속을 이루기 위해서다. 신은 아브라함을 통해 이 세상 모든 사람이 복을 받게 하겠다고 약속했다. 또 사라가 낳을 아들을 통해 하늘의 별처럼 해변의 모래알처럼 후손을 많게 해주겠다고 약속했다. 신은 이 약속을 지키기 위해 야곱의 가족을 이집트로 보냈다. 이집트로 간 야곱의 가족은 남자만 70명이었다. 그런데 430년 후 성인 남자만 603,550명으로 증가했다. 이것이 가능할까? 30년마다 배로 늘어나면 이 증가는 가능하다. 변수는 전쟁과 병이다. 당시 가장 큰 사망 원인이 전쟁과 성병이었다고 고대 이집트 전문가들은 말한다. 할례를 받는 이스라엘은 성병이 거의 없었다. 그리고 당시 세계 최강국인 이집트에 살면서 이집트가 보호하여 이스라엘은 전쟁을 피했다. 그러므로 이런 폭발적인 인구 증가가 가능했다. 약속을 지키는 신의 인도가 놀랍지 않은가?

모세

1. 모세에 대해 가장 많은 부분을 다룬 20장 9~98절을 살펴본다.

"9. 그대에게 모세의 애기가 이르렀느뇨 10. 보라 그가 불을 보고서 그의 가족에게 말하길 기다리라 내가 불을 분명히 보았으니 그 불을 가져와 그것으로 그 길에 이르는 안내자를 찾으리라 11. 그가 거기에 갔을 때 모세야 하는 소리가 들리더니 12. 실로 내가 너의 주님이거늘 너의 신발을 벗어라 너는 성역인 뚜와 계곡에 와 있느니라 13. 내가 너를 택하였으니 계시되는 것에 경청하라 14. 실로 내가 하나님이요 나 외에는 신이 없나니 나만을 경배하고 예배하며 나만을 생각하라 15. 실로 종말이 다가오고 있으나 내가 그것을 숨기는 것은 모든 사람이 그가 노력한 대로 보상을 받도록 하기 위해서라 16. 그것을 믿지 아니하고 자신의 욕망을 따르는 자들이 너를 그것으로부터 벗어나지 않게 하고 네가 멸망하지 않도록 할 것이니라 17. 모세야 네 오른손에 있는 그것이 무엇이뇨 18. 그가 대답하기를 그것은 제 지팡이입니다 제가 그것에 기대고 그것으로 나무 잎들을 때려서 양을 먹이며 그 안에서 다른 유용한 것을 찾습니다 19. 하나님께서 모세야 그것을 던져라 하시매 20. 그가 그것을 던지니 한 마리의 뱀이 되어 재빨리 기어가노라 21. 이때 하나님께서 말씀하시길 모세야 그것을 쥐어라 그리고 그것을 본래의 상태로 돌려놓으리라 22. 그대의 손을 너의 겨드랑이에 넣어라 아무런 손상이 없이 하얗게 되어 나오리니 이는 또 다른 하나님의 증표이니라 23. 이렇게 하여 내가 너에게 위대한 나의 증표를 보이려 함이라 24. 파라오에게 가보라 그는 실로 모든 한계를 넘어선 오만한 자이니라 25. 모세가 말하길 주여 저를 위해 저의 마음을 활짝 열어주소서 26. 그리고 저의 일이 쉽도록 하여 주소서 27. 저의 혀에 장애물을 제거하여 주소서 28. 그리하여 그들이 저의 말을 이해하도록 하여 주소서 30. 아론은 저의 형제이니 31. 그로 하여금 저에게 힘을 실어 주도록 하여주시고 32. 그에게 제 임무를 나누어 주소서 33. 저희가 당신을 크게 찬미하고 34. 저희가 당신을 크게 염원하고자 하기 위해서입니다 35. 실로 당신은 저희들을 지켜보고 계시나이다

36. 이에 하나님께서 말씀하셨노라 모세야 너의 요구가 이루어졌노라 37. 또한 나는

다른 때에도 너에게 은혜를 베풀었노라 38. 보라 너의 어머니께 영감으로서 계시를 보냈느니라 39. 그리고 그 아이를 상자에 넣어 나일 강에 던져라 그 강이 그 아이를 강 언덕으로 올릴 것이니 나의 적이며 또 그의 적인 자가 그 아이를 데리고 가리라 그러나 나는 너에게 나의 사랑을 베풀었으니 이는 네가 나의 안에서 양육되도록 하였느니라 40. 보라 너의 누이가 와서 말하길 제가 이 애를 양육할 한 사람을 안내하여 드릴까요 라고 하였노라 그리하여 내가 너를 너의 어머니께로 보내매 네 어머니의 눈은 평안은 찾고 슬퍼하지 아니 했노라 그리고 네가 한 사람을 살해하였으나 나는 너를 큰 재앙으로부터 구하고 너를 시험으로부터 구하였노라 미디안 사람들 사이에서 수년 동안 머물다가 명령에 따라 모세 네가 여기에 왔노라 41. 내가 너를 선택하였으니 이는 나를 위함이라 42. 너와 네 형제가 나의 징표를 가지고 가라 그리고 나에 대한 염원을 게을리 하지 말라 43. 너희 둘은 파라오에게로 가라 그는 실로 법도를 넘어선 오만한 자이니라 44. 그러나 그에게 친절하게 말하라 아마도 그는 경각심을 갖거나 하나님을 두려워 할 수도 있느니라 45. 그 둘이 말하기를 주여 저희는 실로 그가 서둘러 저희를 해치지 않을까 또는 포악한 짓을 하지 않을까 두렵나이다 46. 이에 하나님께서 말씀하시길 두려워하지 말라 내가 너희와 함께 있으며 듣고 그리고 보고 있노라 47. 너희 둘은 그에게 가서 말하라 우리는 주님이 보낸 사도라 그러니 이스라엘 자손들이 우리와 함께 가도록 하여주시오 그리고 그들을 괴롭히지 마시요 우리가 주님으로부터 징표를 가지고 왔으니 복음을 따르는 자에게는 평화가 있을 것입니다 라고 말하라 48. 불신하고 등을 돌리는 자에게는 재앙이 있을 것이라는 계시가 있었노라

49. 이때 파라오가 말하길 모세야 너희의 주님은 누구 이뇨 50. 모세가 말하길 우리의 주님께서는 모든 것에 고유한 기능을 주신 후 각자의 기능으로 인도하는 분이시지요 51. 이때 파라오가 말하길 그럼 이전 세대들의 운명은 어떠했느뇨 52. 그가 말하길 그에 대한 지식은 주님께서 알고 있습니다 나의 주님은 실수하시거나 잊지 아니하십니다 53. 주님께서는 당신들을 위해 대지를 요람으로 만드시고 그 안에 길을 두시었으며 하늘로부터 비를 내리게 하여 그것으로 여러 가지 초목을 싹트게 하였습니다 54. 그것을 일용할 양식으로 섭취하고 그리고 너희들의 가축을 길러라 실로 지혜

가 있는 자를 위한 증표가 그 안에 있노라 55. 그것으로부터 나는 너희를 만들었고 다시 그곳으로 너희를 돌려보내며 그것으로부터 너희가 부활하게 할 것이니라 56. 나는 파라오에게 나의 모든 증표를 보여 주었으나 그는 거역하고 배반하였노라 57. 그가 말하길 모세야 너는 너의 마술로써 우리의 땅에서 우리를 추방하려 왔느뇨 58. 그렇다면 우리도 그와 같은 마술을 보이겠노라 그러니 우리도 그리고 너도 위반하지 않을 약속과 장소를 정하자 59. 모세가 말하길 당신의 약속은 축제날로 하되 태양이 솟은 후에 사람들을 모이게 하시오 60. 그러자 파라오는 물러가 술책을 꾸민 후 다시 왔노라 61. 모세가 저들에게 말하길 여러분에게 재앙이 있을지니 하나님께 거짓말을 하지 마시오 그렇지 아니하면 하나님께서 재앙으로 여러분을 멸망케 하실 것이요 실로 거짓말하는 자는 반드시 멸망할 것입니다 62. 그러나 저들은 서로 간에 자신들의 일에 대해 논쟁하며 그것을 비밀로 하노라 63. 저들이 말하길 이 두 사람은 마술사로 마술을 부려 여러분을 이 땅에서 추방하고 여러분의 훌륭한 전통을 파괴하려 하노라 64. 그럼으로 너희들의 계획을 의논한 다음 한 줄로 오라 오늘을 압도한 자가 승리자가 될 것이라 65. 이때 마술사들이 말하길 모세야 네가 먼저 던질 것인가 아니면 우리가 먼저 던질 것인가 66. 그가 말하길 너희가 먼저 던지라 그러자 보라 그때 그들의 밧줄과 지팡이가 그들의 요술로 살아 움직이는 것처럼 보이노라 67. 그때 모세는 그의 심중에 불안함을 느꼈노라 68. 나는 말했노라 두려워하지 말라 실로 네가 이길 것이니라 69. 너희 오른손에 있는 것을 던져라 그것이 재빨리 저들의 요술과 마술의 술책이 꾸미는 것을 삼켜버릴 것이라 저들의 마술사들은 어떤 능력을 가지고 있다 해도 절대로 승리하지 못할 것이니라 70. 그러자 마술사들이 절하면서 말하기를 저희는 아론과 모세의 주님을 믿나이다 71. 이때 파라오가 말하길 너희는 내가 허락하기 전에 그를 믿느뇨 그는 바로 너희에게 마술을 가르쳐준 자 이거늘 나는 너희의 손들과 발들을 엇갈리게 잘라 종려 나뭇가지에 걸어 놓으리라 이때 너희는 우리 가운데 어느 편이 보다 심하고 오랜 벌을 내리게 되는지 알게 되리라 72. 저들이 말하길 우리는 당신보다 우리에게 증표를 보여주시고 우리를 창조한 하나님을 좋아하나니 당신이 결정한 대로 하소서 당신은 실로 현세의 생활에 대해서만 명령할 수 있을 것입니다. 73. 실로 우리는 주님을 믿으며 우리의 죄와 당신이 강요하였던 마술에 대하여 용서를 받을 것이니 하나님께서는 선하시고 영원한 분이십니다 74. 죄인으로 주님께 오는 자를 위해 지옥이 있나니 그는 그 안에서 죽지도 못하고 살지도 못하니라 75. 그러나 선을 행하며 믿는 자로 하나님께 오는 자들을 위해서는 최고의 월계관이 준비되어 있으며 76. 밑으로 물이 흐르는 에덴의 천국이 있어 그 안에서 영생하리니 이는 죄악으로부터 자신을 정화한 자에 대한 보상이니라 77. 내가 모세에게 계시하였노라 나의 종들을 데리고 밤중에 떠날 것이며 그들을 위해 바다에 마른 길을 내어라 그리고 추격을 당할까 두려워하지 말라 78. 이때 파라오가 그의 군대를 이끌고 추격했으나 바다가 그들을 완전히 덮쳐 삼켜버렸노라 79. 파라오는 그의 백성을 방황케 했을 뿐 바르게 인도하지 못했노라

80. 이스라엘 자손들이여 내가 적으로부터 너희를 구하고 시나이 계곡 오른편에서 너희와 약속을 맺었으며 너희에게 만나와 쌀와를 주었노라 81. 내가 너희에게 베푼 양식 중에서 좋은 것을 섭취하라 그리고 법도를 넘지 말라 이는 나의 노여움이 너희에게 내려지지 않기 위함이요 나의 노여움을 받은 자는 누구든 멸망하노라 82. 그러나 나는 회개하고 믿으며 선을 행하면서 계속하여 이 길을 따르는 자를 용서할 것이니라 83. 모세야 무엇이 너로 하여금 너의 백성으로부터 멀어지도록 재촉 하였느뇨 84. 그가 대답하길 그들은 저 뒤에 오나이다 제가 당신께 서둘러 왔음은 당신을 기쁘게 하고자 했습니다 85. 하나님께서 말씀하시길 네가 없는 동안 내가 너의 백성을 시험하기 위해 사미리 백성들이 그들을 방황케 하도록 하였노라 86. 그러자 모세는 크게 화를 내고 슬퍼하며 그의 백성에게로 돌아와 말하길 백성들이여 주님께서 좋은 약속을 하지 아니 하셨더뇨 그 약속이 너희에게 오래된 것 같아 보였느뇨 아니면 주님의 화가 너희에게 내려지기를 원했느뇨 너희는 나와의 약속을 스스로 깨뜨린 것이 아니라 파라오 백성의 무거운 장식품들을 옮겨야만 했습니다 87. 우리가 그것을 불속에 던져버렸으며 그것은 사미리인들이 제시한 것이었습니다 88. 사미리 사람이 그들에게 송아지 우는 듯한 소리를 내는 형상을 만들어 내놓으며 말하기를 이것이 너희의 신이며 모세의 신이었는데 모세가 잊었노라 89. 그러나 그들은 그것이 자신들에게 아

무런 대답도 못하며 그들을 해롭게 하거나 이롭게 할 아무런 힘도 없다는 것을 알지 못하느뇨 90. 이전에 이미 아론이 말했노라 백성들이여 실로 여러분이 그것으로 시험을 받았습니다 여러분의 주님은 가장 자애로우신 분이십니다 그러므로 나를 따르고 내 말을 들으시오 91. 이에 저들이 말하길 모세가 돌아올 때까지 그것을 숭배하는 일을 멈추지 않으리라 92. 모세가 말하길 아론이여 저들이 방황하고 있는 것을 보고서 무엇 때문에 주저하고 있었느뇨 93. 너는 왜 나를 따르지 아니하고 나의 명령을 거역했느뇨 94. 아론이 모세에게 말하길 내 어머니의 아들이여 나의 수염과 나의 머리카락을 붙잡지 마시요 나는 당신이 이렇게 말할까 염려가 되오 네가 이스라엘 자손들을 분열시켰고 나 모세의 명령을 기다리지 아니했소 95. 모세가 말하기를 사미리여 너는 무엇이라 말할 것인가 96. 사미리가 대답하길 나는 그들이 깨닫지 못한 것을 깨달았소 그 사자의 발밑에서 한 줌의 흙을 집어 송아지에게 던졌소 제 영혼이 그렇게 하라고 명령하였소 97. 모세가 사미리에게 말하길 물러가라 너는 평생 동안 내게 손대지 말라고 말할 것이라 어김없는 약속이 네게 올 것이라 네가 숭배했던 너의 신을 보라 하나님께서 그것을 불태워 바다에 뿌릴 것이니라 98. 그러나 신은 하나님 한 분 뿐이거늘 하나님 외에는 신이 없으며 하나님께서는 모든 것을 알고 계시니라"

○ 모세에 관한 성경의 기록은 실로 방대하다. 출애굽기, 레위기, 민수기, 신명기 네 권이 모세의 출생부터 사망까지 전 생애를 다루고 있다. 이중 약 절반은 이스라엘 공동체의 생활에 필요한 법률, 장막으로 불린 성전 제작과 제사장, 제사, 명절 및 모세의 설교에 관한 것이다. 나머지 절반은 모세가 어떻게 이스라엘 민족을 이끌었는지 흥미진진하게 묘사하고 있다.

그런데 꾸란은 모세에 관해 계속 반복해 다루면서도 이 방대한 분량을 너무 압축해 이해가 쉽지 않다. 꾸란에 나오는 모세에 관한 모든 기록을 짜깁기해도 모세를 제대로 이해하기는 힘들다.

이 중 상기 본문은 모세의 출생부터 이스라엘이 시나이 계곡에 야영한 때까지의 약 81년을 다루고 있다. 하지만 여전히 그 내용이 부족할 뿐 아니라 성경과 많이 다르다.

첫째, 모세가 불 가까이 간 것은 불을 가져와 길을 밝히기 위함이 아니었다. 떨기나무에 불이 붙었는데 나무가 타 소진되지 않는 상황이 신기해 그 이유를 알려고 가까이 갔다. 신이 모세를 부른 상황은 11장의 '계시받는 상황의 차이'를 참고하기 바란다. 그리고 상기의 뚜와 계곡은 시나이산의 계곡을 말한다.

둘째, 모세가 형 아론의 동행을 신에게 요청하지 않았다. 신이 내린 사명을 모세는 다섯 번이나 거절했다. 이 중 네 번째 거절 이유가 자신은 말더듬이라는 것이었다. 그래서 신이 입과 귀 모든 것을 창조했음을 상기시키며 용기를 북돋아 주었다. 하지만 모세는 다른 사람을 보내라고 하며 또다시 거절했다. 마침내 화가 난 신은 모세의 대변인으로 형 아론의 동행을 일방적으로 결정해 발표한 것이었다.

셋째, 신은 모세에게만 명령했다. 상기처럼 모세와 아론이 함께 신의 명령을 받은 것이 아니다. 모세는 아론에게 신의 명령을 설명했을 뿐이다.

넷째, 모세가 미디안 광야에서 수년 간 산 게 아니고 40년을 살았다. 모세가 40 또는 50대의 나이에 민족의 지도자가 된 게 아니고 80세에 최고 지도자가 되어 120세에 죽기까지 매우 건강했다고 성경은 말한다.

다섯째, 마술사가 뱀을 만드는 것을 보고 모세가 불안해했다는 내용은 성경에 없다. 또 모세가 마술사들에게 마술을 가르쳤다는 것은 사실 무근이다. 그리고 모세에게 패배한 마술사들이 하나님을 믿고 섬기겠다고 고백했다는 것과 이들이 파라오에게 설교했다는 것도 성경에 없다. 물을 피로 변화시키는 것과 나일강에서 개구리가 나오는 재앙을 따라 한 마술사가 티끌이 이로 변하는 세 번째 재앙부터는 흉내도 못 내면서 "이는 하나님의 능력이다."라고 말했을 뿐이라고 성경은 말한다.

상기 본문은 마술사가 패한 후에 바로 모세가 이스라엘 백성을 이끌고 이집트를 탈출한 것처럼 말한다. 그러나 마술사의 패배 후에 신이 이집트에 열 가지 재앙을 내렸고 그 후에 이스라엘이 이집트를 떠났다고 성경은 말한다.

일곱째, 상기 80절의 '만나'는 신이 매일 새벽마다 하늘에서 내린 음식이다. 이스라엘 민족은 40년 동안의 광야생활에서 신이 내린 만나를 먹고 생활했다. 단지 만나는 안식일인 토요일에는 내리지 않았다. 그래서 사람들은 금요일에 이틀 치의 만나를 주워 보관해 먹었다. 또 '쌀와'는 신이 백성들에게 내린 메추라기였다. 이는 고기를 먹고 싶어 하는 백성들의 소망에 대한 신의 선물이었다. 신이 내린 만나를 욕심내어 많이 주워 다 먹지 못한 것은 다음날에 썩고 벌레가 생겼다.

여덟째, 금송아지를 만들었다는 사미리에 관한 기록은 성경에 없다. '사미리'에 대한 중앙회의 해설은 다음과 같다. "사미리 사람들은 황소를 숭배한 자들로 마술과 위선에 능숙하였다."라고 한다.

신상을 요구한 백성의 위세에 눌린 아론이 금송아지를 만든 것으로 성경은 말한다.

2. 신을 만나기까지 모세의 삶을 상기 본문보다 비교적 더 소상히 다룬 28장 3~40절을 추가로 살펴본다.

"3. 하나님께서 모세와 파라오에 관한 이야기를 진리로 그대에게 전하니 이는 믿는 백성을 위한 교훈이니라 4. 파라오는 그의 땅 애굽에서 오만하였고 그의 백성을 여러 무리로 나누어 그 가운데 이스라엘 자손들을 억압하였으니 남아들을 살해하고 여아들만 살려 놓았노라 실로 그는 사악한 자라 5. 나는 그 땅에서 학대받은 자들에게 은혜를 베풀어 그들이 신앙의 지도자가 되게 하고 또 그들이 후계자가 되게 하였노라 6. 그 땅에서 이스라엘 자손들에게 권능을 부여하여 파라오와 하만과 저들의 군대로 하여금 저들이 경고 받았던 것을 지켜보도록 하였노라 7. 나는 모세의 어머니에게 영감을 주어 그에게 젖을 먹이도록 하고 만일 그의 신변에 두려움을 느낄 때는 그를 강물에 떠내려 보내되 두려워하지 말고 슬퍼하지도 말라 하였노라 나는 모세를 너의 품 안으로 돌려 줄 것이며 그를 시도의 한 사람으로 둘 것이라 8. 파라오의 가문에서 그를 주어 양육하였을 때 그는 저들에게 적이 되었고 저들에게 슬픔의 원인이 되었노라 이는 파라오와 하만과 저들의 군대가 죄지은 백성들이었기 때문이라 9. 파라오의 아내가 말하길 이 아이는 나와 당신을 위한 기둥이니 이 아이를 살해하지 마소서 그는 우리에게 도움이 될 것입니다 아니면 그를 우리의 아들로도 삼을 수도 있을 것입니다 이렇듯 저들은 그로 인하여 자신들에게 무엇이 일어날지 알지 못했노라 10. 모세의 어머니는 마음속에 모세에 대한 생각밖엔 없었으니 하나님께서 그녀로 하여금 믿는 자 가운데에 있도록 그녀의 마음을 강하게 하지 아니했다면 그녀는 그의 정체를 드러냈으리라 11. 모세의 어머니는 그의 누이에게 일러 모세를 뒤따라 가보라고 하니 모세의 누이는 모세를 멀리서 지켜보고 있었노라 그러나 저들은 알아채지 못하였노라 12. 나는 그로 하여금 유모의 젖을 빨지 않도록 하였으니 그때 그의 누이가 나타나 말하기를 당신들을 위해 이 아이를 양육할 한 가문을 소개할까요 그들은 성실히 그를 돌볼 것입니다 13. 그리하여 내가 그를 그의 어머니에게로 돌려보내니 그녀의 눈은 기쁨으로 가득 차고 그녀는 슬퍼하지도 아니 하였으며 하나님의 약속이 진리임을 알게 되었노라 그러나 대대수는 알지 못하였노라

14. 그가 성장하여 성년이 되었을 때 나는 그에게 총명함과 지혜를 주었나니 이렇듯 나는 선을 실천하는 자들에게 보상하노라 15. 모세는 사람들이 지켜보지 않는 틈을 타 그 도시에 들어가 싸우고 있는 두 사람을 보았으니 한 사람은 그의 편이었고 다른 한 사람은 적이었노라 그때 그의 편이었던 사람이 그에게 도움을 요청하니 모세는 그의 주먹으로 그를 때렸으며 그로써 그는 죽고 말았노라 이는 사탄의 유혹 때문이었으니 실로 그는 유혹하는 적이었노라 16. 모세는 기도하였노라 주여 실로 제가 제 스스로를 욕되게 하였습니다 저를 용서하여 주소서 그리하여 하나님께서는 그를 보호하였으니 실로 하나님께서는 가장 너그러우시고 가장 자비로운 분이시니라 17. 모세가 말하길 주여 당신께서 저에게 은총을 베풀어 주셨으니 저는 결코 사악한 자 편에 있지 않겠습니다 18. 모세가 그 도시 안에서 두려움으로 주위를 살피고 있노라니 어제 그의 도움을 청하던 그가 또 그에게 도움을 구하고 있지 아니한가 모세가 실로 너는 싸우기를 좋아하는 자라 19. 그래서 모세가 둘에게의 적이었던 그를 붙잡으려 했을 때 그가 말했노라 모세여 어제 한 사람을 죽였던 것처럼 나를 죽이려 하느뇨 당신은 지상에서 폭군이 되려하는 것 외에는 선을 행하는 자 가운데 있기를 원하지 않느뇨 20. 이때 도시로부터 한 사람이 달려와 말하길 모세여 족장들이 당신을 살해하려 공모하고 있나니 곧 떠나시오 나는 당신께 진실로 충고하나이다 21. 모세는 두려움으로 주위를 살피며 그곳으로부터 나가며 말하길 주여 이 사악한 백성들로부터 저를 구하여 주소서

22. 그가 미디안의 땅을 향하여 가며 기원하길 주여 평탄하고 바른 길로 저를 인도하여 주소서 23. 그가 미디안의 우물가에 이르렀을 때 가축에게 물을 먹이고 있는 두 여인을 발견하고 무슨 일이뇨 라고 물으니 두 여인이 말하길 우리는 목동들이 저들의 양들을 우물로부터 데리고 갈 때까지 우리의 가축에게 물을 먹일 수가 없습니다 그리고 우리의 아버지는 대단히 연로하셨습니다 24. 그래서 그는 두 여인을 위하여 양에게 물을 먹여 주고 나무 그늘 아래 앉아 기도하였노라 주여 당신께서 저에게 베풀어 주셨던 은혜가 절실히 필요하나이다 25. 이때 두 여인 중의 한 여인이 수줍어하며 모세에게로 다가와 말하길 저의 아버지께서 당신을 초대하여 저희를 위하여 양에게 물을 먹여준 은혜에 보답하려 하옵니다 그래서 그는 그 여성의 아버지에게 가서 이야기를 하였더니 그 여성의 아버지가 말하길 두려워하지 마시오 당신은 사악한 백성들로부터 벗어났습니다 26. 두 딸 중에서 한 딸이 말하길 아버지 그를 고용하십시오 그는 아버지께서 고용하실 수 있는 사람들 중에서 가장 훌륭한 자로 힘이 세고 믿을 수 있는 사람입니다 27. 아버지가 말하길 나를 위해 팔 년 동안 봉사할 조건으로 내가 내 두 딸 중에 한 딸을 당신에게 결혼시키고자 하오 당신이 십 년을 채우는 것은 당신의 자유이며 내가 당신에게 어려운 일을 부과하고 싶지는 않소 하나님께서 원하신다면 당신은 내가 선을 행하는 사람 중에 한 사람이라는 것을 알게 될 것이오 28. 모세가 대답하기를 이것은 저와 당신 사이의 약속으로 두 가지 조건 중의 하나를 수행해도 저에게는 아무런 죄가 되지 않습니다 하나님께서 저희가 말하고 있는 것을 지켜보고 계십니다

29. 모세가 그 기간을 채우고 그의 가족과 함께 여행을 하던 중에 뚜르산 방향에서 불을 발견하고 그의 가족에게 말하길 멈추시오 내가 불을 보았으니 그곳에 가서 그곳의 소식을 가져오리라 아니면 불덩어리를 가져와 당신을 따뜻하게 하여 줄 것이오 30. 모세가 그곳에 이르렀을 때 축복받은 나무가 있는 계곡의 오른 편에서 소리가 들려왔노라 모세야 실로 내가 온 누리의 주님이신 하나님이시니라 31. 너희 지팡이를 던져보라 하는 소리가 들려왔노라 모세는 던져진 지팡이가 뱀처럼 움직이는 것을 보고 놀라서 뒤로 물러났노라 그때 말씀이 있었노라 모세야 앞으로 나오라 그리고 두려

위하지 말라 실로 너는 믿는 자 중에 있노라 32. 네 손을 주머니에 넣은 후 꺼내어보라 얼룩 한 점 없는 새하얀 손이 되어 나오리라 네 손을 너에게 가까이 하여 무서움이 없어지게 하라 이것이 주님께서 파라오와 그의 족장들에게 보여준 두 종류의 증표라 실로 저들은 사악한 자들이니라 33. 모세가 말하길 주여 제가 그들 중의 한 명을 죽였습니다 그래서 저는 그들이 저를 살해할까 두렵나이다 34. 저의 형제 아론은 저보다 웅변에 능숙합니다 그러므로 그를 저의 원조자로서 저와 함께 보내 주소서 그가 저의 진실에 대한 증인이 되게 하겠습니다 실로 저는 저들이 나에 대하여 거짓말할까 두렵나이다 35. 하나님께서 말씀하시길 우리가 너의 힘을 강하게 하리라 또한 나는 너희 둘에게 힘을 줄 것이니 저들이 너희를 대적하지 못하리라 나의 증표를 가지고 가라 너희 두 형제와 너희를 따르는 자가 승리할 것이니라 36. 모세가 하나님의 증표를 가지고 저들에게 이르자 저들이 말하길 이것은 위조된 마술에 불과 하노라 우리는 결코 우리 조상들로부터 그것에 관해 들어본 적이 없노라 37. 모세가 말하길 누가 하나님으로부터 복음을 가져왔으며 내세에서 누가 행복한지는 주님께서 가장 잘 아시노라 실로 죄지은 자들은 결코 번창하지 못하니라 38. 파라오가 말하길 족장들이여 나 외에는 너희를 위한 어떤 신도 없나니 하만아 진흙으로 벽돌을 구어 내가 모세의 신을 볼 수 있도록 높은 궁전을 짓도록 하라 실로 나는 모세가 거짓말을 하고 있다고 생각하노라 39. 파라오와 그의 족장들과 군대는 그 땅에서 거만하고 오만하여 자신들은 하나님께로 돌아가지 않는다고 생각했노라 40. 그리하여 나는 그와 그의 군대를 바다에 익사케 하였으니 죄지은 자들의 말로가 어떠한가를 보라"

○ 상기 3절에 모세와 파라오에 관한 이야기를 진리로 하나님께서 전한다고 밝혔다. 그런데 모세와 파라오에 관한 이야기가 성경과 많이 달라 이상하다. 모세가 기록한 성경과 다르게 말하면서도 이 진리를 전하는 이유는 믿는 자를 위한 교훈이라고 강조까지 하고 있어 헷갈리고 더 곤혹스럽다. 꾸란이 맞는가, 성경이 맞는가? 성경에서 모세에 관련된 모든 기록은 모세가 직접 기록했지 않은가? 그런데 2천 년 후에 기록된 꾸란에 모세와 달리 기록된 것들은 이상하지 않은가? 이러고도 모세를 믿는다고 꾸란이 밝히는 것은 모순 아닌가?

상기 6절에 나타난 하만은 파라오의 대신인데 성경 에스더에도 나온다고 중앙회는 해설한다. 에스더서의 하만은 페르시아의 재상이었다. 그는 유대인을 몰살시키고 모르드개를 높은 장대에 매달아 죽일 음모를 꾸몄다. 그러나 자신이 그 높은 장대에 매달려 죽었고 하만의 가족들은 몰살당했다. 그런데 파라오의 대신 하만도 이스라엘을 추격하다 홍해에 빠져 익사했다고 꾸란이 말한다. 상기의 하만은 성경에 없는데 어쨌든 두 하만의 운명이 비슷해 흥미롭다.

상기 본문에서 성경과 다른 몇 가지를 살핀다.

첫째, 신이 모세를 낳은 엄마에게 격려와 위기 대처 방법의 말을 했다는 것은 성경에 없다. 아기를 몰래 키워야 하는 엄마에게 상기의 말을 신이 했다는 것은 상상 가능할 뿐이다. 그리고 아기 모세가 다른 유모의 젖을 빨지 않았다는 것도 상상일 뿐 성경에는 없다. 아기 모세는 나일강에서 건져진 직후 바로 모세의 친모가 유모로 결정되었다. 그래서 모세에게 다른 유모의 젖을 한 번이라도 물린 적이 없다. 모세에 관한 진리를 말한다고 하면서 이런 소소한 부분에서도 다르니 너무 이상하다.

둘째, 모세를 나일강에서 데리고 간 사람은 파라오의 아내가 아니라 파라오의 딸이었다. 나일강에 목욕하려고 온 공주가 갈대 상자 속의 아기를 발견하였고 아기를 불쌍히 여겼다. 이때 상자를 지켜본 모세의 누나가 공주에게 달려가 자기 엄마를 아기 키울 유모로 소개시켜 주었다. 공주는 아기의 이름을 모세로 지었는데 물에서 건졌다는 뜻이다. 아버지 파라오는 히브리인이 이집트의 적을 도울 수 있다고 생각해 히브리 남아가 태어나면 모두 죽이라고 명령했다. 그런데 히브리 아기인 것을 알면서도 모세를 양자로 삼아 아버지의 명령을 어긴 간 큰 공주는 누구였을까? 이 공주는 하트셉수트로 추정된다. 그녀의 아버지는 투트모세 1세였다. 그녀는 이복 남매인 투트모세 2세와 결혼하여 조카인 투트모세 3세의 계모가 되었다. 투트모세 2세가 얼마 후에 곧 죽어 하트셉수트는 어린 조카와 함께 21년간 고대 이집트를 통치하며 이집트 역사상 최초의 여성 파라오가 되었다. 여성으로서 파라오가 된 그녀는 권위를 세우려고 가짜 턱수염을 붙이고 통치하였다. 그녀가 죽은 후 단독 파라오가 된 투트모세 3세는 이집트에서 그녀에 대한 역사 기록을 많이 삭제하였다. 또 투트모세 3세는 살인죄를 저지른 모세를 잡으려고 하여 모세는 도망했다. 이집트 영토를 유프라테스강까지 사상 최대로 넓힌 정복자 투트모세 3세가 죽은 후에 모세는 이집트로 되돌아왔다. 모세는 투트모세 3세의 아들 아멘호테프 2세를 상대하였다. 아멘호테프 2세는 열 가지 재앙을 당한 후에야 모세의 말대로 이스라엘을 내보냈다.

셋째, 싸우는 동족의 도움 요청으로 모세가 이집트인을 때려죽인 게 아니다. 요청도 없는데 모세 스스로 동족애로 자기 동족 편을 들어 상대인 이집트인을 때려죽였다. 살인자 모세를 죽이려고 한 사람은 족장이 아니고 파라오였다. 어쨌든 모세는 이집트의 왕자인데 족장이 모세를 죽일 수 있는가? 모세의 양어머니를 증오한 투트모세 3세가 파라오였기에 모세를 죽이려고 한 것이다. 이때 모세의 나이는 40세였고 그의 막강했던 양어머니는 죽고 없었다.

넷째, 미디안 여성과 8년 또는 10년의 조건으로 결혼한 게 아니다. 모세는 40년간 부부 생활을 했다.

다섯째, 모세가 가족과 함께 여행하다가 불타는 나무를 보고 신을 만난 게 아니다. 평소처럼 양을 치다가 불을 보고 신을 만났다. 모세가 불을 가져오려고 간 것이 아니고 불이 붙었는데 나무가 타지 않는 것이 이상해 가까이 갔다. 이때 모세는 80세였지만 여전히 건강했다. 신을 만난 상기의 뚜르산은 시나이산이다. 그리고 아론의 동행을 모세가 요청하지 않았음은 앞서 1에서 설명하였다.

3. 모세에 관한 26장 10~67절의 기록 중 18~36절을 더 살펴본다.

"18. 파라오가 말하길 우리가 너를 자식으로 양육하였고 너는 우리에게서 오랜 세월 동안 살았노라 19. 네가 행한 너의 행위로 보아 너는 은혜를 배반한 자라 20. 모세가 말하길 그렇습니다 그때는 주님의 말씀을 알지 못하였기 때문입니다 21. 나는 당신들이 두려워 도주하였는데 주님께서 나에게 지혜를 주셨고 나를 사도로 삼으셨습니다 22. 이스라엘 백성을 노예로 취급하고 있으면서 그것이 내게 베푼 은혜입니까 라고 하니 23. 파라오가 묻기를 만유의 주님이란 무엇이오 24. 모세가 대답하길 당신께서 확신한다면 하나님께서는 하늘과 땅과 그 사이에 있는 모든 것의 주님이십니다 25.

파라오가 주위 사람들에게 너희 신하들은 그가 말한 것을 듣지 아니 하였느뇨 26. 모세가 말하길 태초부터 당신들의 주님이었고 당신 조상들의 주님이셨습니다 27. 파라오가 말하길 당신들이 제정신이 있는 사람들이라면 하나님께서는 동쪽과 서쪽 그 사이에 있는 모든 것의 주님이십니다 (28절은 없음) 29. 파라오가 말하길 만일 네가 나 외의 신을 섬긴다면 실로 내가 너를 투옥하리라 30. 모세가 말하길 제가 당신께 명백한 증표를 보여준다 해도 말입니까 31. 파라오가 말하길 제가 진실한 자라면 증표를 보이라 32. 그리하여 모세가 지팡이를 던지니 보라 그것이 분명한 뱀으로 변했노라 33. 그가 손을 내미니 보라 그것은 보고 있는 사람들 앞에서 하얀 색이 되었노라 34. 이때 파라오가 그의 주위에 있는 우두머리에게 말하길 실로 이 자는 숙련된 마술사라 35. 모세가 그의 마술로써 너희를 이 땅에서 추방하려 하니 지금 내가 어찌하면 되겠느뇨 말하니 36. ……."

○ 모세와 파라오가 나누었다는 상기의 대화는 성경에 없다. 모세를 양자로 삼은 사람은 파라오 부부가 아니고 앞서 설명한 대로 파라오의 딸이었다. 그리고 모세가 미디안에서 40년을 사는 동안 모세의 살인죄를 추궁하려던 파라오는 죽었다고 성경은 말한다. 그래서 모세가 40년 만에 이집트로 되돌아가 만난 파라오는 서로 잘 모르는 사이였다. 이 파라오에게 모세의 손에 하얀 나병이 생겼다가 바로 낫는 이적은 보여주지 않았다. 지팡이가 뱀이 되는 것과 손에 나병이 생겼다가 낫는 두 가지 이적을 모세가 다 행한 것은 이스라엘 민족들 앞에서였다. 이는 모세가 하나님이 보낸 자임을 이스라엘 민족이 믿게 하기 위함이라고 성경은 말한다. 반면에 완강한 파라오는 열 가지 재앙 끝에 장남을 잃는 아픔을 겪은 후에야 이스라엘을 떠나게 하였다. 그러나 마음이 또 변한 파라오가 군사를 이끌고 이스라엘을 추격하다가 모두 홍해에 익사하였다.

4. 모세에 대한 7장 103~162절 중 142절부터 참고로 더 살펴본다.
"142. 그리고 내가 모세에게 서른 밤을 약속하고 거기에 열흘을 보충하여 사십일을 채워 주님과의 교화가 사십일로 끝나도록 하였느니라 143. 그때 모세가 말하길 제가 당신을 볼 수 있도록 당신의 모습을 보여 주소서 라고 하니 하나님께서 말씀하시길 네가 나를 직접 보지 못하니라 그러나 저 산을 보라 그것이 제자리에 남아 있으면 그 때 네가 나를 보리라 그때 주님께서 그 산에 영광을 보이시어 그것을 먼지처럼 만드니 모세가 기절하여 넘어지더라 그가 정신을 차려 일어나며 말하길 모든 찬양을 홀로 받으실 분이시여 저는 당신께 회개하여 제일 먼저 믿는 자가 되겠습니다 라고 하더라 144. 하나님께서 말씀하시길 모세야 내가 너를 선택하여 나의 메시지와 나의 말씀으로 다른 사람 위에 두었으니 내가 너에게 준 것을 가지라 그리고 감사하라 145. 그리고 내가 만사에 관한 율법을 서판에 기록하여 그에게 주었으니 그것은 만사에 관한 교훈이요 설명이라 그리고 말씀하시길 이것을 굳게 잡아 너희 백성들로 하여금 최선의 것을 따르도록 하라 곧 내가 사악한 자들의 거처가 어떠함을 너에게 보여주리라 146. 나는 부정한 방법으로 이 땅에서 오만하게 행동하는 자들을 나의 징표인 꾸란으로부터 멀리 둘 것이니라……. 147. ……. 148. 모세의 백성들이 그의 부재중에 금송아지를 만들어 숭배하였노라 그것은 생명이 없는 하나의 형체로 음매하며 우는 듯 보였으나 그들에게 말을 할 수도 없었고 그들을 바른 길로 인도하지 못한다는 것을 알지 못하였단 말이뇨……. 149. 그러나 그들이 회개하며 죄를 범하였다는 것을 알고서 그들이 말하길 주님께서 우리에게 은혜를 베풀지 아니하시고 우리의 죄를 사하여 주시지 아니 하신다면 실로 우리는 멸망한 백성 가운데 있게 될 것입니다

150. 모세가 그의 백성에게 돌아와 분노하고 슬퍼하며 말하길 내가 없는 사이에 너희가 행한 것들이 저주를 받으리라 너희는 주님의 심판을 서둘러 재촉하였느뇨 그리하여 모세가 서판을 던지며 그의 형제 머리를 잡아 그에게로 끌어당기니 아론이 말하길 내 어머니의 아들이여 실로 백성들이 내가 약하다고 생각하여 나를 살해하려 하였노라 그러니 나를 꾸짖어 적들을 기쁘게 하지 말며 나를 죄지은 자 가운데 한 사람으로 생각하지 말아요 151. 모세가 말하길 주여 저와 그리고 저의 형제의 죄를 용서하여 주소서 저희가 당신의 은혜 가운데 들도록 하여 주소서 당신은 은혜를 베푸는 가장 은혜로운 분이십니다 152. 송아지를 택하여 숭배한 자들에게는 주님의 노여움이 있을 것이며 현세에서도 수치스러움이 있으리라…… 153. ……. 154. 노여움이 가라앉

아 모세는 그가 던졌던 서판을 집어 올렸더니 그 안에는 주님을 경외하는 자들을 위한 복음과 자비가 있었노라 155. 모세는 하나님과의 약속을 위해 그의 백성 중에서 일흔 사람을 선발하였노라 그리고 땅이 크게 흔들려 그들을 덮쳤을 때 그가 기도하였노라 주여 당신께서 원하셨다면 당신께서는 이미 오래전에 그들과 그리고 저를 멸망케 하였을 것입니다 당신께서는 우리 중에서 우매한 자들이 행한 것으로 인하여 저희를 멸망케 하려 하십니까 이것은 당신께서 보낸 시험이니 그것으로 당신의 뜻에 따라 방황하는 자가 있을 것이요 그것으로 당신의 뜻에 따라 바른 길로 가는 자가 있을 것입니다 당신은 저희들의 보호자이십니다 저희의 죄를 사하여 주시고 저희에게 당신의 은혜를 베풀어 주소서 당신은 죄를 사하여 주시는 가장 으뜸가는 분이십니다 156. 주여 현세와 내세에서 저희에게 복을 내려주소서 저희는 당신께로 귀의하였나이다 이때 하나님께서 말씀하시길 내가 원하는 자에게 벌을 내릴 것이니라 그러나 나의 자비는 모든 것을 포용하나니 하나님을 경외하며 이슬람세를 바치고 하나님의 말씀을 믿는 자들에게 은혜가 있게 하리라 157. 예언자이자 사도인 무학자 무함마드를 따르는 자들은 그들의 기록서인 토라와 복음서에서 그를 발견하리라…… 158. ……. 159. 모세의 백성들 중에는 진리의 편에서 인도하는 무리가 있었으니 160. 나는 그들을 열두 부족으로 나누었노라 그리고 모세에게 계시하였노라 그의 목마른 백성이 그에게 마실 것을 구할 때 너의 지팡이로 그 바위를 때리라 일렀더니 그곳으로부터 열두 개의 샘물이 솟아나 각 부족들이 마실 장소를 알게 되었노라 그리고 나는 그들 위에 구름으로 그늘을 만들어 만나와 쌀와를 보냈으니 내가 너희에게 일용할 양식으로 베푼 좋은 것들만 섭취하라 그들이 나를 속이지 못하리니 다만 그들이 속이는 것은 그들 자신들 뿐이니라 161. 그리고 그들에게 말씀이 있었으니 이 고을에서 기거하고 너희가 원하는 곳에서 일용할 양식을 구하되 겸손히 말하고 고개 숙여 문 안으로 들라 내가 너희의 잘못을 용서하고 선을 행하는 자들에게 보상을 더하여 주리라 162. 그러나 그들 중에 죄지은 자들이 있나니 그들은 하나님의 말씀을 다른 것으로 바꾸었노라 그리하여 나는 그들의 죄에 대한 대가로 하늘에서 역병을 보내었노라"

○ 상기 사건은 이집트를 떠난 이스라엘이 시나이 산에 야영하면서 발생한 것이다. 그런데 상기 꾸란의 기록은 사건 진행 순서가 성경과 달리 뒤죽박죽으로 되어 있어 독자를 헷갈리게 한다. 이에 당시의 상황을 성경에 근거해 먼저 살핀다.

이때 모세는 40일 금식을 세 번 했는데 배고픔을 전혀 못 느꼈다. 그 이유는 신과 함께 있었기 때문이다. 첫 번째 40일 동안 모세는 신에게서 여러 가지 법률과 성막(천막으로 만든 성전) 제작에 관한 신의 명령을 들었다. 이 기간에 신은 십계명을 두 돌판에 새겨 모세에게 주었다. 그런데 모세가 빨리 내려오지 않아서 백성들은 아론을 협박하여 송아지 우상을 만들었다. 40일 만에 하산한 모세는 우상을 만들어 술과 춤과 섹스의 축제를 벌이는 난장판을 보고 화가 나서 신이 만들어준 두 돌판을 던졌다. 그리고 사건의 주동자들을 처단하였는데 이 일을 모세와 같은 지파(부족) 사람들이 도왔다.

이 송아지 우상 사건을 매듭지은 모세는 두 번째 40일 금식 기도를 하였다. 이때 모세는 형과 백성들의 잘못에 대해 신께 용서를 비는 기도를 했다. 신이 용서해주지 않는다면 자기 이름을 신의 생명책에서 지워달라고 했다. 그리고 이 기도 중에 모세는 신의 영광을 보여 달라고 간청하였다.

그래서 세 번째 40일 금식을 하는 가운데 모세는 신의 뒷모습을 보았다. 이때 신은 모세의 앞을 지나갔지만 모세는 신을 정면으로 보지는 못했다. 그 이유는 신을 보는 사람은 죽기 때문이다. 신은 모세 앞을 지나갈 때 자신을 이렇게 소개하였다. "주, 나 주는 자비롭고 은혜로우며, 노하기를 더디고 한결같은 사랑과 진실이 풍성한 하나님이다 수천 대에 이르기까지 한결같은 사랑을 베풀며 악과 허물과 죄를 용서하는 하나님이다 그러나 나는 죄를 벌하지 않은 채 그냥 넘기지는 아니한다 아버지가 죄를 지으면 본인에게 뿐만 아니라 삼사 대 자손에게까지 벌을 내린다"

이 세 번째 기간에 모세가 가져간 두 돌판에 신은 십계명을 다시 새겨주었다.

이제 성경과 상기 꾸란의 차이를 살핀다.

첫째, 신이 두 돌판에 새겨준 것은 십계명뿐이다. 꾸란은 서판이라고 하는데 서판의 재료는 여러 가지가 있기에 돌판으로 말하는 것이 더 정확하다. 만사에 관한 것을 신이 두 돌판에 새겨준 것이 아니다. 만사에 관한 것은 모세가 따로 적었다. 신이 만들어

준 두 돌판은 후에 언약궤(법궤) 안에 보관되었다. 이 언약궤는 성전의 가장 중요하고 거룩한 방인 지성소에 안치되었다.

둘째, 상기에서 모세가 신을 볼 때 산이 티끌이 되고 모세가 기절했다는 것은 성경과 다르다. 모세는 신의 명령대로 산 위에 서서 자기 앞을 지나는 신의 뒷모습을 보았다. 그래도 죽을까 봐 너무 두려워 스스로 땅에 엎드려 떨며 말했다고 성경은 말한다. 상기 143절에 모세가 "...회개하여 제일 먼저 믿는 자가 되겠습니다."하고 말한 것은 너무 이상하다. 모세가 하나님의 종으로 부르심을 받아 민족의 지도자가 된 지가 오래되었는데 이제야 이런 말을 했다는 것은 너무 이상한 말 아닌가?

셋째, 40일간 모세가 신을 만나며 십계명이 새겨진 서판을 들고 하산하기 전에 금송아지 숭배를 회개한 사람들이 있었다는 것은 성경과 다르다. 회개한 사람은 없었다. 하산한 모세를 도와 금송아지 숭배의 주동자 3,000명을 처단하는데 레위인이 나섰다고 성경이 말할 뿐이다.

넷째, 모세가 70명의 장로와 함께 산에 올라간 때는 이스라엘이 금송아지를 만들기 전이라고 성경은 말한다. 그러므로 70명 대표들과 함께 간 이유는 중앙회의 해설대로 금송아지 숭배에 대한 회개의 의미가 아니다. 아론과 장로들을 데리고 오라고 신이 명령했기 때문에 장로들을 데리고 갔다. 신은 이들보다 모세를 신에게로 더 가까이 불렀다고 성경은 말한다. 그러므로 70명을 땅이 덮치려 한 적도 없고 이들을 위해 모세가 기도한 것과 이에 대한 신의 대답은 성경에 없다. 이 금송아지 사건 약 1년 후 지진으로 땅속에 묻힌 고라 사건에 대해선 잠시 후에 소상히 다룬다.

다섯째, 모세가 용서를 비는 기도를 한 것은 금송아지 숭배 주동자들을 처단한 후 남은 모든 백성을 위해서였다. 당시 이슬람교는 존재하지도 않았는데 신이 꾸란과 이슬람세를 언급했다는 상기 본문은 이상하다.

여섯째, 사막의 바위에서 물이 펑펑 솟아나 강처럼 흘러 모두 마셨다고 성경은 말할 뿐이다. 위의 글처럼 열 두 샘물이 솟았다고 말하지 않는다. 그리고 모세 이야기 도중에 갑자기 157절에 토라와 복음서에서 무함마드를 발견하리라고 말해 생뚱맞다. 토라는 모세오경을 말하는데 여기에서 무함마드를 발견할 수 있는가? 158절에도 무함마드를 언급한 후 159절부터 다시 모세의 이스라엘 이야기가 이어져 독자를 헷갈리게 해 아쉽다.

이제부터는 모세에 관한 기록 중 성경엔 없고 꾸란에만 나오는 것을 살핀다.

5. 모세가 키드르를 따라 다니며 배웠다는 18장 66~82절의 내용은 이렇다.

"66. 모세가 그에게 말하길 당신이 하나님으로부터 배운 지식을 배울 수 있도록 제가 당신을 따라 가도 되겠습니까 67. 키드르가 대답하길 당신은 나와 함께 하면서 인내하지 못할 것이요 68. 당신이 알지 못하는 것을 당신은 어떻게 인내하여 내겠소 69. 모세가 말하길 하나님께서 원하신다면 인내하고 내가 당신을 거역하지 아니함을 알게 될 거요 70. 키드르가 말하길 당신이 나를 따르고자 한다면 내가 스스로 말하기 전에는 아무 것도 질문하지 마시오 71. 그리하여 그 둘은 출발한 후 얼마 후에 배에 올랐노라 그런데 키드르는 배에 구멍을 내었노라 그때 모세가 말하길 당신은 그 배의 동료들을 익사시키려 합니까 실로 당신은 이상한 나쁜 일을 저지르고 있소 72. 키드르는 대답하길 그래서 당신은 나와 함께 인내할 수 없을 것이라 말하지 아니했소 73. 모세가 말하길 제가 잊은 것을 나무라지 마시고 저의 잘못에 대하여 저를 심하게 대하지 마소서 74. 그런 후 그 둘은 계속하여 가다가 한 소년을 만났는데 키드르가 그 소년을 살해하였노라 이때 모세가 말하길 사람을 죽인 일이 없는 무고한 자를 죽였으니 실로 당신은 끔찍한 일을 저질렀소 75. 키드르가 대답하길 당신은 나와 함께 인내할 수 없을 것이라 말하지 아니했소 76. 모세가 말하길 만일 제가 이후부터 어떤 것에 관하여 당신께 묻는다면 저를 데리고 가지 마시요 저는 당신께 변명할 여지가 없습니다 77. 그리하여 두 사람은 여행을 계속하는 중 한 마을에 이르러 주민에게 먹을 것을 구하나 그들은 두 사람을 손님으로 접대하기를 거절하였노라 둘은 막 넘어지려는 담을 보았노라 키드르가 그것을 고쳐 세우니 모세가 말하기를 당신이 원했다면 당신은 틀림없이 그 일에 대한 보상을 받았을 것이요 78. 키드르가 대답하기를 이제 당신과 헤어질 시기가 되었소 그러므로 당신이 인내할 수 없었던 것을 해명해 주겠소 79. 그 배로 말하자면 그것은 바다에서 일하는 가난한 사람의 소유이거늘 제가 그 배에 구멍을 내려했던 것은 그들 뒤에는 모든 배들을 강제로 빼앗는 한 왕이 있었기 때문이었으며 80. 그 소년으로 말하자면 그의 부모는 믿는 사람들이었으니 우리는 그 소년이 부모에게 거역하고 하나님께 불신하지 않을까 두려워했기에 81. 우리는 그 소년의 부모를 위해 주님께서 그보다 순수하고 자비가 많은 효자로 대체하길 원했기 때문이며 82. 그 벽으로 말하자면 그것은 그 고을 두 고아의 것이었는데 그 밑에는 그 둘을 위한 보물이 있었으니 그의 아버지는 의로운 분이었기에 주님께서 그들이 성년이 될 때 주님의 은혜로 그 보물을 꺼내도록 바라셨소 이것이 당신께서 인내할 수 없었던 일의 해명이요"

○ 키드르가 배에 구멍을 낸 이유는 가난한 선주가 악한 왕에게 배를 빼앗기지 않도록 하기 위함이었다고 한다. 그런데 왕이 탐낼 정도의 배를 소유한 자가 가난하다니 이상하다. 또 배에 구멍을 냈다고 악한 왕이 배를 빼앗지 않을까? 배가 완전히 파손되지 않았다면 왕이 빼앗아 구멍을 수리해 사용할 수도 있지 않은가? 그리고 키드르가 부모를 잘 섬기는 아들로 대신해줄 것을 원하여 한 소년을 죽였다는 것은 더 이상하다. 소년이 자라서 부모를 괴롭힐 것으로 생각되면 다 죽어야 하는가? 낡은 담을 수리해준 것은 그나마 수긍이 좀 된다. 고아들이 성장하기까지는 긴 세월만큼 변수가 많은데 잘 성장해 담 밑의 보물을 사용할 수 있기를 바랄 뿐이다. 꾸란도 모세는 하나님과 대면하면서 하나님께 직접 계시를 받은 특별한 사람으로 기록하고 있다. 이런 모세가 신의 뜻을 배우려고 키드로에게 배워야 했다니 놀랍다. 모세에 관한 기사는 꾸란 곳곳에 넘치게 반복되는데 모세를 가르쳤다는 키드르에 관한 기사는 이곳뿐이니 너무 이상하지 않은가? 성경엔 키드르란 이름 자체가 없으니 놀랍지 않은가?

6. 파라오의 아내가 기도했다는 66장 11절을 본다.
"또 하나님께서는 믿는 자들을 위해 파라오의 아내를 비유하셨나니 보라 그녀가 말하였노라 주여 저를 위하여 천국에 당신 곁에 궁궐을 지어 주소서 그리고 파라오의 소행으로부터 저를 구하여 주소서 또한 사악한 자들로부터 저를 구하여 주소서"

○ 상기 내용은 성경에 없다. 도대체 이렇게 기도한 파라오의 아내는 누구일까? 이 여인에 대한 중앙회의 해설은 이렇다. "하나님의 적 파라오에게 대항했던 한 여성이 있었다. 그녀는 천국의 높은 곳에 있게 될 것이며 그녀의 이름은 아쉬야 빈트 무자힘으로 모세를 믿은 것으로 전해오고 있다." 그런데 이런 여성의 존재에 대한 이야기는 성경에 없다.

7. 파라오의 가족에 대한 40장 28~33절을 더 살펴본다.

"28. 파라오 가족 중에 믿는 자가 있었으나 그는 그의 믿음을 숨기고 말하길 나의 주님은 하나님이라고 한 것을 이유로 살해하려 하느뇨 실로 모세는 주님으로부터 분명한 증표를 가지고 당신에게 왔노라 만일 그가 거짓말하는 자라면 그의 거짓이 그를 해칠 것이요 그가 진실을 말하고 있는 자라면 그가 너희에게 경고한 재앙이 너희에게 닥칠 것이라 실로 하나님께서는 불의를 행하고 거짓말하는 자를 인도하시지 아니 하시노라 29. 백성들이여 오늘 너희가 주권을 갖고 이 세상을 지배하고 있지만 하나님의 징벌이 닥칠 때 누가 우리를 도와주겠느뇨 이때 파라오가 말하길 내가 본 것을 너희에게 보여 줄 것이며 내가 너희를 바른 길로 인도하리라 30. 그때 믿음을 가진 자가 말하길 백성들이여 실로 나는 너희가 죄지은 무리들이 만나는 재앙의 날처럼 되지 않을까 두렵노라 31. 노아나 아드 그리고 사무드 그들 이후에 온 세대들의 운명처럼 되지 않을까 염려가 되노라 하나님께서는 당신의 종들에게 불의가 있는 것을 원하지 아니 하시니라 32. 백성들이여 너희가 서로 부르며 울부짖을 그날이 염려되노라 33. 그날 그들이 돌아서 도망하려하나 하나님의 징벌로부터 너희를 보호해줄 자는 아무도 없노라 하나님께서 방황케 하시고자 한 자들을 인도할 자 아무도 없노라"

○ 상기의 내용은 안타깝지만 성경에는 없다. 모세의 지도하에 이스라엘 민족이 이집트를 떠날 때 적지 않은 외국인들이 따라온 것으로 성경은 말한다. 그런데 이때는 이집

트에 열 가지 재앙이 내린 결과 하나님의 존재를 믿게 된 외국인들이 이스라엘을 따라왔다. 신은 자신을 섬기겠다고 따라온 이방인들을 차별하지 않았다. 오히려 이들을 특별히 보호하는 명령을 모세에게 내렸다. 열 가지 재앙이 내리기 전에는 심지어 이스라엘 사람들도 모세를 무시할 정도였다고 성경은 말한다. 상기 본문은 재앙이 내리기 전인데 하나님과 모세를 믿는 자가 파라오의 가족 중에 있었다니 놀랍지 않은가?

8. 모세와 관련된 또 다른 기록인 2장 67~74절을 살펴본다.

"67. 모세가 그의 백성에게 이르되 하나님께서 너희들에게 암송아지 한 마리를 바치라고 명령하였을 때 우리를 놀리십니까 라고 그들이 말하니 모세 가로되 주여 저들같이 몽매한 자가 되지 않도록 보호하여 주소서 68. 그것이 어떤 암소인지 당신의 주님께 간청하여 설명하여 달라고 그들이 말하니 가로되 그 소는 늙지도 않고 어리지도 않는 중간의 것이라 이제 너희가 명령대로 행하라 하였노라 69. 그것은 또 무슨 색깔인지 당신의 주님께 간청하여 설명하여 달라하니 모세 가로되 그 소는 갈색이며 맑고 풍부한 느낌을 주어 보는 이로 하여금 감탄을 자아내게 하는 것이라고 주님께서 말씀하셨느니라 70. 그들이 말하길 그것이 어떤 암소인지 당신의 주님께 청하여 설명하여 주시오 실로 모든 암소들이 우리에게는 같아 보입니다 그리고 하나님께서 원하신다면 우리는 분명히 안내를 받을 것입니다 71. 모세 가로되 하나님께서 말씀하시기를 그 암소는 땅을 갈거나 물을 주기 위해 멍에를 지지 아니하고 결함이 없는 건전한 것이며 밝은 노란색의 것이라 하니 이제 당신은 사실을 설명하였소 라고 말하며 그렇게 하지 말아야 되는데 그들은 암소를 죽였더라 72. 너희가 한 인간을 살해하고서 이 사실을 감추려 의견을 달리하나 하나님께서는 너희가 숨긴 것을 들추어내시니라 73. 죽은 소의 일부로 그 시체를 때리도록 하여 하나님께서 죽은 자를 소생시켜 너희에게 그분의 징표들을 보여 너희가 알도록 하시니라 74. 그런 후에도 너희의 마음은 바위처럼 아니 그보다 단단하게 굳어졌노라 바위가 쪼개져 강이 흐르고 그 강이 갈라져 물이 흘러나오며 하나님이 두려워 바위도 갈라졌노라 하나님은 그들이 행하는 일들에 대하여 무관심하지 않으시니라"

○ 모세가 소의 일부인 혀로 죽은 사람을 때려 죽은 자를 살렸다는 이야기는 성경에 없다. 상기의 암소에 관한 비슷한 이야기도 성경에 전혀 없다. 모세가 직접 적은 책에 전혀 없는 이야기가 2,000년 후에 기록된 꾸란에 계속 나타나니 너무 이상하지 않은가?

9. 모세에게 반역한 고라에 관한 기록인 28장 76~81절을 살펴본다.

"76. 고라는 모세의 백성이었으나 그들에게 거만을 피웠노라 나는 그에게 한 무리의 힘센 자들이 짊어지기에 버거울 정도로 많은 재물을 주었느니라 모세의 백성들이 그에게 한말을 상기할 것이니라 오만하지 말라 실로 하나님께서는 가진 것으로 오만해 하는 자를 사랑하지 아니 하시니라 77. ……. 78. 고라가 대답하길 내가 가진 지혜와 지식으로 말미암아 재물이 내게 주어졌노라 하나님께서는 그보다 더 힘이 강하고 재산이 보다 더 많았던 이전 세대들을 멸망케 한 것을 그는 알지 못하느뇨 죄인들은 자신들의 죄에 대하여 변명의 질문도 받을 필요가 없노라 79. 그가 단장을 하고 그의 백성들 앞에 나아가니 현세의 삶을 간구하던 자들이 말하길 고라에게 주어진 것처럼 우리에게도 주어졌으면 얼마나 좋을까 실로 그는 큰 행운의 주인공이라 80. ……. 81. 나는 땅으로 하여 고라와 그의 거주지를 삼키도록 하였나니 나에게 대항하여 그를 도울 무리도 없고 자기 스스로를 보호할 수도 없느니라"

○ 상기 본문의 고라가 모두 부러워하는 엄청난 부자였다는 것에 대해선 성경은 말이 없다. 상기 본문은 고라가 거부라서 교만해 모세에게 대든 것으로 묘사한다. 그러나 성경은 고라가 사촌인 모세와 아론과 같은 지도자 역할을 하고 싶어 대들었다고 말한다. 고라는 제사장 가문이 된 아론과 그의 아들들 즉 사촌과 조카들의 감독하에 성전에서 일하는 것에 불만이 많았다. 그래서 모세와 아론에게 대들었다. 얼마나 화가 나고 속이 상했는지 온유한 모세는 고라에게 벌이 내리길 기도했다. 그리고 백성들에게 고라와 그 일당에게서 멀리 떨어지라고 명령했다. 고라는 자기가 선 땅이 갈라지며 땅속에 빠졌다. 그리고 바로 땅이 합해졌다. 또 고라와 함께 모세와 아론에게 대든 일당 250명은 향로를 각각 들고 선 채 신이 내린 불에 타 죽었다.

사무엘, 사울, 소년 다윗

이스라엘의 초대 왕 사울과 소년 다윗에 관한 내용이 나오는 꾸란 2장 246~251절을 살핀다.

"246. 모세 이후 이스라엘 자손들의 얘기가 그들에게 이르지 아니했느뇨 이스라엘 자손들의 수장들이 예언자에게 말하길 우리에게 한 통치자를 보내 주소서 그와 함께 하나님을 위해 적에 대항하여 성전하리라 하더라 예언자 가로되 그러나 성전하라는 명령을 받았을 때 너희는 성전하지 아니하려 했노라 그들이 말하길 가정과 가족으로부터 추방된 우리가 왜 성전하지 아니하겠습니까 라고 말하나 성전 참여를 명령받았을 때는 도주하고 남은 사람은 소수였노라 하나님께서는 그 죄인들을 알고 계시느니라. 247. 그들의 예언자가 그들에게 말하길 하나님께서 너희에게 사울을 왕으로 보냈노라 그러자 그들이 말하길 우리가 그보다 탁월한데 그가 우리의 왕이 되어 어떻게 우리를 통치한단 말이요 그는 재산도 넉넉하지 못하오 그분이 이르되 너희를 위해 하나님께서 그를 선택하시고 그에게 풍만한 지혜와 신체를 주셨노라 그리고 하나님께서는 당신이 원하는 자에게 통치권을 주시노라 그리고 하나님께서는 모든 것을 포용하고 모든 것을 알고 계시니라 248. 그들의 예언자가 그들에게 말하길 그의 권능의 한 증표로 너희에게 계약의 상자가 올 것이요 그 안에는 너희 주님으로부터의 평안과 모세의 가문과 아론의 가문이 남긴 것들이 들어 있으며 천사들이 그것을 운반할 것이요 너희들이 진실한 신자들이라면 그 안에는 너희를 위한 징표가 있을 것이니라 249. 사울이 군대를 지휘하여 나가며 이르길 하나님이 강에서 너희를 시험하사 그 물을 마시는 자는 나와 함께 동행하지 아니하며 그것을 마시지 아니한 자만이 나와 함께 동행할 것이라 그러나 한 줌의 물을 뜨는 것은 예외라 그런데 소수를 제외한 무리가 그것을 마셔버리더라 그리하여 그 강을 건널 때 사울과 그를 따라 믿음을 가졌던 자들이 말하길 우리는 오늘 골리앗과 그의 군대에 대항할 힘이 없습니다. 그러나 하나님을 만나리라 확신한 자들은 소수인데도 하나님의 뜻에 따라 대부대를 정복한 적이 있지 않았더뇨 하나님께서는 인내한 자와 항상 함께 하시니라 250. 그들이 골리앗과 그의 군대에 대항하여 진격했을 때 그들은 기도하였느니라 주여 저희들에게 용기를 주시고 거점을 확보하여 주시며 불신자들로부터 승리하게 하여 주소서 251. 다윗은 골리앗을 살해하였고 하나님께서는 그에게 통치권과 지혜를 주셨으며 당신이 원하는 것을 가르치셨노라 만일 하나님께서 다른 자들로 하여 이 무리를 물리치지 않으셨던들 이 세상은 불행으로 가득하였을 것이라 이처럼 하나님께서는 만인을 위한 은총의 주님이시니라"

○ 여기에서 계약의 상자는 언약궤(법궤)를 의미한다. 언약궤 안에는 모세가 신에게서 받은 두 돌판이 있었다. 이 돌판에는 십계명이 새겨져 있었다. 상기처럼 모세와 아론의 가문이 남긴 것들이 언약궤 안에 들어 있지 않았다. 언약궤는 천막으로 만든 성전의 가장 거룩한 곳에 안치하였다. 모세는 언약궤 앞에서 신을 만났고 언약궤는 신이 임재하는 곳으로 인식되었다. 언약궤는 상기 꾸란이 말한 천사가 운반한 게 아니고 레위인들이 운반했다.

모세와 그의 후계자 여호수아가 죽은 후 약 300년 동안 이스라엘은 사사가 다스렸다. 사사는 신의 뜻을 묻는 판관이었다. 천하장사 삼손이 12명의 사사 중 하나였다. 마지막 사사가 사무엘인데, 상기 본문의 예언자가 바로 사무엘이다. 사무엘은 땅속에 빠져 죽은 고라의 후손이었다. 그러나 사무엘은 고라와 달랐다. 신의 마음을 간파한 엄마의 서원 기도로 태어난 사무엘은 젖을 뗀 후부터 성전에서 자랐다. 청년 때부터 사사 역할을 한 사무엘은 모든 백성의 존경을 받았다. 그런데 사무엘이 늙었을 때 그의 두 아들은 부패하였다. 그리하여 백성들은 자기들에게도 왕을 세워줄 것을 사무엘에게 요구했다.

그래서 신이 이스라엘의 초대 왕으로 세운 자가 사울이었다. 사울은 왕으로 뽑혔지만, 여전히 농사를 지었다. 키는 컸지만, 사울이 속한 베냐민 지파를 백성들이 무시했고 사울도 열등감이 있었기 때문이다. 베냐민 지파는 수십 년 전에 큰 잘못을 저지른 자를 감싸다가 이스라엘의 열한 지파와 싸우게 되었다. 그래서 패망한 지파였기에 백성들이 무시했고 사울도 왕이 될 욕심이 없었다. 그러나 농사짓던 사울이 신의 도움으로 백성을 괴롭히던 암몬 민족과 싸워 이겼다. 그래서 왕이 된 사울은 이스라엘의 외적과 싸워 이기고 교만해지며 신과 멀어졌다. 게다가 사울은 점쟁이와 무당까지 즐겨 찾으며 신도 그런 식으로 대했다.

상기 사건은 과거부터 이스라엘의 천적이었던 팔레스타인과의 싸움이 배경이다. 3m 거인 장수 골리앗이 적의 대표로 나와 하나님을 욕하며 이스라엘을 괴롭혔다. 하지만 그의 위세에 눌려 맞설 자가 없었다. 이때 자기 신을 조롱한다며 격분한 소년 다윗이 골리앗과 맞섰다. 다윗은 날카로운 돌을 물매에 끼워 빙빙 돌린 후 던졌다. 이 돌이 골리앗의 이마에 정통으로 맞으며 골리앗은 쓰러졌다. 이에 다윗은 골리앗의 칼로 그를 죽였다. 다윗은 졸지에 이스라엘의 영웅이 되었고 사울의 사위가 되었다. 그러나 이내 사울은 다윗의 높은 인기를 시기하고 두려워하여 다윗을 죽이려고 했다. 그래서 다윗은 도망자가 되어 죽을 고비를 많이 겪었지만, 그때마다 신이 그를 보호하였다. 오랜 세월 도망 다닌 다윗은 신의 도움으로 30세에 유다 지파의 왕이 되었다. 이후 다윗은 37세에 이스라엘 전체의 두 번째 왕이 되었다. 다윗 시대에 이스라엘은 북쪽의 유프라테스강과 남쪽의 이집트 경계까지 역사상 최대의 영토를 다스렸다.

사무엘, 사울, 다윗의 흥미진진한 행적은 성경에 아주 소상히 기록되어 있다. 그러나 꾸란의 기록은 빈약해 사무엘과 사울에 관한 기록은 상기의 본문이 전부이다. 다윗에 대한 것도 아래에 소개하는 것이 전부인데 그나마 성경과 큰 차이가 있다.

상기의 꾸란 본문은 사울이 왕이 될 때 백성에게 환영받지 못한 것과 다윗이 골리앗을 이겼다는 내용만 성경과 일치한다. 사울이 강물을 마시지 않은 군사를 이끌고 전쟁에 나갔다는 기사는 성경에 없다. 강물로 군사를 테스트한 사람은 사사인 기드온이었다. 상기에서 사무엘이 말했다는 내용도 성경과 다르다. 사무엘과 사울에 대해 많은 것을 소개하지도 않으면서 꾸란이 믿는다는 성경과 왜 이렇게 다를까?

다윗과 솔로몬

1. 다윗에 대한 38장 17~26절을 살펴본다.

"17. …… 나의 힘센 종 다윗을 상기하라 그는 항상 하나님께로 향하고 있었느니라 18. 나는 산으로 하여금 다윗과 함께 아침저녁으로 합장하여 하나님을 찬양하라 했노라 19. 그리고 모인 새들 모두가 그와 함께 하나님께 복종하였노라 20. 나는 그의 왕국을 강하게 하고 그에게 지혜와 분명한 판단력을 주었노라 21. 논쟁하던 무리의 이야기가 그대에게 이르렀느뇨 저들은 다윗의 기도실 벽을 기어 올라갔노라 22. 그들이 다윗 앞으로 갔을 때 그가 그들을 두려워하니 그들이 말하길 두려워하지 마시오 우리 두 사람의 의견이 서로 달라 한 사람이 다른 한 사람에게 잘못을 하였소 그러니 정의로 우리 사이를 판결하시오 우리가 바른길에서 이탈하지 않도록 하여 주시고 우리를 바른길로 인도하여 주소서 23. 이는 저의 형제로 아흔아홉 마리의 양을 소유하고 있으며 저는 한 마리밖에 없습니다 그러함에도 이 형제는 그 한 마리의 양마저도 내놓으라고 하면서 저에게 거친 말을 했습니다 24. 다윗이 말하기를 그가 너에게 단 한 마리뿐인 너의 양마저 달라고 요구했으니 너희 형제는 분명히 너에게 부당한 행위를 하였노라 실로 동업자 중에는 상대방에게 부당한 행위를 하는 자가 많이 있느니라 그러나 주님을 믿고 선을 행하는 자는 그러하지 아니 하니라 그런 자가 별로 없느니라 다윗은 하나님께서 그를 시험하심을 알고 주님께 엎드려 용서를 빌고 회개하며 하나님께로 귀의하였노라 25. 그리하여 나는 그 일에 대하여 그를 용서 하였느니라 참으로 그는 나 가까이에 자리하여 아름다운 안식처를 가졌노라 26. 다윗이여 우리가 너를 지상의 대리자로 두었거늘 사람들을 진리와 정으로 판결하라 그리고 네가 하나님의 길에서 방황하지 아니하고자 한다면 헛된 욕망을 따르지 말라 실로 하나님의 길에서 방황하는 자들은 계산하는 날을 망각한 이유로 가혹한 징벌을 받게 되니라"

○ 서두에 다윗을 상기하라고 밝혔지만, 상기 내용은 성경에 없다. 성경에도 없는 내용을 무엇을 근거로 다윗을 상기하는지 너무 궁금하다. 그리고 상기를 보면 시와 찬송을 많이 짓고 작곡한 다윗은 산, 새와 대화를 할 수 있는 초능력의 소유자로 느껴진다. 이런 느낌은 아래 2 이하의 꾸란에서 더 명확히 나타난다. 그러나 다윗은 이런 초능력의 사람이 절대 아니었다.

또 상기 꾸란은 다윗을 '힘센 종'으로 불렀는데 이 표현도 성경에는 없다. 다윗이 전쟁을 많이 치렀기에 이렇게 부른 것 같다. 그런데 재판받으려고 힘센 왕 다윗의 기도실 벽을 기어오른 용감하고 무례한 사람들이 있었다니 이상하다. 더군다나 힘센 왕 다윗이 이 괴한들을 보고 두려워했다는 것도 이상하다. 게다가 이 괴한들이 다윗을 안심시키는 것은 더 이상하다.

그런데 상기 본문을 보면 다윗이 무엇을 잘못해 회개했는지 또 신이 무엇을 용서했는지 알 수가 없다. 그리고 상기 과정처럼 다윗이 회개한 것도 아니다. 성경이 말하는 다윗의 잘못과 회개를 살핀다.

하루는 다윗이 밤에 왕궁의 옥상을 거닐었다. 그러다 가까운 민가에서 목욕하는 밧세바의 아름다운 알몸을 보았다. 갑자기 정욕에 불탄 다윗은 바로 밧세바를 왕궁으로 불러 동침하였다. 얼마 후 밧세바는 임신했다. 다윗은 이 임신을 남편의 아기로 만들려고 전쟁터의 우리야를 불렀다. 다윗은 우리야를 잘 대접한 후 집에 가서 아내와 함께 특박을 즐기라고 말했다. 그러나 우리야는 왕궁의 대문에서 잠을 잤다. 다윗이 그 이유를 물었다. 우리야는 전장의 전우를 생각하면 자기 혼자 편히 아내와 함께 즐길 수 없다고 대답했다. 그래서 다윗은 우리야가 잔뜩 취하도록 대접해 보냈는데 그래도 그는 집에 가지 않았다. 이에 다윗은 군대 장관에게 편지를 보내 우리야를 최 격전지에 보내 죽게 하라고 명령했다. 결국 우리야는 전사했고 다윗은 밧세바를 아내로 맞이해 아들을 낳았다.

이에 진노한 신은 선지자 나단을 다윗에게 보냈다. 나단은 양과 소가 엄청 많은 부자가 나그네를 대접하려고 암양 새끼 한 마리뿐인 가난한 자의 암양을 빼앗았다고 말했다. 이 이야기를 들은 다윗은 죽을죄를 저지른 부자가 네 배를 갚아야 한다고 분노했다. 이때 나단은 그 부자가 바로 왕이라고 고함쳤다. 또 나단은 왕이 은밀히 죄를 지었지만 왕의 아내들은 대낮에 능욕을 당할 것이며 이 아들은 죽을 것이라고 경고했다.

그러자 다윗은 땅에 엎드려 금식하며 밧세바와 우리야에 대한 죄를 통렬히 회개하였다. 그러나 아들은 곧 죽었다. 또 몇 년 후 반란을 일으킨 아들 압살롬은 대낮에 왕궁 옥상에서 백성들이 보는 가운데 다윗의 후궁들을 차례로 강간하였다. 그러나 신은 다윗의 회개를 받아들이고 용서했기에 다른 아들 솔로몬을 주셨다.

상기 본문의 용서는 아무런 벌도 없이 모든 것을 덮은 용서로 보이지 않는가! 그러나 신이 모세 앞을 지나실 때 말씀하신 신의 속성이 다윗에게 그대로 나타난 것이다. 신이 그토록 좋아했던 다윗이지만 다윗의 큰 죄악을 벌할 수밖에 없었던 신의 마음! 그러나 회개를 받아들이고 용서했기에 새 아들 솔로몬을 준 신의 사랑! 이 신의 속성이 상기 본문에서 느껴지는가! 꾸란은 다윗을 상기하라고 하면서 왜 다윗에 대해 제대로 말하지 않는가?

2. 이제는 다윗과 솔로몬에 대한 21장 78~82절을 살펴본다.

"78. 다윗과 솔로몬을 상기하라 어떤 백성의 양들이 밤중에 길을 잘못 들어 농장을 짓밟아 놓았을 때 그 둘은 심판을 하였고 나는 그들의 심판을 목격하였노라 79. 나는 솔로몬으로 하여 그 문제를 이해하도록 하고 그들 각자에게 지식을 주었으며 산들과 새들로 하여금 다윗과 더불어 하나님을 찬미하도록 하였으니 이처럼 나는 모든 것을 행하노라 80. 또한 나는 다윗에게 갑옷을 만드는 것을 가르쳐 주었나니 이는 너희가 전쟁에서 너희를 보호하기 위함이라 너희는 감사하고 있느뇨 81. 내가 솔로몬에게 능력을 주사 그의 지시에 따라 거센 바람이 축복의 땅으로 부노라 나는 모든 사물에 대한 지식을 갖고 있느니라 82. 솔로몬을 위하여 잠수부들로 하여금 그에게 순종하도록 하였고 그 밖의 다른 일을 하게 하였으며 이에 나는 솔로몬의 명령에서 벗어나지 못하도록 하였노라"

○ 상기의 본문은 성경에 전혀 없다. 78절에 남의 농장을 짓밟아 망친 양들 사건에 대해 다윗과 솔로몬이 함께 재판했다는 것은 너무 이상하다. 성경에는 이런 사건에 대한 기록조차 전혀 없는데 둘이서 함께 재판했고 이를 신이 목격했다니 너무 이상하다.

그리고 다윗은 수많은 전쟁터를 누비고 다니며 이스라엘 역사상 최대 영토를 점령했다. 하지만 신이 전쟁을 자주 하는 다윗에게 갑옷 제작법을 가르쳤다는 기록은 성경에 없다. 다만 전쟁에 대해 다윗은 신에게 자주 물었고 신이 다윗과 함께 하겠다고 약속한 내용은 성경에 많다.

그리고 시편 150편 중 반이 다윗의 시다. 그 정도로 다윗은 풍부한 시심과 음악적 재능으로 신에 대한 감사, 찬양과 회개, 믿음, 소망의 시를 많이 지었다. 또 많은 찬송가를 작곡하고 직접 악기를 연주하며 노래를 부르기도 했다. 뿐만 아니라 노래하는 찬양대와 악기 연주단을 조직하기도 했다. 이런 다윗은 생명체뿐 아니라 모든 자연 만물이 하나님을 찬미하라고 주문한다. 그래서 그의 시와 찬송에는 자연 만물이 의인화되어 자주 나타난다. 그러나 상기 1, 2처럼 산과 새가 직접 다윗과 함께 합창하고 찬양했다는 내용은 성경에 없다. 산과 새, 자연 만물을 의인화해 시의 소재로 삼았을 뿐이지 다윗은 초능력자가 아니었다.

또 지혜와 지식의 왕, 솔로몬은 바다 생물에 관해서도 매우 해박한 지식이 있었다. 그리고 잠수부가 왕의 명령에 따르는 것은 당연하다. 그럼에도 신이 잠수부가 솔로몬에게 순종하게 했다고 굳이 밝힌 이유는 뭘까? 꾸란은 솔로몬도 초능력 인간으로 묘사했기에 이 잠수부는 인간이 아닌 다른 존재인가? 그의 말에 바람이 순종했다고 성경에서 근거를 찾을 수 없는 말을 왜 할까?

그리고 상기의 재판은 성경에 없고, 성경이 전하는 솔로몬의 재판은 이렇다.

두 여인이 한 아기를 두고 서로 자기 아기라고 다투며 솔로몬에게 재판을 요청하였다. 한 여인의 송사를 들으니 두 여인이 다 아기를 낳아 한 방에서 각자의 아기를 안고 잤다고 한다. 그런데 아침에 깨서 보니 자기 아기를 저 여인이 안고 있고 자기에겐 저 여인의 죽은 아기가 있더라는 것이었다. 다른 여인은 아줌마가 자면서 자기 아기를 깔아 질식사시키곤 남의 아기를 빼앗으려 한다고 했다. 서로 욕을 하며 다투는데 솔로몬은 칼을 가져오라고 명령했다. 신하가 칼을 들고 오자 솔로몬은 칼로 아기를 베어 두 여인에게 반반씩 나눠 주라고 했다. 이 말을 들은 한 여인은 나누는 것을 환영했고 한 여인은 나누지 말고 저 여인에게 아기를 주라고 왕에게 호소했다. 솔로몬은 아기를 살리려는 자가 진짜 엄마라고 판결하며 아기를 진짜 엄마에게 돌려주었다.

다윗과 솔로몬을 상기하라고 하면서 왜 성경에 없는 것을 말하는지 의아스럽다.

3. 이번엔 솔로몬에 관한 27장 15~44절을 살펴본다.

"15. 내가 다윗과 솔로몬에게 지혜를 주자 그들이 말하길 하나님께 감사드릴 뿐입니다 당신께서는 당신의 수많은 믿음의 종들보다 저희에게 은혜를 더하여 주셨습니다 16. 솔로몬이 다윗을 상속하고 말하길 백성들이여 우리는 새들의 말을 배웠으며 모든 은혜를 받았으니 이것은 하나님의 명백한 은총이라 17. 솔로몬에게는 진과 인간과 새들로 구성된 군대가 있었으며 이들은 각각 별개의 집단을 구성하였노라 18. 그들이 개미의 계곡에 이르렀을 때 한 마리의 개미가 말하길 개미들아 솔로몬과 그의 군대가 알지 못하여 우리들을 짓밟아 죽일지도 모르니 우리들 거주지로 들어가자고 하자 19. 솔로몬은 개미의 말에 웃음을 터트리며 말하길 주여 저와 저의 부모에게 베풀어 준 당신의 은혜에 감사하도록 허용하여 주소서 당신의 은혜로서 당신의 성실한 종들 중의 한 종이 되게 하소서 20. 솔로몬이 새들을 둘러보고 말하길 오디새가 보이지 않는데 어떻게 된 일이뇨 21. 이 자리에 있지 아니한 이유를 분명하게 대지 않는다면 나는 그를 엄하게 다스리거나 죽일 것이요 22. 얼마 되지 않아 오디새가 돌아와 말하길 저는 당신들이 모르는 것을 알고 있습니다 사바에서 중요한 소식을 가져왔습니다 23. 저는 그곳에서 백성 위에 군림하고 있는 한 여성을 발견하였는데 그녀는 모든 것을 갖고 있을 뿐만 아니라 강력한 왕권도 가지고 있습니다 24. 저는 그녀와 그녀의 백성들이 하나님 대신 태양을 숭배하고 있음을 알아냈습니다 또 사탄들은 저들의 행위들을 그럴듯하게 보여 저들로 하여금 진리의 길을 벗어나게 하고 있으니 저들은 지금 인도받지 못하고 있습니다 25. 또한 사탄은 저들에게 하늘과 땅에 감추어진 것에 빛을 비추시고 감추는 것과 드러내는 모든 것을 알고 계시는 하나님을 섬기지 못하도록 방해하고 있습니다 26. 하나님 외에는 그 어떤 것도 섬김을 받을 자격이 없으며 하나님만이 위대한 권좌의 주님이십니다 27. 솔로몬이 말하길 오디새 네가 전한 말이 사실인지 아니면 거짓인지 살펴볼 것이라 28. 나의 이 서신을 가지고 가서 저들에게 전달하고 잠시 몸을 숨기어 저들이 무어라 응답하는지 기다려 보라 29. 여왕이 말하길 족장들아 나에게 고귀한 서신이 왔노라 30. 그것은 솔로몬으로부터 온 것으로 자비로우시고 자애로우신 하나님의 이름으로 보낸다고 하였노라 31. 나에 대항하여 오만하지 말고 나를 따르시오 라고 말하고 있노라 32. 그녀가 말하길 족장들이여 이 사안에 관하여 조언해 주시오 여러분들이 조언해주기 전에는 이 일에 대하여 어떠한 결정도 내리지 못하겠소 33. 저들이 대답하길 저희에게는 힘과 권세와 용맹이 있습니다 숙고하여 명령을 내리소서 당신은 명령을 내리는 분이십니다 34. 그러자 그녀가 말하길 보라 왕들이 한 도읍에 들어갈 때는 그 고을을 파괴하고 그 고을 백성들을 비천하게 하나니 그들도 그러하리라 35. 그러므로 내가 그들에게 하나의 선물을 보내리니 사신들이 어떤 응답을 가지고 오는지 기다려 보자 36. 사신이 도착하자 솔로몬이 그들에게 말하길 너희는 내게 재물을 주려 하느뇨 하나님께서 내게 주신 것이 너희에게 준 것보다 더욱 훌륭하니라 선물을 만끽하는 것은 내가 아니라 너희이니라 37. 돌아가라 우리는 너희가 대적할 수 없는 군대를 이끌고 가서 그곳으로부터 너희를 추방하리니 너희는 불명예스러운 굴욕을 맛보리라 38. 솔로몬이 말하길 족장들이여 그들이 내게 귀순하여 오기 전에 너희 중에 누가 그 여왕의 옥좌를 내게 가져올 수 있느뇨 39. 진 가운데의 힘센 요정이 대답하길 당신께서 자리를 일어서기 전에 제가 그것을 가져 오겠나이다 실로 저는 힘이 강하니 믿어주소서 40. 성서의 지식이 풍부한 자가 말하기를 당신이 눈 깜짝 할 사이에 그것을 가져오겠습니다. 바로 그때 솔로몬은 그것이 자기 곁에 있음을 보고서 말하길 이것은 내 주님의 은혜로써 이는 내가 감사하고 있는지 은혜를 망각하고 있는지 시험하려 하심이라 누구든 감사하는 자는 자신의 영혼에 감사하는 자이며 은혜를 망각하는 자는 하나님의 은혜를 거역하는 자이거늘 실로 주님께서는 자족하시고 가장 자비로운 분이시니라 41. 솔로몬이 말하길 그녀가 그 옥좌를 알아보지 못하도록 하라 그녀가 바른 길을 따르는지 혹은 바른 길을 따르지 않는지 알아보고자 함이라 42. 여왕이 왔을 때 당신의 옥좌도 이와 같습니까 라고 물으니 그와 흡사하다고 여왕이 대답하자 솔로몬이 말하기를 우리는 그녀에 앞서 알고 있었노라 그리고 우리는 하나님께 순종하였노라 43. 그녀가 하나님을 제쳐두고 우상을 숭배한 것이 그녀를 방황케 했으니 실로 그녀는 불신자들 중에 있었노라 44. 그녀를 궁궐로 안내하니 궁전 바닥을 본 그녀가 연못으로 생각하고 그녀의 치마를 걷어 올리매 솔로몬이 말하길 이것은 유리로 평탄하게 만든 궁전이라 말하자 그녀가 말하기를 주

어 실로 제가 죄를 지었나이다 저는 솔로몬과 함께 온 누리의 주님이신 하나님께 복
종하겠습니다"

○ 상기 본문은 성경에 전혀 없다. 그런데 상기 16절에 다윗과 솔로몬이 새의 말을
배웠다고 솔로몬이 밝혔다. 이어 신에게서 모든 은혜를 받았다고 솔로몬이 밝혀 다른
초능력도 있음을 암시했다. 다윗의 초능력은 산과 새에 그쳤지만 솔로몬의 초능력은
이를 훨씬 능가한 것으로 꾸란은 적고 있다. 솔로몬은 개미의 말도 이해하며 개미의
대화를 듣고 웃었다고 한다. 그는 상기 2에서 바람도 마음대로 부린다고 했다.

다윗은 새를 찬양대로 활용했다지만 솔로몬은 새를 군대로 거느렸다. 그뿐만 아니
라 솔로몬은 눈에 안 보이는 진조차 마음대로 활용하여 군대로 거느렸다고 17절은 밝
힌다. 그러면 초능력자 솔로몬의 눈에는 진이 보였단 말인가? 하여간 솔로몬은 눈에
안 보이는 진과도 자유롭게 대화한 것이 상기에 나타난다. 여기의 진은 39절로 보아
요정을 포함하는 것으로 보인다. 솔로몬은 바람을 부리고 개미, 새, 진과 대화할 수 있
었다니 도대체 그의 초능력은 어디까지 미치는가? 어쨌든 훨훨 날아다니며 세상의 온
갖 정보를 신속하고 정확하게 알려주는 '새'군대보다 뛰어난 정보부가 있을까? 또 눈
깜짝할 사이에 타국 여왕의 옥좌를 솔로몬의 왕궁에 갖다 놓는 '진'군대를 누가 이기
겠는가?

사바 여왕이 솔로몬에게 머리를 숙일 수밖에 없는 솔로몬의 초능력에 대한 기록은
안타깝게도 성경에는 전혀 없다. '사바'에 대한 중앙회의 해설은 이렇다.

"예멘에 있는 한 도시 이름으로 사나에서 약 50마일 떨어진 곳에 위치하고 있는 곳으
로 오늘날의 하드라마우트 지역에 있었던 한 도시로 풀이되고 있다. 유명한 마아리브
댐의 힘을 입어 문명이 크게 번성했고 그 당시의 여왕 사바 여왕은 솔로몬의 영광이
이를 때까지 거만을 피우고 있었다."

성경에는 사바가 시바로 나타난다. 솔로몬과 시바 여왕에 대한 성경의 기록을 요약
하면 이렇다. 솔로몬의 지혜와 지식이 워낙 뛰어나다는 소문과 솔로몬이 건축한 성전
과 왕궁이 화려하고 웅장하다는 소문이 주변의 많은 나라에 파다하게 퍼졌다. 이 소

문을 들은 시바 여왕이 소문을 확인하려고 많은 선물을 가지고 스스로 솔로몬을 찾아왔다. 상기처럼 솔로몬의 위협적인 편지를 받고 여왕이 온 게 아니다. 성전과 왕궁을 둘러보고 탄복한 여왕은 그동안 궁금했던 모든 것을 솔로몬에게 물었다. 솔로몬은 모든 질문에 명쾌하게 대답했다. 그리고 여왕이 원하는 것은 무엇이든지 다 들어 주었다. 그래서 여왕은 "와 보니 소문보다 실제가 모든 것이 더 뛰어나다. 내가 내 나라에서 들은 것은 극히 일부에 지나지 않는다."라고 감탄했다. 여왕이 꽤 오래 머무는 동안 여왕은 솔로몬의 아기를 위해 임신한 채 돌아간 것으로 추측된다. 시바 여왕 외에도 솔로몬에 관한 소문을 확인하려고 수많은 나라의 왕족과 귀족들이 찾아왔다고 성경은 말한다.

솔로몬에 대해 왜 성경과 다르게 기록되었는지 궁금하다.

4. 또 다윗과 솔로몬에 관한 34장 10~14절을 더 살펴본다.

"10. 나는 다윗에게 은혜를 베풀었느니라 산들이여 그리고 새들이여 그와 더불어 하나님을 찬미하라 나는 그로 하여금 쇠를 부드럽게 하도록 하였느니라 11. 그것으로 갑옷을 만들되 갑옷 쇠줄들의 균형을 맞추라 그리고 정직하게 일하라 실로 나는 너희가 행하는 모든 것을 지켜보고 있느니라 12. 그 후 바람으로 하여금 솔로몬을 따르도록 했으니 아침에 부는 바람은 한 달과 같고 저녁에 부는 바람도 한 달과 같노라 또한 하나님께서는 녹은 동의 샘이 그를 위해 흐르도록 하였으며 진의 무리 중에는 하나님의 허락으로 일하는 자 있었노라 또 그들 중에는 하나님의 명령을 거역하는 자가 있었나니 나는 저들로 하여금 화염의 징벌을 맛보도록 할 것이니라 13. 진들은 솔로몬의 뜻에 따라 그를 위하여 일하매 궁전을 만들고 동상을 만들고 연못 같은 큰 대야를 만들고 화로에 고정된 큰 솥을 만들었노라 그러므로 다윗의 자손들아 너희도 일하며 감사하라 그런데 내 종들 중에 감사하는 자는 소수였노라 14. 내가 솔로몬의 죽음을 결정했을 때 그의 지팡이를 갉아 먹던 나무 벌레가 그의 임종을 예시했노라 그가 쓰러지자 진들은 만일 자신들이 보이지 않는 세계를 알았다면 비참한 고통의 상태에서 살지 않았을 것이라는 것을 깨달았노라"

○ 꾸란은 다윗과 솔로몬을 초능력의 소유자로 오해하고 있음을 상기 본문에 또 보여준다. 앞서 말했듯이 다윗은 산, 새를 비롯한 자연 만물을 시의 소재로 삼았을 뿐이다. 또 전쟁을 많이 한 다윗이기에 쇠를 부드럽게 녹여 갑옷을 만들었다는 것은 상상이 가능하다.

그러나 솔로몬에 대한 상기의 내용은 성경으로는 상상도 안 된다. 눈에 보이지 않는 진이 궁전과 성전의 기물로 보이는 큰 대야, 큰 솥과 동상을 만든 게 아니다. 20년이나 걸린 성전과 궁전 공사에 솔로몬은 수많은 사람을 동원했다. 이로 인해 백성들의 원성이 높았다. 그리고 성전 기물은 두로(티레)의 기술자 히람이 와서 만들었다. 히람의 아버지는 두로 사람이었지만 어머니는 이스라엘의 납달리 지파 여인이었다.

나무 벌레가 솔로몬의 지팡이를 갉아 먹어 그의 죽음을 예시했다는 것도 성경에 없다. 솔로몬이 죽자 "보이지 않는 세계를 알았다면……"이라고 진들이 후회했다니 너무 이상하다. 보이지 않는 진이 어떻게 보이지 않는 세계의 존재를 모른단 말인가?

꾸란은 솔로몬이 진을 군사로 거느리고 건축 공사에도 마음대로 부린다고 하더니 그의 죽음 앞에 진이 후회하는 모습까지 나타낸다. 왜 꾸란은 진을 솔로몬과 특별한 관계로 기록했을까? 무슬림은 진을 두려워해 이슬람 부적까지 만들지 않는가?

5. 또 솔로몬에 대해 38장 30~40절을 더 살펴본다.

"30. 나는 다윗에게 아들로 솔로몬을 주었노라 그는 훌륭한 종이었으며 항상 내게로 향하였느니라 31. 오후가 되어 솔로몬 앞에 고귀한 혈통의 준마가 몇 필이 나타나 서 있으니 안정하고 달림에 신속했노라 32. 그가 말하길 실로 나는 주님을 염원하는 대신에 태양이 밤의 베일 속으로 숨을 때까지 그 준마를 사랑했노라 33. 솔로몬이 자신에게로 그것들을 데려오라 하더니 다리와 목을 쓰다듬기 시작하였노라 34. 나는 솔로몬을 시험하기 위하여 그의 옥좌에 한 시체를 갖다 놓았노라 그러자 그는 주님께 자비를 구하였노라 35. 솔로몬이 말하길 주여 저를 용서하여 주소서 그리고 후세의 어느 누구에게도 승계되지 않을 왕국을 맡겨주소서 실로 당신께서는 은혜를 베푸시는 분이십니다 36. 그리하여 나는 바람으로 하여금 그에게 순종하도록 하니 바람은 그의 명령에 따라 그가 원하는 곳으로 유순하게 흘러가노라 37. 사탄과 목수들과 물에 들어가는 자들도 그렇게 하도록 했으며 38. 쇠사슬에 함께 묶인 다른 자들도 그를 따르도록 하였느니라 39. 하나님께서 솔로몬에게 말씀하시길 이것이 나의 선물이라 그러므로 네가 그것을 타인에게 베풀든지 아니면 유보하라 너에게 계산이 되지 않을 것이라 40. 이렇듯 그는 나 가까이에 있어 최후의 안식처를 갖게 되노라"

○ 안타깝지만 상기의 내용은 성경에 전혀 없다. 솔로몬이 말을 이집트에서 수입해 다른 나라에 팔았다는 기록은 성경에 있다. 그렇다고 그가 준마를 너무 사랑해 신이 그를 시험했다는 것은 꾸란에만 나온다. 시체를 그의 옥좌에 두니 그가 회개하고 용서를 빌었다니 흥미롭다. 더 흥미로운 것은 그의 왕국이 후세에 다른 사람에게 넘어가지 않게 해달라는 그의 기도에 대한 신의 응답이다. 이 응답으로 바람이 그의 뜻대로 분다니 얼마나 놀라운가! 이것도 모자라 37절에는 사탄도 솔로몬에게 순종하게 된다니 황당하다.

그래서 꾸란은 솔로몬의 죽음까지도 좋게 묘사하는 듯하다. 그러나 솔로몬은 죽을 때 평안하지 못했다고 성경은 밝힌다. 이는 그가 처첩을 천 명이나 두었기 때문이었다. 그는 수많은 외국인 아내들로 인해 우상 숭배에 무감각하게 되었다. 이런 솔로몬은 노년에 신의 심판을 두려워했다. 신은 아버지 다윗과의 약속 때문에 솔로몬에게서 당장 나라를 빼앗지는 않았다. 그러나 그의 아들도 잘못하여 결국 아들의 통치 초기에 나라는 북이스라엘과 남유다로 나누어졌다. 상기 본문에 나타난 솔로몬의 기도는 그의 소망일 뿐이었다.

성경은 솔로몬의 공과 과를 그대로 기록했다. 그러나 솔로몬 사후 약 1,500년이 지나 기록된 꾸란은 성경과 달리 솔로몬을 좋게만 적고 있다. 더군다나 성경에 없는 내용을 기록하면서 솔로몬을 신의 훌륭한 종으로서만 적고 있으니 이상하지 않은가?

욥, 엘리야

1. 욥에 관한 21장 83, 84절을 살펴본다.

"83. 욥을 상기하라 그는 주님께 간구하였노라 재앙으로 제가 괴롭나이다 당신은 가장 자비로우시고 자애로우신 분이시니 저에게 자비를 베풀어 주옵소서 84. 나는 그의 기도에 답하여 그가 처한 재앙을 거두고 그가 잃어버린 자손들을 다시 얻게 하였으니 이는 나의 은혜요 모든 종들을 위한 교훈이니라"

2. 욥에 대해 38장 41~44절을 더 살펴본다.

"41. 나의 종 욥을 상기하라 그는 주님께 호소하길 사탄이 고통과 재난으로 저를 괴롭히나이다 42. 이때 하나님의 말씀이 있었노라 네 발로 때리라 여기에 씻을 물과 마시기에 깨끗한 물이 있을 것이라 43. 나는 그의 가족을 번성케 하사 그의 수를 곱절로 하여주었노라 이것은 나의 은혜로 이해하는 자들을 위한 교훈이라 44. 네 손에 한 다발의 풀을 쥐고 그것으로 때리라 그리고 맹세를 깨뜨리지 말라 실로 나는 그에게서 인내심을 발견했노라 실로 그는 나를 향한 훌륭한 종이니라"

○ 욥을 상기하라고 하면서도 상기 1, 2가 욥에 대해 꾸란이 기록한 내용의 전부이다. 성경은 무려 42장에 걸쳐 욥을 다룬다. 그런데 욥에 대한 꾸란의 압축이 너무 심해 욥은 누구며 왜 무슨 재앙을 당했으며 어떻게 회복되었는지 알 수가 없다. 상기처럼 발로 때리고 풀을 쥐고 때리라는 신의 말은 성경에는 전혀 없다. 욥에 대해 성경은 이렇게 말한다.

욥은 이스라엘 사람이 아닌데도 하나님이 자랑한 동방의 의인이었다. 사탄은 욥에게 준 모든 축복을 빼앗으면 욥이 하나님을 원망할 것이라고 하였다. 그래서 하나님에 대한 욥의 신앙을 사탄이 시험하기로 했다. 욥의 생명을 제외한 모든 것에 대한 처분을 신에게 허락받은 사탄은 욥의 모든 것을 빼앗았다. 수많은 재산과 열 명의 자녀를 하루 만에 갑자기 다 잃었다. 그것도 모자라 심한 피부병으로 고통받는 욥에게 아내도 "하나님을 욕하고 죽어라."라고 말하고는 도망갔다. 그래도 오히려 하나님을 찬양하는 욥에게 세 친구와 한 후배가 찾아왔다. 욥의 숨은 죄 때문에 이런 재앙이 내렸다고 세 친구는 욥에게 회개를 촉구했다. 욥은 친구들에게 자신의 무죄를 항변했다. 이들의 긴 논쟁이 성경에 자세히 기록되어 있다. 이 와중에 후배까지 끼어 논쟁은 더 고조되었다.

마침내 신이 논쟁에 종지부를 찍었다. 죄 없는 욥을 죄인으로 공격한 세 친구가 용서받도록 욥이 제사하며 기도하라고 신은 명령했다. 또 욥이 자신의 무죄와 의로움을 강변한 나머지 신보다 더 의로운 듯 교만했던 것을 신이 나무랐다.

이에 욥은 자신의 교만을 회개하고 친구들을 위해 제사하며 기도했다. 신은 욥에게 다시 열 명의 자녀와 갑절의 재산을 주었다. 욥의 세 딸은 세상에서 가장 아름다웠고 욥은 딸들에게도 재산을 나눠 주었다. 욥은 140년을 더 살며 손자 사대를 보았다.

욥을 상기하라고 하면서 꾸란은 왜 욥에 대해 제대로 밝히지 않는가? 이는 꾸란이 믿는다는 성경을 통해 욥을 이해하라는 뜻인가?

3. 엘리야에 대한 37장 123~130절을 살펴본다.

"123. 실로 엘리야도 여러 사도 중에 한 사도이라 124. 그가 그의 백성들에게 말하길 너희는 하나님을 두려워하지 않느뇨 125. 바알을 숭배하고 가장 훌륭한 창조주를 버리느뇨 126. 하나님이 너희 주님이시며 지나간 선조들의 주님이 아니더뇨 127. 저들은 그를 배척하였으니 정녕 그들은 징벌을 받기위해 불려갈 것이니라 128. 그러나 성실한 하나님의 종들은 그렇지 아니하니라 129. 나는 그에게 축복을 내려 후에 올 세대들의 기억 속에 남게 하였노라 130. 엘리아에게 평안함이 있을 것이라"

○ 엘리야에 대해서도 꾸란은 압축이 너무 심해 엘리야를 이해하기 힘들다. 성경은 엘리야에 대해 이렇게 말한다.

엘리야는 북이스라엘 역사에서 가장 악했던 아합 왕과 이세벨 왕비 시대에 활동한 선지자였다. 시돈의 이세벨은 북이스라엘로 시집오며 자기 조국에서 섬기던 바알과 아세라의 사제들을 많이 데리고 왔다. 그래서 그녀는 북이스라엘에 바알과 아세라 숭배를 더 널리 퍼뜨렸다. 바알 남신과 아세라 여신의 여사제들은 제사하려고 온 사람과 섹스를 하였다. 이는 바알과 아세라의 합방을 대신하는 것인데 이로써 나라와 가정에 풍요가 깃든다고 하였다. 이들은 남창도 두었다.

엘리야는 하나님과 바알, 아세라 중에 누가 참 신인지 알기 위한 시합을 하자고 제의했다. 기도로 하늘에서 불을 내려 제물을 태우는 자가 이기는 시합이었다. 갈멜산에서 바알, 아세라 사제 850명과 엘리야가 대결하였다. 아합 왕과 수많은 백성이 관람하였다. 바알, 아세라 사제들이 거의 온종일 기도했지만 하늘에서 불이 내리지 않았다. 이후 해가 지기 직전에 엘리야가 기도했는데 하늘에서 불이 내려 엘리야의 제물을 태웠다. 구경하던 백성들은 엘리야의 명령대로 바알, 아세라 사제들을 다 잡아 죽였다.

이후 바알과 아세라를 숭배하는 것이 사라졌을까? 그렇지 않았다. 우상 숭배는 인간이 자기 마음대로 하려는 온갖 욕심에서 나왔기에 곧 더 강하게 되살아났다. 현장에 없었던 왕비 이세벨은 자기 사제들을 다 죽인 엘리야를 잡아 죽이려고 했다. 이기고도 오히려 도망자가 된 엘리야는 후에 두 번 더 하늘에서 불을 내리게 한 후 죽지 않고 불마차를 타고 하늘로 올라갔다. 반면에 아합 왕은 전투에서 부상당해 전차에서 죽었는데 개들이 그 피를 핥아 먹었다. 또 왕비 이세벨은 내시들이 그녀를 창밖으로 던져 땅에 떨어졌다. 이에 놀란 말들이 그녀를 짓밟아 죽였다. 이세벨의 시체는 개들이 와서 뜯어 먹었다고 성경은 말한다.

엘리야에 대한 꾸란의 기록은 상기가 전부인데 상기의 내용을 통해 과연 엘리야와 바알 사제들의 대결을 이해할 수 있을까?

요나

1. 요나에 관한 21장 87, 88절을 살펴본다.

"87. 요나에 관한 이야기를 그대의 백성에게 상기시키라 그는 화가 나 떠나며 내가 그를 제압하지 못하리라 생각하였노라 그는 어둠 속에서 기도하였노라 경배의 대상은 당신 외에 아무것도 없습니다 하나님이여 홀로 영광 받으소서 실로 제가 잘못하였습니다 88. 나는 그의 기도를 듣고 그를 고통으로부터 구하고 믿는 자들을 구했노라"

2. 요나에 대한 다른 기록인 37장 139~148절을 살펴본다.

"139. 요나도 여러 사도 중에 한 사도이었노라 140. 실로 요나는 짐이 가득 실려 있는 배로 도주하여 141. 선원들과 제비뽑기를 하였으며 그리하여 그가 잃은 자가 되었노라 142. 그때 큰 고기가 그를 삼켜 버렸노라 이는 그의 비난받을 행위 때문이었노라 143. 만일 그가 하나님을 찬양하지 않고 회개하지 아니했다면 144. 그는 분명 물고기 뱃속에 부활의 그날까지 있었으리라 145. 그가 병이 들었을 때 나는 그를 불모의 해변으로 구제하였노라 146. 그리하여 나는 조롱박 나무가 그의 위에 자라게 하였노라 147. 그리고 나는 십만 명 이상의 백성들에게 그를 보냈더니 148. 그들이 믿음을 가졌노라 그리하여 나는 그들로 하여금 잠시 동안 삶을 즐기도록 허락하였노라"

○ 꾸란은 경고자로 요나의 이름을 자주 언급한다. 그러나 요나에 대한 꾸란의 기록은 상기 본문이 전부이다. 그런데 요나를 상기하라고 말하면서도 요나에 대한 꾸란의 기록도 압축이 너무 심해 요나를 제대로 이해할 수 없다. 상기 본문을 보면 요나가 왜 화가 났는지 또 무엇 때문에 선원들이 추첨을 했는지 알 수가 없다. 그리고 요나의 잘못과 고통이 무엇이며 믿는 자들을 어떻게 구원했는지 이 본문을 통해 이해하기는 힘들다. 성경은 이에 대해 이렇게 말한다.

요나도 북이스라엘의 선지자였다. 요나는 이스라엘을 괴롭히는 원수 아시리아의 수도인 니느웨로 가서 회개하지 않으면 망할 것이란 경고를 전하라는 신의 명령을 받았다. 그러나 요나는 아시리아가 망하기를 원하여 신의 명령을 뿌리치고 당시 땅끝으로 생각한 다시스, 즉 현재의 스페인으로 가는 배를 타고 도망갔다. 이때 신은 잔잔한 지중해 바다에 갑자기 큰 풍랑을 일으켰다. 선원들은 누구의 잘못으로 신의 노여움을 사 갑자기 큰 풍랑이 생겼는지 추첨을 했는데, 요나가 걸렸다. 신은 바다에 던져진 요나를 큰 물고기가 삼키게 했다. 사흘 동안 물고기 배 속에서 회개한 요나를 신은 해변에 토하게 만들었다. 이때 요나는 상기 본문처럼 병든 상태가 아니었다. 어쩔 수 없이 니느웨로 간 요나는 회개하지 않으면 40일 후에 망한다고 외쳤다. 그런데 기적 같이 백성들과 왕까지 금식하며 회개해 멸망을 피하였다. 이럴 줄 알았다고 하나님의 사랑을 원망한 요나는 그래도 아시리아의 멸망을 소망하였다. 그래서 요나는 높은 곳에 초막을 짓고 니느웨의 멸망하는 광경을 기대하며 니느웨를 내려다보고 있었다. 이때 신은 밤사이에 박넝쿨을 빠르게 자라게 하여 한낮의 뙤약볕을 피할 그늘을 제공했다. 이 그늘로 한낮의 땡볕을 피한 요나는 매우 행복해하며 니느웨의 멸망을 기다렸다. 그러나 하루가 지난 후 벌레가 넝쿨을 다 갉아 먹었다. 요나는 땡볕에 시달리다가 차라리 죽는 게 낫겠다고 하나님을 원망했다. 이때 하나님이 "네가 박넝쿨을 아끼는 것보다 내가 니느웨의 수많은 생명을 더 소중히 여기는 것이 마땅하지 않느냐?"라고 말씀하셨다. 신은 이스라엘뿐 아니라 모든 인류를 창조했고 사랑하신다. 다만 이스라엘은 신의 사랑을 확실히 보여주는 샘플로 선택되었을 뿐 하나님은 모두를 사랑하신다고 요나 사건을 통해 말한다.

그런데 요나가 회개하라고 외친 말에 어떻게 모두 회개했을까? 아시리아 사람은 하나님을 모르고 우상을 섬겼는데 어떻게 이런 회개가 가능했을까? 이 의문에 천체 물리학이 답을 한다. 요나가 니느웨에서 회개를 촉구한 그때 우주 쇼인 일식이 발생했다고 물리학자가 밝혔다. 약 2,800년 전의 고대인들은 일식을 불길한 징조로 보았다. 멸망의 경고와 일식이 겹치니 하나님을 잘 모르는데도 모두 회개한 것이다. 회개시켜 살리려고 일식까지 활용할 정도로 사람을 아끼는 신의 마음이 감사하지 않은가? 이 마음을 비로소 깨달은 요나는 니느웨에서 신의 말씀을 가르쳤다고 한다.

요나의 이야기를 상기시키라는 꾸란이 요나에 대해서도 역시 제대로 밝히지 않아 무엇을 상기시키라는 건지 의아스럽다.

사가랴와 세례(자) 요한

1. 사가랴와 그의 아들 세례자 요한에 관한 꾸란 19장 2~15절의 기록을 살펴본다.
"2. 이것은 주님께서 당신의 종 사가랴에게 보여주신 자비를 설명한 것이니라 3. 보라 사가랴는 은밀히 그의 주님을 부르노라 4. 그가 말하길 주여 저의 뼈들은 허약하여지고 머리는 백발이 되었나이다 저는 주님께 기원하여 축복받지 아니한 적이 없었습니다 5. 나 이후에 올 나의 친척들이 행할 것이 두렵나이다 저의 아내가 불임이오니 당신께서 한 상속인을 주소서 6. 그리하여 저의 대를 잇고 야곱의 가계를 잇게 하여 주소서 주여 그를 당신께서 만족하시는 자로 하여 주소서 7. 사가랴여 내가 너에게 아들의 소식을 주리니 그의 이름은 요한이라 그 이름은 전에 누구에게도 주지 아니했던 이름이니라 8. 이때 그가 말하길 주여 제가 어떻게 아들을 가질 수 있겠습니까 저의 아내는 불임이며 저는 이미 늙었습니다 9. 하나님께서 그렇게 된다고 말씀하셨노라 주님께서 말씀하시길 그것은 내게 쉬운 일이니라 나는 이미 이전에 존재하지 않았던 너를 창조하지 않았더뇨 10. 사가랴가 말하기를 주여 제게 그 징표를 주소서라고 하니 주님께서 이르시길 그 징표로 네가 건전함에도 삼일 동안 사람들에게 말을 못하리라 11. 그리하여 사가랴는 기도실에서 그의 백성에게 나가 아침저녁으로 하나님을 찬미하라고 손짓으로 표시하였노라 12. 요한이여 이 성서를 단단히 지키라 나는 그가 어렸을 때 그에게 지혜를 주었노라 13. 그리고 나로부터 자애와 은총을 받았으니 그는 경건하였노라 14. 그는 부모에게 효도하며 거만하지 않고 오만하지도 안했노라 15. 그가 탄생한 날과 그가 임종하는 날과 부활하는 날에 그에게 평화가 있을 것이라"

○ 사가랴에 대한 꾸란의 기록은 그 자체가 이상하다. 사가랴는 기도한 모든 것을 신에게서 받았다고 고백했다. 이 고백 후에 바로 그가 아들을 달라고 신에게 간구했다. 그런데 막상 아들을 주겠다고 하니 그것을 못 믿어서 징표를 달라고 하는 것이 이상하다. 그의 믿음이 좋다고 스스로 고백했으면서 어떻게 응답을 의심하여 징표를 달라고 하는가? 이런 기도와 응답에 대한 기록은 성경과 완전히 다르다. 성경에는 사가랴가 이런 기도를 하지 않고 성전에서 제사장의 직무를 수행하고 있었다고 말한다. 그런데 성소에 가브리엘이 나타나 사가랴에게 일방적으로 아들을 줄 것이라고 예언하였다. 상기처럼 그의 기도에 대한 응답으로 요한을 주겠다고 약속한 것이 아니다. 그가 과거에는 이런 기도를 했겠지만, 그와 아내가 늙은 후에는 아들 낳기를 포기했

다. 그래서 늙은 후에는 이런 기도를 하지 않고 오직 제사장의 직무만 수행하였다. 그런데 갑자기 아들을 준다니 얼마나 놀랍겠는가! 너무 늙은 사가랴가 이 약속을 못 믿는 게 당연하지 않은가! 그런데 가브리엘은 그의 불신 때문에 아들 요한이 태어날 때까지 그가 벙어리가 될 것이라고 하였다. 그러나 꾸란에는 3일만 벙어리가 된다고 하고 있다. 또 3일간 벙어리가 되는 것이 아들을 주겠다는 신의 증표라고 말한다.

그리고 꾸란에는 사가랴가 어떤 사람인지 설명이 전혀 없다. 그러나 성경은 사가랴가 제사장이며 아내 엘리사벳도 아론의 후손이며 이 부부는 의로운 사람이라고 분명히 밝히고 있다. 그래서 가브리엘이 나타난 때도 사가랴가 제사장의 직무를 수행하고 있을 때라고 밝힌다.

사가랴의 아들로 태어난 세례자 요한에 대한 꾸란의 기록은 상기 내용이 전부이다. 그래서 신의 약속으로 태어난 요한이 어떤 일을 했는지 알 수가 없다. 성경에 나타난 요한의 삶은 이렇다.

예수보다 6개월 일찍 태어난 요한은 출생 당시부터 많은 사람들의 주목을 받았다. 왜냐하면 근 1년간 벙어리가 되었던 아버지가 요한이 태어나면서 다시 말을 하게 되었기 때문이다. 사가랴가 태어난 아들의 이름을 '요한'으로 짓는다고 서판에 적은 후에 그의 말문이 다시 열렸다. 다시 말하게 된 사가랴는 천사가 요한에 대해 말한 것을 친지들에게 알려주었다.

이렇게 태어날 때부터 많은 사람들의 주목을 받은 요한은 자라서 광야에서 메뚜기와 석청을 먹으며 낙타 털옷을 입고 생활했다. 그는 사람들에게 신의 말씀을 가르치며 회개를 촉구하였다. 그가 회개 의식으로 베푼 세례 때문에 그를 세례자 요한으로 불렀다. 그는 예수보다 먼저 사역을 시작하여 예수의 사역을 준비하는 역할을 했다.

요한은 갈릴리 지역의 왕인 헤롯이 동생의 아내를 빼앗은 것을 책망하였다. 그래서 헤롯의 아내가 된 헤로디아는 요한을 매우 증오하였다. 결국 헤롯은 아내 때문에 요한을 잡아 옥에 가두었다. 하지만 헤롯은 백성들이 요한을 신의 사자로 따르는 것을 의식해 요한을 처단하지 못했다. 오히려 헤롯은 감옥의 요한을 자주 불러 그의 가르침을 받았다. 그러던 중 헤롯의 생일잔치에서 헤로디아의 딸이 춤을 추며 헤롯을 즐겁게 했다. 기분 좋은 헤롯이 그 딸의 요구를 무엇이든 들어주겠다고 모든 손님들 앞에서 약속했다. 그 딸은 엄마가 시킨 대로 요한의 목을 요구했다. 헤롯은 난감했지만 자기체면 때문에 요한을 죽여 그 목을 딸에게 주었다. 딸은 요한의 목을 엄마에게 선물했다.

이런 요한을 무함마드가 밤중의 천상 여행에서 만났다는데 꾸란에는 요한에 대한 기록이 상기 본문뿐이니 너무 아쉽지 않은가?

2. 사가랴와 마리아의 관계를 말한 꾸란 3장 35~37절을 살펴본다.

"35. 이므란의 부인이 말하길 주여 저의 뱃속에 있는 것을 당신에게 바치겠사오니 이를 받아 주소서 당신은 모든 것을 들으시며 알고 계십니다 36. 그녀가 분만을 하고서 말하길 주여 제가 여자 아이를 낳았나이다 그리고 하나님께서는 그녀가 분만한 것을 잘 알고 계셨느니라 남자와 여자가 같지 아니하니 그녀의 이름을 마리아라 지었나이다 이 아이와 이 아이의 자손들을 사탄으로부터 보호하여 주소서 37. 주님께서 이 아이를 수락하사 그녀가 순결하고 아름답게 성장하도록 사가랴로 하여금 그녀를 돌보도록 하셨노라 그가 마리아의 방에 들어갈 때마다 그녀에게 먹을 양식이 있음을 발견하고서 말하길 마리아여 이것을 어디서 가져왔어요 라고 물으니 그녀가 말하길 하나님께서 주신 것입니다 하나님께서는 당신이 원하는 자에게 풍성한 양식을 주십니다 실로 하나님께서는 당신이 원하시는 자에게 한없이 베푸는 분이십니다"

○ 아쉽지만 이런 내용은 성경에 없다. 그리고 마리아의 아버지는 '이므란'이 아니고 누가복음 3장의 족보에 의하면, '헬리'이다. 이므란이란 이름 자체가 성경에는 없고 꾸란에만 나온다. 또 성경에는 마리아의 어머니에 대한 기록도 없다.

그리고 3장 44절에 마리아의 보호자를 선택하려고 화살을 던졌다는 이야기도 성경에 없다. 누군가를 선택하는 것을 신의 뜻에 맡기는 방법으로 제비뽑기 하는 것은 성경에도 여러 번 나타난다. 그러나 화살을 던지진 않았다. 화살을 던지는 것은 메카의 여신인 라트와 웃자의 뜻을 묻기 위해 애용한 방법이었다. 우상 숭배를 혐오하는 꾸란이 우상 숭배자들이 사용하는 방법으로 사가랴를 결정했다고 말하는 것은 너무 이상하지 않은가?

그리고 사가랴가 마리아를 돌본 게 아니다. 사가랴의 아내 엘리사벳과 마리아는 서로 외가가 친척이었다. 그런데 늙은 엘리사벳이 요한을 임신한 6개월 때에 마리아도 예수를 임신했다. 예수를 임신한 마리아가 늙은 나이에 비로소 임신한 엘리사벳을 축하하려고 먼 곳의 엘리사벳을 방문했다. 마리아는 그때 석 달 동안 사가랴 부부와 함께 지냈다. 그러나 그때는 사가랴가 벙어리가 되었는데 어떻게 마리아에게 말하며 보살폈겠는가? 그리고 엘리사벳의 해산일이 임박해 마리아는 자기 집으로 돌아갔다.

사가랴가 마리아를 돌봤다는 것은 꾸란만의 이야기다.

마리아와 예수

1. 마리아의 예수 임신에 대한 꾸란 3장 42~55절을 살펴본다.

"42. 천사들이 말하길 마리아여 하나님께서 너를 선택하사 순결하게 하였으며 너를 이 세상 여성들 위에 두셨느니라 43. 마리아여 경건한 자세로 너희 주님께 엎드려 경배하고 예배하는 자들과 함께 허리 굽혀 예배하라 44. ……누가 마라아를 보호할 것인가를 결정하기 위해 그들이 화살을 던졌느니라…… 45. 천사들이 말하길 마리아여 하나님께서 말씀을 통하여 너에게 아들에 관한 기쁜 소식을 주시노라 그의 이름은 마리아의 아들 메시아 예수라 그는 이 세상과 저 세상에서 존경을 받을 자요 하나님 가까이 있는 자들 중에 한 사람이 될 것이니라 46. 예수는 요람에서 그리고 성장해서 사람들에게 말을 할 것이며 의로운 자들 가운데 있게 될 것이라 47. 그녀가 말하길 주여 제가 어떻게 아이를 가질 수 있습니까 어떤 남자도 저를 스치지 아니 하였습니다 그가 말하길 그렇게 되리라 그분께서 어떤 것을 원하시면 창조하시니라 그분께서 어떤 것을 두고자 하실 때 있어라 그러면 그것이 있게 되느니라 48. 하나님께서 예수에게 성서와 지혜와 토라와 복음서를 가르치실 것이라 49. 그를 이스라엘 자손들에게 사도로 보내자 그가 말하길 나는 주님으로부터 증표를 받았노라 내가 진흙으로 새의 형상을 만들어 숨을 불어넣으면 하나님의 허락으로 새가 될 것이라 하나님께서 허락하실 때 나는 장님과 문둥이를 치료하며 하나님의 허락이 있을 때 죽은 자를 살리며 너희가 무엇을 먹으며 무엇을 집안에 축적하는가를 너희에게 알려 주리라 너희가 믿는 자들이라면 너희를 위한 증표가 그곳에 있으리라…… 55. 하나님께서 말씀하사 예수야 내가 너를 불러 내게로 승천케 한 후 너를 다시 임종하도록 할 것이니라……"

○ 상기의 내용 중 성경과 일치하는 것은 마리아가 성관계 없이 임신해 아들을 낳을 것과 아들의 이름은 예수라고 천사가 알린 것뿐이다. 그런데 천사가 아기의 이름을 알려줄 때 '마리아의 아들 메시아 예수'라고 알려주었다는 것은 성경과 다르다. 이런 식의 이름은 아랍식 이름이다. 아랍인은 흔히 'ㅇㅇㅇ의 아들(딸)'로 작명을 많이 했다. 그러나 성경은 가브리엘이 아기 이름을 '예수'라고만 알렸다고 한다. 그리고 예수는 '하나님의 아들'로 불리고 그의 백성을 다스리는 왕이 될 것을 가브리엘이 말했다고 성경은 전한다. 이 말은 상기 꾸란의 '메시아'와 같은 뜻인데 이에 대해선 14장에서 소상히 다룬다.

그리고 예수가 상기 본문처럼 새를 만들었다는 것은 성경에 없다. 또 예수가 일일이 신의 허락을 받아 병을 고치고 죽은 자를 살리고 사람들을 가르친 게 아니다. 그렇다고 예수가 신의 뜻과 관계없이 행동한 게 아니다. 신의 아들 예수는 아버지의 뜻을 다 알고 이 땅에 왔지만 늘 기도하면서 아버지와 교감을 이루며 십자가에 못 박히기까지 모든 것을 아버지의 뜻대로 했다.

그리고 상기 본문 55절에 신이 예수를 승천시킨 후 예수를 다시 임종시킨다는 것은 너무 이상하지 않은가? 문맥상 이 말은 예수가 두 번 죽는다는 뜻 아닌가? 꾸란의 다른 부분이 예수가 죽지 않고 승천했다고 말하는 것과 모순되지 않는가? 이 부분도 14장에서 소상히 다룬다.

2. 마리아가 아기 예수를 임신하고 낳는 과정에 대해 꾸란 19장 16~33절의 기록을 살펴본다.

"16. 성서에 있는 그대로 마리아에 관하여 이야기하라 그녀가 가족을 두고 동쪽의 어느 곳으로 떠났던 이야기이니라 17. 사람들이 보지 않도록 그녀가 얼굴을 가렸을 때 나는 그녀에게 천사를 보냈으며 그때 그는 사람의 모습으로 그녀 앞에 나타났노라 18. 이때 그녀가 말하길 당신이 하나님을 경외한다면 저는 당신에게 자비로우신 하나님께 피할 곳을 간구하나이다 19. 그가 말하길 실로 나는 주님의 사도로서 당신에게 성스러운 아들의 소식을 전하기 위해 왔습니다 20. 그녀가 말하길 어느 남자도 저를 접촉하지 아니했고 나 또한 부정을 저지르지도 아니 했는데 어떻게 제가 아들을 가질 수 있습니까 21. 이에 그가 말하길 그렇게 될 것입니다 주님께서 말씀하시길 그것은 내게 쉬운 일이라 그로 하여금 백성을 위한 증표가 되게 하고 내가 보내는 자비가 되도록 이미 그렇게 하였노라 22. 그리하여 그녀는 잉태하고 멀리 떨어진 곳으로 옮겨갔노라 23. 출산의 진통이 심하여 그녀는 종려나무 줄기를 붙잡고 말하길 이전에 죽어버렸다면 잊어버릴 수 있을 텐데 24. 그때 종려나무 밑에서 천사가 그녀를 부르더니 슬퍼하지 말라 주님께서 네 밑에 흐르는 냇물을 두셨노라 25. 종려나무 줄기를 네가 있는 쪽으로 흔들어라 그러면 잘 익은 열매가 너에게로 떨어지리니 26. 먹고 마시어 마음을 평안하게 하라 그리고 네가 사람을 만나거든 저는 하나님께 단식할 것을 맹세하였으며 오늘 누구와도 말을 하지 않을 것이라 말하여라 27. 얼마 후 그녀가 아들을 안고서 사람들에게 나타나니 저들이 말하길 마리아여 너는 이상한 아이를 데리고 왔구나 라고 조롱하노라 28. 아론의 누이여 너의 아버지는 나쁜 사람이 아니었고 너의 어머니도 부정한 여자가 아니었노라 29. 그러자 그녀는 그 아이를 가리켰노라 이때 모두가 말하길 우리가 요람 안에 있는 아기와 어떻게 말을 하란 말이뇨 라고 하노라 30. 그 아기가 말하길 나는 하나님의 종으로 하나님께서 나에게 성서를 주시고 나를 예언자로 삼으셨습니다 31. 제가 어디에 있든 저를 축복하도록 하셨고 제가 살아있는 동안 예배를 드리고 이슬람세를 바치도록 명령하셨습니다. 32. 저의 모친에게 효도하라 하셨고 저로 하여금 거만하지 아니하고 불행함이 없도록 하셨습니다 33. 제가 탄생한 날과 제가 임종하는 날과 제가 살아서 부활하는 날에 저에게 평화가 있도록 하셨습니다"

○ 상기 본문은 "성서에 있는 그대로 마리아에 관하여 이야기하라"라고 시작하는데 상기 본문은 마리아가 아들을 낳을 것을 예고한 내용 외에는 성경에 전혀 없다. 마리아가 종려나무 밑에서 홀로 예수를 낳았고 예수가 태어나자마자 말을 했다니 너무 황당하다. 성경에 있는 그대로 말하지 않는 이유가 무엇일까? 마리아가 아기 예수를 낳는 과정에 대한 기록이 꾸란과 성경은 완전히 다르다. 성서에 있는 그대로를 살핀다.

마리아와 약혼한 요셉은 결혼 생활 전에 임신한 마리아와 조용히 관계를 끊고자 하였다. 그러나 꿈에 요셉은 마리아가 성령으로 구세주 예수를 임신했다는 천사의 말을 들었다. 그래서 마리아를 집으로 데려왔지만 예수를 낳기까지는 마리아와 동침하지 않았다. 이런 가운데 로마 황제 아우구스투스가 인구 조사를 위해 로마 제국의 모든 사람들은 본적지에서 호적 등록을 하라고 명령했다. 그래서 요셉은 본적지인 베들레헴에 호적 등록을 하기 위해 만삭이 된 마리아를 데리고 베들레헴으로 갔다. 그러나 베들레헴의 여관에 빈 방이 없어서 마구간에서 밤을 지내다가 마리아는 예수를 낳아 말구유에 눕혔다.

이때 들에서 양을 치던 목자들이 마구간을 찾아 아기 예수의 탄생을 축하하며 경배했다. 얼마 후에는 동방에서 온 세 박사가 별을 보고 아기 예수를 찾아 경배했다. 또 얼마 후 요셉과 마리아가 아기 예수를 안고 예루살렘 성전을 찾으니 두 사람이 예수를 차례로 안고 감사하며 예수의 장래를 예언했다. 예수의 말이 처음 소개된 것은 예수가 12세에 예수를 찾던 부모에게 한 대답이었다.

그런데 상기 꾸란은 마리아 혼자 종려나무 아래에서 예수를 낳았다고 하는데 이것이 과연 성서 그대로인가? 또 꾸란은 예수가 태어나자마자 요람에서 동네 사람들에게 말을 했다는데 이것이 과연 성서 그대로인가? 왜 갓난 예수가 말을 했을까? 마리아가 나쁜 짓을 하여 아들을 낳은 것이 아님을 증명하기 위해서다. 상기 1의 본문에는 아기 예수가 요람에서 말할 것을 천사가 예언했다는데 이런 내용은 성경에 전혀 없다.

그런데 갓 태어난 아기 예수가 자신의 삶을 예고하는 말을 했으니 참으로 흥미롭다. 자신이 죽고 부활할 것을 예고한 것이다. 누구나 다 죽기에 아기 예수의 죽음 예고는 별 의미가 없을 수도 있다. 그렇지만 꾸란의 다른 부분들과 무함마드는 예수가 죽지 않고 승천했다고 주장하기에 아기 예수의 죽음 예고는 의미가 크다. 또 아기 예수의 부활 예고는 더 큰 의미를 가진다. 문맥상 이 부활은 심판의 날에 모두 부활하는 부활을 뜻하지 않기 때문이다.

　3. 예수에 대해 꾸란 5장 110~119절은 또 이렇게 말한다.

　"110. 마리아의 아들 예수야 내가 너에게 내린 은총을 기억하라 내가 가브리엘 천사로 하여 너를 보호하고 네가 요람에서 그리고 성숙하여 사람들에게 말을 하도록 하였느니라 내가 너에게 말씀과 지혜와 토라와 복음서를 가르쳤느니라 그리하여 너는 흙으로 나의 뜻에 따라 새의 모양을 빚어 그곳에 호흡을 하니 나의 뜻에 따라 새가 되었노라 또한 나의 뜻에 따라 장님과 문둥병을 치료하였고 나의 뜻에 따라 죽은 자를 살게 하였느니라 또 네가 그들에게 기적을 행하매 이스라엘 자손들이 너를 음모하여 살해하려하니 내가 이를 제지하였던 때를 기억하라 그들 가운데 불신자들은 이것은 분명한 마술에 불과할 뿐이라고 말했느니라 111. 보라 내가 예수의 제자들에게 나를 믿고 나의 사도를 믿으라 하니 믿나이다 그리고 저희는 무슬림으로써 하나님께 복종한다고 하였느니라 112. 예수의 제자들이 말하길 마리아의 아들 예수여 당신의 주님께 기도하여 하늘로부터 음식이 마련된 식탁을 우리에게 내려줄 수 있습니까 라고 하니 예수가 말하길 너희가 진정으로 믿는 자들이라면 하나님만을 두려워하라 113. 제자들이 우리는 그 식탁에서 먹을 수 있기를 바라며 우리의 마음이 돈독한 믿음으로 만족하기를 바라며 당신이 우리에게 진실을 말했다는 것을 알 수 있기를 바라며 당신이 우리에게 진실을 말했다는 것을 알 수 있기를 바란다고 하였느니라 114. 그러자 마리아의 아들 예수가 말하길 주여 하늘로부터 저희에게 음식이 마련된 식탁을 내려 우리에게 처음과 끝이 축제가 되도록 하고 그것이 당신으로부터 온 징표가 되도록 하여 주소서 그리고 저희에게 일용할 양식을 주소서 당신은 일용할 양식을 주시는 가장 훌륭한 분이십니다 115. 하나님께서 말씀하사 내가 그것을 너희에게 내려 보내노니 그 이후로 말씀을 불신하는 자에게는 내가 세상 어느 누구에게도 가하지 아니했던 징벌을 내릴 것이니라 116. 하나님께서 말씀하사 마리아의 아들 예수야 네가 사람들에게 나를 제쳐두고 너 예수와 너의 어머니를 두 신으로 경배하라 하였느뇨 예수가 대답하길 맙소사 당신만이 홀로 영광 받으실 분입니다 결코 그렇게 말하지 아니했으며 그렇게 말할 권리도 없나이다 제가 그렇게 말했다면 당신께서 알고 계실 것입니다 당신께서는 저의 마음속에 있는 모든 것을 아시나 저는 당신의 마음속에 있는 것을 알지 못합니다 보이지 않는 것을 아시는 분은 오직 당신뿐입니다 117. 제가 사람들에게 말한 것은 당신께서 저에게 말씀하여 주신 대로 나의 주님이자 너희의 주님이신 하나님만을 경배하라는 말 외에는 아무 말도 하지 아니하였으며 제가 그들 가운데 있는 동안 저는 그들에 대한 증인이었습니다 그러나 당신께서 저를 승천시킨 후부터는 당신께서 그들을 감시하고 계셨으니 당신께서는 모든 것에 대한 증인이십니다 118. 당신께서 그들에게 징벌을 내리신다 해도 그들은 당신의 종들이며 당신께서 그들을 용서하신다면 당신께서는 전지전능하신 분이십니다 119. 하나님께서 말씀하사 오늘은 그들의 진실이 진실한 자들을 유익하게 하는 날이니라 그들을 위하여 강물이 흐르는 천국이 준비되어 있으니 그들은 그곳에서 영생하느니라 하나님께서는 그들로 인하여 기뻐하시고 그들은 하나님을 기쁘게 하니 이것이 커다란 승리이니라"

○ 이런 대화와 내용은 성경에 전혀 없다. 또 상기 117절에 "……당신께서 저를 승천시킨 후부터는 당신께서 그들을 감시하고 계셨으니……"라고 한 말은 꾸란의 모순을 또 보여준다. 이 표현은 이 대화의 시점이 분명히 예수가 승천한 후인 것을 나타낸다. 그런데 상기 본문을 보면 예수가 이 땅에 있을 때 신과 나눈 대화로 기록되어 있다. 이런 모순이 너무 이상하지 않은가?

그리고 시제의 모순은 또 있다. 복음서는 예수의 죽음, 부활, 승천 이후에 기록된 예수의 전기이다. 그런데 상기 1의 3장 48절에 이어 여기에서도 하나님이 예수에게 복음서를 가르쳤다는 것은 앞뒤가 맞지 않는다. 그리고 꾸란은 계속 예수를 마리아의 아들, '예수'로 적고 있지만 성경은 그렇지 않다. 하나님은 '나의 사랑하는 아들'로 불렀지 '마리아의 아들, 예수야'라고 부르지 않았다. 제자들은 자신들을 무슬림으로 부르지 않았고 또 예수를 '마리아의 아들 예수여'라고 부르지 않았다. 그럼에도 꾸란이 계속 이런 호칭을 사용하는 것은 예수의 신성을 부인하고 인성만 나타내려고 하기 때문이다. 예수의 신성에 대해선 다음의 14장에서 소상히 다룬다. 또 신의 아들 예수는 신을 아버지로 불렀지 주님으로 부르지 않았다.

그리고 제자들이 하늘에서 음식이 차려진 식탁을 요청한 적도 없고 식탁이 내려온 기적도 없다. 다만 보리 빵 다섯 개와 생선 두 마리로 또 보리 빵 일곱 개와 생선 두 마리로 각각 약 만 육천~2만 명의 배고픈 군중을 먹인 두 번의 기적이 기록되어 있다. 그래서 제자들은 오로지 예수와 함께 하며 엄청난 기적을 맛보았을 뿐이다. 예수를 시험하려고 사람들이 기적을 요구할 때 예수는 이를 단호히 거절하였다. 이때 예수는 오히려 이들을 책망하였다. 심지어 자신을 시험하던 사탄에게는 "주 너의 하나님을 시험하지 말라"라고 책망했다. 꾸란에서 예수의 제자가 언급된 것은 이 부분뿐인데 성경과 너무 동떨어진 것을 기록하고 있으니 놀랍지 않은가!

13. 여성에 대한 차이

무함마드의 아내들

이슬람의 여성관을 충분히 이해하기 위해 이슬람 태동 후에 이루어진 무함마드의 결혼을 살피는 것이 유익하다. 왜냐하면 무함마드의 삶은 모든 무슬림이 따라야 할 순나로 여겨지기 때문이다. 이 책 1부에서 살폈듯이 무함마드는 첫째 부인인 카디자가 죽은 후 많은 여인과 결혼했다. 이 무함마드의 결혼을 한 눈에 파악하기 위해 집중적으로 다시 정리한다.

무함마드가 결혼한 아내들은 다음과 같다. 이름 옆의 ( )안 두 숫자는 결혼 당시의 나이를 가리키는데 왼쪽은 아내의 나이이고 오른쪽은 무함마드의 나이이다. 이 나이는 그가 이슬람력 11년에 63세로 죽은 것과 그의 결혼 연도를 대비하여 필자가 계산한 것이다. 그리고 부인에 대한 설명과 이슬람 학자가 본 무함마드의 결혼 목적을 적었다. 이는 중앙회 홈페이지에 게재된 하디스 가운데 '예언자의 가족들'과 '선지자 부인들의 삶에 대한 조명' 그리고 임병필의 저서인《이슬람의 진실과 오해》와 다른 자료를 참고해 작성한 것이다.

1. 사우다(40, 50) : 첫 아내인 카디자가 죽은 몇 달 후 사하바의 권유로 무함마드의 자녀를 돌볼 목적으로 결혼하였다. 좀 통통하고 체격이 큰 사우다는 아비시니아로 망명했는데 그곳에서 남편이 기독교로 개종했기에 메카로 되돌아왔다. 무함마드가 계시받은 후 10년째 되는 해 10월에 결혼하였다. 그런데 하루는 무함마드가 사우다에게 실망해 그녀와 이혼할 것을 고민했다. 이때 사우다는 아이샤에게 모든 것을 양보했는데 이혼만은 말아달라고 간청해 무함마드는 이혼을 하지 않았다. 그녀는 이슬람력 54년 10월에 사망하였다. 결혼 목적은 이슬람 여성 보호와 자녀 양육이다.

2. 아이샤(6, 50) : 아이샤는 무함마드의 절친한 친구인 아부 바크르가 무슬림이 된 해에 그의 딸로 태어났다. 그런데 아이샤가 6세 되던 해에 홀아비가 된 무함마드에게 사하바가 아이샤, 사우다와의 결혼을 건의하였다. 이에 무함마드는 사우다와는 결혼했

지만 아이샤의 부모에게선 너무 어리다는 이유로 거절당하였다. 그럼에도 청혼을 거듭해 독실한 신자인 아부 바크르가 받아들였다. 그러나 6세의 아이샤와는 결혼식을 올리며 첫날밤만 함께 하고 더 이상의 부부 생활은 하지 않았다. 그 후 3년 또는 2년 5개월이 지나 메카의 아이샤를 메디나로 데리고 와 9세의 아이샤와 본격적인 부부 생활을 하였다. 무함마드가 결혼한 많은 아내 중 가장 어렸고 처녀로 결혼한 유일한 아내였다. 그래서 잇따른 무함마드의 결혼으로 그녀는 다른 아내들을 시기해 다툼의 중심에 서기도 했다. 무함마드가 죽었을 때 그녀의 나이는 18세였다고 한다. 무함마드의 많은 아내 중 남편의 사랑을 가장 많이 받았다. 그녀는 무함마드 사후에 여인들의 교화에 힘쓰고 여인에게 이혼에 대해 가르치기도 했다. 이슬람력 57년 9월에 사망하였다. 결혼 목적은 무슬림 결속과 이슬람교 포교였다.

3. 하프사(20, 55) : 오마르의 딸로 바드르 전투 후 남편이 죽어 과부가 되었다. 오마르가 오스만에게 자기 딸과의 결혼을 요청했으나 거절당했다. 그래서 오마르를 달래기 위해 무함마드가 하프사와 이슬람력 3년 8월에 결혼했다. 그런데 이후 무함마드가 하프사와의 이혼을 선언해 오마르는 큰 충격을 받았다. 이때 가브리엘 천사가 무함마드에게 나타나 하프사는 신앙이 좋은 사람임을 말했다고 한다. 어쨌든 화가 풀린 무함마드는 하프사를 다시 데리고 왔다. 그녀는 아내들 중에 특히 아이샤와 친했다. 그녀는 60세에 사망해 메디나의 공동묘지에 안장되었다. 결혼 목적은 무슬림 결속과 구제였다.

4. 자이납(28, 56) : 우흐드 전투에서 남편이 죽은 후에 이슬람력 4년에 무함마드와 결혼했으나 3개월 또는 8개월 만에 사망하였다. 자이납은 일찍 죽었지만 '가난한 사람들의 어머니'로 불릴 정도로 구제 활동에 열심이었다. 결혼 목적은 미망인 구제와 무슬림 결속이었다.

5. 움무 쌀라마 힌드(29, 56) : 그녀와 금슬이 너무 좋았던 남편이 우흐드 전투의 부상으로 이슬람력 4년 4월에 죽었다. 이후에 아부 바크르와 오마르에게서 청혼을 받았으나 거절했다. 그러나 무함마드의 청혼을 받고는 이슬람력 4년 10월에 무함마드와 결혼했다. 이때 그녀는 전남편의 아기를 낳은 상태였다. 그녀는 자이납이 살던 집에서

생활하였다. 그리고 그녀의 아름다움과 훌륭한 인격은 널리 소문이 났다 하프사는 그녀가 소문보다 훨씬 아름답다고 한 반면에 아이샤는 그녀가 소문보다 덜 하다고 하였다. 무함마드 사후에 쌀라마는 아이샤에게 알리와 싸우지 말 것을 조언했다. 그러나 아이샤는 알리에 맞서 '가마의 전투'를 독려했다. 하지만 패배하였다. 움무 쌀라마는 이슬람력 62년 또는 59년에 84세로 사망하여 메디나에 안장되었다. 결혼 목적은 미망인 및 고아 구제와 무슬림 결속이었다.

6. 자이납(37, 57) : 이 결혼은 너무 큰 파문을 일으킨 사건이었다. 무함마드의 사촌 동생인 자이납은 무함마드와 결혼하기를 원했다. 그런데 무함마드는 자이납을 그의 양자인 자이드와 결혼시켰다. 이때 무함마드는 자이드의 혼인 지참금으로 많은 돈을 주어 자이납의 마음을 달랬다고 한다. 원치 않는 결혼을 한 자이납의 결혼 생활은 행복하지 못했다. 이런 가운데 하루는 자이드의 집을 방문한 무함마드가 속살이 훤히 비치는 얇은 옷을 입은 자이납의 영접 인사를 받았다. 무함마드는 유혹을 이기려고 꾸란을 암송했다고 한다. 이후 무함마드가 자이드에게 자유분방한 자이납과의 이혼을 설득했다고 한다. 그러나 이혼하려는 자이드를 무함마드가 말렸다는 설도 있다. 어쨌든 자이드는 이혼했고 공교롭게도 이때 그동안 존속된 양자 제도가 폐지되어 자이드는 무함마드의 양자 지위를 잃었다. 이에 무함마드는 법적 절차를 거쳐 이슬람력 5년에 자이납과 결혼했다.

자유분방한 자이납이었지만 무함마드의 아내가 된 후에는 자기가 일해서 번 돈까지 자선 활동에 사용해 '가난한 자들의 피난처'로 불렸다. 무함마드가 죽기 전에 많은 아내 중에 천국에서 무함마드를 가장 먼저 만날 자가 누구냐는 질문을 받았다. 무함마드는 "팔(손)이 가장 긴 자"라고 답했다. 그래서 팔 길이를 재는 소동 끝에 사우다의 팔이 가장 긴 것으로 나타났다. 그러나 무함마드 사후에 아내들 중 자이납이 가장 먼저 죽었다. 그래서 이 말의 의미는 자선을 많이 한 자로 해석되었다.

당시 며느리와의 결혼이라며 큰 파문을 일으켰지만, 자이납과의 결혼을 신이 허락한 것이 꾸란에 나타난다. 그래서 자이납은 무함마드와의 결혼을 신이 허락한 유일한 결혼임을 자랑하며 아이샤와 신경전을 펼쳤다.

어쨌든 이 결혼 때문에 무함마드의 양자 지위를 잃은 자이드는 이후 성격이 난폭해졌다. 또 자이드는 전쟁에서 더 용감해졌다고 한다. 이 결혼의 목적은 양자 제도의 폐지로 이슬람 이전의 관습을 제거하기 위함이라고 한다. 이에 대해선 잠시 후에 더 소상히 다룰 것이다.

7. 주와이리아(20, 58) : 홍해 인근의 무스딸리끄 부족이 메디나를 공격할 것이란 정보를 들은 무함마드가 원정군을 이끌어 무스딸리끄를 선제공격 하였다. 이 싸움에서 승리한 무슬림의 전사 싸비트가 주와이리아를 전리품으로 받았다. 주와이리아는 무스딸리끄 부족장의 딸이었는데 이 전투에서 남편이 전사하였다. 그녀를 전리품으로 받은 싸비트는 그녀를 해방하겠다고 약속하였다. 이 약속 이행을 무함마드가 촉구하였고 그 결과 해방되자 이슬람력 6년 8월에 무함마드가 그녀와 결혼하였다.

이와 다른 견해는 달이 자기 무릎에 떨어지는 꿈을 꾼 주와이리아가 무함마드를 찾아와 몸값 지불할 돈이 없음을 호소했다는 설도 있다. 이에 주와이리아의 간청으로 무함마드가 싸비트에게 몸값으로 은화 360냥을 지불했다고 한다. 이렇게 하여 그녀가 해방된 후에 무함마드가 주와이리아와 결혼했다고도 한다. 이때 포로로 잡힌 사람들 100명이 무함마드를 찾아와 자기들은 주와이리아의 친척이라고 주장하며 자기들도 해방시켜줄 것을 간청하였다. 주와이리아와 신혼을 즐기던 무함마드는 이들을 해방시키며 이들은 예언자의 처남들이라고 불렀다. 그녀는 매우 아름답고 매력적인 얼굴을 가졌다고 전해진다. 그녀는 주민들에게 가장 훌륭한 여인으로 평가를 받으며 65세에 죽었다. 이 결혼의 목적은 무슬림과 아랍 베두인 부족의 결속이었다.

8. 움무 하비바(라믈라)(35, 59) : 하비바는 무함마드의 적인 메카의 지도자 아부 수피안의 딸이었다. 그럼에도 무슬림이 되었고 이름은 라믈라였다. 그녀는 남편과 함께 아비시니아로 이주하였다. 그런데 남편이 그 곳에서 기독교로 개종하면서 그녀에게도 개종을 요구하였다. 그녀가 개종을 거부하던 중 남편이 죽어 이국땅에서 그녀는 과부로 살았다. 이 소식을 들은 무함마드가 아비시니아의 왕에게 편지를 보내 그녀와 결혼할 테니 메디나로 보내줄 것을 요청하였다. 이 요청을 네구스 왕이 받아들여 그녀를 무함마드에게 보냈다. 이때 왕은 하비바에게 결혼 선물을 많이 주었다고 한다.

그녀와는 이슬람력 7년에 결혼하였다.

후에 위기를 느낀 아버지 아부 수피안이 무함마드를 만나기 위해 메디나로 왔었다. 그는 딸의 도움을 받고자 하비바의 집에 들렀다. 이때 그녀는 아버지가 무함마드가 앉고 눕는 자리에 앉지 못하도록 하였다. 또 그녀가 죽기 전에 아이샤와 움무 쌀라마를 만나 그동안 시기, 질투하고 다툰 것에 대해 용서를 빌며 서로 화해를 하기도 했다. 그녀의 사망 연도는 이슬람력 42년 또는 44년 또는 50년이라고 의견이 분분하다. 이 결혼의 목적은 무슬림 여성 보호였다.

9. 사피아(17, 59) : 사피아는 카이바르의 유대인 부족의 족장 딸이었다. 무함마드가 카이바르를 정복할 때의 전투에서 사피아의 남편은 전사했다. 사피아는 포로로 잡혀 한 무슬림의 여종으로 보내졌다. 이에 사하바들이 모세의 형 아론의 후손이며 족장의 딸인 사피아를 여종으로 삼는 것은 부당하다며 아내로 맞이하길 건의하였다. 무함마드는 사피아의 주인에게 몸값을 지불하고 사피아를 해방시킨 후 청혼했다. 그러자 사피아는 무함마드의 아내가 되겠다고 하였다. 사피아도 달이 자기 무릎에 떨어지는 꿈을 꾸었다고 한다. 그래서 사피아가 무함마드의 아내가 되기로 결심했다고 한다. 무함마드가 사피아에게 개종을 요구했다는 설도 있다. 어쨌든 사피아는 이슬람력 7년에 무함마드의 아내가 되었다.

메디나에서 생활하던 사피아가 자이드와 이혼하고 무함마드의 아내가 된 자이납에게 낙타를 빌려달라고 부탁했는데 거절당했다. 이 사실을 들은 무함마드는 자이납과의 동침을 몇 달간 거부했다. 무함마드는 사피아가 유대인이라는 이유로 아내들 사이에서 왕따 당하지 않도록 자이납을 시범 케이스로 삼은 것이었다. 그런데 그 벌칙이 섹스 거부라니 흥미롭지 않은가! 그녀의 사망 연도는 이슬람력 50년 또는 52년으로 알려져 있다. 이 결혼 목적은 종교 화합과 유대인 부족과의 결속이었다.

10. 마이무나(35, 59) : 그녀는 메카 지도자의 딸로서 이름이 '바라'였다. 무함마드가 이슬람력 7년 11월에 메카를 소순례하던 중에 숙부 압바스의 권유로 메카 지도층과의 결속을 목적으로 그녀와 결혼하였다. 이후 무함마드는 그녀의 이름을 마이무나로 고쳐 불렀다. 그녀와의 결혼 결과 마이무나가 키운 조카 칼리드가 이슬람으로 개종하는

성과도 있었다. 칼리드는 우흐드 전투에서 무슬림에게 패배를 안겨준 메카의 촉망받는 장수였다. 그러나 개종 후에는 이슬람의 명장이 되었다. 그는 이슬람이 팔레스타인을 비롯한 외지를 정복할 때 큰 공을 세우게 되었다. 아이샤가 말하길 "마이무나는 선지자의 아내들 중 가장 경건하고 가족을 아끼는 사람이었다."라고 하였다. 마이무나의 사망 시기에 대해 크게 차이나는 두 의견이 있다. 하나는 결혼 수년 후 죽어 무함마드가 시신을 묻은 마지막 아내라는 설이 있다. 또 다른 하나는 이슬람력 51년에 또는 61년에 죽었다는 설도 있다. 결혼 목적은 아랍 부족 결속이었다.

11. 마리아 : 마리아의 나이에 대해선 알려진 게 없다. 그녀는 무함마드의 외교 편지를 받은 이집트의 총독이 무함마드에게 보낸 선물이었다. 그녀는 이집트의 콥트 교인이었지만 무함마드에게 온 후 개종하였다. 무함마드는 많은 아내를 두고 있었지만 자녀를 낳은 아내는 카디자뿐이었다. 그리고 카디자가 낳은 2남 4녀 또는 3남 4녀 중 파티마가 무함마드의 사망 때까지 유일하게 생존해 있었다. 이런 가운데 마리아가 이슬람력 8년에 무함마드의 아들을 낳았다. 무함마드의 아이를 낳지 못했던 아내들은 마리아를 시기하여 이 아기가 마리아와 함께 이집트에서 온 콥트 교인의 아들이라고 의심하며 쑥덕거렸다. 화가 난 무함마드는 그 남자를 조사하였는데 그는 고자인 것으로 드러났다. 이에 무함마드는 이 아들의 이름을 이브라힘으로 부르며 자기를 꼭 닮았다고 매우 좋아하였다. 그러나 질투심 많은 아이샤는 이브라힘이 무함마드를 닮지 않았다고 시기하기도 하였다. 그러던 중 이브라힘도 생후 18개월인 이슬람력 10년에 죽었다. 슬픔에 잠긴 무함마드는 딸들의 무덤 옆에 이브라힘의 시신을 묻었다.

이후 중요한 타북 원정을 앞둔 어느 날 무함마드는 아이샤와 함께 자야 하는 날에 하프사의 집에서 마리아와 성관계를 했다. 이를 안 하프사와 아이샤가 발끈했고 소문을 들은 다른 아내들도 동조하였다. 그러나 무함마드는 오히려 아내 길들이기에 나서 아내들과의 잠자리를 거부하며 별거에 돌입했다. 꾸란의 가르침대로 한 것이었다. 무함마드는 한 달 후 이혼과 순종 둘 중의 하나를 요구하며 아내들의 불만을 잠재웠다.

이상의 아내들은 무함마드와 가까운 아내들이었고 이 중 9명 이상이 무함마드 사망 이후에도 생존했던 것으로 알려져 있다.

이외에도 무함마드가 결혼하거나 동거한 여자들이 많은 것으로 알려져 있다. 그러나 이들은 위에 열거한 아내들만큼 무함마드의 사랑을 받지 못했다. 이중 라이하나 빈트는 유대인 꾸라이자 부족과의 전투에서 전리품으로 데리고 온 무함마드의 몸종이었다는 설이 있다. 또 자이드도 전쟁 포로로서 유대인 부족과의 결속 및 종교 화합을 위해 결혼했다고 한다. 또 전쟁 포로 출신의 자밀라와 자이납이 선물한 여인도 무함마드의 부인으로 간주되기도 한다. 그러나 이들과는 무함마드가 결혼식만 올리고 실제적인 부부 관계는 거의 없었던 것으로 보인다. 그래서 이들은 무함마드의 곁을 스쳐 지나간 여인들로 보인다.

그리고 무함마드의 사촌 동생인 움무 하니와는 특별한 관계로 보인다. 그녀와 동침하는 침대에서 그는 간밤에 예루살렘과 천국을 다녀왔다고 아침에 그녀에게 말했다. 그녀는 "나는 당신의 말을 믿어도 다른 사람은 믿지 않고 당신을 이상하게 볼 것입니다. 그러니 다른 사람에겐 이런 말을 하지 마세요."라고 부탁했다. 이후 약 10년 후 무함마드가 메카를 정복한 날에 움무 하니의 집에서 그는 목욕하며 함께 밤을 지냈다. 이때는 많은 아내가 있었음에도 움무 하니를 찾은 것은 그녀와 각별한 관계였음을 보여준다. 무함마드에게 아내가 많았기에 아내들 사이에 다툼이 많이 발생했다. 이에 대해서는 이 책 1부의 6장 '아랍 통일과 무함마드의 사망'에 나오는 '아내 길들이기'를 참고하기 바란다.

여성에 대한 무함마드의 특권

도대체 무함마드는 왜 이렇게 여인이 많았을까? 아내가 많았던 개종자에게도 4명만 선택하고 나머지 아내는 포기할 것을 명한 무함마드가 아닌가? 본인은 왜 그보다 훨씬 많은 아내를 두었을까? 이에 대해 무함마드에게 결혼에 대한 특혜를 준 것이 꾸란에 나타나 놀랍다.

꾸란 33장 50, 51절은 이렇게 말한다. "50. 예언자여 실로 하나님께서는 그대에게 허용하였나니 그대가 이미 혼인금을 지불한 부인들과 하나님께서 전쟁의 포로로서 그대에게 부여한 자들과 그대의 오른손이 소유하고 있는 자들과 삼촌의 딸들과 외삼촌의 딸들과 이주하여 온 외숙모의 딸들과 예언자에게 스스로를 의탁하고자 하는 믿음을 가진 여성들은 예언자가 그녀들과 결혼하고자 원할 경우 허용되노라 그러나 다른 믿는 자들에게는 허용되지 아니하노라…… 이는 그대에게 어려움이 없도록 함이니 실로 하나님께서는 너그러우시고 자비로우신 분이시라 51. 그녀들 중에서 그대가 결혼을 연기하고자 하는 자가 있다면 그것은 그대의 선택이며 그대가 받아들이고자 할 때도 그러하며 멀리했던 그녀를 다시 불러도 되느니라 그것은 그대에게 죄가 아니며 아주 적절한 것이니라 그녀들의 눈들이 안정을 찾고 그녀들이 슬퍼하지 아니하며 그대가 베푼 것으로 그녀들 모두가 기뻐하는 것이 더 좋으니라……"

또 이어 33장 52절에 이렇게 말한다. "그 후부터는 그대가 그 이상의 여성과 결혼함이 허용되지 아니하며 미모의 여성이 그대를 유혹한다 하여도 그녀들을 대체할 수 없으되 그대의 오른손이 소유한 자들은 제외라 ……"

여기에서 오른손이 소유한 것은 노예를 말한다. 무함마드의 노예가 되는 경우는 거의 전쟁 포로였는데 무함마드는 전리품의 20%를 차지하였다.

아내의 수에 제한이 없는 것도 놀랍지만 거의 자기 마음대로 할 수 있는 것이 더 놀랍지 않은가! 결혼을 미루고 또 멀리했던 여인을 가까이하는 등의 사안에 대해 자기 마음대로 해도 된다니 이상하지 않은가! 이런 꾸란의 약속으로 상기처럼 아내가 많았던 무함마드가 아내들의 불만과 다툼으로 그가 고민에 빠진 적이 있었다. 그때 꾸란은 66장 1절부터 그를 위로하다가 5절에 이렇게 말한다.

"만일 그가 너희들과 이혼한다 하여도 주님께서는 그에게 너희보다 더욱 훌륭한 다른 아내를 줄 수 있느니라 그녀들은 무슬림 여인들이요 믿는 여인들이며 복종하는 여인들이요 회개하는 여인들이며 하나님을 진실하게 경배하는 여인들이요 단식에 헌신하는 여인들이요 과부들과 처녀들이라"

이미 아내가 많아 고민하는 그가 이혼할 경우 그에게 더 훌륭한 여인들을 주겠다니 이 얼마나 큰 특혜인가! 더군다나 이때는 무함마드가 아이샤와 자야 하는 날인데 하프사의 집에서 마리아와 성관계하여 아이샤와 하프사를 화나게 한 때로 보인다. 누가 잘못했든지 그는 상기 꾸란에 힘입어 아내들에게 이혼이냐, 순종이냐 둘 중 선택을 요구하였다. 이렇게 아내들의 불만을 무마할 수 있도록 꾸란이 그에게 결혼의 특권을 준 것이 놀랍지 않은가! 이처럼 무함마드는 수많은 여성과 얼마든지 결혼하고 마음대로 할 수 있으니 이런 특혜가 어디 있는가!

꾸란은 1부4처까지 허용하는데 무함마드에게 이런 특혜를 준 이유가 뭘까? 사회 구제와 이슬람 확장을 위해 무함마드에겐 그 이상의 결혼을 허용했다고 이슬람 학자들은 말한다. 그럼, 당시에는 가장 확실한 구제책이 무함마드와의 결혼뿐이었던가? 결혼을 통해 무함마드가 모든 여인을 구제할 수 있는가? 결혼을 통한 이슬람 확장이 진정한 포교인가?

무함마드에게 허용된 특권이 오늘날 이슬람 사회 지도자에게도 쉽게 보이는 듯해 놀랍기만 하다. 세계를 테러 공포로 몰아넣은 알카에다의 최고 지도자였던 오사마 빈 라덴은 동굴 속에 숨어 살면서도 5명의 아내와 생활했다.

그런데 무함마드는 카디자가 살아 있을 때는 다른 아내를 맞이하지 않았다. 더 혈기 왕성한 40대에는 어째서 카디자와만 살았을까? 이 사실은 무함마드가 여자를 밝힌 것이 아닌 증거라고 말하는 학자도 있다. 또 무함마드가 아이샤 외에는 모두 과부 또는 이혼녀와 결혼한 사실도 그가 색골이 아닌 증거라고 한다. 그의 결혼에는 다 타당한 목적이 있으며 사회 구제, 무슬림 결속, 이슬람 확장이 가장 큰 이유라는 것이다. 나이 오십을 넘기고서야 많은 아내를 둔 것은 이런 목적이었지 여자를 좋아해서가 아니라는 것이다.

수긍이 가지만 좀 생각해보자. 카디자의 생존 시에 그가 다른 아내를 맞이할 용기가 있었을까? 왜냐하면 카디자는 보통 여자가 아니었기 때문이다. 여성의 경제 활동이 매우 힘든 시기에 카디자는 부를 유지하고 관리하는 능력 있는 상인이며 여장부였다. 그런 카디자 덕분에 가난했던 무함마드도 부자가 된 것 아닌가? 카디자가 남편보다 15세나 많다고 하여 남편이 다른 아내를 갖도록 해줄 마음이 있었을까? 그리고 과연 무함마드가 이런 카디자의 마음에 반하는 용기를 낼 수 있었을까? 더군다나 무함마드는 가난에서 자신을 구해주고 무슬림 1호 신자가 되며 자신을 밀어준 카디자에게 늘

고마워하지 않았는가? 무함마드가 다른 아내를 맞이할 용기도 없었고 그럴 마음이 생길 수 없었던 것 아닌가? 또 카디자 생존 시에는 무슬림이 박해받으며 계속 쫓기는 신세였는데 어떻게 그런 욕심을 낼 수 있겠는가? 무함마드의 많은 결혼은 그가 메디나에서 힘을 키우면서 이루어졌지 않은가? 그리고 무함마드가 예배, 여자, 향료를 좋아했다고 아이샤가 말하지 않는가? 게다가 무함마드는 이렇게 말한 적이 있다. "신이 나에게 보통 남자보다 40배의 특별한 능력을 주었다." 이렇게 말한 그는 하룻밤에 9명의 아내와 부부관계를 함으로 그 능력을 과시하기도 했다니 얼마나 놀라운가! 이로 보아 그가 여자를 좋아했다는 아이샤의 말이 맞는 것 같지 않은가? 다만 카디자의 생존 시에는 그럴 환경이 안 되었던 것 아닐까?

이제 무함마드와 자이납의 결혼을 숙고해보자. 그의 양자였던 자이드의 전처 자이납과의 결혼은 당시에도 큰 파문을 일으키며 비난거리가 되었다. 그러나 꾸란은 이 결혼을 합법적인 것으로 규정하고 있다. 그 이유는 자이납이 자이드와 이혼해 이혼녀가 되었기 때문이다. 또 마침 양자 제도가 폐지되어 무함마드와 자이드는 남남이 되었다. 그 결과 자이납은 더 이상 무함마드의 전 며느리가 아니었기에 도덕적으로도 괜찮다는 것이다. 이에 관한 꾸란을 살핀다.

33장 37절 : "······ 자이드가 그녀와의 결혼 생활을 끝냈을 때 하나님께서는 필요한 절차와 함께 그녀를 그대의 아내로 만든 것이니 이는 양자가 아내와 이혼했을 때 장래에 믿는 자들이 이혼녀와 결혼함에 어려움이 없도록 함이니라 이것은 이행되어야 할 하나님의 법이니라"

신이 이 결혼을 허락한 이유 및 목적을 먼저 고찰하고 이 결혼에 필요한 절차를 살핀다.

꾸란의 신은 왜 무함마드가 자이납과 결혼하도록 했을까? 한마디로 구습을 깨기 위해서라고 한다. 상기 꾸란은 "양자가 아내와 이혼했을 경우 장래에 믿는 자가 이혼녀와 결혼함에 어려움 없이 하기 위해서"라고 말한다. 여기에서 '이혼녀'는 모든 이혼녀가 아니고 양자가 이혼한 여자, 즉 전 며느리를 말한다. 그럼 '믿는 자'는 누구일까? '양자'라고 밝힌 것으로 보아 양부도 그 이혼녀와 결혼할 수 있는 '믿는 자'에 포함되는 것 아닌가? 상기 37절을 자세히 음미하면 포함되는 정도가 아니고 '믿는 자'는 바로 양부로 보이지 않는가? 왜냐하면 다른 사람은 이혼녀와의 결혼이 자유롭기에 이런 규정이 필요 없기 때문이다. 다른 양부도 전 며느리와의 결혼에 어려움이 없게 하려고 먼저 무함마드가 전 며느리와 결혼하는 모범 사례를 만들었다니 얼마나 놀라운가! 또 이런 결혼이 이행되어야 할 신의 법이라고 권장하고 있으니 더욱 놀랍지 않은가! 이런 결혼은 그때까지의 아랍 사회에도 없었기에 불신자들이 얼마나 비아냥거렸겠는가? 전 며느리와의 결혼이란 조롱을 불식하려는 듯 꾸란은 아예 양자 제도의 폐지를 선언하였다. 양자 제도 폐지를 고찰하기 전에 이 결혼의 필요 절차를 먼저 살펴본다.

37절의 필요한 절차는 이혼녀가 재혼하기 전에 기다려야 할 법정 기간을 의미한다고 중앙회는 해설한다. 이 일정 기간에 대해 꾸란은 65장 1절에 "예언자여 너희가 여성과 이혼하고자 할 경우 정하여진 기간을 두고 이혼하되 그 정해진 기간을 헤아릴 것이며……"라고 말한다. 정해진 기간에 대한 중앙회의 해설은 "웃다 : 기혼 여성이 이혼하게 될 때 여성의 임신 상태를 확인하기 위한 기간"으로 말하고 있다. 이는 한 남자의 아이를 임신한 채 다른 남자와 결혼하는 것을 막기 위한 규정이다. 또 이혼해도 아기의 아빠가 아기의 양육비를 책임지게 하기 위해서다.

이 기간에 대해 65장 4절에는 "생리 기간이 끝나버린 여성이라도 생리 여부가 의심될 경우에 정해진 기간은 삼 개월이며 월경이 아직 보이지 않는 여성도 마찬가지라 또한 임신한 여성의 정해진 기간은 출산할 때까지라……"라고 더 명확히 밝히고 있다. 자이납은 자이드와 이혼한 3개월 후에도 자이드의 아이를 임신하지 않은 것이 확인되어 무함마드와 결혼하였다. 자이납은 이혼해 더 이상 그의 며느리가 아닌 남이 되었고 또 필요 절차를 거쳤으니 이 결혼은 하자가 없다고 말한다.

그러나 하필이면 이때 양자 제도가 폐지된 것은 전 며느리와의 결혼이란 비난을 의식한 듯하였다. 그래서 이제 양자 제도 폐지를 선언한 꾸란을 고찰하자.

33장 4절 : "하나님께서는 어느 누구에게도 한 몸에 두 개의 심장을 두지 아니하셨으며 너희가 너희 아내를 어머니처럼 부르게 하여 이혼하지 못하도록 하셨고 양자로 택한 아들을 너희의 아들이라고 하지 아니 하도록 하셨느니라 그것은 단지 너희 입으로 하는 말일 뿐이라 하나님께서는 너희에게 진리를 말씀하시며 바른 길을 제시하여 주시느니라"

　상기 꾸란은 두 가지를 금하고 있다. 하나는 아내를 어머니로 부르는 양모 제도를 금하는 것이다. 아내를 양모로 만들기 위해 아내와 이혼하는 것을 금지한 규정이다. 왜 아내를 양모로 만드는 경우가 생겼는지 모르지만 놀랍다. 어머니로 모시고자 하는 순수한 생각에서 이런 이상한 방법을 취할까? 뭔가 나쁜 수단 같기에 이는 폐지됨이 마땅해 보인다. 상기 꾸란에서 폐지한 다른 하나는 양자 제도이다. 양자 제도를 폐지하는 이유는 진짜 자식이 아니기에 신의 진리에 맞지 않다는 것이다. 진실이 아니라고 폐지하기엔 양자 제도의 이점이 너무 크다. 동서고금을 막론하고 양자 제도가 없는 사회는 없다. 그만큼 필요하다는 것이다. 양자 제도의 근본정신은 이타적인 사랑이다. 그래서 성경도 양자 제도로 신과 인간의 관계를 설명하기도 한다. 즉 신은 신의 아들 예수의 희생을 통해 신자를 신의 양자로 삼았다고 한다. 그래서 신자는 신을 아버지 또는 더 친근하게 아빠로 부를 수 있게 했다고 한다. 신을 아빠로 부르기에 당연히 상속권도 누린다니 이 얼마나 놀라운 일인가!

　그런데 꾸란의 신은 진실이 아니기에 양자 제도를 폐지한다니 얼마나 안타까운가! 더군다나 이 양자 제도의 폐지로 무함마드가 불과 몇 달 전만 해도 자신의 며느리였던 자이납과 결혼했으니 놀랍지 않은가! 양자 제도 폐지가 무함마드의 결혼을 위해 이루어진 것 같지 않은가? 그런데 이 결혼의 목적이 다른 사람들도 과거에 며느리였던 여성과 결혼할 수 있게 하기 위함이라고 33장 37절이 밝히고 있으니 더욱 놀랍지 않은가! 진실 차원에서 양자 제도를 폐지했다면 전 며느리의 과거 진실을 숨길 수 있을까? 아무리 양자 제도를 폐지하여 남이 되었다고 해도 과거에 나의 며느리였던 사실이 없어지는가? 진실이 아니기에 양자 제도를 폐지하면서 과거에 며느리였던 사실을 무시하는 것은 오히려 진실 왜곡이 아닌가? 무함마드가 본을 보였으니 다른 사람도 구시대의 관습을 깨고 과거의 며느리와 결혼해도 좋다니 이해가 쉽지 않다.

1부4처제

신은 아담의 아내로 한 명의 여자만 만들었다. 그래서 성경은 일부일처제를 지향하며 모든 기독교 사회는 일부일처제를 시행하고 있다.

그러나 이슬람 사회는 일부다처제다. 그렇지만 부인의 수를 4명까지로 제한하고 있다. 그 근거를 제공하는 꾸란 4장 3절의 내용은 이렇다. "만일 너희가 고아들을 공정하게 대하여 줄 수 없으리라는 생각이 든다면 좋은 여성 중에서 둘 또는 셋 또는 넷과도 결혼해도 좋으니라 그러나 그녀들에게 공정할 수 없으리라는 염려가 든다면 한 여성의 부인만 두라 너희 오른손이 소유한 여인과 결혼해도 되나니 그것이 너희를 부정으로부터 보호하여 주는 보다 적합한 것이니라"

여기에서 고아는 과부의 어린 자녀를 말한다. 꾸란도 성경과 같이 과부의 어린 자녀도 고아로 보았음을 상기 본문을 보아 알 수 있다. 당시에는 여성의 경제 활동이 어려웠기에 엄마가 있어도 아버지가 없으면 고아로 보았다. 그런데 중앙회의 홈피에 등재된 꾸란의 상기 번역은 오류인 것 같다. 즉 "……고아들을 공정하게 대하여 줄 수 없으리라는 생각이 든다면 좋은 여성 중에서 둘 또는 셋 또는 넷과도 결혼해도 좋으니라……"의 문장은 문맥이 이상하다. 이것을 "……고아들을 공정하게 대하여 줄 수 있으리라는 생각이 든다면 좋은 여성 중에서 둘 또는 셋 또는 넷과도 결혼해도 좋으니라……"로 번역해야 문맥이 통한다. 어쨌든 이 말을 보면 둘 이상의 아내를 두는 전제 조건이 공정이다. 여기에서 고아에게 공정한 것은 결혼할 여성의 자식에게 공정한 것을 의미한다. 다른 남자를 통해 낳은 아내의 자식을 내 자식과 공정하게 대할 수 있을까? 또 많은 아내들을 공정하게 대할 수 있을까?

거의 불가능한 일이기에 일부 이슬람 학자들은 일부일처제가 꾸란이 주창하는 것이라고도 주장한다. 이런 의견이 있음에도 이슬람 국가들은 일부다처를 시행하고 있다. 그 이유는 4장 3절의 끝부분에 오른손이 소유한 노예와의 결혼은 예외인 것처럼 말하고 있기 때문이다. 즉 노예와 결혼하는 데는 수적 제한이 없어 보이는데 오늘날은 노예가 없기에 이를 어떻게 해석하는지 궁금하다. 어쨌든 이 말은 공정과 관계없이 일부다처의 근거가 되고 있다.

그리고 꾸란은 4장 129절에 이런 말을 하고 있다. "너희가 최선을 다한다 해도 절대로 아내들을 공평하게 할 수 없으리라 그러나 한 부인에게 치우쳐 다른 부인들을 매달린 여인처럼 만들지 말라 만일 너희가 화해하고 하나님을 공경한다면 하나님으로부터 관용과 자비가 있을 것이니라"

아무리 최선을 다해도 절대 공평할 수 없다고 꾸란이 단정하고 있으니 놀랍지 않은가! 그럼에도 꾸란은 일부일처를 명하지 않는다. 다만 한 아내에게 너무 치우쳐 다른 아내들을 매달리게 하지 말고 화해를 권할 뿐이다. 이는 공평하지 않아도 일부다처를 허용한다는 것 아닌가?

이렇게 하여 이슬람 사회의 일부다처는 공고해졌다.

그런데 특이하게도 이슬람교가 국교가 아닌 인도와 싱가포르도 이슬람 신자에겐 일부다처를 허용하고 있다. 그래서 적법하게 여러 아내를 두려고 이슬람으로 개종하는 경우도 발생한다. 이처럼 이슬람 국가의 1부4처제는 많은 남자들을 유혹한다. 한국의 대학과 직장에도 이슬람에서 온 학생과 근로자를 쉽게 찾아볼 수 있다. 시리아에서 온 한 근로자가 한국에서 2명의 아내와 함께 일하면서 시리아에 2명의 아내가 더 있다고 필자의 친구에게 자랑했다. 그는 아내들과 함께 한 공장에서 일했는데 자기는 합법적으로 4명의 아내를 두었지만 한국의 사장님들은 불법적으로 여러 아내를 두는 것 같다고 말했다고 한다.

그리고 한국에 온 이슬람 근로자가 한국에 빨리 정착하려고 교회를 찾는 경우가 더러 있다. 교회에서 선교 차원으로 잘 대해주기 때문이다. 그런데 이 과정에서 여성도와 결혼하는 경우도 발생한다. 이런 결혼의 후유증에 시달리는 한국 여성이 적지 않다고 《무슬림의 아내들》 저자 소윤정 교수는 밝힌다. 이슬람 남성은 유부남이라도 한국 여성을 아내로 맞이함에 거리낌이 없다. 이슬람 사회가 일부다처를 적법하게 여기고 있기 때문이다. 그런데 결혼 후 남자의 본국에 아내가 있음이 밝혀져도 이를 해결하기가 쉽지 않아 한국 여성의 고통이 심하다고 한다. 또 아내가 말을 듣지 않으면 가볍게 때리라는 꾸란의 구절로 인해 이슬람 남편에게 매를 맞는 한국 여성도 있다고 한다.

도대체 이슬람의 1부4처제는 왜 생겼을까? 이 책 1부에서 설명했지만 다시 소상히 다룬다. 625년의 우후드 전투에서 무슬림이 메카에 패하며 1부4처제가 생겼다. 전투에서 70여명이 죽어 그만큼 고아와 과부가 발생했다. 이들에 대한 구제책으로 4명의 부인을 허용한 것이다. 허락의 전제 조건은 앞서 밝힌 대로 아내들에게 공정하고 공평해야 한다는 것이다. 그런데 이 전투의 사망자는 출전 군인의 약 10%에 불과하였다. 또 그때까지의 모든 전투 사망자를 합해도 무슬림 전체 남자의 약 10%에도 훨씬 못 미쳤다. 이런 비율을 감안하면 1부4처제는 무슬림 남성에게 엄청난 특혜를 준 것임에 틀림없다. 그리고 이것은 이슬람 이전의 무지 시대 악습을 인정한 것이 된다. 무지 시대의 구습을 타파하자고 하면서 일부다처제를 수용하는 것은 이상하다.

이것이 사회 구제책이라는 주장은 설득력이 없다. 과부 구제책이라면 둘째 부인부터는 전쟁미망인이나 일반 과부만 결혼 대상이 되어야 하지 않는가? 그러나 그게 아니었다. 둘째부터는 전쟁미망인과 과부 중 선택해야 한다는 조건이 전혀 없는 다처제 허용이 사회 구제책이라니 의아스럽다. 그래서 허울 좋은 명분으로 과거부터 있던 남성의 특권을 인정한 것밖에 안 되는 느낌이다.

1부4처체를 허용했기에 무함마드는 신부들이 신랑과 단둘이 즐길 신혼 기간을 정해주어야만 했다. 물론 첫째 부인은 둘째 부인이 생기기까지 기간의 제한이 없다. 그러나 둘째 부인부터는 이미 있는 아내 때문에 제한이 있었다. 이 경우 신부가 처녀, 소녀이면 7일 동안 신혼을 즐길 수 있었다. 신부가 미망인 즉 과부이면 3일이고 이혼녀가 재혼하는 경우엔 2일, 신부가 노예이면 1일로 정해 주었다. 나름대로 공정성을 기하려고 신혼 기간에 차등을 둘 수밖에 없었던 1부4처제가 과부 구제책이 맞는지 또 의아스럽다.

그리고 무함마드는 천국에 간 남자에게 두 명의 천국 아내가 있다고 여러 번 말한 것이 하디스에 나타난다. 천국에도 구제해야 할 여성이 많아서 모든 남자에게 기본적으로 두 명의 아내가 주어지는가? "지옥은 여자들 때문에 존재한다."는 말이 있다. 이 말은 무함마드가 지옥의 불 속을 보니 대부분 여자들이 있었고 낙원에는 대부분 가난한 사람들이 있었다고 말한 데서 착안해 생긴 말이다. 그만큼 천국에 가는 여자가 적다는 뜻이다. 그래서 여자가 천국에 가는 가장 확실한 방법은 무슬림 자녀를 많이 낳는 것이라는 말까지 생겼다. 이렇게 여자가 천국에 가기가 너무 힘든데도 천국에 간 모든 남자에게 기본적으로 두 명의 아내가 있는 일부다처라니 충격적이지 않은가! 1부4처제가 사회 구제책이란 미명하에 여성 차별을 정당화하는 것 아닌가!

남성 위주의 제도임을 나타내는 또 다른 면이 결혼 금지 대상이다. 자유 여인이 노예 남성과 결혼하는 것은 금지되었으나 자유 남성은 노예 여성과 결혼할 수 있었다. 또 무슬림 여성이 이교도 남성과 결혼하는 것은 금지되었으나 무슬림 남성은 이교도 여성과 결혼할 수 있었다.

일부다처제는 이슬람이 태동하기 오래전부터 이미 있었다. 꾸란은 이슬람 이전 시대를 무지 시대로 부를 정도로 무지 시대에는 일부다처 외에도 난잡한 혼인 풍속들이 성행했다. 남편이 죽으면 죽은 남편의 장남과 결혼하거나 아내를 씨받이로 빌려주거나 다른 사람의 아내와 교환하거나 계약 기간 동안 함께 산 후 헤어지는 행위가 스스럼없이 자행되었다.

이슬람교가 태동하며 난잡한 행위는 금지되었으나 일부다처제는 여전했다. 우흐드 전투 후 4명으로 수를 제한하기 전에는 이슬람 사회도 제한 없는 일부다처제였다. 능력 있는 남자는 여전히 다처였다.

무함마드도 예외는 아니었다. 자신이 1부4처제를 발표하기 전에 이미 3명의 아내가 있었다. 사우다, 아이샤, 하프사는 이슬람교 출발 후 10년이 지나 결혼한 아내들이었다. 무함마드가 구습을 따라 3명의 아내들을 두고 있었으니 능력 있는 다른 무슬림들도 많은 아내를 두었을 것이다. 4명을 초과한 아내를 둔 남성들은 1부4처제로 비상이 걸렸을 것이다. 이들에게 기득권이 인정되지 않았음을 보여주는 일화가 있다.

이슬람으로 개종하려고 한 사람이 무함마드를 찾았다. 그는 아내가 일곱 명인데 어떻게 해야 하는지 물었다. 무함마드는 그에게 이렇게 말했다. "그 중에서 네 명만 택하고 나머지는 내보내세요. 그리고 머리를 짧게 깎고 할례를 받으시오." 이후의 개종자에게도 이와 같은 대답은 반복되었다.

무함마드는 성경이 일부일처제를 말하는 것과 당시 기독교 사회가 일부일처제인 것을 알고 있었을 것이다. 그리고 일부다처제가 무지 시대의 나쁜 산물인 것도 알았을 것이다. 그래서 아내의 수를 4명으로 제한하며 공정을 요구한 것 아닐까? 확 줄여 기독교처럼 할 의도도 있었던 것이 4장 3절의 문맥에서 느껴진다. 그러나 공정을 전제로 일부다처를 허용한 것이 너무 아쉽다. 그리고 전쟁미망인 중에서 선택하라는 조건도 없는 어설픈 구제책으로 무지 시대의 악습을 끊지 못한 아쉬움이 크다.

확실한 구제책이 되지도 못한 일부다처제의 폐해는 없을까? 일부다처제가 모든 남자에게 공정한 제도인가? 절대 아니다. 돈 많은 남자에게 절대 유리한 제도 아닌가?

예나 지금이나 대부분 여자들은 돈 많은 부자의 귀부인이 되기를 꿈꾼다. 가난한 청년과 결혼하느니 나이가 많아도 또 둘째, 셋째, 넷째가 되어도 부자의 아내가 되길 원한다. 그래서 가난했던 무함마드는 결혼 적령기를 완전히 놓치지 않았던가? 무함마드가 결혼했던 나이 25세는 요즘 한국의 40세보다 좀 많은 느낌이다. 당시 아랍 남자의 결혼 적령기는 14세 전후였기 때문이다. 무함마드는 사촌 동생인 백부의 딸과 결혼하려 했지만 백부가 거절했다. 무함마드가 좋은 청년이란 것은 백부가 누구보다 더 잘 아는데 왜 거절했을까? 백부나 무함마드가 다 가난했기 때문이다.

자신도 가난 때문에 오랫동안 결혼하지 못하다가 25세가 되어 겨우 결혼한 무함마드가 가난한 청년의 처지를 잊었을까?

그런데 지옥의 대부분은 여자라고 말한 무함마드는 낙원에는 가난한 사람들이 많았다고 했다. 낙원에 간 가난한 자에 대해 강상우의 저서 《이슬람 다시 보기》에 의하면 무함마드가 이런 말을 했다고 한다. 〈예언자가 말씀하셨다. "내가 낙원을 바라보니 그곳에 있는 사람들은 대부분 가난한 자들이었다. 그러면 가난하고 능력이 없는 남성들은 무엇을 얻을 수 있는가? 그들에게는 지하드가 있다. 가난하고 분노에 찬 젊은 남성들에게 있어서 성적 쾌락에 대한 꿈은 그들이 지하드를 할 때 천국이 마련해줄 72명의 후리들(houris, 낙원의 아름다운 처녀들)로 제한되어야 한다."〉

한마디로 결혼하지 못한 가난한 청년은 현세의 결혼에 집착하지 말고 천국의 미녀를 기다리라는 것 아닌가? 천국의 미녀를 얻기 위해 목숨을 건 지하드에 참전해야 한다니 얼마나 애처로운가! 그 대가가 72명의 엄청난 미녀 아내를 준다니 너무 놀랍지 않은가!

가난한 청년의 결혼이 힘든 것을 무함마드가 잘 알기에 이런 말을 한 것 아닌가? 그래서 무함마드가 지하드를 요구한 이유는 가난한 자는 전쟁에 이겨 전리품으로 여자 포로를 받아야 결혼할 수 있기 때문인가? 가난한 자와 지하드의 상관관계가 너무 서글프고 안타깝지 않은가!

1부4처제로 결혼이 더 힘들어진 가난한 청년들이 신앙으로 성적 욕구를 잘 이기고 있을까? 중동 건설 붐이 한창이던 1980년대 (주)현대건설의 중동 건설 공사 현장에 오랜 기간 근무했던 안모씨는 이렇게 말했다. "간통에 대한 처벌이 매우 엄격한 이슬람의 중동 국가에서 의외로 남자들의 동성애가 심각해 놀랐다. 일부다처제로 가난한 사람은 장가가기가 힘들어 동성애로 성욕을 푸는 게 안타까웠다." 이런 현상이 무함마드 당시에는 없었을까?

일부다처제가 당연했던 이슬람 이전 무지 시대에 여성은 종족 번식과 남성의 성욕 해소를 위해 존재할 뿐이었다. 반면에 여성에게 이슬람 사회의 1부4처제는 무지 시대보다는 나아 보였다. 하지만 여성은 종족 번식과 남성의 성욕 해소 도구라는 인식은 여전하다. 심지어 천국에서도 남자의 성적 쾌락을 위해 매우 많은 미인 아내를 약속하지 않는가?

꾸란의 여성관

모세가 기록한 성경에는 '이자를 받지 마라', '밤에 덮고 자도록 저당 잡은 겉옷은 해가 지기 전에 돌려주라'를 비롯해 사회적 약자인 과부, 고아, 이방인과 가난한 자를 보호하는 규정이 많다. 또 당시의 사회 관습과 달리 여성을 보호하는 것도 많다. 즉 일부일처제를 어긴 가정의 소외 받는 아내가 남편과의 동침권을 빼앗기지 않도록 했다. 또 소외 받는 아내의 아들의 상속권도 보호하였다. 그리고 아버지가 죽고 딸만 다섯인 가정에도 모든 딸들에게 가나안 땅의 분배권인 재산권과 상속권을 인정하였다. 여성을 보호하는 신의 이런 마음은 신약 성경에 더 강하게 이어진다. 적 목숨 다해 아내를 사랑하라고 남편에게 말한다. 그래서 로마가 기독교를 국교로 한 이후엔 여성의 사회적 지위가 더 향상되었다.

반면에 아랍에서 이슬람 이전 무지의 시대에는 남자의 노름빚을 갚기 위해 딸이나 아내를 노예로 팔기도 했다. 또 여아가 태어나면 땅을 파 생매장하기도 했다. 이런 시대에 비하면 이슬람이 태동하며 여아 살해 금지, 결혼제도의 정비, 여성 상속권 인정, 법정의 여성 증인 효력 발생으로 여성에 대한 인식이 분명히 향상된 것은 높이 평가된다. 이에 여성을 보호하는 꾸란의 규정 몇 가지를 소개한다.

1. 4장 19절 : "믿는 자들이여 여성들을 유산으로 남기는 것은 허락되지 아니하며 여성들이 재혼하려 할 때 방해하지 말라 너희가 그녀들에게 준 것의 일부를 빼앗기 위해 그녀들을 학대해서도 아니 되니라 그러나 그녀들이 분명한 비행을 저질렀을 경우는 예외라 여성들에게 친절해야 되느니라 만일 너희가 그녀들을 싫어한다면 이는 하나님께서 주신 풍성한 선행의 일부를 싫어하는 것과 같은 것이니라"

무지 시대에 비하면 획기적인 규정임에 틀림없다. 그런데 여성이 보호받지 못하고 재산을 빼앗길 수 있는 명백한 비행은 무엇일까? 이는 간통이다. 남자와 여자를 불문하고 간통에 대한 처벌은 예수 이전 시대에는 더욱 엄격해 돌에 맞아 죽도록 되어 있었다.

2. 2장 231절 : "아내와 이혼을 하고 법정기간을 채웠을 때 다시 그녀에게로 돌아오거나 아니면 그녀들을 자유롭게 하여 줄 것이며 그녀를 괴롭히기 위해 또는 부당한 이익을 취하기 위해 그녀에게로 돌아오지 말라 이를 위반하는 자는 곧 자기 자신을 우롱한 것이니라……"

이혼을 금지한 성경과 달리 꾸란은 이혼에 대해 상당히 개방적이다. 성경은 결혼을 신이 맺어준 것으로 보기에 사람이 이를 깨서는 안 된다고 한다. 그러나 꾸란은 결혼을 일종의 계약으로 보기에 계약 조건이 깨지면 이혼도 가능하다고 보는 것이다. 그래서 이혼녀에 대한 보호 규정을 상기처럼 둔 것이다. 간통 외에 이슬람 사회가 인정하는 이혼 사유는 무엇일까?

현대와 같이 부부의 성격 차이가 심하여 하나 되지 못함이 첫째다. 다음으로 아내가 아이를 못 낳는 경우와 남편이 아내를 경제적으로 부양하지 못하는 경우다. 특이한 것은 남편이 오랜 기간 감옥에 수감된 경우와 부부 중 한쪽 또는 둘 다 장애가 있는 경우이다. 그리고 꾸란은 2장 236절에 또 다른 사유를 인정한다. "여성과 동침하기 전에 또는 여성에게 혼인금을 결정하기 전에는 이혼을 해도 죄가 되지 아니하나 그녀에게 합당한 선물을 하라 부유한 자는 부유한 대로 가난한 자는 가난한 대로 자기의 능력에 따르되 합당한 선물은 의로운 자들에 대한 의무이니라" 이 이혼 사유는 여성을 보호하기 위한 것이라고 한다.

그러나 성경은 그리스도 즉 예수가 교회를 사랑한 것같이 남편은 아내를 사랑하라고 명하고 있다. 그리고 아내는 남편에게 복종하라고 한다. 어느 것이 더 쉬울까? 다 어렵지만 전자가 더 힘들다.

후자의 복종은 원어인 고대 그리스어로 따지면 자발적인 복종이라고 한다. 노예가 주인에게 하는 맹종이 아니다. 신이 남편을 가정의 머리로 세운 질서를 존중하는 순종이다. 그렇기에 아내의 감정과 의견을 얼마든지 말할 수 있다. 그러나 부부가 끝까지 합치되지 않으면 남편을 따르는 것이다. 이 경우 나쁜 결과가 발생하면 그 책임은 남편의 몫이 된다.

이에 반해 전자의 경우는 목숨을 내놓는 자기희생과 헌신의 사랑을 요구한다. 왜냐하면 신의 아들 예수는 교회를 세우려고 십자가에 못 박혀 죽었기 때문이다. 그래서 성경은 남편에게 목숨을 다하여 아내 사랑하기를 요구하는 것이다. 너무 힘들지만 그 정도로 아내를 사랑하라는 것이다.

꾸란과 성경, 어느 것이 여성을 더 보호하는가?

꾸란은 무지 시대에 비해 나름대로 여성을 월등히 보호하고 있다. 그러나 이슬람 여성관은 아쉽게도 더 이상 발전하지 못했다. 오히려 일부다처제로 인한 한계를 드러낸다. 그리고 세월이 흐를수록 꾸란에 근거한 샤리아, 즉 신법(神法)이 여성 억압의 요인으로 지목받기도 한다.

여성의 상속권은 남성의 반이다. 무지 시대에 여성의 상속권을 고찰해보자. 무지 시대엔 여성에게 상속권이 전혀 없었을까? 결코 그렇지 않다. 여성의 상속권이 보편화되지 않았을 뿐이다. 무함마드의 첫째 부인인 카디자를 보면 알 수 있다. 카디자가 무함마드와 결혼하기 전인 무지 시대에 그녀는 부자였다. 과부였던 카디자의 부는 어떻게 형성되었을까? 분명한 것은 그녀가 자수성가로 다 일군 것은 아니라는 것이다. 두 명의 전남편에게서 상속받았든지 아니면 부모에게서 받았던 것을 잘 관리했다는 것이다. 그리고 무지 시대라고 해도 타인이 카디자의 재산을 함부로 빼앗지 못했고 보호된 것도 알 수 있다. 물론 카디자의 관리 능력이 뛰어났을 것이다. 어쨌든 카지자를 보면 무지 시대에도 여성에게 어느 정도의 상속권이 있었던 것이 분명하다. 그렇다면 꾸란이 여성의 상속권을 남성의 반으로 한 것을 획기적인 발전이라 할 수 있을까? 여성에게 상속권을 일반화시킨 것이 진일보했을 뿐 아닌가?

또 꾸란은 여성의 증언을 인정하면서도 그 효력은 반감시켰다. 여성 2명의 증언이 남성 1명의 증언과 같은 효력이 생기도록 한 것이다.

여성에 대한 절반 개념은 오늘날 다른 면에도 나타나 아쉽고 안타깝다. 일부 이슬람 국가에서 여성이 은행에서 자기 돈을 찾는 데도 아버지나 남편의 신분증이 필요하다. 그래서 여성들이 찾지 못한 돈이 엄청나다고 한다. 그리고 여아 생매장은 금지되었으나 여성 할례가 무슬림 여성을 공포에 떨게 하고 있다.

이런 현상이 왜 나타났을까? 이는 꾸란도 성경처럼 여성을 보호하는 규정을 나름대로 두고 있지만 여성에 대한 무지 시대의 인식도 여전히 존재하기 때문이다. 여성을 남성의 성적 욕구 해소 대상으로 보는듯한 꾸란의 내용을 살핀다.

1. 3장 14절 : "여인들과 자녀들과 금은보화들과 말들과 가축들과 농작물들은 현세의 즐거운 삶을 위한 것에 불과하며……."

○ 여인을 금은보화에 비유하는 것은 좋다. 그런데 말, 가축, 농작물과 같이 즐거움을 주는 존재에 불과하다는 것은 너무 한 것 아닌가? 누구에게 무슨 즐거움을 줄까? 남성에게 성적 쾌감과 종족 번식의 기쁨을 준다는 것 아닐까?

2. 24장 31절 : "믿는 여성들에게 일러 가로되 그녀들의 시선을 낮추고 순결을 지키며 밖으로 드러내는 것 외에는 유혹하는 어떤 것도 보여서는 아니 되느니라 그리고

가슴을 가리고 남편과 그녀의 아버지와 남편의 아버지와 그녀의 아들과 남편의 아들과 그녀의 형제와 그녀 형제의 아들과 그녀 자매의 아들과 여성 무슬림과 그녀가 소유하고 있는 하녀와 성욕을 갖지 못한 하인과 그리고 성에 대한 부끄러움을 알지 못하는 어린이 외에는 살결을 드러내지 않도록 해야 하느니라 또한 여성이 발걸음 소리를 내어 유혹함을 보여서는 아니 되나니……."

○ 여성의 과다한 신체 노출에 대한 훈계는 납득이 된다. 그러나 이 말을 단순히 여성 자신을 보호하기 위한 노출 금지의 당부로 볼 수 있을까? 꾸란이 어느 정도 신체 노출을 허용한 가까운 사람에게 살결 노출로 여성이 당할 염려는 없을까? 성폭행은 가까운 관계에서 가장 많이 발생한다지 않는가? 그런데 여성의 발걸음 소리조차 유혹의 행위로 보는 것은 좀 지나친 것 아닌가? 당시 매춘부가 발소리로 유혹했는가? 모든 여성을 남성을 유혹하는 매춘부 같은 존재로 보는 것은 아닌지 의아하다. 왜냐하면 이 말은 매춘부에게 한 말이 아니고 신자에게 한 말이기 때문이다. 그래서 근친 간에는 문제없는 노출이 낯선 자에겐 유혹의 행위로 보는 꾸란의 인식은 이상하지 않은가? 이런 인식과 꾸란 구절 때문에 이슬람 여성은 몸과 얼굴을 다 가리고 외출하게 되었는가?

이번엔 꾸란이 아닌 하디스를 소개한다.

3. 무함마드의 양자였던 자이드의 아들, 오사마 빈 자이드가 무함마드는 이런 말을 했다고 전한다. "기도를 방해하는 세 가지는 여자, 개, 당나귀이다. 남자에게 여성보다 더 해로운 것은 없다."

○ 이렇게 말한 이유가 무엇인지는 몰라도 충격적이지 않은가! 지옥에 있는 사람의 대부분은 여자라고 무함마드가 말한 것과 일맥상통하는 듯하다. 여인에 대한 인식은 천국에도 이어지는 듯하다. 가난하여 결혼하지도 못한 자가 지하드로 천국에 가면 그의 성적 쾌감을 위해 무려 72명의 아내가 있다고 무함마드가 말했다지 않는가? 여성에 대한 이런 인식은 여성을 남성의 성적 욕구 해소 도구로 본 무지 시대와 무엇이 다른가?

그런데 여성에 대한 꾸란의 처벌 규정은 어떨까? 일반적인 잘못의 경우는 4장 34절이 적용되는데 내용은 이렇다. "남성은 여성의 보호자이니라 이는 하나님께서 여성보다 남성에게 더 강한 힘을 주었기 때문이라 남성은 자신의 모든 역량으로 여성을 부양해야 하고 건전한 부인은 헌신적으로 남편을 따르고 남편 부재 시에는 남편의 명예와 자신의 순결을 보호해야 하느니라 순종하지 아니하고 품행이 단정치 못하다고 생각하는 여성에게는 먼저 충고를 하고 그다음으로는 잠자리를 같이 하지 말 것이며 세번째는 가볍게 때려 줄 것이니라 그러나 다시 순종할 경우는 아내에게 해로운 어떤 수단도 간구하지 말라……"

ㅇ 이 구절의 전반부는 부부간에 지켜야 할 의무를 규정하고 있다. 남편에겐 아내 보호와 부양의 의무만 강조하는 느낌이다. 이 의무를 다한 남편에게 아내가 순종치 않으면 두 번째 제재 수단이 잠자리 거부다. 일반적으론 여자보다 남자가 섹스를 더 원한다. 그럼에도 아내에 대한 벌로 섹스 거부를 명하는 이유가 뭘까? 이는 여자가 더섹스를 즐기는 것으로 꾸란이 인식하고 있다는 것 아닌가? 또 섹스 거부 벌칙은 꾸란의 일부다처제와도 상관이 있다. 남편은 다른 아내와 동침하면 되지만 벌칙을 받는 아내는 잘 상대가 없지 않는가? 무함마드가 이 잠자리 거부권을 행사하며 아내들을 길들인 것은 앞서 설명하였다.

그런데 마지막 벌칙이 문제다. 꾸란은 가볍게 때리라고 명한다. '가볍게'라는 수식어가 과연 어느 정도일까? 한동안의 섹스 거부 후 마지막 수단이기에 모두가 공감하는 가벼운 매질로 그치겠는가? 화가 나서 때리는데 감정을 조절할 수 있는 이성적인 사람이 얼마나 있을까? 더군다나 때리라는 꾸란의 명령대로 때리니 양심의 가책도 없을 것인데 '가볍게'가 통할까? 무함마드는 때리는 것보다 더 위협적인 이혼을 요구하였다. 당시 여성의 경제 활동이 매우 어려웠던 점을 감안하면 이혼 요구가 여성에게 가장 큰 부담이 되지 않았을까?

그리고 무함마드의 아내였던 여인에게는 재혼이 금지되었기에 무함마드의 이혼 요구는 때리는 것보다 훨씬 더 위협적으로 느껴지지 않았을까? 이제 큰 잘못을 저지른 경우의 벌칙을 살피자. 아랍어 '지나'는 간통을 뜻하는데 지나를 한 사람의 처벌은 어떨까?

1. 24장 2절 : "간통한 남녀에게는 각각 백대씩 가죽 채찍의 형을 가하라 …… 저들에게 동정하지 말며 믿는 자들로 하여금 저들에 대한 형 집행에 입회하도록 하라"

2. 24장 3절 : "간통한 남자는 간통한 여자 또는 하나님을 믿지 아니한 여자 외에는 결혼할 수 없으며 간통한 여자는 간통한 남자 또는 하나님을 믿지 아니한 남자 외에는 결혼할 수 없노라 이들은 믿는 자들과의 결혼이 금지 되니라"

○ 구약 성경은 간통한 남녀를 다 돌로 쳐 죽이라고 명했다. 꾸란도 매우 엄해 가죽 채찍 백 대를 명한다. 힘차게 때리는 가죽 채찍 백 대를 맞고 살 수 있을까? 살아남아도 몸이 정상일까? 이들은 일반 신도와의 결혼을 금지시켜 아예 이슬람 공동체인 움마에서 내쫓고 있다. 이런 처벌은 공개적으로 집행해 다른 사람들의 경각심을 일깨운다. 이런 처벌 외에 간통한 여인에겐 아래의 또 다른 처벌이 있다.

3. 4장 15절 : "너희 여인들 가운데 간통한 자가 있다면 네 명의 증인을 세우고 만일 그들이 증거할 경우 그 여인들이 죽을 때까지 혹은 하나님께서 그 여인들에게 다른 방법을 제시할 때까지 집 안에 감금하라"

○ 상기의 번역은 감금 기간이 4명의 증인이 다 죽을 때까지인지 간통한 여인이 죽을 때까지인지 불분명해 보인다. 문맥상 평생 감금으로 해석된다. 평생 감금의 처벌은 가죽 채찍 백 대와 함께 가하진 않는 듯하다. 이 형벌은 간통 사실이 뒤늦게 드러난 경우에 가해지는 것 같다. 그런데 간통은 여인 혼자 한 게 아닌데 이 경우 남자에 대한 처벌 규정이 없는 게 이상하다. 뒤늦게 발각된 남자는 가죽 채찍 백대인가? 그럼 여자도 백대를 맞고 추가로 평생 감금인가? 어쨌든 이 경우에는 남자는 좀 봐주는 느낌이다.

이제 지나 즉 간통한 여인을 공개 처형한 실제 상황을 하디스에서 살핀다.

"한 여자가 사도에게 와서 지나를 하였다고 자백했다. 사도는 그녀의 옷을 단단히 묶으라고 명령하고 그녀를 돌로 쳤다. 그리고 그녀를 위해 장례 예배를 했다."

"한 여자가 지나로 임신했다. 사도는 여인을 잘 돌보고 출산 후 알려 달라고 명령했다. 그리고 출산 후 사도는 그녀를 옷으로 묶고 돌로 쳤다."

○ 꾸란은 4명의 증인을 요구한 반면 하디스는 자백으로도 지나 범죄자를 처벌하도

록 하고 있다. 그리고 꾸란은 지나에 대해 태형을 명했는데 하디스는 투석 형을 명하고 있다. 자백을 했다는 것은 뉘우치고 회개했다는 것을 의미하지 않는가? 돌에 맞아 죽으려고 자백하는 사람이 있을까? 자백한 여인을 돌로 쳐 죽이는 것은 너무하지 않는가?

간통녀에 대한 예수의 가르침을 보자. 남녀가 한창 간통하는 현장에서 유대인들이 여자만 붙잡아 예수께 끌고 왔다. 예수는 "죄 없는 자가 이 여자에게 돌로 치라"라고 말했다. 양심에 가책을 느낀 사람들은 손에 쥔 돌을 내려놓고 다 흩어졌다. 예수는 간통녀에게 "가서 다시는 죄짓지 말라"라고 명한 후 그녀를 보냈다. 유대인들이 간통남은 잡아 오지 않아서 예수가 그랬을까? 아니다! 죽이는 것보다 회개시켜 살리기 위해서다. 신의 아들 예수는 죄인을 회개시켜 살리려고 이 땅에 왔다.

무지 시대의 그릇된 여성관을 완전히 떨쳐 버리지 못한 이슬람은 2대 칼리파인 오마르에 의해 여성의 히잡 착용이 의무화되었다. 얼굴을 가리는 히잡은 지금까지 이슬람 여성을 연상케 하는 상징물이 되었다. 이는 모세가 얼굴을 가린 것과 차원이 다르다. 신을 만난 후 모세의 얼굴에서 너무 강한 빛이 나와 사람들이 겁을 냈기에 모세는 얼굴을 가렸다. 그러나 이슬람 여성은 나서지 말고 조심하고, 남성을 유혹하지 말라는 뜻으로 얼굴을 가린다. 이런 히잡의 착용으로 자연히 여성들의 교육 기회가 대부분 지역에서 남성보다 크게 떨어지게 되었다. 그 결과 여성의 사회 진출과 활동이 무함마드 당시보다 오히려 퇴보하였다. 요즘 이슬람 사회에서 히잡을 벗으려는 움직임이 강하게 일고 있다. 하지만 꾸란에 직접적인 규정도 없는 히잡은 여전히 여성을 속박하는 상징물로 이슬람 사회에 존재해 안타깝다.

여성 할례와 명예 살인

〈수단 90%, 이집트 80%, 소말리아 89%, 에티오피아 90%, 지부티 98%, 나이지리아 50%〉

이 통계는 WHO(세계 보건 기구)가 국가별 여성 할례 비율을 발표한 것으로 소윤정 교수의 《무슬림의 아내들》에 소개되어 있다. 이처럼 이슬람 사회에서는 아직도 적지 않은 여성들이 여성 할례에 시달리고 있다.

그리고 2020년 2월에 WHO에서 처음으로 여성 할례로 인한 경제 손실 규모를 14억 달러로 발표했다. 또 WHO는 31개국에서 2억 명의 여성이 여성 할례로 고통받고 있다고 발표하였다.

대부분의 아프리카 부족이 4세~15세 사이에 여성 할례를 하고 있으며 유럽에서도 무슬림 여성들이 여성 할례를 하고 있다.

그런데 여성 할례를 병원 등에서 위생적으로 안전하게 하는 것이 아니다. 대부분 집에서 할머니와 어머니가 유리 조각, 칼 등으로 한다. 그리고 대부분의 경우 잠자는 어린 소녀의 음핵을 자르는 시술을 하기에 큰 문제가 되고 있다. 그래서 위생이 엉망이며 시술 도중에 심한 하혈로 사망하는 경우도 발생하며 또 평생을 심한 후유증에 시달리게 하는 경우도 다반사로 나타난다.

여성 할례로 인한 엄청난 고통을 겪은 와리스 디리는 1997년에 《사막의 꽃》을 발간하여 여성 할례의 부당함을 호소하였다. 와리스 디리는 소말리아 출신으로 악몽 같은 여성 할례의 고통을 이기고 세계적 모델이 되었다. 그러나 그녀의 언니가 여성 할례로 인해 사망하였고 그녀 또한 소변보는 데만 15분이 걸리는 등의 후유증에 시달리고 있었다. 그래서 자신의 책으로 그 부당함을 알리며 여성 인권 운동가가 되었다.

그녀의 삶을 다룬 영화가 〈데저트 플라워〉란 제목으로 한국에서도 개봉되었다. 너무 고통스럽고 비위생적인 여성 할례가 이슬람 사회에 오랫동안 행해지는 근거가 무엇일까? 그런데 꾸란에는 여성 할례뿐 아니라 남성 할례에 관한 말도 없다. 그럼에도 이집트의 알 아즈하르 대학은 여성 할례에 대해 한때는 반대했다가 후에는 지지하는 해석을 발표해 혼란을 야기하였다. 또 이집트 행정부와 법원도 여성 할례에 대해서 상반된 결정을 내려 혼선을 빚었다. 그런 가운데 할례 도중에 소녀가 사망하는 사건이 끊이지 않아 여성 할례를 금지하려는 모임이 잦아졌다.

이런 논란과 상관없이 여성 할례는 이슬람 사회에서 여전히 행해지고 있다. 여성 할례의 발원지인 아프리카뿐 아니라 동남아 이슬람 국가에서도 행해지고 있다. 심지어 유럽에서도 적지 않은 무슬림 여성들이 여성 할례를 받고 있다고 한다.

이슬람 사회의 여성 할례는 그 기원이 고대 이집트로 거슬러 올라간다. 이집트의 풍부한 곡물 생산을 가능케 하는 나일강은 이집트인에게 매우 중요했다. 그래서 이집트인들은 나일강의 신, 하비에게 인신공양의 제사까지 했다. 그러던 파라오와 이집트인들은 하비를 유방과 남근을 지닌 양성의 신으로 보았다. 또 인간도 처음에는 양성의 존재였던 것으로 생각했다. 그래서 남성의 성기를 덮은 포피는 과거 여성의 대음순이 남은 흔적으로 보았다. 그리고 여성의 성기에서 바깥쪽으로 튀어 나온 음핵은 과거 남성 성기의 흔적이 남은 부분으로 판단했다. 그래서 하비에게 바치는 제물로 인신공양 대신에 남자의 포피와 여자의 음핵을 잘라 바치게 되었다. 즉 남자가 여자의 흔적인 포피를 제거함으로 남자는 더욱 남자답게 되는 것으로 알았다. 특히 여성의 음핵을 잘라 바치는 것은 다산을 기원하는 의미도 있었고 과거 남성의 흔적을 제거함으로 온전한 여성이 된다고 보았다. 이 전통이 이슬람 이전의 아랍 반도에도 퍼졌다. 이후 여성 할례는 이슬람 사회에도 남게 되었다.

반면에 남성 할례는 성경에 기원을 두고 있다. 지금으로부터 약 4,000년 전에 하나님이 99세의 아브라함에게 포피를 베어내는 할례를 하라고 명령했다. 할례받는 대상은 종을 포함한 집안의 모든 남자였다. 당시 13세였던 이스마엘도 아버지 아브라함과 함께 할례를 받았다. 신은 신생아는 출생 후 8일에 할례를 받도록 하라고 명령했다. 그래서 1년 후 태어난 이삭과 그 후손 이스라엘 남자들은 모두 출생 8일 만에 할례를 받았다. 그리고 이스마엘의 후손인 아랍인들도 할례를 많이 행하였다. 무함마드는 출생 7일 만에 할아버지 무딸립이 할례를 행했다고 한다.

할례의 가장 큰 의미는 소변볼 때마다 하나님의 약속을 기억하고 하나님만 섬기겠다는 각오를 다지는 것이다. 또 더러움을 제거하고 깨끗이 하는 회개의 의미도 있다. 그리고 할례는 위생상 큰 장점이 있다. 포피 내 악취와 더러운 찌꺼기가 제거됨으로 성병 예방이 뛰어나다. 당시 이집트인의 주된 사망 원인으로 전쟁과 성병이 전염병보다 높았다. 이런 이집트인들의 평균 수명은 40세에 못 미쳤다. 그러나 할례가 의무인 이스라엘이 이집트에 살 때는 대부분 100세 이상 산 것으로 성경은 말한다. 할례 덕분에 이스라엘은 성병이 예방되었고 전쟁은 이집트가 막아 준 덕분이다.

어쨌든 아랍인들은 남성 할례와 여성 할례가 어느 정도 같이 행해진 가운데 이슬람 사회로 변하였다. 남성 할례는 위생상 큰 득이 있지만 여성 할례는 득은커녕 고통스럽고 위험하기 그지없는데 도대체 무슨 근거로 이슬람 사회에 존속하게 되었을까? 꾸란에는 할례에 대한 언급이 전혀 없는데 하디스에 여성 할례에 대한 언급이 있기 때문이다. 그 내용은 다음과 같다.

〈한 여성이 메디나에서 할례를 시술했고, 사도가 그녀에게 "완전히 제거하지 마시오. 그것이 여성에게 더 좋고, 남성에게 더 사랑받는 일이기 때문입니다."라고 말했다.〉

이 말이 무슬림 여성들이 계속 여성 할례를 받는 근거가 되었다니 애처롭지 않은가! 그런데 이 하디스를 놓고 이슬람 학자들 사이에 의견이 분분하다. 왜냐하면 이 내용이 아부다우드의 관행에만 나오기 때문이다. 하디스는 6권으로 모아져 편찬되었는데 많은 내용이 다른 권에도 중복적으로 나타나는 특징이 있다. 그런데 여성 할례에 관한 이 내용이 6권 중 한 권에만 나오니 신빙성이 떨어진다는 것이다. 그래서 여성 할례에 대한 학자들의 견해는 세 가지로 나뉜다. 즉 찬성, 반대, 선택이다. 선택은 여성 본인의 자유의사에 따른다는 것이다.

이에 반해 남성 할례는 모두 따라야 할 순나로 본다. 무함마드 자신이 아기 때 할례를 받았고 이슬람교 이후에도 무함마드가 할례를 남자에게 명했기 때문이다.

하디스의 신빙성이 떨어짐에도 불구하고 너무 위험한 여성 할례가 지금도 행해지는 것은 일부다처제와도 관련이 있다. 여러 아내를 둔 남편이 모든 아내를 다 만족시키기가 힘들다. 그래서 아내의 외도를 막기 위해 아내의 성욕을 억제하려고 오르가즘을 크게 느끼는 음핵을 제거한다는 것이다. 일부다처제 사회에선 청년이라도 가난하면 여자가 외면하고 나이가 있어도 부유한 남자의 둘째, 셋째, 넷째가 되기를 원하는 여성들이 많다. 이런 풍조가 여성 할례를 정당화시키는 한 원인이 되는 듯해 너무 안타깝다.

이슬람 사회에서 또 안타까운 현실은 여전히 명예 살인이 끊어지지 않는다는 것이다. 명예 살인은 가족의 명예를 더럽힌 여성을 아버지나 오빠가 살해하는 것을 말한다. 처녀가 강간을 당하든지 간음하면 상대 남자와 결혼시켜 더 이상의 명예 훼손을 막는다. 그러나 결혼이 안 될 경우가 문제다. 이 경우에는 집에서 쫓아내든지 아니면 명예 살인을 한다. 사실 이런 일은 비이슬람 사회에서도 발생한다. 그런데 유독 이슬람 사회의 명예 살인이 우려 대상이 되는 이유는 그 정도가 비이슬람 사회보다 빈번하기 때문이다.

그리고 여성과 성관계를 한 남성이 피해 여성에게 보상금을 지불하면 이슬람 사회에선 책임을 면한다. 만약 남성이 피해 여성과 결혼하면 오히려 좋은 평가를 받는다. 말레이시아에서 10대 소녀를 40세 남자가 강간한 사건이 있었다. 그런데 국회의원이 피해자가 가해자의 둘째 부인이 되는 것이 맞다고 말해 세계 언론의 도마에 올랐다고 소윤정 교수가 말했다. 그리고 결혼한 여성의 외도를 남편이 용서하지 않을 경우에도 간혹 명예 살인이 행해진다.

명예 살인의 근거는 꾸란에 전혀 없다. 다만 간음한 여자에게 태형을 가하거나 평생 집에 감금한다는 벌칙이 있을 뿐이다. 그리고 이슬람 국가들도 명예 살인을 금하며 처벌하고 있다. 그런데 명예 살인자에 대한 처벌이 너무 가벼운 솜방망이라 명예 살인이 근절되지 않고 있다. 처벌이 가벼운 이유는 명예 살인자의 심정을 동정하기 때문이다. 여성 할례까지 하는데도 발생하는 여성의 불미스러운 행위에 너무 과잉 대응하는 것이 매우 안타깝다. 남자가 가문의 명예를 더럽힌 것에 대해선 침묵하는 듯해 여성에 대한 심한 차별이 느껴진다.

14. 예수에 대한 차이

예수는 신인가, 아닌가?

12장에서 살폈듯이 천사들이 마리아가 성관계 없이 신에 의해 예수를 임신해 낳을 것을 말한 것이 꾸란 3장 42~47절에 나타난다. 그리고 45절에 이런 말이 있다. "천사들이 말하길 마리아여 하나님께서 말씀을 통하여 너에게 아들에 관한 기쁜 소식을 주시노라 그의 이름은 마리아의 아들 메시아 예수라……"

마리아가 낳을 아들, 예수를 '메시아'로 불렀다. 메시아는 무엇인가?

메시아에 대한 중앙회의 해설을 살펴본다. "메시아란 히브리어 및 아랍어 발음이며 영어로는 크라이스트, 그리스어로는 크리스토스, 한국어로는 그리스도라 번역되어 있다. '기름으로 세례를 받는다'라는 뜻으로 왕이나 제사장이 즉위할 때 기름으로 성별식을 가졌다고 한다." 이 설명은 대체적으로 맞지만 좀 부족하다. 그래서 메시아를 더 잘 이해하기 위해 이에 대한 기독교의 견해를 참조한다. 먼저 중앙회 해설처럼 제사장에겐 '즉위'란 말을 쓰지 않고 '위임, 임직, 임명'이 더 적당한 표현임을 밝힌다. 그리고 선지자를 세울 때도 머리에 기름을 붓는다. 그래서 메시야는 왕, 제사장, 선지자의 역할을 다 하는 자로서 인류를 지옥행 죄에서 구원하는 '구세주'를 의미한다.

그렇다면 인간이 모든 인간을 구원하는 메시아, 즉 구세주가 될 수 있을까? 인생을 어느 정도 산 사람은 누구나 다 불가능함을 느낀다. 인간을 뛰어넘는 특별한 존재라야 메시아가 될 수 있지 않을까? 꾸란도 메시아로 인정한 예수는 단순한 인간이 아닌 특별한 존재로 인정한다. 부모의 성관계 없이 신의 능력으로 태어난 사람은 예수뿐이다.

그래서 성경은 메시아 예수를 신의 아들로 거듭거듭 밝히고 있다. 그가 신의 아들이라는 증거는 예수가 승천하기까지 이 땅에서 충분히 보여주었다.

예수를 메시아로 부른 꾸란은 66장 12절에 이렇게 말한다. "순결과 정절을 지킨 이므란의 딸 마리아가 있었노라 그래서 나는 그녀의 몸에 내 혼의 일부를 불어넣었느니라……" 즉 순결한 마리아의 몸에 신이 자신의 혼을 불어넣었다고 말한다. 이렇게 하여 마리아의 몸에서 태어난 예수의 아버지는 누구인가? 당연히 예수의 아버지는 신이지 않은가? 인간의 정자가 마리아의 몸에 들어간 것이 아니고 신의 혼이 마리아의 몸에 들어갔으니 예수의 아버지는 분명히 신이다. 이처럼 꾸란도 예수가 신의 아들임을 확실히 인정하고 있다.

그럼에도 꾸란의 다른 부분들은 예수를 신의 아들로 부르지 않고 마리아의 아들로 불러 큰 모순을 낳고 있다. 이는 아버지의 이름을 밝히며 'ㅇㅇㅇ의 아들'로 부르는 아랍식 작명과도 맞지 않는 이름이다. 아랍식 작명을 무시하고 굳이 모친의 이름을 본따 마리아의 아들 예수라고 부르는 이유가 뭘까? 이런 모순을 꾸란이 보이는 가장 큰 이유는 예수의 신성을 부인하기 위함이다.

꾸란도 예수의 탄생부터 승천까지 신비한 삶을 소개하며 신의 아들임을 나타내고 있다. 그러면서도 꾸란의 다른 부분들은 예수를 하나의 인간으로만 깎아내리고 있다. 꾸란은 112장 14절에 다음과 같이 예수의 신성을 부인하고 있다.

"일러 가로되 하나님께서는 일위일체의 존재이시고 영원히 홀로 존재하시고 모든 간구를 들어주시는 분이시며 성자와 성부도 두지 않으셨나니 하나님께 비유될 수 있는 것 아무것도 없느니라"

그래서 꾸란 5장 75절에 예수는 사도 이외의 어떤 존재도 아니라고 못 박았다. 또 예수는 음식을 먹었는데 "하나님도 음식을 드셨는가?"라고 반문하며 예수는 신이 아님을 강조했다.

또 꾸란 4장 177절에 다시 예수는 하나님의 사도라고 말하며 삼위일체에 대해 말하지 말라고 하면서 말하지 않는 것이 좋을 것이라고 기독교도에게 경고하였다.

삼위일체란 무엇인가? 기독교의 신을 일컫는 말이다. 신은 성부 하나님, 성자 예수님, 성령님의 삼위로 존재하면서 신비하게도 하나라는 뜻이다. 삼위는 각각 동격으로 존재하지만 성자와 성령은 성부의 뜻을 따르며 하나가 된다. 세상에 이런 존재는 보이지 않는 신 외엔 없다. 그래서 인간의 머리로 이해가 잘 안 되기에 이에 대한 이론이 분분하다.

무함마드는 예수가 신의 아들이면 예수도 신이 되어 아버지 신과 아들 신, 즉 두 신이 존재하게 되어 "나 외에 다른 신은 없다"는 신의 말과 맞지 않다고 말했다.

성경도 누구이 하나님만이 유일한 신임을 밝히기에 예수는 신이 아니고 사도일 뿐이라고 무함마드는 말했다. 그리고 성경에는 삼위일체란 말이 한 번도 나타나지 않기에 그런 말을 하지 말라고 거듭 강조했다. 그래서 예수를 신의 아들로 부르는 것은 우상 숭배라고 말했다. 또 기독교는 마리아 동상 앞에서 기도하며 예수뿐 아니라 마리아까지 우상으로 섬긴다고 비난했다. 당시 마리아상 앞에 기도해 이런 공격의 빌미를 제공한 것은 기독교의 큰 잘못이었다. 이런 이유로 꾸란은 예수를 부를 때마다 '마리아의 아들 예수'라고 표기해 인간일 뿐임을 강조한다. 그러나 이는 신이 자기 혼을 불어넣었다는 꾸란의 말을 부인하는 모순을 보이고 있다.

성경은 "나 외에 다른 신은 없다"라고 수도 없이 말하는데 성경에도 없는 '삼위일체'란 말은 왜 생겼을까? 신은 분명히 한 분인데 그 신이 자신을 가리켜 '나'라는 단수 대신에 '우리'란 복수를 사용한 경우가 성경에 있고, 또 이 '우리'는 성부, 성자, 성령을 나타냄이 성경에 있기 때문이다. 이 내용을 간단히 살핀다.

1. 신이 사람을 만들 때 "하나님이 이르시되 우리의 형상을 따라 우리의 모양대로 우리가 사람을 만들고……"(창세기 1장 26절)라고 신이 의논하였다. 왜 신이 자신을 가리켜 단수가 아닌 복수 '우리'를 연거푸 사용했을까? 이 말은 신이 삼위일체임을 나타내는 성경의 첫 표현이다.

2. 또 영생하도록 창조된 인간이 신의 명령을 어기고 선악과를 따 먹어 죽는 존재가 되었을 때, 신은 '우리'란 말을 또 사용했다. "여호와 하나님이 이르시되 보라 이 사람이 선악을 아는 일에 우리 중 하나 같이 되었으니 그가 그의 손을 들어 생명나무 열매도 따먹고 영생할까 하노라 하시고"(창세기 3장 22절).

신은 왜 또 우리라고 말했을까? 그런데도 말하는 자는 '여호와 하나님'으로 단수로 표기한 이유는 뭘까? 이 표현들이 신의 삼위일체를 나타내는 두 번째 표현이다.

3. 그리고 하나뿐인 언어를 사용하는 사람들이 하늘 높이 바벨탑을 쌓으며 신에게 도전했을 때, 신은 또 이렇게 의논했다. "자, 우리가 내려가서 그들의 언어를 혼잡하게 하여 그들이 서로 알아듣지 못하게 하자 하시고"(창세기 11장 7절). 이런 대화들의 '우리'

는 삼위를 가리킨다. 그러나 말하는 자는 모두 단수로 표기되었기에 삼위가 하나임을 보여준다. 그래서 삼위일체란 어려운 말로 성경의 신을 표현한다.

4. 그런데 '우리'는 누구일까? '우리'가 누구인지 알려주는 사건이 복음서에 기록되어 있다. 예수가 세례를 받을 때 삼위가 모두 나타났다. 하늘이 열리며 하나님의 성령이 비둘기 같이 예수에게 임하며 "하늘로부터 소리가 있어 말씀하시되 이는 내 사랑하는 아들이요 내 기뻐하는 자라 하시니라"(마태복음 3장 17절)란 신의 음성이 들렸다. 이때 '우리'는 성부 하나님, 성자 예수님, 성령님이 함께 나타난 것이다.

5. 또 예수가 베드로, 요한, 야고보를 데리고 산에 간 적이 있다. 제자들 앞에서 예수의 몸이 영광스럽게 변하고 구름이 덮이더니 또 "……이는 내 사랑하는 아들이요 내 기뻐하는 자니 너희는 그의 말을 들어라 하시니라"(마태복음 17장 5절)라는 성부의 소리가 들렸다. 성경은 예수가 인간이기 전에 신이었음을 분명히 밝혔다. 그래서 이 세상의 창조도 아버지가 아들 예수와 함께 했다고 밝혔다. 이 외에도 성부, 성자, 성령 삼위가 한 몸을 이룬다는 근거는 성경에 더 많이 나타난다.

그리고 예수는 자신이 신의 아들이라고 하였다. 이 말이 예수가 십자가에 못 박혀 죽게 만들었다. 당시의 유대교 지도자들은 예수를 신의 아들, 즉 신으로 인정하지 않았기에 신성 모독죄로 예수를 처형했다. 예수는 신의 아들이 아닌데도 신의 아들로 자처해 죽음을 초래한 또라이 또는 사기꾼인가? 아니면 무함마드처럼 신의 아들을 몰라본 지도자들이 저지른 어리석음의 극치로 예수가 죽었는가?

그런데 인간이 신의 존재를 완전히 다 이해할 수 있을까? 인공 지능 로봇이 아무리 똑똑해도 인간이 입력한 것만 아는 것 아닌가? 이와 같이 인간이 아무리 똑똑해도 창조주인 신이 허락한 것만 알 뿐이다.

신은 무엇이든지 할 수 있다고 하면서 "신이 음식을 드셨는가?"라고 물으며 신인지 아닌지를 따지는 것은 유치한 일 아닌가?

예수가 언제, 어떻게 신의 아들이 된 것인지에 대해서는 성경이 침묵하고 있다. 필자 같은 사람은 이에 대해 매우 궁금해하지만 신은 알려줄 필요가 없다는 듯하다. 사실 인간이 신을 믿고 따르는 데 필요한 것은 다 알려준 것 아닌가? 더 이상의 궁금한 요구는 인간의 쓸데없는 호기심과 욕심일 뿐이다. 인간이 보이지 않는 신을 완전히 이해할 수 있고 또 인간이 원하는 대로 신이 행동한다면 이 어찌 신이라 할 수 있는가? 예수가 메시아며 신이란 증거는 그의 신비한 탄생, 그가 행한 수많은 기적, 십자가 죽음, 부활, 승천으로 충분하지 않은가!

예수는 십자가에 못 박혀 죽었나?

예수의 십자가 죽음에 대해 꾸란은 4장 157, 158절에 이렇게 말한다.

"157. 그리고 그들이 말하길 마리아의 아들이자 하나님의 사도인 예수 그리스도를 우리가 살해하였노라 그러나 그들은 그를 살해하지 아니하였고 십자가에 못 박지 아니했으며 내가 다른 자를 그와 같은 모습으로 보이게 하자 그 사람을 죽였을 뿐이라 이에 의견을 달리하는 자들은 의심이며 그들이 알지 못하고 그렇게 추측을 할 뿐 그들은 예수를 살해하지 아니 하였느니라 158. 하나님께서 예수를 승천시켰나니 하나님께서는 전지전능 하신 분이시니라"

상기 본문처럼 예수를 십자가에 못 박은 자들은 예수를 '예수 그리스도'라고 부르지 않았다. 그들은 예수를 그리스도로 인정하지 않는데 어떻게 예수 그리스도라고 부를 수 있었겠는가? 그럼에도 꾸란이 예수 그리스도라고 적은 것이 흥미롭다.

예수가 죽지 않았다는 무함마드의 주장은 꾸란에 기록된 다른 부분과 모순된다.

첫째, 꾸란 19장의 기록과 완전히 배치되는 큰 모순이다. 이 책 12장에서 살폈듯이, 꾸란 19장에는 마리아가 신의 혼으로 예수를 임신하게 된 것을 설명한다. 마리아가 남자와의 성관계가 없이 낳은 예수를 안고 동네 사람들을 만났다. 그러자 사람들은 마리아가 어떻게 아기를 낳았는지 쑥덕거렸다. 이때 마리아는 사람들에게 갓 태어난 아기 예수의 말을 듣도록 부탁하였다. 사람들은 갓 태어난 아기가 어떻게 말을 하느냐고 또 쑥덕거렸다. 이때 갓 태어난 아기 예수가 말했다는 것이 19장 30절부터 34절까지 나타난다. 이 중에 33절과 34절을 소개한다.

"30. 그(아기)가 말하기를…… 33 내가 태어나던 날과 내가 죽는 날, 그리고 다시 살아서 부활되는 날에 내게 평화가 있게 하셨습니다. 34. 이러한 것이 마리아의 아들 예수 (에 대한 이야기)로 (이것은) 그들이 논쟁하고 있는 것에 대한 진리의 말이니라."

금방 태어난 아기 예수가 자신의 장래 삶을 말하며 자신이 죽고 부활할 것을 말했다고 한다. 아기가 태어나자마자 말할 수 있는가? 이는 아기 예수가 신의 아들이라는 것을 나타내는 말 아닌가? 더군다나 갓 태어난 아기가 자신의 죽음과 부활을 언급할 수 있는가? 있을 수 없는 사건을 믿으라고 꾸란은 이것을 '진리'라고 강조까지 하지 않았는가? 그런데 같은 꾸란에서 예수의 죽음을 부인하고 있으니 이런 모순이 어디 있는가? 갓 태어난 아기가 말한 것 즉 예수가 죽고 부활할 것이 진리라고 꾸란이 말하곤 예수가 죽지 않았다고 다른 말을 하니 이상하지 않은가? 예수가 죽지 않는다면 아기가 장차 자신의 죽음과 부활에 대해 말하지 않아야 할 것 아닌가? 꾸란은 예수가 태어나자마자 엄청난 거짓말을 한 희대의 사기꾼으로 만들고 있지 않는가?

둘째, 꾸란 3장 55절과도 모순된다. 3장 55절은 이렇다. "하나님께서 말씀하사 예수야 내가 너를 불러 내게로 승천케 한 후 너를 다시 임종하도록 할 것이니라 ……." 임종은 죽음을 말하지 않는가? 그런데 다시 임종한다는 것은 예수가 두 번 죽는다는 것을 나타내는 말 아닌가?

그래서 이것은 예수가 승천하기 전에 첫 번째로 죽는다는 것을 나타내는 말 아닌가? 예수가 두 번 죽는 것은 성경에 없고 꾸란에만 나온다. 예수가 어떤 식으로 두 번째 죽는지는 잠시 후에 살필 것이다. 어쨌든 예수가 두 번 죽는다는 말은 예수가 승천하기 전에 첫 번째 죽음이 있음을 나타낸 말이다. 이것은 예수가 십자가에 못 박혀 죽지 않았다는 꾸란 4장 157절과 모순되지 않는가?

셋째, 꾸란이 누누이 복음서를 믿는다고 밝힌 것과 크게 모순된다. 왜냐하면 4복음서가 모두 많은 지면을 할애해 자세히 기록한 것은 예수의 십자가 죽음과 부활뿐이기 때문이다. 4복음서에 모두 다 기록된 사건들은 적다. 심지어 예수의 신비한 탄생도 두 복음서에만 나타난다. 그런데 4복음서가 공히 가장 중요한 사건으로 소상히 기록한 예수의 십자가 죽음을 부인하면서 도대체 꾸란은 복음서의 무엇을 믿는단 말인가?

그리고 꾸란은 예수 사후 600년이 지나 만들어진 반면에 복음서는 예수 사후 약

30~50년이 지나 만들어졌다. 그래서 꾸란이 기록될 때는 예수 당시의 사람들이 전혀 없었다. 하지만 복음서가 기록될 때는 예수의 십자가 죽음을 목격한 증인들이 수두룩 했다. 그런데 4복음서 모두가 한결같이 거짓말을 할 수 있겠는가?

사실이 이럼에도 이슬람교는 꾸란 4장 157절대로 예수와 닮은 다른 사람을 십자가 에 못 박았다고 주장한다. 심지어 예수를 판 제자 가룟 유다를 예수로 착각해 십자가 에 못 박았다는 이상한 주장도 한다. 가룟 유다는 자기 스승을 판 죄책감으로 자살했 다고 성경은 분명히 밝히고 있다. 그런데 꾸란의 이상한 주장들은 예수를 재판한 로 마의 귀족인 빌라도 총독과 갈릴리 지역의 분봉왕 헤롯과 예루살렘의 대제사장을 모 두 바보로 만드는 것이다. 왜냐하면 이들은 모두 예수를 세워 놓고 심문하며 재판한 자들이기 때문이다. 이들이 가짜 예수를 붙잡고 밤을 새우고 다음 날 아침까지 재판 할 정도로 바보였단 말인가? 또 자기가 죽을 판인데 예수로 행세할 가짜가 어디 있겠 는가?

예수는 잠시라도 감옥에 갇힌 적이 없다. 예수는 밤중에 동산에서 기도가 끝난 후 가 룟 유다가 데리고 온 군사들에게 잡혔다. 그리고 바로 밤새도록 재판을 받았다. 재판 이 끝나자마자 사형장으로 끌려가 십자가에 못 박혔다. 이날은 금요일이었다. 유대 민족 최대 명절인 유월절이 토요일에 시작되므로 그전에 속전속결로 끝낸 것이다. 이 렇게 숨 가쁘게 진행된 예수의 십자가 죽음을 꾸란은 왜 부인하나?

예수는 부활해서 승천했는가?

앞서 살폈듯이 꾸란은 예수가 죽지 않고 바로 승천했다고 말한다. 그래서 꾸란에는 예수의 부활에 관한 언급이 전혀 없다. 죽지 않았으니 부활은 있을 수 없다. 그러나 이 는 꾸란의 모순을 나타낸다. 갓 태어난 아기 예수가 자신의 죽음과 부활을 예고한 것이 진리라고 밝힌 19장 33, 34절과 완전히 배치된다. 갓 태어난 아기 예수가 예고한 예수 의 부활이 진리라고 하면서도 정작 예수의 부활에 대한 기록은 꾸란에 전혀 없다. 혹자 는 아기 예수가 말한 부활은 세상 종말에 있을 심판의 날에 있을 부활을 의미한다고 주장할지도 모른다. 그러나 그것은 문맥상 도저히 맞지 않는 어색한 해석일 뿐이다.

또 앞에서 살폈듯이 꾸란 3장 55절은 예수가 두 번 죽을 것을 말했다. 그런데 두 번째 죽음은 예수가 승천한 후에 이루어질 것이라고 말했다. 이는 승천하기 전에 예수의 첫 번째 죽음이 있음을 나타낼 뿐 아니라 부활도 암시하지 않는가? 왜냐하면 이 승천은 죽은 예수의 시체가 승천하는 것을 말하지 않기 때문이다. 꾸란도 예수가 산 몸으로 승천했다고 말한다. 그러면 승천 후 다시 죽는다는 것은 순서가 어떻게 진행되는 것일까? 예수가 첫 번째 죽음을 맞이한 후 부활하여 산 몸으로 승천하고 이후에 두 번째 죽음을 맞이한다는 것 아닌가? 그래서 3장 55절은 신이 예수의 죽음과 부활을 예고한 것으로 해석되지 않는가?

그럼에도 꾸란은 예수의 죽음을 부인했기에 예수의 부활에 대해서는 침묵할 수밖에 없으니 얼마나 안타까운가! 그러나 4복음서는 모두 예수의 죽음뿐 아니라 부활에 대해서도 소상히 기록하고 있다. 그 이유는 예수의 부활은 예수의 신성과 메시아 됨을 나타내기 때문이다. 그래서 그의 부활은 그가 죽은 것이 인류를 구하려고 희생양인 제물로 죽은 것임을 증거하기 때문이다.

예수가 이 땅에 온 이유는 세상 죄를 덮어쓴 희생양으로 죽으려고 왔다고 성경은 말한다. 그럼, 모든 사람이 죽는 것과 예수의 죽음은 무엇이 다른가? 성경은 인간의 죽음은 죄의 결과라고 한다. 원래 인간은 영원히 사는 존재로 창조되었다. 그런데 인류의 조상 아담과 하와가 신의 명령을 어긴 죄로 죽게 되었다고 성경은 말한다. 또 죄지은 인간이 생명나무 열매까지 먹어 죽음을 면할까 봐 신은 인간을 에덴동산에서 쫓아냈다고 한다.

이후 아담과 하와의 후손들도 모두 죄를 지었다. 이런 인류의 죄를 신이 용서하기 위해 필요한 희생 제물이 되려고 예수가 죽었다고 성경은 말한다. 구약 시대에 사람이 죄를 용서받기 위해 죄 없는 양에게 자기 죄를 덮어씌워 희생 제물로 바쳤다. 이와 같이 예수도 사람의 죄를 덮어쓴 희생양이 되었다고 성경은 말한다. 양은 한 사람의 한 가지 죄만 감당하지만 신의 아들 예수는 모든 사람의 모든 죄를 감당하고도 남는다. 왜냐하면 예수는 창조주이므로 모든 피조물보다 더 가치가 있기 때문이다.

그런데 예수의 죽음이 다른 사람의 죽음과 같다면 과연 예수가 신의 아들이 맞을까? 이 의문을 말끔히 해소하는 사건이 예수의 부활과 승천이다. 매우 드물지만 우리는 죽었다가 다시 살아난 사람에 관한 이야기를 들을 수 있다. 그러나 이들은 모두 다시 죽었다. 예수의 부활은 이런 것이 아니다. 즉 예수는 부활해 다시 죽은 게 아니고 산 몸으로 승천했다고 성경은 밝힌다. 꾸란도 예수의 승천은 인정한다. 예수의 부활과 승천은 예수가 신의 아들임을 나타내는 확실한 증거 중 하나다. 이런 신의 아들의 죽음은 인류의 죄를 몽땅 감당하고도 남는다. 쉽게 말해 모든 종류의 인공 지능과 힘을 갖춘 로봇이 아무리 많아도 이를 만든 사람의 생명이 이것들보다 훨씬 귀하다.

그럼, 왜 신은 그 귀한 자기 아들을 희생시키면서까지 인간을 용서하고 사랑할까? 이 질문에 성경은 신의 형상을 따라 사람을 만들 정도로 사람에 대한 신의 특별한 애정이 있었기 때문이라고 답한다. 만약 어떤 사람이 대화가 가능하고 사랑의 감정을 나눌 인공 지능 로봇을 만들었다면 그가 그 로봇을 얼마나 소중히 여기겠는가? 이와 같이 신은 자신과 사랑을 나눌 사람을 자신의 모습대로 만들었기에 그 사람들을 위해 자신의 아들까지 희생시켰다니 얼마나 놀랍고 감사한가!

그래서 예수의 부활과 승천이 없다면 예수의 죽음은 다른 모든 사람의 죽음과 다를 바 없다. 이 경우에 신의 아들과 메시아로 행세한 예수는 엄청난 사기꾼 아닌가? 그러므로 예수가 부활하지 않았다면 사기꾼을 주님으로 믿은 신자는 세상에서 가장 불쌍한 자가 된다고 성경은 말한다. 그게 사실이라면 사기꾼에게 속아 자기 마음대로 살지 못한 신자가 얼마나 어리석고 애처롭고 불쌍한가! 그만큼 예수의 부활은 중요하다.

그래서 예수가 진짜 부활했는지는 매우 중요하다. 이에 성경은 예수가 부활한 증거를 많이 보여준다. 이 중에서도 중요한 것은 예수의 부활과 승천을 목격했기에 인생이 완전히 바뀐 많은 사람의 이야기다. 이들 가운데 제자들, 가족, 핍박자의 변화를 소개한다.

첫째, 예수의 제자들은 예수가 잡혀 죽자 겁이 나서 모두 숨어 지냈다. 아무 죄도 없는 예수를 신성모독죄의 올가미로 엮어 죽인 자들이 제자들도 잡을까 봐 겁이 난 것이다. 수제자 베드로는 예수를 모른다고 저주까지 하며 세 번이나 부인했다. 이런 제자들이 갑자기 돌변해 예수의 복음을 용감하게 전하며 모두 목숨까지 내놓은 이유가 뭘까? 부활한 예수를 몇 번이나 만났고, 그 예수가 구름 타고 승천하는 것을 직접 두 눈으로 보았기 때문이라고 성경은 말한다.

둘째, 예수의 친동생들은 예수가 갑자기 집을 나간 후 기적을 행하고 사람들을 가르 친다는 소문을 듣고 이상하게 생각했다. 이들은 예수를 믿기는커녕 오히려 형(오빠)이 미쳤다고 생각했다. 그래서 예수가 잠시 고향에 들렀을 때 형을 외면하고 오히려 박해 하였다. 그리고 다시 떠난 형을 잡아서 집으로 데려오려고도 했다. 그러나 뜻대로 안 되자 예수가 죽어 사라지기를 바라는 동생들도 있었다. 이런 이유로 예수가 죽는 현장 에 동생들은 아무도 나타나지 않았다. 그런데 이들이 돌변해 예수를 주로 부르며 예수 때문에 핍박받는 삶을 산 이유가 뭘까? 이들이 돌변한 이유는 부활한 예수를 만났고 구름 타고 하늘로 올라가는 모습을 보았기 때문이다. 이 사건을 통해 예수의 신비한 탄생에 대한 어머니의 이야기들을 비로소 믿게 되었다. 그리하여 이들은 예수가 자기 의 형이나 오빠이기 전에 신의 아들과 메시아인 것을 깨닫고 주님으로 부른 것이다.

셋째, 많은 사람의 증언에도 불구하고 성도를 핍박하며 죽이는 것이 정의라고 생각 하며 앞장섰던 사울이 있었다. 당시 최고의 엘리트였던 사울은 큰 꿈을 지닌 야심만 만한 사람이었다. 그는 성도를 핍박하며 이스라엘의 최고 의결 기관인 산헤드린의 인 정을 받고 있었다. 70명으로 구성된 산헤드린은 오늘날 국회와 대법원의 기능을 다 갖춘 최고 기관이었다. 어떤 학자들은 사울이 성도 탄압의 공을 인정받아 산헤드린 공회의 70명 회원 중 한 명이 되었다고도 주장한다. 사울은 그 정도로 잘 나가는 사람 이었다. 그런데 이런 사울이 돌변해 바울로 이름이 바뀌며 예수를 위해 일하다가 순 교 당한 이유가 뭘까? 이는 사울이 다마스쿠스의 성도에 대한 체포 영장을 들고 가는 길에 부활해 승천한 예수를 만났기 때문이라고 성경은 말한다.

다마스쿠스로 가는 길에 갑자기 햇빛보다 훨씬 더 밝은 빛을 받으며 사울은 땅에 엎 드려졌다. 그런데 하늘에서 "사울아, 사울아, 네가 왜 나를 핍박하느냐?"란 소리가 울 렸다. 누구시냐고 묻는 사울에게 "나는 네가 핍박하는 예수다"라는 소리가 들렸다. 사 울이 얼마나 놀랐을까? 예수를 사기꾼으로 생각하고 예수 믿는 자들을 잡아 죽이는 일에 앞장선 사울이 하늘의 예수에게 책망을 받았으니 사울의 마음이 얼마나 혼란스러웠을까? 그래서 사울은 밥도 물도 못 먹고 기도하면서 자신의 잘못을 크게 깨닫게 되었다. 이후 사울은 예수가 시키는 대로 살며 이름을 바울로 바꿨다. 사울은 '크다'라는 뜻이고, 바울은 '작다'라는 뜻이다. 이후 바울은 로마 제국 전 지역을 돌아다니며 예수의 제자들보다 훨씬 더 크고 많은 일을 하였다.

바울이 로마의 네로 황제에게 순교 당하기까지 기독교 역사의 중심이 된 것은 부활한 예수를 만나지 않았다면 가능했을까? 십자가에 못 박혀 죽었다고 생각한 예수가 부활하고 승천하여 사울을 만났기에 성도를 잡으려고 외국까지 간 사울이 돌변한 것 아닌가?

그러나 꾸란에는 예수의 부활에 대해 언급조차 없다. 예수가 죽지 않았다고 하니 부활은 말할 수도 없다. 그러면서도 예수의 승천은 인정한다. 꾸란은 복음서를 믿는다고 하면서 모든 복음서가 많은 지면을 할애해 매우 소상히 다룬 예수의 십자가 죽음과 부활에 대해 아예 눈 감은 이유가 뭘까? 예수의 신성을 부인하기 위함인가? 어쨌든 예수의 부활에 대한 침묵은 갓 태어난 아기 예수가 자신의 부활을 예고한 것이 진리라고 강조한 꾸란과 엄청난 모순이 아닌가? 또 예수가 승천한 후에 다시 죽을 것이라고 말한 꾸란과도 모순되지 않는가?

예수는 왜 다시 오나?

성경은 예수가 이 세상을 심판하려고 이 땅에 다시 올 것을 누누이 예고하고 있다. 꾸란도 예수의 재림을 43장 61절에 이렇게 밝히고 있다.

"실로 예수의 재림은 심판이 가까이 왔음을 예시하는 것이라 그러므로 부활에 대하여 의심하지 말고 나를 따르라……."

예수의 재림에 대해 중앙회 홈피에는 다음과 같이 해설하고 있다. "예수의 재림은 곧 심판이 다가왔다는 것을 암시하는 것으로 보고 있다."

이브누 압바스와 꾸타다는 "예수가 태어난 것은 내세를 알리는 증표 중에 하나로 하나님께서는 심판이 있기 얼마 전에 하늘로부터 예수를 내려보낸다"라고 풀이하였다.

꾸란도 예수의 재림은 세상의 종말 직전에 이루어짐을 밝혔다. 그러나 이에 관해 더이상의 구체적인 언급이 없어 아쉽다. 세상이 끝난다는 종말의 심판이 얼마나 중요한가! 그래서 꾸란도 심판을 수없이 경고하지 않는가? 그런데 심판이 임박할 때 예수가 재림한다고 하면서도 재림하는 예수가 할 일에 대해 꾸란은 침묵하고 있으니 이상하다. 오히려 꾸란 3장 55절은 예수가 다시 죽을 것이라고 말하여 더욱 이상하다. 왜냐하면 이 말은 예수가 재림하여 다시 죽는 것을 말하기에 너무 혼란스럽기 때문이다. 재림하는 예수가 왜 다시 죽는가? 너무 이상하지 않은가? 그러므로 예수의 재림과 종말 등에 대해 훨씬 소상하게 다룬 성경을 먼저 살펴본다.

첫째, 재림의 방법은 승천할 때와 같이 구름을 타고 온 세상이 다 알 수 있도록 온다. 초림과 같이 또 아기로 태어나지 않는다. 그리고 재림 때는 예수 홀로 오지 않고 수많은 천군 천사를 거느리고 나팔 소리가 장엄하게 울리는 가운데 온다.

둘째, 재림의 시기는 그 누구도 알 수 없다. 예수가 '곧' 다시 온다고 말했는데 근 2,000년이 지나도 오지 않았기에 불신자는 예수가 사기 쳤다고도 한다. 그러나 '곧'의 의미는 인간이 고안한 시간 개념으로 해석해서는 안 된다. 신약 성경은 고대 그리스어로 기록했다. 고대 그리스어에는 '카이로스'란 신의 시간 개념을 뜻하는 단어가 있다. 그래서 '곧'을 카이로스의 개념으로 적었다고 한다. 그러므로 '곧'은 신의 시간과 인간의 시간이 다른 것에서 답을 찾아야 한다고 학자들은 말한다. 그 예로 성경에 "주에게는 하루가 천 년 같고 천 년이 하루 같다"는 표현이 있음을 제시한다. 그러므로 '곧'은 수천 년이 될 수도 있다. 그리고 예수도 모르고 성부 하나님만 안다는 재림의 시기를 정확히 제시하는 사람은 다 사기꾼이요 이단이라고 한다. 그러나 예수의 재림이 임박했음을 알리는 징조를 성경은 예시하고 있다. 3년째 온 세계를 괴롭히는 코로나가 이런 징조 중의 하나로 해석된다.

셋째, 재림할 예수가 세상을 심판하는 절차와 방법은 아무도 모른다. 일렬로 줄 세워 한 사람씩 재판하는 건지 그렇게 되면 시간이 엄청나게 걸리니 신의 초능력으로 동시에 모든 사람을 재판하는 것인지 알 수가 없다. 절차와 방법은 모르지만, 예수의 심판은 반드시 있고 예수의 심판으로 예수의 재림 때까지 지속된 세상은 끝난다고 한다.

넷째, 예수의 재림, 심판과 더불어 새 세상이 어떻게 전개되는지 정확히 알 수 없다. 마찬가지로 예수의 재림 때 발생하는 죽은 자의 부활이 어떻게 이루어지는지도 정확히 알 수 없다. 이는 신이 해야 할 일이기에 인간이 한사코 알아야 할 영역이 아니라는 것이다. 다만 예수의 재림으로 죽은 자가 부활하고 심판이 있고 현재의 세상은 사라지고 새로운 세상이 열리는 것은 확실하다. 그러므로 이를 믿고 천국을 소망하며 살라는 것이다.

다섯째, 예수의 심판으로 천국에 갈 사람은 신과 신의 아들, 즉 예수를 구주로 믿고 마음에 모신 사람이라고 한다. 이외의 사람은 아무리 착한 일을 많이 해도 지옥에 간다고 한다. "그것은 너무 하지 않냐?"라는 반문에 "신과 신의 아들을 인정하지 않는 자가 어떻게 신과 신의 아들이 다스리는 천국에서 함께 살 수 있느냐?"라고 답한다. 이는 부모와 자식 관계로 설명이 가능하다. 즉 성인이 되어서도 부모를 자기 부모가 아니라고 하며 찾지도 않는 자가 어떻게 부모의 집에서 함께 살 수 있겠는가? 이런 사람도 밖에서 다른 사람에겐 좋은 평가를 들을 수 있다. 그러나 부모를 남으로 만들었기에 부모와 함께 살 수 있겠는가? 그런데 이런 패륜아가 막판에라도 진정으로 부모를 찾으면 부모가 받아 준다. 이처럼 신도 막판에라도 진정으로 신을 인정하고 회개하며 신을 찾으면 받아준다. 신이 인간을 만든 부모이기 때문이다. 부모가 자식을 버린 게 아니고 패륜 자식이 부모를 버리듯 창조주 신이 인간을 버린 게 아니라 교만한 인간이 창조주를 버렸다.

신은 왜 인간에게 최초의 조직으로 가정을 만들어 주었을까? 여러 가지 의견이 있겠지만, 가족끼리 서로 도우며 살면서 사랑을 나누라고 가정을 만든 것으로 생각한다. 특히 인간의 부모 된 창조주의 마음을 조금이라도 깨달아 알라고 부모가 되게 해 신의 마음을 경험하게 한 것으로 필자는 생각한다. 부모의 마음은 지식과 이론으로 아는 게 아니고 겪어 봐야 비로소 아는 것 아닌가?

그래서 신과 신의 아들의 마음을 진정으로 깨닫고 믿는 사람은 바르고 착하게 살려고 노력할 수밖에 없다. 반면에 말로만 믿는다는 자는 지도자라 해도 성도가 아니기에 지옥에 갈 것이다. 코로나로 전 세계가 3년째 고통받는 전무후무한 사건은 예수의 재림이 가까이 다가왔다는 신호이기에 모두 회개할 때가 아닌가?

이제 이슬람이 말하는 재림 예수의 역할을 고찰한다. 그런데 꾸란은 43장 61절에 심판이 가까이 왔을 때 예수가 재림한다고만 밝히고 3장 55절에 재림 예수가 다시 죽는다고만 밝힐 뿐이다. 재림 예수가 할 일에 대한 꾸란의 언급이 없기에 하디스를 통해 재림 예수의 역할을 찾을 수밖에 없다. 먼저 방대한 하디스를 연구한 샘딥의 저서를 참조한다. 샘딥의 저서 《최후의 예언자 무함마드》는 중앙회의 홈페이지에 소개되어 있다. 이 책 4장에 나오는 부분을 소개한다.

"예수는 종말이 오기 전에 세상에 와서 하나님의 율법을 세울 것이다. 그는 닷잘(적 그리스도)이라는 존재를 죽이고 모든 믿는 자를 하나님에 대한 믿음으로 모이게 할 것이다. 예수는 자신에 대한 인간의 잘못된 믿음(예수가 하나님의 아들로서 하나님과 동격이라는 믿음)을 바로잡아 한 분이신 하나님만을 숭배하도록 이끌고 지상에 안전과 평화를 가져올 것이다."

이 일들은 상당히 중요한 일 같은데 몇 가지 큰 의문이 생긴다. 이런 일들은 예수가 처음 왔을 때 얼마든지 할 수 있었을 터인데 왜 그때 못하고 다시 와서 해야 하나? 또 무함마드는 최후의 사도라고 하면서 왜 이런 일을 하지 못해 승천한 예수가 다시 와야 하나? 예수가 다시 오면 최후의 사도는 무함마드가 아니고 예수가 되는 것 아닌가? 이는 무함마드 이후에 이 세상에 올 사도는 없다고 단정한 무함마드의 말과 완전히 모순되는 것 아닌가?

그리고 승천한 예수가 다시 온다면 뭔가 긴박한 초비상사태의 처리를 위한 것이 아닐까? 상기의 일이 승천한 예수가 와서 해야 할 초비상사태의 일인가? 이 세상을 끝장내는 심판을 위해서라면 승천한 예수가 다시 와야 할 정도의 초비상사태 아닌가!

그런데 재림 예수가 인간을 심판할 것이라고 무함마드가 말한 것이 '돼지 살해'란 제목으로 하디스에 나타난다. 그 내용은 이렇다.

〈아부 후라이라가 전하고 있다.: 사도께서 말씀하셨습니다. "나의 영혼이 그분의 두

손안에 달려있는 그분께 맹세하지만 마리아의 아들 예수가 조만간 여러분에게 내려와 꾸란 법에 따라 인간을 공정하게 심판하고 십자가를 부수며 돼지들을 죽일 것이요, 지지야(Jizya)를 폐지할 것입니다. 그리고 재물이 넘쳐날 것이며 선물을 받는 자는 아무도 없을 것입니다.">

지지야(Jizya)는 이슬람 국가에서 비무슬림에게 부과하는 일종의 주민세이다.

무함마드가 신에게 맹세하며 한 말이 예수가 인간을 심판한다는 것은 성경과 같다. 그런데 꾸란 법에 따라 한다는 이 심판은 좀 이상하다. 세상이 끝나는 마지막 심판이 아닌 것 같다. 심판 후에도 어느 정도 세상이 존속하기에 그동안에 지지야가 폐지되고 재물이 넘치게 된다고 하는 것 같다. 즉 짧게나마 세상이 계속된 후 꾸란이 말한 신의 심판이 이루어진다는 뜻 아닌가? 그러면 도대체 재림 예수의 심판은 무슨 심판인가? 더군다나 십자가는 왜 부수며 돼지들은 왜 죽이나?

재림 예수의 역할을 성경과 달리 말한 하디스에는 종말에 대한 무함마드의 설교가 많다. 그는 당시 콘스탄티노플의 침공을 예견하며 종말의 환란과 연계시켜 경각심을 일으키고 예수의 재림도 언급했다. 또 성경의 종말에 등장하는 곡과 마곡을 자주 언급하며 그곳의 댐이 무너져 아랍에 재앙이 내릴 것이라고 공포심을 조성하기도 했다. 이런 그의 말을 류광철 교수가 정리하여, 그의 저서 《이슬람 제국》에 재림 예수의 역할을 요약해 밝혔다. "재림 예수가 세상의 돼지를 멸종시키고 무함마드의 묘를 방문하고 곡과 마곡의 감옥에서 신이 방면한 죄수들을 기도로 물리치고 세상을 40년간 통치하며 유토피아를 이루고 결혼해 자식을 낳고 죽은 후 무함마드의 무덤 옆에 묻힌다."

이대로 된다면 이것은 꾸란 3장 55절에서 예고한 예수의 두 번째 죽음이 된다. 그런데 이 죽음이 너무 이상하지 않은가? 신이 방면한 곡과 마곡의 죄수들을 예수가 물리친다면 보통 중대사가 아닌데 왜 꾸란에 이런 예고가 없는가? 또 예수가 이 땅에 유토피아를 이루는 것도 매우 중대한 일인데, 왜 꾸란에는 이런 예고가 없는가? 무함마드는 자기 묘를 찾지 말라고 했다는데 왜 재림 예수가 그의 묘를 찾고 또 그의 옆에 묻히는가? 무함마드는 신의 아들을 인간으로만 만들려고 재림 예수가 결혼해 자녀를 많이 낳는다고 말한 것 아닌가?

이렇게 재림 예수가 할 일을 성경과 달리 말한 무함마드는 마지막 날에 신이 하늘에서 예루살렘으로 내려와 세상을 심판한다고 말했다. 이 심판의 날에 무함마드는 재림 예수보다 오히려 자신이 더 중요한 역할을 할 것이라고 말했다. 심판의 날에 모두 부활할 때 무함마드도 부활하여 중보자 역할을 한다고 말했다. 즉 무함마드의 중보 기도로 천국에 가는 자는 7만 명이라고 한다. 그는 곧 종말이 온다고 말했기에 당시의 7만 명은 엄청난 수이다. 그런데 믿음은 있지만 처벌받아야 할 잘못을 저지른 자들은 지옥에서 고생하다가 무함마드의 간구로 가장 낮은 단계의 천국으로 가 살게 된다고도 말했다. 종말, 부활, 심판, 불지옥에 관해 탁월한 웅변으로 공포 분위기를 조성한 그는 중보자로서 자신의 역할을 강조했다.

그런데 몇 가지 큰 의문이 생긴다. 재림 예수가 이 땅에 평화를 가져와 유토피아를 이룬다고 무함마드가 말했다. 그런데 이런 천국 같은 상태에서 신이 세상을 끝내는 심판을 하는가? 아니면 재림 예수가 다시 죽은 후 세상은 곧 다시 혼탁해지고 그때 신이 심판하는가? 어쨌든 곧 무함마드와 모든 죽은 자가 부활할 때 또 부활할 예수는 무슨 일을 하는가? 무함마드가 하는 일을 돕든지 아니면 구경만 하는가? 그렇게 되면 너무 이상하지 않은가? 하늘에서 이 땅에 재림해 이 땅에 평화와 유토피아를 이룬다는 자가 신의 심판 시 할 역할은 왜 없을까? 함께 다시 부활하는데 무함마드의 중보 역할만 있는 것은 너무 이상하지 않은가?

모든 사람처럼 곧 죽을 무함마드가 하늘에서 다시 내려올 예수보다 더 중요한 역할을 할 것이란 그의 말은 너무 이상하지 않은가? 그리고 세상을 심판하려고 신이 메카가 아닌 예루살렘에 온다는 것도 이상하지 않은가?

예수는 무함마드 때문에 왔는가?

이에 대해 꾸란은 61장 6절에 이렇게 말한다. "마리아의 아들 예수가 말하길, '이스라엘의 자손들이여 실로 나는 너희에게 보내진 사도로서 내 앞에 온 토라의 법을 실천하고 내 후에 올 아흐마드란 이름을 가진 한 사도가 올 것이라는 기쁜 소식을 전하기 위해 왔노라'……."

'아흐마드'는 '가장 찬양받는'이란 뜻으로 천국에서 부르는 무함마드의 다른 이름이다. 예수가 자기 뒤에 무함마드가 올 것을 알리기 위해 이 땅에 왔다고 성경의 복음서도 말하는가?

꾸란이 믿는다고 계속 밝힌 복음서를 비롯한 성경에는 이런 말이 전혀 없다. 앞에서 살폈듯이 성경은 예수가 인류를 구원하려고 메시아 즉 그리스도로 이 땅에 왔다고 누누이 말한다. 메시아인 예수가 아브라함의 후손으로 이 땅에 옴으로 인해 아브라함을 통해 모든 사람이 복을 받게 하겠다는 신의 약속이 이루어졌다. 또 꾸란도 예수를 메시아와 그리스도로 말한다. 그리스도는 메시아와 같은 말로서 왕, 제사장, 선지자의 세 역할을 하는 자를 의미한다. 그리고 성경에서 예수가 자신을 '사도'로 부른 것을 단 한 번도 찾을 수 없다. 예수는 자신의 많은 제자 중에 12명을 특별히 세워 사도로 불렀을 뿐이다. '사도'의 뜻은 '보냄을 받은 자'이다. 예수는 신의 아들임을 시인하면서도 오히려 겸손히 자신을 낮추어 '인자', 즉 사람의 아들로 불렀지 사도로 부르지 않았다. 예수가 자신을 '인자'로 부른 것은 예수가 신의 아들이 아님을 나타내는 말인가? 절대 아니다. 예수는 신의 아들이지만 사람의 몸으로 이 땅에 왔기에 겸손히 '인자'로 불렸을 뿐이다.

예수를 줄곧 마리아의 아들과 사도로 부르는 꾸란도 실제로는 예수가 신의 아들임을 명백히 밝히고 있다. 앞에서 보았듯이 꾸란 66장 12절에는 신의 혼을 마리아의 몸에 불어넣었다고 밝힌다. 이렇게 해서 태어난 예수의 아버지는 신이다. 즉 예수는 신의 아들임을 꾸란도 분명히 인정한 것이다.

그런데 신의 아들이 인간의 아들인 무함마드가 올 것을 알리려고 이 땅에 왔다니 너무 이상하지 않은가? 신의 아들의 탄생을 알리려고 천사까지 나타난 것을 꾸란도 밝히지 않는가? 이런 신의 아들이 인간에 불과한 무함마드가 올 것을 알리려고 이 땅에 왔다니 너무 이상하다. 이는 무함마드가 인간 부모의 성관계로 태어났지만, 신의 아들보다 월등히 높고 뛰어난 존재라는 뜻 아닌가? 과연 그런가? 그런데 상기처럼 예수가 말한 게 사실이라면 이렇게 중요한 예고가 성경에 한 군데도 없음은 너무 이상하지 않은가? 또 예수가 그렇게 말했다면 복음서가 기록될 때 존재했던 예수 당시의 많은 사람이 이 사실의 누락에 대해 왜 아무도 이의를 제기하지 않았을까? 그러다가 600년이나 지나 예수가 이렇게 말했다고 꾸란에 기록된 것은 이상하지 않은가?

성경에는 예수의 승천 이후에 성령을 보내겠다고 예수가 약속한 것은 있다. 그러나 아흐마드가 올 것이라는 언급은 전혀 없다. 그리고 예수의 약속대로 성령이 이 세상에 왔음을 사도행전은 밝힌다. 또 예수는 이 세상을 심판하려고 자신이 다시 올 것이라고 예고했다. 예수가 재림할 것이라고 꾸란도 말하지 않는가?

그런데 예수는 자신이 다시 오기 전에 거짓 선지자, 거짓 사도, 심지어는 거짓 그리스도의 등장까지 예고하며 이에 속지 말라고 경고했다. 이 경고는 꾸란이 믿는다는 복음서에 많이 나타난다. 예수의 이 경고를 받아들이면 무함마드는 거짓 선지자요 거짓 사도란 말인가?

그리고 앞에서 살폈듯 꾸란은 신에게 아들은 없다고 말했다. 이는 신이 자신의 혼을 불어넣었다는 꾸란의 말을 부인하는 명백한 모순이다. 어쨌든, 신에게 아들이 없다는 꾸란이 맞는다면 신의 아들을 자인한 예수는 사기꾼이 된다. 하여튼 훌륭한 예수와 무함마드 두 분을 모두 믿고 따르면 좋겠는데 두 분의 말이 너무 어긋나 혼란스럽다. 예수는 신의 아들이라고 자처했는데 무함마드는 신에게 아들은 없다고 말했다. 또 예수는 자신이 재림하기 전에 가짜에게 속지 말라고 경고했는데 무함마드는 자신이 최후의 사도라고 말했다. 두 분 중에 한 분을 따라야 할 상황인데 누구를 따라야 할까?

무함마드를 예고하지 않은 성경은 제외하고 꾸란만 가지고 고찰해보자. 왜냐하면 꾸란에는 예수와 무함마드가 함께 등장하기에 비교될 수 있기 때문이다.

첫째, 꾸란은 예수를 거짓말쟁이, 사기꾼으로 말하지 않는다. 오히려 믿고 따라야 할 존재로 말한다. 아무리 훌륭한 일을 많이 했어도 신의 아들이 아닌 자가 신의 아들로 자처했으면 이보다 더 큰 사기꾼이 어디 있는가? 또 꾸란의 말대로 예수가 죽지 않았다면 예수가 태어나자마자 자신이 죽고 부활한다고 한 것도 사기꾼의 말 아닌가? 그런데 꾸란은 왜 예수를 사기꾼으로 고발하지 않고 오히려 믿고 따르라고 하는가? 더군다나 왜 사기꾼인 예수의 재림까지 예고하는가?

둘째, 무함마드와 예수, 두 분 중에 누가 더 믿을 수 있고 월등한 존재인지 살펴보자. 무함마드는 인간 부모의 성관계로 태어났고 활동 후 죽었으므로 다시 온다는 약속은 꾸란과 하디스 어디에도 없다. 그러나 무함마드와 달리 예수의 탄생에 대해선 천사가 예고한 것이 꾸란에도 나타난다. 이런 예수는 사람의 성관계가 아닌 신의 혼으로 태어나 죽지 않고 승천했고 세상 종말에 다시 재림한다고 꾸란은 말한다. 즉 인간 예수의 어머니는 마리아이지만 예수의 아버지는 신임을 분명히 밝히고 있다. 누가 더 믿을 만하고 월등한가?

셋째, 이번엔 가르침을 제외하고 꾸란에 나타난 '능력'에 대하여 누가 더 월등한지 고찰해 보자. 꾸란에는 무함마드가 전하는 계시만 많이 나타나 있다. 무함마드가 병을 고치고 기적을 행했다는 기록은 꾸란에 전혀 없다. 또 꾸란에는 예수가 가르친 내용의 기록도 전혀 없다. 그러나 예수의 활동에 대한 기록은 짧게나마 있다. 하나는 예수가 가르치고 병을 고치고 죽은 자도 살리고 기적을 많이 행했다는 기록이다. 다만 어떤 병을 얼마나 많이 고치고 죽은 자를 얼마나 살렸는지 제대로 밝히지 않았을 뿐이다. 또 예수의 기적에 대해서는 꾸란이 세 가지를 소개한다. 예수가 음식이 가득 차려진 식탁을 하늘에서 내려 많은 사람을 배불리 먹였다고 한다. 그리고 예수가 흙으로 새를 만들어 날려 보냈다고도 한다. 또 아기 예수가 태어나자마자 말을 했는데 그 내용이 자기 삶에 대해 말했다고 한다. 이런 기적들은 성경에 나오지 않는다. 하지만 꾸란의 이런 기록은 예수의 능력을 인정한 것이다. 그 외 예수가 어떤 기적을 행했는지에 대한 기록은 없다. 그러나 꾸란도 무함마드가 흉내조차 내지 못한 일을 예수가 했다고 인정하지 않는가? 누구의 말을 믿고 따를 만큼 누구의 능력이 더 월등한가?

신의 혼으로 태어나 승천하고 다시 온다는 예수가 최후의 사도라는 무함마드가 올 것을 알리려고 이 땅에 온 것이 맞는가? 아니면 예수의 경고대로 거짓이 나타난 것인가?

예수를 닮은 무함마드 어록

흥미롭게도 무함마드는 예수의 말을 자주 흉내 냈다. 이런 말은 그의 활동 후반기에 많이 나타났다. 즉 메디나로 피신해 안정된 기반을 구축한 후에 이런 말들을 많이 했다. 이런 말들은 하디스에 등장하는데 무함마드의 말과 그 말의 원조인 예수의 말을 함께 살펴본다.

1. 〈아부 후라이라는 선지자께서 이렇게 말씀하셨다고 전합니다. "너희들 중 어느 누구도, 나보다 그의 부모, 자식, 그 밖의 속세의 사람들을 더 사랑하는 자는 신앙인이 될 수 없느니라."〉

2. 이와 같은 내용의 말을 오마르에게 한 하디스도 소개한다.

〈오마르(하나님께서 그분을 받아주시기를)는 선지자(그분께 평화가 깃드시기를)께 이렇게 말한 적이 있습니다. "오, 하나님의 선지자여! 당신은 제 자신을 제외하고 세상에서 저에게 가장 소중하신 분이십니다." 선지자(그분께 평화가 깃드시기를)께서는 이렇게 말씀하셨습니다. "자기 자신보다 나를 더 소중히 하지 않는다면 진정한 신앙인이 될 수 없느니라." 그러자, 오마르(하나님께서 그분을 받아주시기를)가 말했습니다. "이제 당신께서는 제게 제 자신보다 더 소중하십니다." 이에, 선지자(그분께 평화가 깃드시기를)께서는 이렇게 말씀하셨다고 합니다. "이제야 비로소! 오, 오마르야!"〉

○ 이와 같은 말을 예수가 600년 전에 이미 한 것이 성경 마태복음 10장 37, 39절에 나타난다. "37. 아버지나 어머니를 나보다 더 사랑하는 자는 내게 합당하지 아니하고 아들이나 딸을 나보다 더 사랑하는 자도 내게 합당하지 아니하며…… 39. 자기 목숨을 얻는 자는 잃을 것이요 나를 위하여 자기 목숨을 잃는 자는 얻으리라"

예수의 말은 너무 한 것 아닌가? 왜 이런 말을 했을까? 이 말은 예수가 제자에게 사명을 맡기며 한 말이다. 예수는 인류를 구원하려고 십자가에 못 박히는 자기희생의 사랑을 보여줄 것이기에 제자들에게 진정한 사랑을 요구한 것이다. 그리고 예수는 신의 아들로서 자기희생의 본을 인간들에게 보여주었다. 그래서 사명을 맡은 제자들에게 신과의 고차원적인 사랑을 요구한 것이다.

그러나 무함마드는 누군가를 위해 죽지 않았고 그럴 생각도 없었다. 그런데 오마르에게 탄식까지 한 것이 의아스럽다.

3. 아나스(하나님께서 그분을 받아주시기를)는 선지자(그분께 평화가 깃드시기를)께서 이렇게 말씀하셨다고 전했습니다. "나의 교우들은 세상의 소금과 같으니라. 음식에 소금이 없다면 무슨 맛이겠느냐."

○ 예수는 이렇게 말했다. "너희는 세상의 소금이니 소금이 만일 그 맛을 잃으면 무엇으로 짜게 하리요 후에는 아무 쓸데없어 다만 밖에 버려져 사람에게 밟힐 뿐이니라" 이 말은 예수가 산에서 제자들과 따르는 자들에게 한 말이다. 이외에도 예수는 주옥같은 가르침의 말을 많이 했다. 이 말들을 산에서 했기에 '산상수훈'이라고 부른다. 이 산상수훈은 마태복음 5, 6, 7장에 있다.

4. 선지자(그분께 평화가 깃드시기를)께서는 이렇게 말씀하셨다고 합니다. "나의 교우들에 대해 말할 때 너희는 하나님을 두려워하도록 하여라. 그들에 대해 거짓 비난을 하지 말도록 하라. 그들을 사랑하는 자들은 그들이 나를 사랑하였기에 사랑하는 것이며, 그들을 미워하는 자들은 나를 화나게 하는 것이며, 나를 화나게 하는 자들은 하나님을 화나게 할 것이다. 하나님께서는 당신을 화나게 하는 자들을 곧 잡아들이실 것이다."

5. 아부 후라이라가 전한다. 하나님의 사도(ﷺ)가 말하길, "누구든지 나에게 순종하는 자는 하나님께 순종하고, 누구든지 나에게 불순종하는 자는 하나님께 불순종하는 것이며, 내가 임명한 통치자에게 순종하는 자는 나에게 순종하는 것이며, 누구든지 그를 불순종하는 자는 나에게 불순종하는 것이다."

○ 상기 4, 5의 화법의 원조인 신의 아들 예수가 자신을 신과 동일시한 말을 살핀다.

마태복음 10장 40절 : "너희를 영접하는 자는 나를 영접하는 것이요 나를 영접하는 자는 나를 보내신 이를 영접하는 것이니라"

누가복음 10장 16절 : "너희 말을 듣는 자는 곧 내 말을 듣는 것이요 너희를 저버리는 자는 곧 나를 저버리는 것이요 나를 저버리는 자는 나 보내신 이를 저버리는 것이라"

요한복음 5장 23절 : "이는 모든 사람으로 아버지를 공경하는 것같이 아들을 공경하게 하려 하심이라 아들을 공경하지 아니하는 자는 그를 보내신 아버지도 공경하지 아니하느니라"

예수는 신의 아들로서 신과 동격인 존재이기에 성부 하나님과 자신을 동일시하는 화법을 자주 썼다. 예수의 말에서 보낸 자는 성부 하나님이고 보냄을 받은 자는 예수를 의미한다. 즉 신이 신의 아들을 이 땅에 메시아로 보냈다는 말이다. 성부와 성자는 동격이지만 성자는 성부의 뜻을 따른다. 그래서 성부의 뜻에 순종하여 성자 예수가 이 땅에 온 것이다.

그런데 무함마드는 사람일 뿐이라고 꾸란이 말하는데도 자신을 신과 동일시해 흥미롭다.

6. 후다이파가 전한다. "……예언자는 말했다 …… 비록 그 마음에 겨자씨 한 알만한 믿음이 없을지라도 의심할 여지 없이 내가 당신들 중 누구와도 거래(교섭)하는 것을 꺼려하지 않았던 때가 왔습니다……."

○ 겨자씨 한 알의 믿음에 대한 예수의 언급이 마태복음 17장 20절에 나타난다. "……진실로 너희에게 이르노니 만일 너희에게 믿음이 겨자씨 한 알 만큼만 있어도 이 산을 명하여 여기서 저기로 옮겨지라 하면 옮겨질 것이요 또 너희가 못할 것이 없으리라." 중동 지역에서 당시 가장 작은 씨가 겨자씨였다. 씨앗은 가장 작지만 자라면 중동 지역에서 손꼽히는 큰 나무로 자란다. 그래서 겨자씨 같은 믿음은 긴가민가 의심하는 단계의 믿음이 아니다. 비록 현재 상황은 전혀 안 될 것처럼 볼품없이 보여도 후에는 겨자씨를 만든 창조주가 이루실 것을 확실히 믿는 믿음을 의미한다고 필자는 생각한다.

7. Sahl bin Sa`d가 전한다. "나 예언자(ﷺ)가 말하기를, '나는 호수 샘(Kauthar)에서 네

선조라 그곳에 오는 자는 그것을 마실 것이요, 그것을 마시는 자는 그 후에도 영원히 목마르지 아니하리라……'"

○ 이에 대한 예수의 말이 요한복음 4장 14절에 나타난다. "내가 주는 물을 마시는 자는 영원히 목마르지 아니하리니 내가 주는 물은 그 속에서 영생하도록 솟아나는 샘물이 되리라"

세상에 이런 물이 있을까? 절대 없다. 이 물은 육체적 목마름을 해소하는 물이 아니고 삶과 영혼의 갈증을 해소하는 신의 말씀이다. 예수의 이 말을 들은 사마리아 여인은 결혼을 다섯 번이나 한 여인이었다. 삶이 그만큼 고달팠던 그녀는 다른 사람들과 어울리는 것을 싫어했다. 그래서 다른 사람들을 피해 햇볕이 가장 뜨거운 정오에 홀로 물을 긷기 위해 우물에 왔다. 그러나 예수와의 대화에서 삶과 영혼의 갈증을 해소한 그녀는 물동이를 우물가에 두고 동네로 달려갔다. 그녀는 자신의 갈증 해소를 전하며 많은 사람을 이끌고 예수께로 돌아왔다. 사마리아는 혼혈인들의 집단 거주지였기에 당시 유대인들에게 개 취급당하며 멸시와 조롱을 받았다. 그래서 이 동네 사람들도 모두 열등감 속에 마음에 상처를 안고 살고 있었다. 이런 동네 사람들은 예수를 자기 동네로 모셨고 모두 영혼과 마음의 목마름을 해소했다.

그러나 무함마드가 마시라는 물은 호수의 물 아닌가? 이 물이 어떻게 영원히 목마름을 해소시킬 수 있는가?

8. 우흐드 전투에서 중상을 입은 무함마드의 머리에 흐르는 피를 빨아먹은 자에 대한 하디스를 소개한다.

〈…… 고리들을 모두 빼내자 선지자의 머리에서 피가 흐르기 시작했습니다. 그러자 말릭 이븐 시난은 입술을 대고 흐르는 피를 빨아들였습니다. 이에, 선지자께서는 이렇게 말씀하셨습니다. "몸에 내 피가 섞인 자는 지옥의 불길이 닿지 아니하리라."〉

9. 이와 비슷한 내용의 하디스가 '선지자에 대한 예절'에 있다.

〈……선지자가 자신의 피를 담은 것을 이븐 알 주바이르에게 주었습니다. 그가 그것을 가지고 밖으로 나갔다가 잠시 후 선지자에게 왔습니다. 선지자는 버렸는지 어떻게 했는지 물었습니다. 이븐 알 주바이르가 대답했습니다. "제가 삼켰습니다." 그러자 선지자께서 말씀하셨습니다. "몸속에 내 피를 가진 자에게는 지옥의 불길이 닿지 않을 것이다 ……"〉

○ 상기 8, 9와 대비되는 말을 예수는 십자가에 죽기 전날 밤에 했다. 유대인의 최대 명절인 유월절 전날 밤에 예수는 제자들과 함께 최후의 만찬을 했다. 이 자리에서 예수는 제자들에게 빵을 나눠주며 "이것은 너희를 위해 주는 내 몸"이라고 말했다. 이어 포도주를 따라주며 "이것은 너희를 위해 흘리는 내 피"라고 말했다. 그리고 예수는 빵과 포도주를 먹고 마시며 예수의 죽음을 기념하라고 말했다. 이는 비유적인 표현으로 다음 날 십자가에서 찢길 예수의 몸과 흘릴 피를 기념하라는 것이지 실제로 예수의 몸을 먹고 피를 마시라는 것이 절대 아니다. 그런데 하필이면 먹는 음식에 비유한 이유는 뭘까? 그것은 예수가 하나님의 말씀을 음식에 비유하며 "사람이 음식을 먹는 것으로만 사는 게 아니고 하나님의 말씀으로도 산다"라고 말했기 때문이다. 즉 사람들을 위한 예수의 고난을 기념하고 예수의 말씀을 기억하라는 것이다. 또 밥을 먹듯이 말씀을 매일 묵상하라는 것이다.

그런데 무함마드가 자기 피를 먹은 자를 두둔하는 말을 한 것은 너무 이상하지 않은가? 무함마드가 모든 무슬림이 자기 피를 마시길 원하지 않았을 텐데 왜 이런 말을 했는지…….

그리고 예수는 구약 성경을 인용해 가르친 경우가 많다. 이때 예수는 인용 사실을 반드시 밝혔다. 사람들이 아는 성경 지식의 중요성을 일깨우며 또 다른 사람들과 함께하는 공감대를 형성하기 위해서다.

그런데 무함마드가 인용 사실을 밝히며 말했다는 기록은 하디스에 전혀 없다. 무함마드의 지혜에서 나온 독창적인 표현으로 기록되었을 뿐이다. 왜 그랬을까?

그리고 성경은 곡과 마곡을 언급하며 세상 종말을 예고한다. 그런데 무함마드도 종말 설교를 할 때 곡과 마곡을 인용하며 아랍 반도의 재앙을 예고해 공포 분위기를 만들었다. 예수의 말뿐 아니라 성경의 곡과 마곡도 패러디한 것은 꾸란에 전혀 나타나지 않는다. 오직 하디스에만 있는 이유가 궁금하다.

이슬람 문학 속의 예수

이슬람 제국이 태동한 초기부터 이슬람 문학에는 예수가 심심찮게 등장하였다고 한다. 무함마드가 예수의 말을 자기 것으로 바꾼 사실이 많음에 영향받은 듯하다. 이슬람 문학 속의 예수는 철저히 이슬람화하여 이슬람의 가르침을 설파하는 사도로 표현된다고 한다. 사실 꾸란에는 성경과 달리 예수의 가르침과 활동 내용이 거의 없다. 그러나 문학 작품에는 성경과 다른 예수의 활동과 가르침이 많아 작가들의 상상력이 놀랍다.

《무슬림 예수》의 저자 타리프는 이슬람 문학 속에 나타난 예수를 연구하였다. 그는 그리스도교가 더 뛰어난 종교였기 때문에 이슬람교가 이를 받아들인 것이 아니라, 그리스도교의 내용을 충분히 수용할 만큼 체제가 성숙했기에 이슬람이 그리스도교를 받아들였다고 말한다. 그리스도교를 자신의 부족한 부분을 보완, 성장시켜줄 요소로 보았기 때문에 이를 적극적으로 수용해 나갔다고 강조한다. 그의 말대로 이슬람교가 과연 성숙해 그리스도교를 잘 수용하고 있는지는 독자들을 비롯한 제3자가 판단할 몫이다.

하여튼 그는 이슬람 문학의 곳곳에 나타난 예수의 어록, 303개를 모아 《무슬림 예수》를 출간했다. 이 책은 이슬람에 동화시킨 예수를 나타내고 있다. 그의 책에 나타난 예수의 어록은 성경의 복음서를 그대로 옮긴 것, 복음서의 내용을 변형시킨 것, 성경에 없는 별개의 창작물로 3등분 된다. 이에 그 내용을 간단히 소개한다.

첫째, 복음서를 그대로 옮긴 경우는 극히 드물지만 이렇다.

1. 33번 : "하늘에 보물을 쌓아라. 사람 마음은 보물이 있는 곳에 있기 때문이다"

○ 상기는 예수가 산에서 제자들과 많은 사람에게 가르친 산상수훈의 한 부분이다. 상기에 대한 예수의 말은 이렇다.

마태복음 6장 19~21절 : "19. 너희를 위하여 보물을 땅에 쌓아 두지 말라 거기는 좀과 동록이 해하며 도둑이 구멍을 뚫고 도둑질하느니라 20. 오직 너희를 위하여 보물을 하늘에 쌓아 두라 거기는 좀이나 동록이 해하지 못하며 도둑이 구멍을 뚫지도 못하고 도둑질도 못하느니라 21. 네 보물 있는 그곳에는 네 마음도 있느니라"

2. 273번 : "두 번 태어나지 않은 사람은 천국에 들어가지 못할 것이다"

○ 이는 유대인 지도자 니고데모가 밤에 예수를 찾아 어떻게 해야 천국에 갈 수 있는지 묻는 말에 대답한 내용이다.

요한복음 3장 35절 : "3. 예수께서 대답하여 이르시되 진실로 진실로 네게 이르노니 사람이 거듭나지 아니하면 하나님의 나라를 볼 수 없느니라 4. 니고데모가 이르되 사람이 늙으면 어떻게 날 수 있사옵나이까 두 번째 모태에 들어갔다가 날 수 있사옵나이까 5. 예수께서 대답하시되 진실로 진실로 네게 이르노니 사람이 물과 성령으로 나지 아니하면 하나님의 나라에 들어갈 수 없느니라"

첫 번째 태어나는 것은 엄마 배 속에서 태어나는 것이고, 두 번째 태어나는 것은 자기 죄를 깨닫고 통렬히 회개하고 예수를 구주로 믿어 성령에 의해 신의 자녀로 태어나는 것을 의미한다. 이 '거듭나기'를 '중생'이라고도 하는데 이슬람 문학가가 이 말을 인용했다니 너무 놀랍다. 왜냐하면 상기의 말은 예수를 주님으로 믿어야 천국에 갈 수 있음을 표현하는 말이기 때문이다.

둘째로 예수의 말을 변형시킨 경우는 이렇다.

1. 36번 : "너에게 친절한 사람에게 친절한 것은 자선을 베푸는 일이 아니다. 선을 선으로 갚는 것은 당연하기 때문이다. 너에게 해를 입히는 사람에게 친절히 행동하는 것이 자선이다."

○ 이도 예수의 산상수훈 중 하나를 변형한 것이다.

마태복음 5장 44~47절 : "44. 나는 너희에게 이르노니 너희 원수를 사랑하며 너희를 박해하는 자를 위하여 기도하라 45. 이같이 한즉 하늘에 계신 너희 아버지의 아들이 되리니 이는 하나님이 그 해를 악인과 선인에게 비추시며 비를 의로운 자와 불의한 자에게 내려주심이라 46. 너희가 너희를 사랑하는 자를 사랑하면 무슨 상이 있으리오 세리도 이같이 아니하느냐 47. 또 너희가 너희 형제에게만 문안하면 남보다 더하는 것이 무엇이냐 이방인들도 이같이 아니하느냐"

여기에서 세리는 세무 공무원을 말한다. 당시 로마는 식민지에서 로마에 상납해야 할 세금 총액을 정해 주었다. 그 이상 징수하는 세금은 세리의 몫으로 인정했다. 그래서 세리는 악착같이 세금을 징수해 모두 부자가 되었다. 그러나 유대인들은 동족의 피를 빨아먹는다고 세리를 창녀와 같은 죄인으로 취급하며 왕따시켰다. 그래서 세리는 자기들끼리 외에는 교제하는 자가 거의 없었다.

그러나 신은 이런 세리들에게도 햇볕을 쬐게 하고 비를 내린다고 예수는 말했다. 즉 신의 사랑은 차별이 없음을 강조한 것이다. 이런 신의 사랑을 먼저 누린 자가 소외된 다른 사람에게 사랑을 베풀라는 가르침이다.

2. 246번의 내용은 길지만 요약하면 이렇다. 〈배가 고픈 예수의 제자들이 밀밭에서 이삭을 잘라 알갱이를 먹는 것을 예수가 허락하였다. 이를 보고 주인이 따졌다. 이에 예수는 아담 이후부터 이 땅의 주인들이었던 자들을 다 불러냈다. 죽었던 과거의 주인들이 살아나 모두 예수를 감싸는 것을 보고 현 주인이 예수에게 사과했다. 예수는 영원하지 않은 이 땅의 소유에 집착하지 말라고 했다.〉

ㅇ 이는 마태복음 12장 1, 2절을 각색한 것이다. "1. 그 때에 예수께서 안식일에 밀밭 사이로 가실 새 제자들이 시장하여 이삭을 잘라 먹으니 2. 바리새인들이 보고 예수께 말하되 보시오 당신의 제자들이 안식일에 하지 못할 일을 하나이다……"

배가 고픈 제자들이 남의 밀밭 이삭을 잘라 먹는 것은 당시에는 죄가 아니었다. 율법이 허용하고 있기 때문이다. 율법은 추수할 때 땅에 떨어진 이삭을 가난한 자들이 주워 가는 것도 허락한다. 그리고 배고픈 사람이 남의 밭 농작물을 거기에서 먹는 것은 허용되지만 가져갈 수는 없다. 가져가는 것은 추수할 때 주인이 땅에 흘린 것만 주워 갈 수 있다. 바리새인은 신이 모세를 통해 준 율법대로 살려고 매우 노력한 사람들이었다. 그런데 세월이 흐르며 형식적이고 위선적으로 변해 예수에게 계속 책망을 받았다. 이 바리새인들이 문제로 삼은 것은 상기 작품처럼 농지의 주인이 남의 농작물을 먹은 것을 예수에게 따진 것이 아니었다. 바리새인들은 제자들이 안식일을 범했다고 문제 삼았을 뿐이다. 안식일에는 아무 일도 하지 말라고 십계명은 말한다. 그래서 바리새인은 이삭 자르는 것을 일로 보고 예수께 항의한 것이다.

이에 예수는 배가 고팠던 다윗이 제사장만 먹을 수 있는 성전의 빵을 먹은 것이 죄가 아니라고 말했다. 이는 규율보다 생명과 사람을 더 중요시한 예수의 답변이었다. 또 안식일에 제사장이 성전에서 일하는 것도 죄가 아니라고 했다. 이는 규율을 문자적이고 형식적으로 해석하지 말라는 답변이었다. 바리새인의 형식과 위선을 꼬집은 예수는 마가복음 2장 27절에 이런 말도 했다. "또 이르시되 안식일이 사람을 위하여 있는 것이요 사람이 안식일을 위하여 있는 것이 아니니." 이는 안식일을 지키지 말라는 것이 아니다. 안식일을 문자적으로 지키는 것보다 사람에 대한 사랑이 먼저라는 것이다.

상기 이슬람 작품은 자기들에게 중요하지 않은 안식일 문제를 벗어나 자기들에게 맞게 각색했으니 재미있지 않은가?

3. 269번에 식사를 마친 예수가 제자들의 발을 씻겨주면서 이렇게 말했다. "너희도 너희가 가르치는 이들을 위해 이렇게 해야 함을 보여주기 위해 내가 너희에게 이렇게 하는 것이다."

○ 예수가 십자가에 못 박혀 죽기 전날 밤에 예수는 제자들과 함께 최후의 만찬을 했다. 이때 제자들은 곧 예수가 다스리는 왕국이 시작되는 줄로 알았다. 그래서 이 왕국에서 서로 높은 지위를 차지하려고 자기들끼리 다투었다. 이 모습을 본 예수가 대야에 물을 붓고 허리에 수건을 동이고 쪼그려 앉아 제자들의 발을 씻기며 이런 말을 했다.

요한복음 13장 14~17절 : "14. 내가 주와 또는 선생이 되어 너희 발을 씻었으니 너희도 서로 발을 씻어 주는 것이 옳으니라 15. 내가 너희에게 행한 것같이 너희도 행하게 하려 하여 본을 보였노라 16. 내가 진실로 진실로 너희에게 이르노니 종이 주인보다 크지 못하고 보냄을 받은 자가 보낸 자보다 크지 못하나니 17. 너희가 이것을 알고 행하면 복이 있으리라"

셋째는 성경에 없는 창작에 나타난 예수의 어록이다.

1. 108번 내용을 요약한다. 〈예수 몰래 빵을 먹은 자가 자기는 빵을 먹지 않았다고 시치미를 뗐다. 이에 예수가 그와 함께 물 위를 걸은 후 광야에서 황금을 만들었다. 황금 중 1/3이 빵을 먹은 자의 것이란 예수의 말을 듣고서야 자기가 먹었다고 고백했다. 그리고 이 황금을 빼앗은 3명의 도적이 서로 황금을 더 많이 가지려고 꾀를 내어 서로가 탄 독약을 먹고 모두 죽었다. 시체와 황금을 본 예수는 세상이 이렇다고 한탄했다.〉

○ 이는 물질에 대한 사람의 욕심을 나타낸 교훈이다. 그런데 예수가 물 위를 걷고 광야에서 황금을 만들었다는 것은 예수의 능력을 인정한 것이다. 사실 예수는 그의 수제자 베드로와 함께 갈릴리 호수 위를 걸은 적이 있었다. 예수의 능력에 대한 인정의 바탕 위에 이 이야기를 만든 것이 흥미롭다.

2. 128번에 예수가 지나가는 돼지를 보고 "안심하고 가라"라고 말했다. 예수의 말을 듣고 어떻게 그렇게 말할 수 있느냐는 항변에 예수는 "나는 내 혀가 악한 것에 길드는 것이 싫다"라고 말했다.

○ 이 이야기를 통해 이슬람이 얼마나 돼지를 혐오하는지 알 수 있다. 재림 예수가 할 일 중의 하나가 세상의 돼지를 멸종시키는 것이라고 무함마드가 말했지 않은가? 그런데 예수가 돼지를 안심시키고 있으니 예수에게 항의할 만도 하지 않은가? 그러나 예수의 답변을 보면 돼지에 대한 이슬람의 감정이 잘못된 것임을 꼬집는 것 같지 않은가?

3. 186번의 이야기를 요약한다. 〈72년 전에 죽어 지옥에서 고통받는 해골과 예수가 대화를 나누었다. 그 해골이 죽음의 천사 이야기를 한 후 천국으로 여행을 갔다. 천국에는 아름다운 여인들이 있었다. 하지만 이 해골은 하나님의 예언자를 무시하고 예언자의 말을 듣지 않았기에 천국에 머물 수가 없었다. 그래서 그는 지옥으로 여행 갔다. 지옥은 여러 개가 있었다. 해골은 고아들의 재산을 착취한 자, 술을 마시고 금지된 음식을 먹은 자, 유부녀를 더럽힌 자, 예배를 드리지 못한 자, 배우자보다 자신을 더 꾸

미는 사람, 이 세상에서 길을 잃은 죄인이 가는 지옥을 보았다. 예수가 살려낸 이 해골은 회개하고 경건하게 살다가 천국으로 갔다.〉

ㅇ 이 이야기도 예수의 능력을 인정한 바탕 위에 만들어졌다. 즉 예수가 죽은 자를 살려낼 수 있다는 것이다. 그런데 천국에 아름다운 여인이 기다린다는 것이 흥미롭다. 꾸란과 하디스가 천국의 미녀를 강조하니 이슬람 문학에도 천국의 미녀가 등장한다. 또이 이야기는 예수에게 지옥과 천국을 결정짓는 권한이 있음을 암시하는 듯해 흥미롭다.

4. 192번에 예수가 결혼하지 않는 이유를 묻는 질문에 "영원히 살 수 있는 곳에서만 자식이 번성하는 것이 의미 있는 일 아니겠는가?"라고 말했다.

ㅇ 신이 인간과 결혼한다는 것은 신과 인간의 결혼 신화를 지어낸 인간의 호기심에 의한 상상에 불과하다. 만약 예수가 인간과 결혼했다면 어떻게 메시아 즉 구세주가 될 수 있겠는가? 이는 예수의 신성을 부인한 이야기다. 또 예수의 답변은 천국에서도 계속 자식을 낳는다는 것 아닌가? 이야말로 예수를 철저히 무슬림과 인간으로 만든 작품 아닌가?

5. 284번의 내용을 요약한다. 〈어떤 남자가 죽은 아내를 살려 달라고 간절히 애원하여 예수가 죽은 여인을 살렸다. 흑인 노예 여성이 무덤에서 일어나 "하나님 이외에 신은 없습니다. 그리고 예수는 하나님의 영이며 말씀이고 종이며 예언자이신 분입니다."라고 말했다. 이에 그 남자가 "이 여자는 제 아내가 아닙니다. 제 아내 무덤은 옆의 것입니다."라고 말했다. 예수는 살아난 흑인 여성을 다시 무덤에 들어가라고 말한 후에 옆의 무덤에서 그 남자의 아내를 살려냈다. 살아난 아내의 허벅지를 베고 남편이 잠든 사이에 멋진 왕자가 지나갔다. 아내는 왕자에게 반해 잠자는 남편을 버리고 왕자를 따라갔다. 후에 남편이 아내를 찾아 돌려달라고 왕자에게 요청했다. 이때 아내는 "나는 저 사람을 모릅니다. 나는 왕자님의 노예입니다."라고 말해 남편과 왕자와 아내 사이에 말다툼이 벌어졌다. 이때 예수가 나타나자 남편은 예수에게 도움을 요청했다. 아내는 예수 앞에서도 남편을 모르는 사람이라고 거짓말했다. 그래서 예수는 그 아내를 다시 무덤으로 보냈다. 예수가 살려낸 흑인 불신자는 회개하고 천국에 갔

는데 예수가 살려낸 신자는 오히려 신앙을 저버려 지옥으로 갔다고 말한다.〉

○ 이 이야기도 예수가 사람을 살리고 죽이는 권세가 있음을 나타낸다. 그런데 예수가 남자의 말을 잘못 듣고 흑인 여성을 살려냈다는 것은 좀 황당하다. 사람을 살리고 죽일 수 있는 예수가 남자의 말을 잘못 들어 아내 무덤이 어느 것인지도 몰랐다는 것이 우습다. 남편이 아내의 무덤을 가리켜 주었는데도 예수가 잘못 알았다니 너무 황당하지 않은가?

그리고 살아난 흑인 여성이 예수는 하나님의 영이라고 고백한 것은 의미심장하다. '하나님의 영'은 예수가 하나님이라는 뜻이 아닌가? 이 이야기의 작가가 이슬람 작가임에도 불구하고 예수에 대한 생각이 전통적인 무슬림의 시각과 차이가 있는 듯해 놀랍다.

그리고 흑인 여성이 회개한 것은 잠시라도 지옥 맛을 봤기 때문일 것이다. 이와 반대로 신자였던 아내는 잠시라도 천국 맛을 보지 않았을까? 그런데 이 아내가 왜 신앙을 저버렸을까? 꾸란이 약속하는 천국은 남자용 아닌가? 여자에게는 먹을 것 말고는 보장된 것이 없지 않은가? 오히려 천국에서도 여자는 남자의 성적 쾌락을 위해 존재하는 것에 실망한 것인가? 어렵게 천국까지 갔는데 남자의 사랑을 받으려고 천국의 미녀와 경쟁해야 하는 것에 회의감을 느낀 것인가? 그래서 다시 살아난 후에는 신앙을 저버리고 멋진 왕자를 따랐는가? 왕자가 이 여인을 포기하지 않을 정도면 이 여인은 상당한 미인임에 틀림없다. 여자는 가기 힘들다는 천국까지 다녀온 이 미녀가 왜 신앙을 저버렸는지 너무 궁금하다.

에 필 로 그

사람들은 천국이 있다면 착하게 살면 천국에 갈 것으로 막연히 생각한다. 꾸란을 줄줄 외우며 경건하게 사는 많은 무슬림도 그렇게 생각하며 노력하는 것 같다. 성경은 완전무결하게 살 수만 있다면 그게 옳다고 한다. 그러나 그렇게 사는 사람은 없다. 그래서 사랑의 하나님이 쉬운 다른 방법을 만들었다고 성경은 말한다. 그런데 경건한 무슬림들도 이 방법을 잘 몰라 안타깝다. 꾸란을 줄줄 외워도 성경을 거의 읽지 않기에 하나님이 만든 방법을 모르는 것이다. 이 얼마나 서글픈 일인가!

사실 무슬림이 성경을 무시해 꾸란처럼 읽지 않는 것은 너무 이상하다. 왜냐하면 꾸란이 성경을 믿는다고 누누이 밝히기 때문이다. 심지어 꾸란은 성경에 언급된 아브라함, 다윗을 상기하라고 말한다. 마리아에 대해서는 성경에 있는 그대로 말하라고 한다. 이외에도 상기하라는 말이 꾸란에 많다. 성경을 상기하라는 것 아닌가?

그런데도 무슬림이 성경을 무시하니 너무 의아하다. 꾸란을 다 암송한다는 천만 명의 무슬림도 성경을 무시해 거의 읽지 않는다. 꾸란이 성경을 믿고 상기하라고 강조하는데도 왜 읽지 않을까?

이에 대해 한국 이슬람교 중앙회의 이주화 이맘은 자신의 저서에서 성경은 원본이 없다고 지적하며 이렇게 밝혔다.

"구약이나 신약과 같은 경전들을 즐겨 읽지 않는 것은 이러한 경전들이 인위적으로 첨삭이 이루어져 내려왔고 이로 말미암아 하나님의 진리가 변질되거나 왜곡되어 훼손되었다고 간주하기 때문이다. 그래서 '꾸란'이야말로 이러한 오류나 모순을 바로 잡고 인류를 올바른 길로 인도할 유일한 마지막 경전임을 믿고 따르는 것이 무슬림들이 가지고 있는 경전관이다."

3,500년 전부터 1,600년 동안 기록된 성경의 원본은 현재 없는 것이 사실이다. 현존하는 것은 필사본뿐이다. 이 필사본들에는 필사자들의 실수가 고스란히 담겨 있다. 선하나 잘못 긋고 점 하나 잘못 찍으면 다른 글자가 된다. 그래서 현존하는 모든 필사본 성

경들을 대조하면 완전히 일치하지 않고 다른 부분이 적게나마 나타난다. 그러므로 성경은 변질되었다고 말하며 무슬림은 성경을 읽지 않는다고 한다.

필사 과정에 이런 오류가 있는 것도 사실이다. 그런데 이 오류는 성경의 핵심인 하나님과 예수님의 사랑과 구속사와 관계없다. 이 오류는 주로 시기, 기간, 지명, 인명에 관한 것이기 때문이다 이런 오류로 인해 그동안 발견된 수많은 필사본을 일일이 대조해 내용의 진위를 더 정확하게 가렸다. 그 결과 현재 우리가 보는 성경에는 오류가 극히 드물게 나타나며 성경의 본질에는 조금도 영향이 없다. 성경의 본질을 전혀 해치지 않는 오류를 가지고 성경이 변질되었다고 하는 것은 너무 이상하다.

왜냐하면 그동안 발견된 수많은 필사본으로 인해 현재의 성경은 무함마드 당시의 7C보다 오류가 더 줄어 더 정확해졌기 때문이다. 꾸란이 기록된 7C에 무함마드는 모든 책의 필사 과정에 오류가 발생하는 현실과 발생 가능성을 알았을 것이다. 그럼에도 꾸란이 성경을 믿는다고 하고 성경을 상기하라고 말하는 이유가 무엇인가? 작은 오류는 있을지라도 하나님에 대한 성경의 본질은 조금도 변질되지 않았음을 꾸란이 확신하기 때문 아닌가? 인위적인 조작으로 변질되었다면 꾸란이 성경을 믿는다고 하며 성경을 상기하라고 누누이 강조할 수 있는가? 현재의 성경은 7C보다 더 정확하다.

그러므로 무슬림이 꾸란을 제대로 알기 위해선 꾸란이 믿고 상기하라는 성경을 읽어야 한다. 지엽적인 극소수의 오류에 얽매이지 말고 성경의 본질을 알아야 한다. 그런데 경건한 무슬림들도 과장된 논리에 묶여 제일 중요한 본질을 놓치고 있어 너무 안타깝다.

이 본질은 행함이 아닌 믿음으로 구원을 받는다는 것이다. 꾸란도 그토록 강조한 천국에 가는 방법이 착한 삶이 아니라니 얼마나 충격적인가! 무슬림은 신에게 복종하고 꾸란도 많이 외우며 경건하게 사는 사람이 많은데 이 무슨 날벼락 같은 말인가! 왜 행위가 아닌 믿음일까? 사람이 보기엔 대단히 착하고 경건하게 살아 잘못이 없는 것처럼 보여도 하나님이 보기엔 그렇지 않기 때문이다. 즉 하나님 앞에선 오십보백보로 모두가 죄인이기 때문이다. 그러므로 행위로 천국에 갈 수 있는 사람이 없다는 것이다.

그러나 하나님은 자신의 형상대로 사람을 만들 정도로 사람을 사랑하셨다. 그래서 사람이 천국에 갈 수 있는 다른 쉬운 방법을 마련하셨다. 그 방법은 사람의 죄를 용서하는 것이었다. 꾸란도 하나님의 용서와 관대하심과 자비가 엄청나다고 강조하지 않는가? 그렇지만 무조건 용서하는 것은 하나님의 법과 정의에 맞지 않다. 하나님의 법에 따라 사람의 죄를 용서하기 위해선 희생 제물이 필요했다. 그런데 모든 사람을 용서하기 위한 희생 제물은 이 땅에 없었다. 그래서 하나님은 그 희생 제물로 자신의 외아들을 택했으니 인간에 대한 하나님의 사랑이 얼마나 크고 놀라운가!

그런데 신의 아들이 내 죄를 덮어 쓰고 희생 제물로 죽은 것을 믿기만 하면 용서받는다는 것은 너무 간단하고 쉬워 이를 믿지 못하는 사람들이 많다. 이는 자기 스스로 해결할 수 없는 인간이 아직도 자신이 힘들게라도 뭔가를 해야 한다는 착각에서 나온 생각이다. 이런 생각은 하나님을 인정하지 않고 무시하는 교만이기에 용서 받을 수 있는 길을 스스로 차 버리는 것이다. 인간은 쉽게 믿기만 하면 되지만 하나님은 엄청난 자기희생을 치렀는데 이를 외면하는 사람이 얼마나 딱한가! 하나님이 마련한 이 특별한 방법을 받아들이는 믿음이 있어야 천국에 갈 수 있다는 것이 성경의 본질이다.

이 본질을 모르기에 무슬림과 수많은 사람들이 자신의 노력으로 천국에 가려고 발버둥치고 있으니 얼마나 안타까운가! 꾸란을 줄줄 외우고 아무리 경건하게 살아도 하나님 앞에서는 여전한 죄인임을 보여주는 사람이 있다. 하디스를 가장 많이 기록한 아부 후라이라가 그렇다. 하디스를 가장 많이 기록할 정도로 경건했지만 그는 하나님께 용서 비는 기도를 하루에 12,000번이나 매일 했다지 않는가! 그토록 경건한 사람이 그렇게까지 용서를 빌어야 할 정도로 하나님 앞에서 완전한 사람은 한 명도 없다. 그런데도 무슬림은 하나님이 마련한 특별한 방법을 모르고 여전히 힘든 노력에 매달리니 얼마나 안타까운가! 사람이 노력해서 될 것 같으면 하나님이 특별한 방법을 마련했겠는가?

그러므로 무슬림도 꾸란이 믿고 상기하라는 성경의 본질을 알기 위해 성경 읽기를 간절히 호소한다. 그리고 하나님이 천국을 만든 목적이 미녀와 술을 즐기라는 것인지 하나님과 함께 사랑하며 더 큰 기쁨을 누리라는 것인지 곰곰이 생각하길 바란다. 끝으로 이 책이 모든 독자와 무슬림에게 하나님이 마련한 특별한 방법을 이해하는데 도움 되기를 간절히 소망한다.

참고 문헌 및 자료

1. 꾸란 : 필자가 탐독한 꾸란은 한국 이슬람교 중앙회 홈페이지에 2021년, 2022년에 등재된 '꾸란', '성꾸란'이다.

2. 하디스 : 이 하디스도 한국 이슬람교 중앙회 홈페이지에 등재된 '하디스'이다.

3. 하디스 웹 사이트 : 'sunnah.com'

4. 성경 : 개역개정 성경, 표준새번역 성경, 공동번역 성경, NIV, KJV(영어성경)

5. Wiki백과, 브리태니카대백과사전

6. 네이버 지식 IN, 다음 검색, 한국창조과학회 학회지

7. 《(십자군에 맞선 이슬람의 위대한 술탄) 살라딘》: 스탠리 레인 풀, 이순호 역, 갈라파고스, 2003년.

8. 《이슬람 제국의 탄생(하나의 신과 하나의 제국을 향한 투쟁의 역사)》: 톰 홀랜드, 이순호 역, 책과함께, 2015년.

9. 《무슬림의 아내들》: 소윤정, (사)기독교문서선교회, 2018년.

10. 《무슬림 예수(이슬람 문학 속 예수의 말씀과 이야기)》: 타리프 칼리디, 정혜성, 이중민 역, 소동, 2018년.

11. 《마호메트 평전》: 비르질 게오르규, 민희식 고영희 역, 초당출판사, 2002년.

12. 《무함마드》: 나종근 엮음, 시공사, 2003년.

13. 《역사를 보는 이슬람의 눈》: 이브 라코스트, 노서경 역, 알마출판사, 2015년.

14. 《누가 이슬람을 지배하는가?》: 류광철, 말글빛냄, 2016년.

15. 《이슬람의 진실과 오해(샤리아로 검증한다)》: 임병필, 모시는 사람들, 2020년.

16. 《이슬람 칼리파制史-이슬람 정치사상과 역사》: 손주영, ㈜민음사, 1997년.

17. 《(기독교와 이슬람 그 만남이 빚어낸) 공존과 갈등》: 김동문, 세창출판사, 2011년.

18. 《이슬람의 잊혀진 여왕들》: 파티마 메르니시, 알이따르(서의윤) 역, 훗, 2016년.

19. 《알라 Allah 기독교와 이슬람의 신은 같은가?》: 미르슬라브 볼프, 백지윤 역, 한국

기독학생회출판부, 2016년.

20. 《성경과 대비해서 읽는 코란》: 무함마드 아하마드 지하드, 김화숙 박기봉 역, 비봉출판사, 2001년.

21. 《무함마드 생각대로 말하고, 말한대로 행동하라》: 최영길, 21세기북스, 2015년.

22. 《이슬람과 꾸란》: 이주화, 한국학술정보(주), 2018년.

23. 이슬람 다시 보기 1 《극단적 환원주의 도식 뛰어넘기》: 강상우, 지식과 감성, 2021년.

24. 《히잡에서 전기차까지, 인도네시아 깨톡(이슬람 쫌 아는 은행원이 들려주는 인니 이야기)》: 양동철, 디아스포라, 2021년.

25. 《세계 이슬람을 읽다》: 이성수 외 6명, 경진출판, 2020년.

26. 《이슬람 제국(무함마드와 살라딘)》: 류광철, 말글빛냄, 2018년.

27. 《로마인 이야기》 전15권 : 시오노 나나미, 김석희 역, 한길사.

28. 《람세스》 전5권 : 크리스티앙 자크, 김정란 역, 문학동네, 2017년.

29. 《파라오의 역사》: 피터 에이 클레이턴, 정영목 역, 까치(까치글방), 2002년.

30. 《이집트 역사 다이제스트 100》: 손주영 송경근, 도서출판 가람기획, 2009년.

31. 《이슬람의 위인들》: 무함마드 테르카이트, 최영길 역, 도서출판, 2004년.

오! 무함마드!
당신은 누구요?
(구란과 성경의 대비)

초판 1쇄 발행 2022. 11. 10.

지은이   김영훈
펴낸곳   도서출판 소망
주 소   10252 경기도 고양시 일산동구 고봉로 776-92
전 화   031-976-8970
팩 스   031-976-8971
이메일   somangsa77@daum.net
등 록   (제48호) 2015년 9월 16일

ISBN   979-11-977658-9-6 03230